WILFRIED STROH

LATEIN IST TOT, ES LEBE
LATEIN!

WILFRIED STROH

LATEIN IST TOT, ES LEBE LATEIN!

KLEINE GESCHICHTE
EINER GROSSEN SPRACHE

List

2. Auflage 2007

List ist ein Verlag der Ullstein Buchverlage GmbH

ISBN 978-3-471-78829-5

© Ullstein Buchverlage GmbH, Berlin 2007
Alle Rechte vorbehalten
© des Lorbeerzweigs im Innenteil Bettmann / CORBIS
(aus einem Stich des Mathematikers John Wallis)
Gesetzt aus der Bembo bei LVD GmbH, Berlin
Druck und Bindung: Clausen & Bosse, Leck
Printed in Germany

INHALT

Praefatio – Vorbemerkung 7

Introitus: Wozu Latein? Wozu dieses Buch? 11

Ab ovo! – Latein aus dem Ei gepellt 17

Litterae Latinae – Latein wird literarisch 27

Non hominis nomen – Das Wunder Cicero 44

Spes altera Romae – Der Zauber Vergils 62

Saeculum Augustum – Roms Dichter im Bannkreis
des Mächtigen 77

Urbi et orbi – Latein wird Weltsprache 92

Mors immortalis – Latein wird durch seinen Tod unsterblich . . 103

Ciceronianus, non Christianus – Auch die Christen
lernen Latein 121

Medium aevum – Wie finster war das lateinische Mittelalter? . . 136

Studia humanitatis renata – Die Neuzeit beginnt im
Zeichen Ciceros 152

O saeculum! o litterae! – Die Musen kommen über die Alpen . . 170

Res et verba – Reformation und Lateinhumanismus 188

Frangito barbitum! – Jesuiten zwischen Liebesgott und
Gottesliebe 208

O tempora o mores! – Latein kommt aus der Mode 228

Non vitae sed scholae? – Lateinische Tanzstunden im
Industriezeitalter 249

Romani an Germani? – Latein im Kaiserreich und danach . . . 271

Loquamur Latine! – Lebendiges Latein 290

Epilogus: Vom Zauber des Lateinischen. 308

Appendix: Tsäsar oder *Käsar?* – Kleines lateinisches
    Phoneticum für Deutsche 316

Tabula temporum – Zeittafel 325

Catalogus librorum – Literaturhinweise 347

Notulae – Anmerkungen 381

Index – Register 397

Historiam Latinae linguae ut adumbrarem, auctor primus erat Nicolaus Piper bibliopola Monacensis, homo, ut nomen ipsum piperis indicat, valde conditi ingenii, cuius memoria non evanescet. Cui equidem olim plus promisi quam eheu! praestare tum potui. Atque idem annis fere quindecim post me rogavit Iulica Iaenica Berolinensis, cui negare non ausus sum. Conatus sum igitur, quod pauci antea, fata eius linguae quam unice amo quaeque linguarum regina dicitur ab ipsis incunabulis usque ad tempora nostra persequi, quibus multi eam abiciendam et sepeliendam ut mortuam censent. Quibus ego strenue adversor, cum optimo iure affirmo eam linguam non nunc, sed duo milia abhinc annorum vita defunctam esse, eam autem mortem, si mors omnino dicenda sit, quasi aeternae vitae ac pulchritudinis fuisse causam.

Quod cum agerem, maxime Germanorum civium commodis consulere volui. Quare in sententiis Latinis afferendis ubique et eum usum scripturae adhibui qui nunc in Germania praevalet et Germanicam versionem sive translationem addidi. Quae semper mea putanda est, nisi forte alius fons indicatur. Ac versus versiculis Teutonicis reddendos esse censui, ut qui Latini sermonis minus periti essent imaginem dumtaxat quandam aut umbram Latinae venustatis deprenderent. Etiam in rebus ipsis eligendis inde a tempore renascentium litterarum magis ad Germaniam quam ad ceteras terras animum adhibui. Ignoscant igitur mihi Hispani, Francogalli, Angli, Poloni quoque et Hungari, quod qui ex eorum populis heroes Latini extiterunt hic minus commemorantur, quod plura dico de Luthero quam de Calvino, de Hutteno quam de Mureto, de Baldeo quam de Sarbievio. Non omnia possumus omnes, ut ait Vergilius. Meum autem non putabam quam plurimorum nomina decantare, sed paucis exemplis diligenter electis ipsius linguae magis historiam demonstrare.

Veniam peregrini dabunt etiam quod libros Germanice scriptos alienis praetuli neque eorum consuetudinem qui prae Anglicis omnia spernenda ducunt secutus sum. Attuli autem non tam eos libros qui ad rigidissimas leges grammaticae historiaeque elaborati essent quam qui a populo non eruditissimo intellegi possent. Quae scripta cum laudavi, brevitati potius studui quam dili-

genti ac putidae prolixitati. Nec plurimos annorum numeros inculcando mo-lestus esse volui: quorum tamen multos in tabula temporum adiecta reperies.

In libello conscribendo Iulica indefessa excepta nemo mihi magis adfuit quam Katharina Kagerer socia laborum fidelis, quae multa sagaciter emenda-vit, plura prudenter adiecit, tabulam temporum inchoavit. Non pauca debeo etiam Conrado Benedicto Vollmann collegae rerum non solum mediaevalium perquam perito. Consiliis me praeterea adiuverunt suis Marcus Ianca, Alexan-der Podossinov, Mechtildis Poernbacher, Adelaidis Wellhausen, Rainerus Wie-land, Claudia Wiener. His ego omnibus ex animi verissima sententia debitas gratias ago.

I nunc, libelle, et omnibus nuntia linguam Latinam, dummodo patiantur, vivere ac vigere!

VORBEMERKUNG

Der Plan, eine Geschichte der lateinischen Sprache zu skizzieren, geht anfänglich zurück auf eine Anregung des unvergesslichen Münchner Verlegers Klaus Piper, eines Mannes von scharf gewürztem Geiste, wie schon der Name sagt – denn *piper* heißt Pfeffer. Ihm habe ich, zu meiner Schande, mehr versprochen, als ich damals halten konnte. Denselben Vorschlag machte mir dann fünfzehn Jahre später Julika Jänicke aus Berlin; und ihr konnte ich die Bitte nicht abschlagen. So habe ich also etwas unternommen, was nur wenige bisher versucht haben: die Schicksale dieser von mir heiß geliebten Sprache, die man auch die Königin der Sprachen nennt, darzustellen, und zwar von den ersten Ursprüngen bis zu unserer heutigen Gegenwart – in der viele meinen, man solle sie doch aufgeben und als tote Sprache beerdigen. Ihnen trete ich mit Nachdruck entgegen, indem ich zeige, dass Latein nicht etwa jetzt, sondern schon vor zweitausend Jahren gestorben ist, und dass dieser »Tod«, falls man es überhaupt einen Tod nennen darf, nur Ursache eines ewigen Lebens in Schönheit gewesen ist.

Bei diesem Unternehmen habe ich vor allem an meine deutschen Mitbürger als Leser gedacht. Darum habe ich mich bei allen lateinischen Zitaten an die heute in Deutschland üblichen Gepflogenheiten der lateinischen Orthographie gehalten und eine deutsche Übersetzung beigegeben. Diese stammt also immer von mir, wenn nicht anders angegeben. Dabei habe ich lateinische Verse in meine eigenen deutschen Verschen zu übertragen versucht – um den der Sprache Unkundigen wenigstens ein Schattenbild von der Anmut des Lateinischen zu vermitteln. Auch bei der Auswahl des Stoffs habe ich, von der Zeit der Renaissance an, mehr an Deutschland als an andere Länder gedacht. So mögen mir also Spanier, Franzosen, Engländer, ja auch Polen und Ungarn verzeihen, wenn die Lateinheroen ihrer Völker hier etwas weniger Berücksichtigung finden, wenn ich mehr von Luther als von Calvin, mehr von Hutten als von Muret, mehr von Balde als von Sarbiewski spreche: »Nicht alle können wir alles«, sagt Vergil. Und meine Aufgabe war es, wie ich meinte, nicht, möglichst viele Namen herunterzubeten, sondern anhand sorgfältig gewählter Beispiele die Geschichte der Sprache selbst darzustellen.

Auch möge man mir verzeihen, dass ich bei den Literaturangaben deutschen Schriften vor anderen einen gewissen Vorzug gegeben habe; jedenfalls wollte ich nicht der Mode derer folgen, die bloß noch Englisches lesen und zitieren. Ausgewählt habe ich vor allem Werke, die nicht so sehr für hochkarätige Spezialisten als für ein breiteres interessiertes Publikum gedacht sind. Im Übrigen sind meine Angaben möglichst knapp und ohne unnötige bibliographische Pingeligkeit. Um der angenehmen Lesbarkeit willen sind Jahreszahlen im Text meist weggelassen: Man findet aber das meiste davon in der Zeittafel im Anhang.

Bei der Abfassung hat mir, die unermüdliche Julika Jänicke ausgenommen, niemand mehr geholfen als meine getreue Mitarbeiterin Katharina Kagerer. Sie hat viele Patzer scharfsinnig verbessert, noch mehr Schlaues selber beigesteuert und die Zeittafel entworfen. Nicht wenig verdanke ich auch meinem Kollegen Prof. Dr. Konrad Benedikt Vollmann, einem Mann, der nicht nur in Sachen des Mittelalters höchst beschlagen ist. Mit nützlichem Rat haben mich außerdem unterstützt Dr. Markus Janka, Prof. Dr. Alexander Podossinov, Dr. Mechthild Pörnbacher, Dr. Adelheid Wellhausen, Rainer Wieland, Prof. Dr. Claudia Wiener. Ihnen allen sage ich von Herzen Dank für ihre Freundlichkeit.

Leb wohl, mein Buch, und melde allen Leuten, dass die lateinische Sprache lebt und gedeiht! Man muss sie nur lassen.

INTROITUS:
WOZU LATEIN? WOZU DIESES BUCH?

Num discendum Latine? Soll mein Kind Latein lernen? Etwa gar als erste Fremdsprache? Oder sollte man nicht lieber doch mit der Allerweltssprache Englisch beginnen?

Wo sich diese Frage stellt, haben wohlmeinende Freunde und Bekannte rasch ein Argument zur Hand, das alle Diskussion zu erübrigen scheint: Es lohne sich doch weiß Gott nicht, sagen sie, eine tote Sprache wie die der alten Römer zu erlernen, eine Sprache, in der sich seit Ewigkeiten kein Mensch mehr ausdrücke – außer vielleicht Papst Benedikt XVI. samt ein paar gleichgesinnten Kardinälen. Mit diesen paar Restlateinern könne sich ja dann, fügen sie augenzwinkernd hinzu, der lateingebildete Sprössling im Vatikan über die Themen berühmter Enzykliken wie *Deus est caritas* oder *Humanae vitae* unterhalten. Eine Schwalbe macht noch keinen Sommer, und ein Papst aus dem gesegneten Lateinland Bayern erweckt eine tote Sprache noch nicht zum Leben. *Requiescat in pace* – »Lassen wir Latein in Frieden ruhen«. Schließlich gilt ja auch (noch ein Augenzwinkern): *De mortuis nil nisi bene* – »Über Tote soll man nur Gutes reden«.

Nun, es gibt freilich auch andere Freunde, »Humanisten«, die vehement dagegenhalten. Von wegen tote Sprache! Latein lebt doch fort in den romanischen Sprachen, Italienisch, Französisch, Spanisch usw., die, aus dem Lateinischen entstanden, ja gar nichts anderes sind als eben das heute real existierende Latein. Weswegen denn auch jeder Romanist mit Fug und Recht dazu angehalten ist, Latein zu lernen.

Latein lebt fast ebenso kräftig in der halbromanischen Sprache Englisch, die heute die Welt beherrscht, ja sogar im Deutschen. Nicht nur in alten, gängigen Fremdwörtern wie Abitur (von *abire*) und abrupt *(abrumpo)*, nicht nur besonders auch in neu gebildeten Modevokabeln wie digital *(digitus)*, Diskurs *(discursus)*, Globalisierung *(globus)*, Quotenfrau *(quotus)* usw. steckt ein leicht erkennbarer lateinischer Kern. Sehr oft verbirgt sich dieser sogar in so ehrwürdig deutsch scheinenden Wörtern wie – wir betrachten nur weniges, im Lexikon Benachbartes – Kelch *(calix)*, Keller *(cella)*, Kelter *(calcatura)*, Kerker *(carcer)*, Kessel *(catillus)* ...

Latein lebt vor allem auch in der modernen internationalen Wissenschaftsterminologie, die ja schon ihrem Namen nach drei lateinische Bestandteile aufweist: In »Terminologie« steckt der römische *terminus* (Grenzstein), »international« ist gebildet aus *inter* (zwischen) und *natio* (Nation). Generell gilt, dass ausnahmslos keine Wissenschaft heute darauf verzichtet, ihren Wortschatz ständig aus dem Schatzhaus des Lateinischen zu erneuern, wodurch dann Latein auch in fremde Kulturkreise (China, Japan, Indien) dringt: Wer immer einen Computer (von lat. *computare*) benutzt, wer sich Datenbanken (von lat. *dare*) anlegt, wer formatiert (von lat. *forma*) oder defragmentiert (von lat. *de* und *fragmentum*), ja, wer nur mit einem Text (von lat. *textus*) arbeitet, der kommt in aller Welt nicht am Latein vorbei. Vor allem im Hinblick auf solche Fremdwörter hat kürzlich Günther Jauch gesagt, dass eine gute altsprachliche Bildung die beste Voraussetzung sei, um in seiner Sendung Millionär (von lat. *mille*) zu werden. *Sapienti sat*[1]– »Dem Schlauen genügt der Hinweis«. Aber wohl nicht nur aus diesem Grund lässt er seine Töchter Latein lernen.

Auch die Werbung und wer sonst bei Zeitgenossen Eindruck machen will, bedient sich heute, mehr denn je, der lateinischen Sprache. Nur ein Beispiel. Der traditionelle Titel einer Rede Ciceros *Pro domo* (Für sein Haus) – der eigentliche Titel lautete *De domo sua* – ist sprichwörtlich geworden für jemanden, der in eigener Sache redet. Es war wohl zuerst eine Kaffeefirma, die *Pro domo* unter Umdeutung dieses Sinns zum Markennamen ihres »Haus«-Kaffees machte. Inzwischen findet man im Internet unter dem Label *Pro domo* zwei Immobilienfirmen, eine Firma für »Coaching & Consulting«, eine Architekten-AG, eine Krankenhauszeitschrift, diverse Vereine, darunter auch ein Aktionsbündnis gegen die Schwulenehe: *Pro domo – contra Homo!* Ein besonders netter Schnitzer, denn natürlich kann *homo* (Mensch) nicht den Homosexuellen bedeuten, und, falls es das könnte, müsste man immer noch *contra Hominem* sagen.

Nach diesem Erfolg von *Pro domo* gibt es mittlerweile kaum ein lateinisches Wort mehr, das nicht mit *Pro* dekoriert zum attraktiven Marken- oder Vereinsnamen avanciert wäre. Am beliebtesten ist *Pro arte* (Für die Kunst). Man blicke wiederum ins Internet. Annähernd hundert Vereine, Konzertagenturen, Musikensembles, Chöre, Instrumentenfabriken, Gemäldegalerien, Museen und Tanzschulen schmücken sich mit diesem lateinischen Zeichen. Wer kann also bezweifeln, dass die lateinische Sprache noch heute produktiv ist und, nebenbei, dass sie ein ziemliches Prestige hat?

Aber reicht das alles aus, um Latein für wirklich lebendig zu erklären und sein Erlernen zu rechtfertigen? So werden die Gegner einwenden. Haben nicht die deutschen Mediziner vor vierzig Jahren vernünftig gehandelt, als sie für ihre Studenten den obligaten Latinumkurs zwar nicht völlig abgeschafft, aber doch durch einen bloßen Terminologiekurs ersetzt haben? Denn, zugegeben, ein bisschen lateinisches Vokabular braucht man allerdings schon, um zerebrale Beschwerden im Hirn *(cerebrum)* von abdominalen im Unterleib *(abdomen)* zu unterscheiden. Aber muss man dazu den Ablativus absolutus, den Accusativus cum infinitivo und den Unterschied zwischen Gerundium und Gerundiv gelernt haben? Die Mühe scheint zu groß. *Oleum et operam perdimus*[2] – »Wir verlieren Öl und Mühe«.

Auch dagegen lässt sich gut argumentieren. Es ist doch kein Zufall, sagt man, dass Lateinschüler, wofür es ja auch eindrucksvolle Statistiken gibt, in allen Schulfächern am besten abschneiden und sogar die meisten zusätzlichen Fremdsprachen erlernen. Nicht umsonst geht ja die Sage, dass man durch Latein das logische Denken lernen könne – entweder weil die Sprache selbst besonders logisch strukturiert ist oder weil sich gerade an einer scheinbar toten Sprache die grammatische Struktur besonders deutlich zeigen lässt. Jedenfalls ist es eine schlichte Erfahrung, dass, wer Latein kann, jede Sprache leichter lernt. *Ab uno disce omnes!*[3] – »Lerne alle am Beispiel des einen!«

Außerdem werde Latein ja keineswegs nur im Vatikan noch gebraucht. Man schaue doch wiederum nur ins Internet mit seinen expandierenden lateinischen Chatclubs *(greges garrulorum)*. Und man beachte vor allem das Beispiel der Finnen, die, nachdem sie im Juni 2006 die Präsidentschaft der Europäischen Union übernommen hatten, nun schon zum zweiten Mal – nach 1999 – allwöchentlich lateinische Newsletters erscheinen ließen (*Conspectus rerum,* www.eu2006.fi). So wollen sie, heißt es, Latein nach Englisch zur zweiten Amtssprache der EU machen, um damit das europäische Sprachengewirr etwas lichter zu gestalten. *Delirant Fenni?* Spinnen die Finnen? Kaum. Beim Pisa-Test haben sie am besten abgeschnitten.

Nichts als finnische Angeberei, Pisa hin, Pisa her, sagen die Latein-muffel. Das kenne man ja auch bei uns: Wer als etwas Besseres gelten und mit seiner Bildung prahlen wolle, führe ein paar lateinische Phrasen im Mund, die er selber kaum kapiert, oder rezitiere Cicero: *Quo usque tandem, Catilina ...* Kein Wunder, schon die Römer selbst seien ja eingebildete Aristokraten gewesen. Und heute diene Latein doch vor allem dazu, denen, die wegen ihrer familiären Herkunft sozial benachteiligt sind, den Aufstieg zu erschweren. Wozu denn die Latein-barrieren bei so vielen Studienfächern? Damit die feinen Leute unter sich bleiben. *Odi profanum volgus ...*[4] – »Ich weise von mir den profa-nen Pöbel«.

Umgekehrt wird ein Schuh daraus, sagt der Lateiner. Es ist doch längst nachgewiesen, dass gerade der Lateinunterricht schon durch seine Übersetzungsübungen die muttersprachliche Kompetenz und somit die soziale Chancengleichheit fördert. Und vergessen wir nicht, dass es eben der erwähnte Cicero war, der sich aus niederen Verhält-nissen als Selfmademan *(homo novus)* an die Regierungsspitze empor-gearbeitet hat. Er ist schließlich auch der Mann, der die Begriffe von Menschlichkeit *(humanitas)* und Menschenwürde *(dignitas hominis)* ge-prägt und bis zur heutigen Stunde zum gemeinsamen Besitz der zivi-lisierten Menschheit gemacht hat. Um ihn und andere grundlegende Philosophen des römisch-lateinischen Altertums zu verstehen, wie Lu-krez, Seneca, Augustin – von den Dichtern und Historikern ganz zu schweigen –, dazu lernt man doch vor allem Latein, nicht um sich mit ein paar Zitaten dekorieren zu können. *Ad fontes!* Zu den Quellen!

Aber diese sind doch alle gottlob längst ins Deutsche, Englische und andere moderne Sprachen übersetzt. Wer will sich da noch un-nötig mit dem Original abplagen?

Als ob je eine Übersetzung das Original ersetzen könnte! Das mag bei den neueren Sprachen noch halbwegs angehen, weil die sich untereinander sehr ähnlich sind. Ganz anders ist es beim Lateinischen, dessen Begrifflichkeit und Struktur von denen unserer Sprachen so frappant verschieden sind. Und überhaupt gibt es keineswegs von allen wichtigen Autoren schon Übersetzungen. Gerade von Augustin, dem größten Denker des lateinischen Altertums, ist uns ein riesiges lateinisches Werk überliefert, das bisher nur zu einem kleinen Teil durch Übersetzungen erschlossen wurde. Und, da sich Latein ja nicht aufs Altertum beschränkt: Wie wenig ist übersetzt von den größten Lateinern in Mittelalter und Neuzeit, von Thomas von Aquin, Petrarca, Boccaccio, Erasmus, Melanchthon, Leibniz! Wie wenig erst von den unendlich vielen anderen Autoren!

Satis superque! Genug und mehr als genug. Es ließen sich noch viele gute Gründe anführen, warum man Latein lernen soll; und sicherlich ließen sich auch noch einige Argumente dagegen ausdenken. Immerhin wird über diese Frage schon seit über vierhundert Jahren debattiert, und da hat sich einiges angesammelt. Aber diese Diskussion soll hier nicht fortgesetzt werden, jedenfalls nicht unmittelbar. In diesem Buch soll es nämlich einmal nicht um den Nutzen des Lateinischen gehen, sondern, von allem Nutzen abgesehen, um sein Wesen, seine eigentümliche Natur: den Zauber des Lateinischen, wie man sagen könnte.

Die Sprache selbst können wir, von einigen aussagekräftigen Proben abgesehen, natürlich nicht vorstellen – dafür gibt es zum Glück ja gute Lateinbücher. Aber wir wollen sie hier kennenlernen über ihre Geschichte und gewissermaßen Biographie. Wo kommt sie her? Wie konnte sie solche Bedeutung gewinnen? Was waren ihre Schicksale im Lauf von mehr als zweieinhalbtausend Jahren? Und dann vor allem: Wann ist sie und in welchem Sinn ist sie gestorben – wenn sie denn überhaupt gestorben ist? Dabei werden wir sehen, dass Latein es in einzigartiger Weise fertiggebracht hat, seinen eigenen Tod zu überleben und dadurch geradezu unsterblich zu werden.

Auf jeden Fall wird sich zeigen: Die lateinische Sprache ist, zumindest bis heute, die erfolgreichste Sprache der Welt *(regina linguarum)*. Und ihre Biographie, die uns auch mit den faszinierendsten Personen und Ereignissen der europäischen Geschichte zusammenbringt, ist fast so abwechslungsreich und spannend wie ein Abenteuerroman. Sollte sich also gar ein Leser in die Heldin dieser Biographie so sehr verlieben, dass er sich zum nächsten Lateinkurs anmeldet, dann würde er dem Autor eine große Freude machen.

Legite. Lesen Sie!

Operae pretium erit. Sie werden es nicht bereuen.

AB OVO!
LATEIN AUS DEM EI GEPELLT

Ab ovo, »vom Ei an«, sagen wir, wenn wir mit einer Sache ganz von
vorn beginnen. Warum? Weil die schlauen Römer erkannt hätten, dass
das Ei doch vor der Henne da war? Falsch. Der Dichter Horaz, dem
wir diese Wendung verdanken, hat einmal den alten Homer dafür gelobt, dass er in seiner *Ilias* den Troianischen Krieg gerade nicht *ab ovo*
behandelt habe, sondern sogleich *in medias res* (mitten in die Dinge hinein) gegangen sei.[1] Das Ei, mit dem er eben nicht begonnen hat, wäre
das berühmte, aus dem Techtelmechtel mit dem Schwan beziehungsweise Göttervater Zeus entstandene Ei der Leda gewesen. Aus diesem
schlüpfte ja dann die schöne Helena, die unbestrittene Ursache des
Troianischen Kriegs. Das alles steckt in *ab ovo,* aber noch mehr: *Ab ovo,*
mit dem Ei (als Horsd'œuvre), begannen auch die römischen Gastmäh-
ler. Der Erfolg dieser Wendung lag wohl auch in ihrer Vieldeutigkeit.

DIE LATINISCHEN URSPRÜNGE
DES LATEINISCHEN

Wir aber hören jetzt einmal nicht auf Horaz, sondern beginnen *ab ovo*
mit den Anfängen der lateinischen Sprache. Sie ist nicht erst die Sprache Roms. Sie ist, wie der Name schon sagt, die Sprache der Landschaft
Latium, in der Rom erst sehr allmählich die Vorherrschaft gewonnen
hat. Immer ist man dabei geblieben, von einer *lingua Latina* beziehungsweise einem *sermo Latinus* zu sprechen, nicht von einer *lingua Romana*
oder dergleichen. Wobei aber dennoch klar war, dass das wirklich korrekte Latein nur von den Römern gesprochen wurde. So definierte der
größte Sprachkenner, der Gelehrte Varro, zur Zeit Ciceros: *Latinitas est
incorrupte loquendi observatio secundum Romanam linguam.*[2] – »Unter (rich-
tigem) Latein versteht man den fehlerfreien Sprachgebrauch gemäß
römischer Zunge.« Wenn man hier speziell an die stadtrömische Aus-

sprache dachte, jenes gewisse Etwas, das nur der römische Mund erzeugen kann, so sprach man auch von *urbanitas,* vom »Sound der Stadt«.

Wo kommt das Lateinische her? Die heutigen Sprachwissenschaftler belehren uns, dass es eine indogermanische bzw. indoeuropäische Sprache ist. Sie weist manche Gemeinschaft mit dem Germanischen (man vergleiche *pater* – Vater – *father*), vor allem aber mit dem Griechischen auf (vgl. πατήρ = *patér*). Das Griechische ist ihm so nahe verwandt, dass der in Rom lebende griechische Historiker Dionysios von Halikarnass die Theorie aufstellte, Latein sei überhaupt nur ein griechischer Dialekt, der durch die Einflüsse anderer italischer Sprachen verderbt worden sei.[3] Das haben die Römer nicht so gesehen, empfanden sie doch ihre Sprache als etwas Bodenständiges.

Hören wir ihren Nationaldichter, Vergil. Er erzählt in seinem Epos *Aeneis* von der Vorgeschichte Roms. Nach dem Fall Troias lässt er einen der überlebenden Troianer, Aeneas, mit einer Schar von Schicksalsgenossen nach Latium kommen, um dort die Voraussetzung für die Gründung Roms zu schaffen. Die sollte dann allerdings erst viereinhalb Jahrhunderte später stattfinden. Empfangen wird Aeneas in Latium von einem König Latinus, der das Latein sozusagen schon im Namen hat und, möchte man glauben, ebenso selbstverständlich Latein spricht wie sein Volk, die »Latiner« *(Latini).* Dennoch ist keine Rede von sprachlich bedingten Kommunikationsschwierigkeiten mit dem Ausländer Aeneas, der ja nach heutigen Verhältnissen als Kleinasiate, wenn dieser Scherz erlaubt ist, eine Art Alttürkisch sprechen müsste. Auch schon Homer sieht kein Problem darin, Troianer und Griechen ohne Dolmetscher miteinander reden zu lassen.

Trotzdem ist sich Vergil bewusst, dass die Sprache der Troianer eine andere ist als die der Einheimischen. Denn am Schluss des Epos äußert die Göttin Juno die Besorgnis, die Latiner könnten, überfremdet von den Troianern, nicht nur Latinernamen und -kleidung, sondern auch ihre Sprache verlieren. Da aber beruhigt sie ihr Ehemann, der Göttervater Jupiter: Die Latiner, hier als Ausonier beziehungsweise Italer[*] be-

---

[*] *Ausonii* ist der poetische Name für die Einwohner Italiens. Bei Vergil, wo er sich zuerst findet, kann er auch für einzelne italische Stämme verwendet werden (Rutuler

zeichnet, werden sozusagen die »Leitkultur« und damit auch die Sprache bestimmen:

sermonem Ausonii patrium moresque tenebunt,
utque est nomen erit; commixti corpore tantum
subsident Teucri. [**] *morem ritusque sacrorum*
adiciam faciamque omnis uno ore Latinos. [4]

Sprache und Brauch, von den Vätern ererbt, werden Italer wahren.
Auch ihr Name verbleibt, wie er ist. Mit dem Körper vereint nur,
treten die Troer zurück. Ich schenk' ihnen heilige Bräuche,
mache ein einziges Volk mit dem einzigen Munde: Latiner.

Gemeinsame Religion *(sacra)*, gemeinsame Sprache *(os)*: Das sind die Fundamente dieses zunächst multikulturellen Volks, dem Jupiter an anderer Stelle die dauernde Herrschaft über die Welt verheißt. Die Sprache aber ist nicht die Sprache Troias, sondern Latiums: Latein.

So können wir in der Geschichte des Lateinischen wohl noch ein Stückchen zurückgehen. Vater des Latein sprechenden Königs Latinus ist bei Vergil König Faunus. Der ist nach seinem irdischen Dasein zu einem Gott geworden, wohnt im Walde, betreibt ein Orakel und erteilt seinem Sohn bei Bedarf nützliche Auskünfte. Diese Vorstellung beruht auf einer späten historischen Konstruktion: Nach dem ursprünglichen Glauben der Latiner gab es nicht einen Faunus, sondern viele Faune, *Fauni*. Diese göttlichen Waldschrate bekam man für gewöhnlich nicht zu sehen. Sie versteckten sich im Gebüsch und ließen nur gelegentlich ihre Stimme hören, besonders in wichtigen Momenten der römischen Geschichte.

Wenn wir heute von Faunen hören, denken wir an bocksge-

oder, wie hier, Latiner), wie man in entsprechendem Kontext etwa von Bayern oder Hessen als »Deutschen« spricht. Vergil macht also trotz dieser Bezeichnung keine Aussage über sämtliche Italer.

[**] Das heißt: Nur dem Körper, nicht dem Namen und der Sprache nach, vereinigen sich die Völker, wobei die Troianer im größeren Volksganzen untergehen. Andere Erklärer verstehen: »vermischt mit dem (größeren) Körper …«.

hörnte, bocksbeinige Gestalten, die mit unbezähmbarer, »faunischer« Lüsternheit alles Weibliche verfolgen. Das ist jedoch eine späte Vorstellung, die erst auf die Dichter Horaz und Ovid zurückgeht. Sie haben die latinischen *Fauni* mit dem bocksgeilen griechischen Gott Pan vermengt. Die ursprünglichen, echten Faune sind ebenso sittsam wie gestaltlos. Es sind Naturgeister, die eigentlich nur in ihrer Stimme leben und deren Lebensraum auf Latium beschränkt ist. So dürfen wir sie, die Faune, als die frühesten fassbaren Lateinsprecher, ja Lateindichter ansehen. Das tat schon der Dichter Ennius, als er von *versibus quos olim Fauni vatesque canebant*[5] sprach, »Versen, wie sie einst Faune und Wahrsager sangen«. Damit wollte er eine besonders altertümliche Art der Dichtung bezeichnen.

Vergils Jupiter hat nicht ganz unrecht gehabt, wenn er in der zitierten Äußerung über die Sprache die Latiner als Italer *(Ausonii)* bezeichnet. Denn Latein war ja dazu bestimmt, die gemeinsame Sprache zunächst einmal Italiens zu werden. Je weiter sich die Macht Roms ausbreitet, umso mehr verbreitet sich auch die Sprache der Römer und drängt die vielen anderen Sprachen der Apenninenhalbinsel zurück. Schon unsere frühesten lateinischen Sprachdenkmäler stammen zum Teil gar nicht aus Rom selber. Als ältestes gilt meist eine Fibel (Spange) aus dem etruskischen Praeneste, dem heutigen Palestrina. Die Inschrift stammt aus dem sechsten Jahrhundert und ist in griechischen Buchstaben verfasst:

manios: med: fhe: fhaked: numasioi[6]

In »modernes« Latein übertragen heißt das: *Manius me fecit Numerio,* »Manius hat mich für den Numerius gemacht« – die Fibel redet also selber, wir kennen diese poetische Figur aus griechischen Epigrammen. So belehren uns die Indogermanisten, die sich besonders darüber entzücken, dass hier ein Perfekt *fefaced* mit altertümlicher Verdoppelung der Eingangssilbe statt des späteren *fecit* steht. Ihre Freude wurde allerdings gedämpft, als vor einiger Zeit der Verdacht aufkam, die Inschrift sei erst im neunzehnten Jahrhundert entstanden – ein Archäologe soll sie gefälscht haben.

ROM EROBERT DIE WELT

Im Jahr 338 v. Chr. hat Rom Latium endgültig unter seiner Herrschaft vereinigt. Danach greift es im Krieg mit dem Makedonen Pyrrhos, berühmt für seine »Pyrrhussiege«, mächtig nach Süditalien, das heißt in griechisches Kulturgebiet, aus. Es folgt die Auseinandersetzung mit dem afrikanischen Karthago im Ersten und Zweiten Punischen Krieg (bis 201 v. Chr.), wobei vor allem dieser zweite Krieg Rom in seine größte Existenzkrise führt. Um eine äußerste drohende Gefahr zu bezeichnen, zitieren wir bis heute den Schreckensruf der Römer: *Hannibal ante portas* – »Hannibal vor den Stadttoren«; von Loriot wurde dieser noch überboten durch den stabreimenden Filmtitel *Pappa ante portas.* Im Originalwortlaut, beim Historiker Livius, heißt es übrigens: *Hannibal ad portas.*[7]

Nach dem ersten Krieg wird das griechische Sizilien im Jahr 241 v. Chr. erste römische Provinz,[*] dann Sardinien und Korsika. Mit dem zweiten Krieg wird Spanien erobert, wo bald ebenfalls zwei Provinzen eingerichtet sind. Nun erobert Rom den Osten, Griechenland und Kleinasien, wo später ebenfalls Provinzen entstehen: Macedonia und Asia. Der Sieg bei Pydna (168 v. Chr.) über Perseus von Makedonien gilt als eine große Wende, insofern, als nun griechische Zivilisation und *dolce vita* nach Rom eingeströmt sein sollen. Noch vorher wird das diesseits der Alpen liegende Gallien *(Gallia Cisalpina)* erobert. Nach dem Dritten Punischen Krieg wird die Erzfeindin Karthago dem Erdboden gleichgemacht und eine Provinz Africa eingerichtet.

Moralische Bedenken macht den Römern diese ihre imperialistische Expansion durchaus nicht. Obwohl sie damals noch nicht die Idee hatten, zur Weltherrschaft auserwählt zu sein, führten sie doch ihrem Selbstverständnis nach nur gerechte Kriege – *bella iusta* –, in denen sie ihren Besitzstand und ihre Bundesgenossen verteidigten.

---

[*] Provinzen, *provinciae,* sind außeritalische Staaten, deren Einwohner keine römischen Bürger sind, die aber von Rom verwaltet werden und Steuern zahlen müssen. Unsere Vorstellungen von »Provinz« und »provinzlerisch« sind etwas andere.

Anders sah das der Athener Philosoph Karneades. In einer im Jahr 155 v. Chr. in Rom gehaltenen Vorlesung bescheinigte er den Römern, sie müssten wieder in den alten Hütten des Romulus wohnen, wenn sie zum Prinzip der Gerechtigkeit zurückkehren wollten.[8] Das hörte man nicht gern und schickte ihn nach Hause.

Von der Zerstörung Karthagos an datieren römische Historiker einen inneren Sittenzerfall, der zu sozialen Spannungen und diversen Bürgerkriegen (133 bis 31 v. Chr.) führt: *Luxuria* (Ausschweifung) und *avaritia* (Habgier) heißen die angeprangerten Hauptlaster. Roms Expansion wird dadurch kaum beeinträchtigt. 121 v. Chr. wird die Provinz Gallia Narbonensis eingerichtet. Sie wird einfach *provincia* genannt, die heutige französische »Provence«. Noch wichtiger ist, dass im Jahr 89 v. Chr. alle Bürger Italiens das römische Bürgerrecht erhalten. Es wird erst 212 n. Chr. von Kaiser Caracalla auf alle freien Reichsbürger ausgedehnt. In den Jahren 69 bis 64 v. Chr. kommen als östliche Provinzen hinzu: Creta, Cilicia, Syria (mit Iudaea), Pontus et Bithynia.

Es ist vor allem Pompeius, der dort im Osten durch spektakuläre Siege das Reich erweitert. Ihn nennen die Römer als einzigen *Magnus,* »den Großen«. Währenddessen arrondiert Caesar von der Gallia Narbonensis aus durch die waghalsige Eroberung ganz Galliens – mit Ausnahme des kleinen unbesiegbaren Dorfs von Asterix & Co., versteht sich – das Reich im Westen. Dass die literarische Bemäntelung dieses Unrechtskriegs in seinen Büchern *De bello Gallico* einmal zur erfolgreichsten, wenn auch nie unumstrittenen, Schullektüre werden würde, hätte er sicherlich nie zu hoffen gewagt. Sein Adoptivsohn, der spätere Kaiser Augustus, fügt weitere Provinzen hinzu; genannt seien nur noch Aegyptus und Cyprus sowie Galatia. Im Jahr 15 v. Chr. unternehmen seine Stiefsöhne Tiberius und Drusus ihren berühmten Alpenfeldzug gegen die Raeter und Vindelicer.

Leider wissen wir nicht genau, wann daraus die Provinz Raetia, die Vorgängerin unseres Bayern, geworden ist. Wir wissen auch nicht, ob deren erste Hauptstadt Cambodunum (Kempten) oder Augusta Vindelicum (Augsburg) gewesen ist. Unumstritten ist aber: 1. dass es nicht München war, das erst 1158 n. Chr. gegründet wurde, und

2. dass auch die Augsburger 1985 ihre prunkvolle Zweitausendjahr-feier samt lateinischen Festspielen *(LVDI LATINI)* auf jeden Fall um einiges zu früh gefeiert haben.

RÖMISCHE SPRACHPOLITIK

Genug der historischen Daten! Spätestens durch Pompeius, Caesar und Augustus ist das römische Imperium ein echtes Weltreich mit festem Stand auf drei Kontinenten geworden. Später kommen noch einige wenige ansehnliche Eroberungen hinzu, wie Britannia unter Kaiser Claudius. Seine größte Ausdehnung hat das Imperium dann im zwei-ten Jahrhundert n. Chr. unter dem militärbegeisterten Trajan erreicht. Ein Reich, ein Kaiser, eine Sprache? Nicht ganz und nicht sofort. Zu-nächst einmal: Die toleranten Römer betreiben nach allem, was wir sehen, keine aggressiv-nationalistische Sprachpolitik gegenüber Aus-ländern. Selbst für in Rom lebende Migranten ist kein lateinischer Sprachtest oder gar ein obligatorischer Schulbesuch beim römischen Grundschullehrer *(litterator)* vorgesehen, geschweige denn ein Be-kenntnis etwa zu römischen Rechtsgrundsätzen. Man lässt jedem seine Sprache wie seine Sitten, Kleidung und Religion. Letzteres ist umso unproblematischer, als die Römer annehmen, dass ohnehin alle Men-schen dieselben Götter, nur unter verschiedenen Namen, verehren.

Für diese Zurückhaltung im Sprachlichen haben wir ein kostba-res Zeugnis beim Historiker Livius. Er erwähnt beiläufig, dass am An-fang des zweiten Jahrhunderts v. Chr. die Bewohner des griechischen Cumae in Rom um die Erlaubnis ersucht hätten, *ut publice Latine loquerentur* – »Latein als Amtssprache verwenden zu dürfen«.[9] Das wurde ihnen als bewährten Freunden auch gestattet. Zumindest da-mals war es also geradezu ein Privileg, offiziell Latein sprechen zu dür-fen. Und es dürfte vor allem der eigene Vorteil gewesen sein, der die Menschen dazu anhielt, die Sprache des Herrschervolks zu erlernen.

So versiegen unsere Dokumente für die aussterbenden alten itali-schen Sprachen im Laufe des zweiten und ersten vorchristlichen Jahr-hunderts. Nur an zwei Stellen spürt man einen gewissen Widerstand gegen das Lateinische. Das stolze, von den Römern immer respektierte Kulturvolk der Etrusker behauptet noch lange seine eigene Sprache, sodass man in der Toscana, also dem »Tusker«- = Etruskerland, Etruskisch vereinzelt bis ins zweite nachchristliche Jahrhundert spricht. Noch stärker widersetzen sich die hochzivilisierten, auf Rom immer ein wenig herabblickenden Griechen. Sizilien, Roms erste Provinz und das »Amerika der Griechen«, bleibt selbstverständlich griechisch, ebenso weithin die Griechenstädte Süditaliens, Neapel, Tarent usw.

Nur einzelne Männer, die in Rom wirken, lernen Latein. Unter ihnen sind vor allem Literaten wie der aus Kalabrien stammende Ennius, der stolz von sich sagt, er habe drei Herzen *(tria corda)*, ein griechisches, ein oskisches* und ein lateinisches.[10] Dazu muss man wissen, dass für die Antike das Herz der Sitz des Verstandes war. Hier scheint sich also schon etwas von der modernen Einsicht Wilhelm von Humboldts abzuzeichnen, wonach jede Sprache ihr je eigenes Denken formt. Der Frechste unter diesen Zweitsprachenlateinern war der aus Kampanien stammende und von Haus aus Oskisch sprechende Dichter Naevius. Er soll sich auf seinen Grabstein haben schreiben lassen: »Nachdem Naevius zum Orkus gefahren ist ...«, *obliti sunt Romae loquier lingua Latina*[11] – »haben sie es in Rom verlernt, Latein zu sprechen.« Das ist der sprichwörtliche »kampanische Hochmut« *(Campana superbia)*, um dessentwillen man den Naevius auch nach Afrika vertrieben hat, wo er dann starb.

Wenn die Römer den Griechen ihre Sprache nie aufgedrängt haben, so haben sie sich aber auch bei diesen sprachlich nicht angebiedert. Sie sind auf der einen Seite fast immer durchdrungen von dem Gefühl, dass die griechische Sprache, die alle Gebildeten erlernen, ihrer eigenen überlegen sei, nicht nur reicher an Wörtern, sondern auch süßer an Wohlklang. Auf der anderen Seite aber sind die Römer im offiziellen Gebrauch des Griechischen betont zurückhaltend.

Noch Cicero erregt Anstoß dadurch, dass er im Senat von Messina selber eine griechische Rede hält, statt sich von einem anderen

---

* Oskisch war eine der wichtigsten italischen Sprachen. Sie wurde südlich von Rom gesprochen.

übersetzen zu lassen. Für die älteren Politiker bezeugt Valerius Maximus, dass sie auch an Griechen immer nur lateinische Bescheide *(responsa)* gegeben hätten, um ihre eigene *maiestas* (»Würde«) und die des römischen Volkes zu wahren. So hätten sie diese gezwungen, sich nicht nur in Rom, sondern sogar in Griechenland und Kleinasien der Hilfe von Dolmetschern zu bedienen. Warum? *Quo scilicet Latinae vocis honos per omnes gentes venerabilior diffunderetur*[12] – »damit sich der Glanz des lateinischen Sprachlauts als umso verehrungswürdiger bei allen Völkern ausbreite«. Wer kennt es nicht von stolzen Engländern und besonders Franzosen: dass sie ihre eigenen vorzüglichen Deutschkenntnisse verheimlichen, um uns arme Teutonen zur Huldigung an den Genius ihrer Sprache zu nötigen!

Einem so selbstbewussten Römertum scheint es freilich zu widersprechen, dass die frühesten römischen Historiker nach dem Zweiten Punischen Krieg ihre Annalen in griechischer, nicht lateinischer Sprache verfassen. Aber das ist leicht zu erklären: Diese Werke, in denen ja römische Politik und Kriegsführung verteidigt wurden, waren nicht so sehr für Römer als für das Griechisch sprechende Ausland bestimmt. Denn in diesen ersten Jahrhunderten der römischen Literatur ist die dominierende Weltsprache noch immer Griechisch. So will Cicero im Jahre 62 v. Chr. zur internationalen Verherrlichung seines Konsulats einen griechischen Dichter, Archias, engagieren, *quod Graeca leguntur in omnibus fere gentibus, Latina suis finibus exiguis sane continentur*[13] – »weil man Griechisches bei so ziemlich allen Völkern liest, Lateinisches aber in seinen ja doch engen Grenzen (Italiens) eingeschlossen bleibt«. Leider blieb auch Ciceros konsularischer Ruhm innerhalb dieses lateinischen Gettos: Als Archias abgelehnt hatte, schrieb er, Homer und Achill in Personalunion, sich selbst sein Ruhmesepos, ein lateinisches: *De consulatu suo* (über sein Konsulat).

In Rom selbst dominiert Griechisch lange Zeit in Rhetorik und Philosophie. Wenn sich der jüngere Scipio, der Zerstörer von Karthago (146 v. Chr.), mit griechischen Intellektuellen wie dem Philosophen Panaitios geistig austauscht, so geschieht dies selbstverständlich in griechischer Sprache. So bleibt es weithin bis in die Kaiserzeit. Cicero, Roms größter Redner, erlernt in griechischer Sprache nicht nur die Theorie der Rhetorik, sondern pflegt sogar seine praktischen Redeübungen *(declamationes)* in Griechisch abzuhalten, weil er nur so Lehrer habe, sagt er, die ihn korrigieren können. Erst Ende der fünfziger Jahre beginnt man in Rom endlich, auch lateinisch zu »deklamieren«.

Griechisch scheint sogar bis mindestens ans Ende der Republik die Sprache der Erotik: Eine Liste von Kosenamen, die der philosophische Dichter Lukrez in der Mitte des ersten Jahrhunderts v. Chr. aufstellt,[14] ist fast durchweg griechisch – kein Wunder angesichts der griechischen Sklavinnen und Freigelassenen, mit denen sich die männliche Jugend Roms vorehelich abgibt. Erst zur Zeit von Ovids *Liebeskunst* (1 v. Chr.) scheint sich auch das Liebesgeflüster latinisiert zu haben: Latein auf dem Vormarsch.

Wann und wie kam es nun also dazu, dass Latein schließlich doch, über die Grenzen des römischen Staatsgebiets hinaus, Weltsprache wurde, dem Griechischen ebenbürtig und am Ende sogar überlegen? Dies wird uns klarer werden, wenn wir uns nun mit der Entstehung der römischen Literatur beschäftigen. Wir beginnen noch einmal (fast) *ab ovo.*

LITTERAE LATINAE
LATEIN WIRD LITERARISCH

Ältere römische Literaturgeschichten beginnen seit der Goethezeit in der Regel mit der missmutigen Feststellung, dass die Römer von Hause aus eigentlich unkünstlerisch gewesen seien, »nur auf das Praktische gerichtet«.[1] Wegen der strengen »Unterordnung des individuellen Willens unter den Gesamtwillen« des Staats habe ihnen die für »originelle Schöpfungen ersten Ranges« nötige »Freiheit des Geistes« gefehlt.[2] Sie hätten allenfalls über eine »passive Phantasie« verfügt.[3] Kein Wunder also, dass sie, um Literatur zu schaffen, bei denen in die Lehre gehen mussten, die in der »Muttersprache der Musen«[4] dichteten: den Griechen natürlich. Denn ihre eigene Sprache sei nun einmal nur, so bemerkte mit boshaftem Witz Heinrich Heine, »eine Commandosprache für Feldherren, eine Dekretalsprache für Administratoren, eine Justizsprache für Wucherer, eine Lapidarsprache für das steinharte Römervolk«.[5]

ROMS WELTLITERARISCHE BEDEUTUNG

Zu solchen fast unausrottbaren Urteilen haben die Römer leider selbst beigetragen. In einer berühmten Prophezeiung in Vergils Nationalepos *Aeneis* grenzt der alte Anchises, der Vater des Titelhelden Aeneas, Wesen und Schicksalsbestimmung der zukünftigen Römer von den Vorzügen der Griechen ab: Diese könnten freilich beseeltere Bildwerke schaffen, bessere Gerichtsreden halten und durch Astronomie den Himmel erfassen, aber:

tu regere imperio populos, Romane, memento
(hae tibi erunt artes) pacique imponere morem,
parcere subiectis et debellare superbos.[6]

Römer, bedenke dies stets: mit Herrschaft die Welt zu regieren
(Künste, wie du sie verstehst), mit Sitte den Frieden zu krönen,
mild den Besiegten zu sein, doch niederzuwerfen die Frechen.

Dem zur Weltherrschaft berufenen Soldatenvolk der Römer stehen
die für Kunst, Rede und Wissenschaft begabteren Griechen gegenüber. (Die Poesie hat Vergil hier allerdings, wohl um sich selber zu
schonen, ausgespart.) Anders wertet, aber ähnlich denkt Vergils Freund
Horaz in seinem Lehrgedicht *De arte poetica* – »Über die Dichtkunst«:
Er preist die Griechen, denen die Musen den Wohllaut schon in den
Mund gelegt hätten und die nur nach literarischem Ruhm lechzen
würden. Die römischen Schulbuben dagegen würden nichts lernen,
als Pfennige zu addieren:

> ... *an, haec animos aerugo et cura peculi*
> *cum semel imbuerit, speremus carmina fingi*
> *posse linenda cedro et levi servanda cupresso?*[7]

> ... wenn solch ein Rost das Gemüt, diese Angst ums Ersparte,
> einmal beschlägt, wie hoffen wir dann noch auf edle Gedichte,
> die man mit Zeder bestreich' und in glatter Zypresse verwahre?[*]

So ist sich Horaz wohlbewusst, dass die noch ungebildeten Römer ihre
Literatur den Griechen verdanken, da vor zweihundert Jahren *Graecia
capta ferum victorem cepit et artes / intulit agresti Latio*[8] – »das eroberte Griechenland seinen wilden Bezwinger selbst eroberte und Künste ins
bäurische Latium brachte«. Und nur in ständiger, täglicher Neuorientierung an den »griechischen Vorbildern« *(exemplaria Graeca)*[9] sieht er
auch die Zukunft der römischen Literatur. Ein Armutszeugnis?

Blickt man auf das Ganze der Alten Welt, ist diese Anlehnung der
römischen an die griechische Literatur kein Mangel, sondern eine
einzigartige Leistung. Etwa von der Zeit von Roms Gründung an, an-

---

[*] Zedernöl diente der Haltbarmachung des Papyrus; Zypressenholz, das Bücherwür-
mer vertreibt, wurde für das Futteral wertvoller Handschriften verwendet.

geblich 753 v. Chr., bis etwa 300 v. Chr. hatten die Griechen in den poetischen Gattungen von Epos, Lyrik, Tragödie und Komödie, in den Prosaformen der Philosophie und der Geschichtsschreibung eine Literatur geschaffen, die weltweit unvergleichlich war. Durch den Eroberungszug Alexanders des Großen und die damit eröffnete Weltkultur des Hellenismus war dann diese Literatur ein globaler Gemeinbesitz aller Gebildeten, sprich der der Weltsprache Griechisch Mächtigen, geworden.

Wer ein Epos schrieb, konnte sich der Ausdrucksweise Homers bedienen; für einen philosophischen Dialog hielt man sich an das Vorbild Platons. Die berühmten Literaten aus aller Welt schreiben seit dem dritten Jahrhundert in griechischer Sprache: der Elegiker Kallimachos aus Kyrene in Afrika, der Bukoliker Theokritos aus Syrakus, der Lehrdichter Aratos aus Soloi in Kilikien, der Philologe Dionysios aus Thrakien, die Epigrammatiker Antipatros, Meleagros und Philodemos aus Syrien. Keiner von diesen käme auf den Gedanken, seine etwaige Muttersprache oder sonst eine Sprache literarisch zu verwenden.

Aber ebendies tun die Römer. Sie hatten als einziges Volk der Alten Welt das Bedürfnis, sich die viel bewunderten Schätze der griechischen Literatur in der eigenen Sprache schöpferisch anzueignen. So brachten ihre Literaten sie zugleich auch unter das weniger gebildete Volk.

Ein Beispiel mag das Besondere dieser Leistung veranschaulichen. Im zweiten Jahrhundert v. Chr. schrieb ein gebildeter Jude namens Ezechiel eine Tragödie über Moses, den Helden seines Volkes, und dessen Auszug aus Ägypten. Natürlich verfasste er dieses Drama, *Exagogé*, nicht im Bibelhebräisch seiner Quelle, des Buchs *Exodus*, sondern in der Literatursprache des Euripides, in griechischen Trimetern. Wie anders der römische Dichter Naevius! Er ließ am Ende des dritten Jahrhunderts Roms ersten Nationalhelden, den Stadtgründer Romulus, als Titelfigur einer Tragödie zwar auch in griechischem Versmaß reden, aber eben in lateinischer Sprache. Und schon längst vor diesem hatten sogar Achill, Agamemnon, Atreus und all die anderen griechischen Helden zum Zwecke der Theateraufführung Latein lernen müssen.

DIE VORLITERARISCHE POESIE

Bevor wir aber diese Anfänge der römischen Literatur betrachten, müssen wir noch einen Blick auf das werfen, was dieser Literatur vorausgegangen ist. Manche Zeugnisse belehren uns, dass die spätere Literatur auf einem nicht unbeträchtlichen Fundus von poetischem »Volksvermögen« aufbauen konnte. So zeigen einige alte Gebete alle Anzeichen einer gehobenen poetischen Sprache. Eines davon, ein Gebet an den Gott Mars, der damals noch nicht auf den Krieg spezialisiert war, überliefert der ältere Cato (der als grimmiger Zensor und Griechenverächter fast ein Markenname geworden ist). In seinem Fachbuch *De agri cultura* – »Über die Landwirtschaft«, dem ältesten römischen Prosabuch, das wir überhaupt besitzen, heißt es:

> ... *uti tu morbos   visos invisosque,*
> *viduertatem   vastitudinemque,*
> *calamitates   intemperiasque*
> *prohibessis defendas   averruncesque,*
> *utique tu fruges frumenta   vineta virgultaque*
> *grandire beneque   evenire siris,*
> *pastores pecuaque   salva servassis*
> *duisque bonam salutem   valetudinemque*
> *mihi domo   familiaeque nostrae.*[*10]

> ... dass du Krankheiten, sichtbare und unsichtbare,
> Unfruchtbarkeit und Verödung,
> Verheerungen und böse Wetter,
> fernhaltest, abwehrest, abwendest
> und dass du Früchte, Getreide, Weinberge und Pflanzungen
> groß werden und wohl geraten lässest,
> Hirten und Herden heil bewahrest
> und gebest gutes Heil und gesundes Wohlergehen
> mir, dem Haus und unserer Familie.

---

* *prohibessis = prohibeas* beziehungsweise *prohibueris; siris = sinas* beziehungsweise *siveris; servassis = serves* beziehungsweise *servaveris; duis = des.*

In diesem urtümlichen Text finden wir schon viele der Kunstmittel, die den Reiz der späteren lateinischen Literatur ausmachen werden. Vor allem zeigt sich die Neigung zum Doppelausdruck, der entweder dasselbe zweimal sagt *(viduertatem vastitudinemque)* oder Zusammengehöriges verknüpft *(pastores pecuaque)* oder auch einen Begriff polar aufspaltet *(morbos visos invisosque)*. Aber auch eine Dreiteilung kommt einmal vor *(prohibessis defendas averruncesque,* vgl. *mihi domo familiaeque nostrae)*. Diese Fülle des Ausdrucks dient nicht nur der Eindringlichkeit, sondern auch der Eindeutigkeit. Dem Gott soll genau klargemacht werden, worum man ihn bittet. Und sie ist für das Lateinische ebenso charakteristisch wie das berühmte Streben nach *brevitas* – »Kürze«.

Ein typisches Schmuckmittel sind auch die ständigen Alliterationen, die der griechischen Dichtung fast völlig fehlen *(fruges frumenta vineta virgultaque* usw.). Ebenso echt lateinisch ist die Spannung, die durch die regelmäßige Endstellung des Verbums entsteht *(prohibessis; siris)*. Und umso eindrucksvoller ist es, wenn dann von dieser Regel abgewichen wird. So stehen der Betende und die Seinen *(mihi domo familiaeque nostrae)* unterschriftartig am Schluss der Bitten.

Erhöht wird die Wirkung dieses Gebets durch das primitive, auch für uns erahnbare Versmaß, dessen genauere Regeln bei Philologen und Linguisten umstritten sind. Jede Spracheinheit ist, wie durch das moderne Druckbild angedeutet, in zwei Teile von je vier bis neun (in der Regel etwa sechs) Silben geteilt: Dabei ist in jedem dieser »Halbverse« die vorletzte Silbe betont: *mórbos, invisósque, viduertátem, vastitudinémque* usw. Man spricht hier mit einer wohl scherzhaft gemeinten Formulierung des Horaz mit Bezug auf die gute alte Zeit, in der noch Saturn regierte, vom *numerus Saturnius*[11] – »saturnischen Vers«. Er scheint *das* einheimische Versmaß in Latium gewesen zu sein.

Wer sich diese rohen Verse laut vorliest, wird sich ihrem Zauber so wenig entziehen können wie Gott Mars. Und er sollte es, auch wenn er kein Landwirt ist, einmal bei einer Verstauchung mit Catos Zauberspruch versuchen: *motas vaeta daries dardares astataries dissunapiter.*[*][12]

---

[*] Da diese Wörter mit der schier zufälligen Ausnahme von *motas* im Lateinischen nicht vorkommen, lässt sich dieser Spruch so wenig übersetzen wie etwa *Hokuspokus* oder *Simsalabim*.

Falls der Spruch doch nicht hilft, hat der Leser immerhin ein Stück uraltlateinischer Nonsense-Poetry kennengelernt.

Es gibt keinen Grund, Texte wie das zitierte Marsgebet nicht als Dichtung anzusprechen: Sie haben das für die Poesie aller Sprachen und Zeiten grundlegende Prinzip der Wiederholung (Periodizität) der Lautstruktur. Aber natürlich ist solche Poesie noch keine Literatur. Die angewandten poetischen Mittel besitzen keinen ästhetischen Eigenwert. Sie haben hier nur den Zweck, Gott Mars zu der gewünschten Unterstützung zu veranlassen. Erst wenn ein künstlerischer Anspruch erhoben wird, sodass neben dem Inhalt auch die Form wichtig ist, können wir von Literatur sprechen.

Dazu kommt eine zweite, damit zusammenhängende Forderung, die schon durch das Wort Literatur, abgeleitet von *littera* (Buchstabe), gegeben ist: Literatur muss schriftlich konzipiert und damit auf eine gewisse Dauer hin angelegt sein. Denn: *scripta ferunt annos, scriptis Agamemnona nosti* …[13] – »Die Schrift bringt zu Jahren, aus Geschriebenem kennst du Agamemnon …« (Ovid). Wenn die späteren römischen Dichter von Unsterblichkeit sprechen, denken sie meist an das Buch, das heißt die antike Papyrusrolle. Der altrömische Name für den Dichter, *scriba* (Schreiber), muss also nicht, wie man heute glaubt, abwertend gewesen sein.

Schon aus diesem Grund konnte das, was die alten *Fauni vatesque*, die Faune und die von ihnen vielleicht inspirierten Wahrsager, in lateinischen Wäldern sangen, noch keine Literatur sein, so wenig wie all das, was wir sonst von allerlei vorliterarischer, mündlicher Poesie in Italien und Latium erfahren.

DIE VÄTER DER RÖMISCHEN LITERATUR

Wann und wie beginnt also die römische Literatur? Sie beginnt spät, und sie beginnt sogleich in fühlbarem Zusammenhang mit den Griechen. Ihr Vater, genauer: Großvater, ist einer der genialsten und innovativsten Römer, der vor allem als Zensor berühmte Appius Claudius Caecus, das heißt der »Blinde« (ca. 340–273 v. Chr.). Er hat Italien unter anderem mit seiner wichtigsten Straße, der *Via Appia,* und Rom mit seiner besten Wasserleitung, der *Aqua Appia,* versorgt. Er soll auch ein Buch mit poetischen Sinnsprüchen, vielleicht unter dem Titel *Carmen,* verfasst haben. Darin stand, was wir noch heute als Sprichwort kennen: *fabrum esse suae quemque fortunae*[14] – »Jeder ist seines Glückes Schmied«. Das klingt wie römische Urväterweisheit, stammt aber, wie wohl auch andere Sprüche des Appius, von dem zeitgenössischen griechischen Komödiendichter Philemon.

So sind die Griechen in der römischen Literatur von Anfang an präsent. Dasselbe gilt auch vom ersten Stück literarischer Prosa, das sich ebenfalls dem Appius verdankt. Als im Jahr 280 der Griechenkönig Pyrrhos von Epirus in Italien einfiel und nach diversen »Pyrrhussiegen« Rom bedrohte, hatten die Römer über ein Friedensangebot seines Gesandten zu entscheiden. Es war der blinde Appius Claudius, der mit einer flammenden Rede den römischen Senat von diesem, wie er meinte, verderblichen Friedensschluss abhielt. Diese Rede nun hat er selber veröffentlicht. Das heißt, er hat sie nachträglich diktiert und so im Bekanntenkreis zirkulieren und abschreiben lassen. Wieso gerade diese Rede? Ich meine, weil sie neben ihrem praktischen Zweck auch ein klares literarisches Vorbild hatte: die »Philippiken« des berühmtesten griechischen Redners, Demosthenes. Der hatte mit ähnlicher Durchhalterhetorik Athen immer wieder auf einen unversöhnlichen Krieg mit Philipp von Makedonien eingeschworen. Noch Cicero las die Rede des Appius. Von ihrem originalen Wortlaut haben wir zwar nichts mehr, aber ihren rhetorischen Schwung hat am schönsten hundert Jahre später der Dichter Ennius in zwei berühmten Versen wiedergegeben:

quo vobis mentes rectae quae stare solebant
antehac, dementes sese flexere viai?[15]

Wohin floh nur der Sinn, der stets so gerade und aufrecht
früher euch war, wohin? Verirrt auf den Pfaden des Wahnsinns?*

---

* *viai* (= *viae*) ist ein altertümlicher Genetiv, hier als Genetivus partitivus abhängig von *quo.* Das Wortspiel *mentes – dementes* ist annähernd wiedergegeben durch »Sinn« und »Wahnsinn«.

Appius Claudius war ein überragender Einzelgänger, als erster römischer Literat um ein halbes Jahrhundert seiner Zeit voraus. Am entscheidenden Neuanfang der römischen Literatur steht dann aber nicht das Genie eines Einzelnen, sondern das Volk. Im Pyrrhoskrieg kommen römische Soldaten, ein Bürgerheer, in das griechische Süditalien. Im Jahre 272 v. Chr. wird Tarent erobert, eine Theaterstadt. Spätestens jetzt lernen Römer griechisches Schauspiel kennen und schätzen. Dann, nach Ende des Ersten Punischen Kriegs, durch den das griechische Sizilien als Provinz annektiert wird, wächst das Bedürfnis nach einem eigenen Drama. Im Jahr 240 v. Chr. – das wichtigste Epochenjahr der lateinischen Sprach- und Literaturgeschichte – findet die erste Aufführung eines echten lateinischen Bühnenstücks in Rom statt. Wir wissen nicht, ob es eine Tragödie oder Komödie war, aber ohne Zweifel war es nach dem Vorbild eines griechischen Dramatikers gestaltet. Frühere römische Bühnendarbietungen hatten keine zusammenhängende Handlung gehabt. Auch der Verfasser und Regisseur des Stücks war Grieche: Livius Andronicus, ein Freigelassener aus Tarent.

Für über ein Jahrhundert bleibt es von nun an dabei, dass alle römischen Dichter von niederem sozialen Stand und Ausländer sind. Sie holen ihr Latein sozusagen auf dem zweiten Bildungsweg nach. Und mehr als ein Jahrhundert lang gilt auch, dass die Bühnendichtung die wichtigste und populärste Form der Poesie ist. Es ist auch die einzige, die ihrem Autor finanziell etwas einbringt. Zwar gibt es kein zahlendes Publikum, da alle Darbietungen im Rahmen von *ludi,* religiösen »Festspielen«, gratis zugänglich sind. Aber der Dichter verdient dadurch, dass er sein Stück an einen Theatermanager, den *dominus gregis* – Herrn der Truppe, verkauft. Dieser sorgt für die Inszenierung und lässt sich dann für die gesamte Kunstleistung von dem vornehmen Herrn bezahlen, der die jeweiligen *ludi* veranstaltet und finanziert. Denn dieser wiederum will beim Volk beliebt werden, um bei den nächsten Wahlen in ein prestigeträchtiges Amt zu gelangen.

Im Übrigen zeigt schon dieser Geldkreislauf, bei dem sich der Publikumserfolg des Autors letztlich auch in seiner Kasse niederschlägt, wie sehr das Theater einem populären Bedürfnis entsprochen haben muss. Vor allem aber zeigt das die Wahl der lateinischen Sprache. Hätte man im Jahr 240 v. Chr. nicht an das Volk gedacht, hätte man ja auch griechischsprachige Truppen engagieren können, um für die gebildete Oberschicht Exklusivaufführungen zu veranstalten.

Eine andere Neuerung, die Livius Andronicus brachte, war noch folgenreicher als die Wahl der Dramenstoffe: Sie betraf den Kern der Dichtung, die Metrik. Livius entschied sich für die griechischen Versmaße und damit das ganze System der griechischen Metrik. Diese beruht auf der genauen Unterscheidung von langen und kurzen Silben. Dass diese Übernahme keineswegs selbstverständlich war, zeigt die Tatsache, dass Livius Andronicus selber an einer anderen Stelle diesen Schritt nicht vollzogen hat. Der Unermüdliche übersetzte Homers *Odyssee*, um auch noch ein lateinisches Epos zu schaffen – vor allem wohl im Hinblick auf den Sprachunterricht, den er ebenfalls zum Broterwerb erteilte. In seiner *Odusia* gebrauchte er dabei gerade nicht das griechische Versmaß, den homerischen Hexameter, sondern er verwendete den uns schon aus der vorliterarischen Poesie bekannten rohen *versus Saturnius: Virum mihi, Caména, insece versútum*[16] – »Den Mann nenne mir, Camena, den vielgewandten«.

Woher kommt diese sprachliche Zweigleisigkeit in epischer und dramatischer Dichtung? Wir müssen, meine ich, an das Publikum denken. Im Gegensatz zum Epos waren die Dramen für das breite Volk geschrieben, das von der römischen Bühne her einen Tonfall hören wollte, wie es ihn aus griechischen Theatern im Ohr hatte.

Nachdem Livius Andronicus das griechische Drama latinisiert hatte, wurde es von seinem Nachfolger, dem schon erwähnten Cn. Naevius, zum Teil romanisiert. Er brachte in Stücken wie dem genannten Historienschauspiel *Romulus* römische Geschichte auf die Bühne, gelegentlich sogar Zeitgeschichte. Vielleicht war er auch schon Erfinder der in italischen Landstädten spielenden Komödie, der sogenannten *togata* (Stück in der Toga).

Nach ihm beginnen sich die Dichter zu spezialisieren, das heißt entweder nur noch Tragödien oder Komödien zu schreiben. Für die Letzteren haben wir nun endlich auch Beispiele. Die ersten vollständig erhaltenen Stücke lateinischer Literatur sind zwanzig Komödien von dem Umbrer Plautus (Titus Maccius Plautus, ca. 254–184 v. Chr.)

und sechs Komödien von dem Afrikaner Terenz (Publius Terentius Afer, 190?–159 v. Chr.). Obwohl diese Stücke, wie ihre griechischen Vorbilder, in Griechenland spielen und meistenteils griechische Sitten widerspiegeln – darum *palliatae* genannt: »Stücke im griechischen Pallium« –, verraten sie uns doch einiges über das Publikum, das sie belacht und beklatscht hat.

EIN GRIECHISCHES GESPENST
AUF RÖMISCHER BÜHNE

Sehen wir uns die sehr einfach strukturierte Komödie *Mostellaria*[*], »Gespensterstück«, des beliebten Plautus an. Ihr zugrunde liegt einer der beliebten Vater-Sohn-Konflikte. Der Vater, Theopropides, ist sparsam, sein Sohn, Philolaches, neigt zur Verschwendung. Während nun Theopropides verreist ist, begeht Philolaches eine Riesendummheit. Er verliebt sich in eine Hetäre, also eine Edelprostituierte, namens Philematium (»Küsschen«). Nun kauft er sie von ihrem Zuhälter und Eigentümer frei. Dafür muss er einen gewaltigen Kredit aufnehmen. Höchst unökonomisch und unrömisch! Und es kommt noch schlimmer: Der moralisch fragwürdige Philolaches wird bei seinen Unternehmungen unterstützt vom ersten Sklaven des Hauses, Tranio, der also gegen seinen eigenen Herrn mit dessen Sohn konspiriert. Böse Zustände sind das in Athen!

Wenn die Zuschauer ins Theater kommen, sehen sie auf der behelfsmäßig hergerichteten Bühne – ein festes Theater gibt es in Rom erst von 55 v. Chr. an – zwei griechische Bürgerhäuser beziehungsweise deren Fassaden. Es gibt damals noch keinen Bühnenvorhang, eine spätere Erfindung der Römer, und keine Masken. Aus der einen Tür kommt in großer Erregung ein Sklave. Er ist als solcher sofort an seiner Kleidung

---

[*] Der hübsche Titel leitet sich her von *monstrum*, »Mahnzeichen« (von *monere*), dann »Monster, Gespenst«. Das *n* fällt in der Alltagsaussprache aus unter Nasalierung des *o* (zu *ō*), also: *mostrum*, davon bildet man die Verkleinerungsform (Deminutiv): *mostellum* (Gespensterchen), davon wiederum ein Adjektiv: *mostellarius*. Der Titel *Mostellaria* ist dann zu verstehen als *fabula mostellaria* = Drama vom Gespensterchen.

zu erkennen, wie man ihm auch seine ländliche Herkunft ansieht, obwohl das Stück, wie die meisten Komödien, in der Stadt spielt. Grumio spricht oder besser: brüllt nach rückwärts ins Haus, in dem er sich offenbar mit jemandem gezankt hat, den er jetzt auf die Straße zitieren will:

Exi e culina, sis, foras, mastigia,
qui mi inter patinas exhibes argutias.
egredere, erilis permities, ex aedibus.[17]

Raus aus der Küche, raus, vors Haus, du Galgenstrick!
Dort unter Pfannen treibst du Schabernack mit mir.
Heraus, du Pest des Hausherrn, aus dem Haus heraus!

Auch tüchtige Schullateiner werden mit einem solchen Text gewisse Probleme haben. Einerseits handelt es sich um ein älteres Latein, etwa anderthalb Jahrhunderte vor Cicero gesprochen. Andererseits hält sich Plautus an die gängige Umgangssprache, die uns aus der Literatursprache der Schulbuchautoren weniger bekannt wird. Zum Altlateinischen gehört die Wortform *permities* statt *pernicies* (Verderben). Umgangssprachlich ist die hier ironisch gemeinte Höflichkeitsfloskel *sis* (= *si vis*), »bitteschön«. Interessanterweise gehört zur Umgangssprache auch das griechische Schimpfwort *mastigias* beziehungsweise *mastigia* (im Vokativ). Es heißt »Peitschenmann«, einer, der die Peitsche *(mastix)* verdient. Ausgerechnet einem Sklaven legt Plautus solche griechischen Fremdwörter in den Mund. Sie müssen damals ebenso volkstümlich gewesen sein wie heute die fremdsprachigen Kraftausdrücke *shit, fuck, merde* …

Aus dem Text des Stücks ergibt sich, dass spätestens nach dem fünften Vers der Angesprochene vor der Tür erscheint. Man erkennt ihn sofort als Tranio, den zur *familia urbana* gehörigen, eleganter gekleideten Stadtsklaven und Helden des Stücks: *Quid tibi, malum, hic ante aedis clamitatio est?*[18] – »Was, zum Kuckuck, hast du hier vor dem Haus zu schreien?« Tranio hat offenkundig Angst, dass die Nachbarschaft zusammenläuft. Schon zwei Verse später hat Grumio eine Backpfeife sitzen, über die er bitterlich klagt. Dabei steigert er sich in eine geradezu heilige Empörung über die gegenwärtigen Zustände hinein. So erfährt der Zuschauer, was im Hause vor sich geht: Der alte Herr ist fort. Tranio und der junge Herr führen einen, wie man früher sagte, »fortgesetzten Lebenswandel«, mit horrenden Unkosten für Wein, Weib und Gesang – vor allem für die ersten beiden. Aber der Tag der Rache werde kommen! Wenn nur erst einmal der Alte zurück sei! Tranio verhöhnt den Unglückspropheten vom Lande. Grumio erwidert darauf, dass er »bald« *(actutum)* schrecklich bestraft werde. Tranios Entgegnung liefert einen Schlüssel zu seinem Charakter und damit zum ganzen Stück: *dum interea sic sit, istuc ›actutum‹ sino*[19] – »Wenn es nur einstweilen so geht, ist mir dieses ›bald‹ egal.« Tranio hält es also, wenn auch in schlimmer Sache, mit den Prinzipien unseres Heilands: »Sorget nicht für den morgigen Tag …«

Während einer Party auf offener Bühne, zu der auch ein schon angetrunkener Nachbar mit seiner Liebsten kommt, ereignet sich nun die Katastrophe. Tranio meldet, dass der Alte von seiner Seereise zurück sei. Allgemeine Panik. Aber der Sklave erweist sich als Herr der Lage. Alle Partygäste werden rasch ins Haus verbracht. Tranio empfängt Theopropides, der ahnungslos ans Haus klopft: »Um Gottes willen, bloß nicht berühren! Das Haus ist verhext.«

Es folgt eine völlig unwahrscheinliche, aber mit allen Mitteln suggestiver Rhetorik vorgetragene Lügengeschichte, die dem Stück den Namen gegeben hat: Der frühere Hausbesitzer habe einmal entsetzlicherweise einen Gastfreund erschlagen, welchselbiger darob als gar gräuliches Gespenst umgehe. Mit schauriger Stimme imitiert Tranio die angebliche Botschaft des Gespensts. Wäre Theopropides ein Katholik, müsste er nun entsetzt ein Kreuz schlagen. Als griechischer Heide ruft er den Herakles (beziehungsweise Hercules) an und flieht von der Bühne.

Diese erste Lüge hat kurze Beine. Der befragte frühere Hausbesitzer kann sich, wie zu erwarten, an keine Mordtat erinnern. Und dann hört Theopropides auch noch von den ungeheuerlichen Schulden, die sein Sohn gemacht hat. Tranio, um diesen zu entschuldigen, lügt, was ihm in den Sinn kommt: Philolaches habe das Nachbarhaus gekauft. Theopropides will das Haus besichtigen. Jetzt wird dem Nachbar eine neue Lüge aufgetischt, um diese Besichtigung zu motivieren usw. usw. Ewig kann dieses immer neu aufgestockte Lügengebäude keinen Bestand haben. Sogar der Alte merkt nach einigen Akten, wie er »verschaukelt« wird. Und Tranio bleibt schließlich nur noch eine letzte Rettungsmöglichkeit: Er flüchtet auf den Altar vor dem Haus, der ihm Asyl bietet – und klopft, kaum sitzt er dort, schon wieder die frechsten Sprüche.

Endlich kommt das für Komödien vorgeschriebene Happy End. Die Rettung des jungen Philolaches ist kein großes Problem, nachdem seine Freunde und Zechkumpane beschlossen haben, für die in letzter Zeit entstandenen Kosten gemeinsam aufzukommen. Aber Tranio, der den Hausherrn so gedemütigt hat, kann nur durch ein Wunder gerettet werden. Er reißt einen letzten frechen Witz: »Lass mich doch gehen: Morgen spiele ich dir den nächsten Streich, dann kannst du dich für beides auf einmal rächen« – *et hoc et illud poteris ulcisci probe*.

Und da geschieht ein Wunder. Theopropides verzeiht: *age, abi, abi, impune* – »Los geh schon, geh, ohne Strafe!«[20] Plautus hat seinen Regisseuren keinen Hinweis gegeben, wie man diesen völlig unerwarteten Schluss zu spielen habe. Und manche Philologen haben allen Ernstes angenommen, den Alten habe dieses Angebot einer doppelten Bestrafung überzeugt! Eher möchte ich meinen, dass Plautus hier um des überraschenden Endes willen die sonst von ihm sehr wohl beobachteten Gesetze der Psychologie für einen Wimpernschlag außer Kraft gesetzt hat.

Für die Theorie der griechischen Poetik war die Komödie ein »Spiegel des Lebens«. Dies gilt für solche römischen Komödien nicht in jeder Hinsicht. Undenkbar ist etwa, dass sich römische Hausväter in der Weise eines Theopropides von ihren Sklaven auf der Nase hätten herumtanzen lassen. Eben darum müssen diese Komödien auch in Griechenland, meist in Athen, spielen, wo, wie man wusste, Sklaven freier gehalten wurden als in Rom. Hier galt also eine Art griechischer Narrenfreiheit, für die wir sogar ein ausdrückliches Zeugnis haben. Der Grammatiker Donat sagt (zu Terenz): *concessum est in palliata poetis comicis servos dominis sapientiores fingere, quod idem in togata non fere licet.*[21] – »In der (in Griechenland spielenden) *palliata* ist es den Komödiendichtern erlaubt, Sklaven darzustellen, die schlauer als ihre

Herren sind, in der (in Italien spielenden) *togata* ist das in der Regel nicht so.« Entsprechendes gilt sicherlich auch für die charmanten, zum Teil aber auch geldgierigen griechischen Hetären, die im Rom des Plautus noch kaum bekannt waren.

Die Komödie des Plautus bot den Römern eine verkehrte Welt, in der das sonst Verbotene erlaubt war. Das als exotisch empfundene Griechenland mit seiner halb empörenden, halb verlockenden *dolce vita* machte es möglich. Diese Komödie ist somit weniger ein Spiegel des Lebens als ein Zerrspiegel des griechischen Lebens. Andere Wege als Plautus ging jedoch der schon erwähnte Terenz. Er hat gerade nicht das griechische Lokalkolorit seiner Vorbilder komisch verstärkt, sondern den allgemein menschlichen Gehalt der Stücke herausgearbeitet. Leider finden seine herrlichen Stücke, die besonders Goethe gerne aufgeführt hat, heute kaum noch Regisseure.

Mit dem Tragiker Accius, einem letzten großen Namen, geht in den achtziger Jahren des ersten Jahrhunderts die reiche römische Dramenproduktion für lange Zeit zu Ende. Die Gründe dafür sind bis heute unklar, denn die alten Dramen wurden sehr wohl weiter gespielt.

ROM EROBERT GRIECHENLAND
UND SEINE LITERATUR

Ein bedeutender Neuerer in der Dichtung war der schon erwähnte Ennius (aus Kalabrien), ein Zeitgenosse des Plautus, berühmt für seine Tragödien. Er ging den von Livius Andronicus beschrittenen Weg, die griechische Metrik im Lateinischen einzubürgern, weiter, indem er auch das wichtigste griechische Versmaß, den Hexameter, nach Rom brachte: Der wurde nun auch im Lateinischen für alle Zeiten das beliebteste und erfolgreichste Versmaß.

Das historische Epos des Ennius, *Annales* (Jahrbücher), begann mit dem Vers: *Musae, quae pedibus magnum pulsatis Olympum ...*[22] − »Ihr Musen, die ihr mit Füßen auf den großen Olympus schlagt.« Gemeint ist natürlich, dass die Musen tanzen. Aber warum erwähnt er, dass dies mit den Füßen geschieht? Wohl weil eben die »Versfüße« das Neue waren, das er ins Epos brachte: der Daktylus (lang kurz kurz – ⌣ ⌣) und der Spondeus (lang lang – –).

Der alte saturnische Vers, nach nicht ganz durchsichtigen Prinzipien reguliert, hatte keine solchen Füße, konnte also nicht richtig »tanzen«. Nun erst mit dem Hexameter war die lateinische Kunstdichtung perfekt. Und Ennius konnte spotten über seine Vorgänger, die in »Versen von Faunen und Wahrsagern« gesungen hätten. Erst er, Ennius, war der römische Homer.

Um das auch seinem staunenden Publikum klarzumachen, erzählte er in der Einleitung seines Werks, dass ihm Homer persönlich im Traum erschienen sei. Er habe ihm mitgeteilt, dass seine, Homers, Seele nunmehr, nach einigen Zwischenlagerungen, in den Körper des Ennius übergegangen sei! Auf jeden Fall gibt es nun ganze sechshundert Jahre lang lateinische Dichtung nur noch in griechischer Form. Dieser Regelung schließt sich sogar die unliterarische Volksdichtung der Römer an. Während noch im dritten Jahrhundert poetische Grabinschriften in Saturniern verfasst werden, regiert auch hier später in der Regel der von Ennius so glorreich eingeführte Hexameter – beziehungsweise das auf ihm beruhende elegische Distichon, die Kombination von Hexameter und Pentameter.[*]

Damit war nun schon in der ersten Hälfte des zweiten Jahrhunderts, in der Zeit, in der Rom Griechenland unterwarf, die griechische Poesie fast in voller Bandbreite von den Römern erobert worden. Das gilt jedenfalls für alle drei »Naturformen« (Goethe) der Dichtung: Epos – Lyrik – Drama. Denn die Lyrik, worunter man in der Antike ausnahmslos gesungene Dichtung verstand, war ja im Drama immer mit enthalten. Neben den gesprochenen Partien standen dort rezitativische Stücke, die mit Musikbegleitung gesprochen wurden, und echte Arien, die zum förmlichen Gesang bestimmt waren. Plautus bevorzugte sogar solche Musikpartien und machte aus den vorwiegend gesprochenen Komödien seiner griechischen Vorbilder regelrechte Musicals.

---

[*] Zu ihm gibt es einen berühmten Merkvers von Schiller: »Im Hexameter steigt des Springquells flüssige Säule, / Im Pentameter drauf fällt sie melodisch herab.«

An einer wichtigen Stelle haben die Römer das griechische Gattungsspektrum sogar bereichert: Die von dem römischen Ritter[*] Lucilius (gest. vor 100 v. Chr.) – der erste Vornehme unter den römischen Dichtern – geschaffene Gattung der »Satire« *(satura)* war in ihrer Mischung aus (fast immer) hexametrischem Maß, bissigem Spott und rückhaltloser Selbstdarstellung etwas, wofür sich bei den Griechen kein rechtes Vorbild fand. So konnte der Literarhistoriker Quintilian hier einmal feststellen: *satura quidem tota nostra est*[23] – »Die Satire jedenfalls gehört ganz uns«.

Sonstige Versuche, aus einheimischen vorliterarischen Formen eine eigenständige Literatur zu entwickeln, sind entweder nicht gemacht worden, oder sie konnten sich nicht recht durchsetzen. So gab es etwa eine italische Volksposse, die »Atellane« *(fabula Atellana)*. Sie wurde von oskischen Schauspielern in oskischer Sprache regelmäßig auch in Rom aufgeführt. Einem lateinischen Römer erging es dabei wohl so, wie wenn ein Hamburger ein Gastspiel des Tegernseer Bauerntheaters besuchen würde. Römische Dichter haben versucht, aus diesem oskischen Improvisationstheater ein lateinisches literarisches Theater zu machen. Fragmente davon sind erhalten, aber das Ganze war offenbar kein bleibender Erfolg. Es lohnte sich viel mehr, bei den Griechen in die Schule zu gehen!

Ähnliches gilt für die Schriftstellerei in Prosa. Im Gegensatz zur Dichtung, die als eher unseriös galt und Ausländern überlassen wurde, war sie wegen ihres Bezugs zu Staat und Politik fest in der Hand angesehener Römer. Der schon erwähnte ältere Cato, ebenfalls ein ungefährer Zeitgenosse des Plautus und Ennius und ein überragender Politiker, begann, nach dem Vorbild des Appius Claudius, seine eigenen Reden zu veröffentlichen. Leider fehlt in den erhaltenen Überresten das sprichwörtlich berühmte *Ceterum censeo Karthaginem esse delendam* – »Im Übrigen meine ich, dass Karthago zerstört werden muss« –, das uns nur über den griechischen Schriftsteller Plutarch in

---

[*] Als Ritter (*equites*, eigentlich »Reiter«, nach ihrer ursprünglichen Verwendung im Heer) bezeichnet man die Angehörigen der zweithöchsten Vermögensklasse, unterhalb des Senatorenadels.

dessen Sprache überliefert ist. Aber auch die lateinischen Fragmente, die überliefert sind, zeigen uns, was für ein gewaltiger Redner Cato gewesen sein muss – trotz seines geradezu antirhetorischen Leitspruchs: *Rem tene, verba sequentur*[24]– »Halte die Sache fest, die Worte werden schon folgen«.

Er, der als Vater der lateinischen Kunstprosa gelten kann, schuf auch das erste lateinische Geschichtswerk *(Origines)*. In diesem folgten den drei Büchern über die »Ursprünge« *(origines)* einzelner italischer Städte vier Bücher über die eigentliche römische Geschichte. Wie mit seinen Redeneditionen fand er auch mit diesem Werk, das uns verloren ist, eine große Zahl von Nachahmern.

Ein großer Bereich der griechischen Literatur aber blieb bei den Römern zunächst völlig ausgespart: die Philosophie. Die Lehrgedichte der älteren »Vorsokratiker« wie Empedokles, Parmenides und vor allem auch die künstlerisch hochstilisierten Dialoge von Platon, Aristoteles[*] und manch anderen zählten ja durchaus zur Literatur im engsten Sinne.

Aber auch die Schriften, die keinen eigentlich literarischen Anspruch erhoben, wie die Werke von Epikur und dem Stoiker Chrysipp, hätten wegen ihrer weltweiten Bedeutung, sollte man meinen, nach einer lateinischen Bearbeitung verlangt. Keine Rede davon! Dass sich die neugierigen Römer auch für griechische Philosophie interessierten, erkennen wir aus den alten Komödien und vielen Zeugnissen, besonders über den jüngeren Scipio, seine Freunde und Zeitgenossen. Aber sie alle waren der Meinung, dass diese Dinge im Griechischen gut aufgehoben seien. Sie nahmen griechischen Privatunterricht, besuchten griechische Vorlesungen, auch in Athen, und lebten wohl sogar mit griechischen Philosophen in Hausgemeinschaft, wie Scipio mit dem Stoiker Panaitios. Niemand kam jedoch zunächst auf die Idee, lateinisch zu philosophieren. Bis ein Mann auftrat, der nicht nur der Philosophie die lateinische Sprache beibrachte, sondern der überhaupt zum größten Lateiner aller Zeiten geworden ist: Cicero.

---

[*] Erhalten sind uns von ihm nur die für den Schulunterricht bestimmten Lehrschriften, nicht aber die literarisch gehobenen Dialoge.

NON HOMINIS NOMEN
DAS WUNDER CICERO

Ciceros Name, sagt Quintilian, sei *iam non hominis nomen, sed eloquen-tiae* – »nicht mehr der eines Menschen, sondern der der Redekunst selbst«.[1] Woher kam dieser Cicero, dieses Wunder der lateinischen Sprache? Beginnen wir mit dem Paukenschlag, mit dem er selber seine politische und rednerische Laufbahn eröffnet hat!

SENSATIONELLES DEBUT ALS STRAFVERTEIDIGER

Im Jahr 80 v. Chr. hatte Rom die wohl entsetzlichste Zeit seiner Geschichte hinter sich. Während der Proskriptionen des Diktators Sulla, der die Macht der herrschenden Senatsklasse blutig wiederherstellte, waren nicht nur viele seiner proskribierten, das heißt durch öffentlichen Anschlag geächteten Feinde umgebracht worden. Manche hatten die Wirren genutzt, um persönliche Gegner zu erledigen und sich zu bereichern.

Nun war zum Glück durch den Diktator selbst die Strafgerichtsbarkeit wiederhergestellt worden. Und so konnten einige der Gräuel aufgearbeitet werden. Einer der Ersten, die man zur Rechenschaft zog, war ein gewisser Sextus Roscius aus dem umbrischen Ameria. Er soll aus schierer Geldgier seinen eigenen Vater in Rom umbringen haben lassen: *parricidium* – das furchtbarste aller Verbrechen, nicht nur im patriarchalischen Rom. Die Anklage hatte sich nicht sonderlich angestrengt, so klar und einfach sollte nach ihrer Ansicht die Sache scheinen. Überraschend für die geschworenen Richter war allerdings, dass verschiedene vornehme Römer demonstrativ beim Angeklagten saßen, sich also für ihn einsetzten. Wer von ihnen würde nun für die Verteidigung das Wort ergreifen? Keiner.

Es trat auf als Verteidiger ein Sechsundzwanzigjähriger, Marcus Tullius Cicero. Den hatte man seit dem vergangenen Jahr allenfalls in ein paar Zivilprozessen als geschickten Anwalt kennenlernen können. Nun spielte dieser junge Mann sogleich sich selbst in den Vordergrund. *Credo ego vos, iudices, mirari* … – »Ich glaube, ihr wundert euch, ihr Richter …« (gegen die übliche lateinische Wortstellung rücken Verb und Pronomen der ersten Person an die Spitze des Satzes) … *quid sit quod, cum tot summi oratores hominesque nobilissimi sedeant, ego potissimum surrexerim, is qui neque aetate neque ingenio neque auctoritate sim cum his qui sedeant comparandus*[2] – »… was der Grund dafür ist, dass, während so viele hervorragende Redner und hochvornehme Leute hier sitzen, ausgerechnet ich aufgestanden bin, der ich doch weder an Alter noch an Geist noch an Autorität mit denen, die da sitzen, vergleichbar bin«.

In der Tat, das haben sich die Geschworenen gefragt. Wie auch später oft, beginnt Cicero seine Rede damit, dass er die stummen Gedanken seines Publikums in Worte fasst, um so seine Darlegungen auf einem Konsens mit den Hörern aufzubauen. Dann macht er es spannend, indem er die Beantwortung der gestellten Frage vor sich herschiebt, Scheinantworten diskutiert. Wäre er, Cicero, etwa besonders kühn *(audacissimus)*? O nein. Oder pflichtbewusster *(officiosior)* als die anderen? Gott bewahre. Und nun als formale Antwort auf die Frage ein überraschender Gedanke, den er äußerst breit in verschiedenen Variationen ausführt: Die anderen, Prominenten, könnten es sich gar nicht leisten, sagt er, in einer so heiklen, ja politisch brisanten Sache – früh fällt das Stichwort *res publica* (Politik) – den Mund aufzutun. Das sei nur gerade ihm, dem politischen Greenhorn, möglich. Kein Wunder also, dass man eben ihn so dringend gebeten habe, die Sache zu übernehmen. Dies, wie gesagt, in aller Ausführlichkeit, um die allgemeine Erwartung weiter zu steigern.

Nun, auf dem Höhepunkt der Spannung – denn Cicero hat ja eigentlich noch immer nichts gesagt –, leitet er seinen wichtigsten Satz so beiläufig ein, als wäre er sich dessen Bedeutung gar nicht bewusst: *Forsitan quaeratis qui iste terror sit* … – »Vielleicht dürftet ihr fragen [Potentialis], was das denn für ein Schrecken sei …« Vielleicht! Dürftet! So rückt er mit der entscheidenden Enthüllung heraus: Es sei freilich kein Wunder, dass die Richter nichts von den Gründen ahnen, die alle Vornehmen daran hindern zu reden, denn die Anklage habe über den eigentlichen Grund und Gegenstand des Prozesses geschwiegen. Wie? Und der wäre? Aber jetzt plötzlich mit Stentorstimme, jedes Wort mit vollem Ton und Nachdruck:

> *bona patris huiusce Sexti Rosci, quae sunt sexagies,*
> *quae de viro fortissimo et clarissimo Lucio Sulla,*
> *quem honoris causa nomino,*
> *duobus milibus nummum sese dicit emisse*
> *adulescens vel potentissimus hoc tempore nostrae civitatis,*
> *Lucius Cornelius Chrysogonus.*[*][3]

Die Güter des Vaters von diesem Sextus Roscius, die sechs Millionen Sesterzen wert sind: Sie will von dem höchst tapferen und edlen Lucius Sulla, den ich ehrenhalber nenne, um ganze zweitausend Sesterzen gekauft haben der junge Mann, der vielleicht zur Zeit in unserem Staat der Mächtigste ist: Lucius Cornelius Chrysogonus.

Welche Mitteilung! Nicht der angeblich habgierige Vatermörder ist also im aktuellen Besitz des Riesenvermögens, sondern ein griechischer Freigelassener und Günstling des Diktators Sulla mit dem unsympathischen Namen Chrysogonus (Goldsprössling). Er hat diese Millionenwerte bei den Proskriptionsverkäufen um ein Taschengeld erstanden. So behauptet er jedenfalls selber. (Cicero lässt klugerweise die Möglichkeit offen, dass der Kauf gar nicht stattgefunden hat.) Mit diesem einen, einzigen Satz ist der Prozess nun in ein völlig neues Licht getaucht: Es geht also gar nicht um staatliche Rache an einem

---

[*] Rednerische Texte sollte man nicht nur mit logischer Interpunktion (die der Antike unbekannt war) schreiben, sondern, wie hier, eingeteilt nach Kola, das heißt Redeeinheiten, die etwa einer Atemlänge entsprechen: Für die antike Stilistik ist nicht der Satz die entscheidende Größe, sondern eben das »Kolon« *(membrum)* und die aus mehreren Kola bestehende »Periode« *(periodus, ambitus verborum)*, die, anders als nach heutigem Verständnis, auch aus mehreren Sätzen bestehen kann: An ihrem Ende hat die am Anfang sich hebende Stimme sich wieder gesenkt: darum *periodus* (Umlauf). Die Antike geht vom Sprechvorgang aus, wir vom logischen Gehalt. Vgl. im Anhang S. 322 f.

Vatermörder, sondern darum, dass ein Unschuldiger beseitigt wird, damit ein Räuber seine Beute in Frieden genießen kann!

So wird nun der Verteidiger zum Ankläger. Cicero öffnet alle Schleusen seiner rhetorischen Leidenschaft, die er bisher zurückgehalten hat, um die tiefe Verworfenheit dieses hinter der Anklage steckenden Komplotts zu geißeln. Steht jetzt nicht die Welt auf dem Kopf?

accusant ei qui in fortunas huius invaserunt,
causam dicit is cui praeter calamitatem nihil reliquerunt;
accusant ei quibus occidi patrem Sexti Rosci bono fuit;
causam dicit is cui non modo luctum mors patris attulit,
verum etiam egestatem;
accusant ei qui hunc ipsum iugulare summe cupierunt,
causam dicit is qui etiam ad hoc ipsum iudicium cum praesidio venit
ne hic ibidem ante oculos vestros trucidetur …[4]

Ankläger sind die, die in das Vermögen dieses Mannes eingedrungen sind;
verteidigen muss sich der, dem sie außer seinem Unglück nichts mehr gelassen haben;
Ankläger sind die, die von der Ermordung des Vaters von Sextus Roscius profitiert haben;
verteidigen muss sich der, dem der Tod seines Vaters nicht nur Kummer,
sondern auch Not und Armut gebracht hat.
Ankläger sind die, die ebendiesen Mann liebend gern erdrosselt hätten;
verteidigen muss sich der, der sogar selbst zu diesem Prozess mit einer Schutzwache gekommen ist [diese muss man sich, als einen Teil von Ciceros Inszenierung, leibhaftig vorstellen],
um nicht hier vor euren Augen niedergemetzelt zu werden …

Dieser Textausschnitt zeigt nebenbei einige der für Cicero charakteristischen stilistischen Kunstmittel. Ihre genaue Analyse wollen wir gerne dem gymnasialen Unterricht überlassen – aber das Wichtigste sieht ja jeder: dass hier eine große dreiteilige, inhaltlich sich steigernde Periode aufgebaut wird, wobei jeder Teil eine Antithese enthält: *accusant ei … causam dicit is …* (der vierte, letzte Teil ist hier im Abdruck weggelassen).

Wenn wir auf das Inhaltliche sehen, so arbeitet Cicero hier und später in der Rede mit dem auch uns heute als Sprichwort bekannten Argument *Cui bono?*[*]. Wem hat die Tat genützt? Das war in diesem Fall nicht zwingend, da Sextus Roscius an sich sehr wohl aus Habgier seinen Vater getötet haben könnte, um dann erst nachträglich von Chrysogonus beraubt zu werden. Aber dank Ciceros mitreißender Darstellung kommt man gar nicht auf solche Überlegungen. Indem er die Tatsache aufdeckt, dass die Anklage diesen einen wichtigen Punkt unterschlagen hat, vermittelt er den Richtern durch ebendiese Enthüllung das Gefühl, ihnen seien nun ein für alle Mal und für alles die Augen geöffnet worden. Das war nicht nur rhetorisch geschickt, sondern dazu gehörte auch ein mächtiges Stück Zivilcourage. Denn offenbar hatte ja die Anklage darauf gehofft, dass auch die Verteidigung Chrysogonus als notorischen Günstling Sullas aus dem Spiel lassen würde. Es gab andere Möglichkeiten, sowohl Roscius sein Leben als auch Chrysogonus seinen Raub zu erhalten.

Cicero ging einen riskanteren Weg, und zwar mit solchem Erfolg, dass damit sein Ruhm als Anwalt fest begründet war. Man traute ihm, wie er später einmal sagte, von nun an jeden Fall zu. Zehn Jahre danach, als er im Verres-Prozess über Roms damals immer noch berühmtesten Redner, Hortensius, siegte, avancierte er selbst zum anerkannten »König der Gerichtshöfe« (Quintilian).[5] Ein Platz, den er bis zu seinem Lebensende behalten sollte.

---

[*] Eigentlich: »Wem zum Vorteil?« Die in dieser Rede zuerst bezeugte Formel wird heute oft unrichtig im Sinne von »Zu welchem Nutzen?« verwendet. Der Dativ *bono* ist (als *dativus finalis*) nicht von *cui* abhängig.

TRIUMPH UND SCHEITERN EINES RÖMISCHEN PHILOSOPHENKÖNIGS

Dieser beispiellose Erfolg war Cicero nicht in den Schoß gefallen. Er stammte nicht aus senatorischem Adel, war ein einfacher römischer Ritter aus der bescheidenen Volskerstadt Arpinum. Alles verdankte er seiner Begabung und besonders seiner Ausbildung. Nach dem üblichen Sprach- und Literaturunterricht in Latein und Griechisch studierte er Rhetorik durch das Anhören prominenter römischer Redner auf dem Forum. Aber auch griechische Redelehrer unterrichteten ihn theoretisch und praktisch, das heißt durch Deklamationen (Übungsreden). Daneben erwarb er bei den besten Spezialisten solide Kenntnisse im römischen Recht. Vor allem aber nahm er Unterricht bei verschiedenen griechischen Philosophen, ganz besonders bei Philon, dem wohl führenden Intellektuellen der Zeit. Dieser wirkte zeitweilig in Rom, wo er, was eine Besonderheit war, seine Schüler auch zu rhetorischen Übungen anhielt, was Cicero begeisterte. Philon war ein »Akademiker« *(academicus)*, das heißt, er gehörte zur Akademie, der Schule, die von Platon, dem bis heute vielleicht berühmtesten antiken Philosophen, begründet worden war.

An Platon missfiel Cicero natürlich die Verachtung der Rhetorik: Platon hatte sie, zumal im Dialog *Gorgias,* als eine bloße »Schmeichelkunst« in die Gesellschaft von Kosmetik und Gastronomie gerückt und gegen die echte, auf das Gute gerichtete Philosophie, seine Philosophie, abgewertet. Dafür imponierte Cicero die Art und Weise, wie in Platons Dialogen ohne dogmatische Festlegung im offenen Spiel der Argumente nach der Wahrheit gesucht wurde. Er hielt sich sein Leben lang für einen Skeptiker und meinte, damit Platon und dessen Lehrer Sokrates zu folgen.

Ganz besonders aber entzückte ihn Platons Idee vom »Philosophenkönig«. Nur dann könne ein Staat glücklich sein, hatte nämlich Platon in seiner *Politeia* (Staat) gesagt, wenn entweder die Könige Philosophen oder die Philosophen Könige würden.[6] Diesen Satz zu verwirklichen wurde für Cicero zu einem Lebensprojekt, wie später etwa für Seneca, Mark Aurel und Friedrich den Großen. Schon in seiner ersten Schrift, einem Jugendwerk »Über die rednerische Erfindung« *(De inventione)*, verfasst in den achtziger Jahren, beklagt er, dass sich die »Weisen«, *sapientes* – er meint die Philosophen, ganz besonders Sokrates – aus der Politik zurückgezogen hätten. Sie hätten damit skrupellosen Demagogen, Nur-Rednern, das Feld und die politische Macht überlassen. Das Ziel müsse es sein, dass sich die »Weisen« wieder die Redekunst *(eloquentia)* aneignen, um durch sie politisch zu wirken.[7] Cicero verdankt gerade diese Idee wohl keinem griechischen Denker. Er hat sie selbst aus der Begeisterung für Platons »Philosophenkönig« und aus seiner eigenen Liebe zur Rhetorik entwickelt. Und er ist ihr ein Leben lang treu geblieben.

Da Cicero nach seinen ersten Prozesserfolgen wegen körperlich-stimmlicher Verausgabung eine Weile pausieren musste, nutzte er die Zeit, um sich bei einem Studienaufenthalt in Athen über das Neueste in der Philosophie zu unterrichten. Anschließend studierte er in Kleinasien und auf Rhodos bei den besten griechischen Rhetorikern, Stimmschulung inbegriffen. Der berühmte Redepädagoge Molon war aber über die Brillanz seines Schülers weniger entzückt als vielmehr betrübt: Nun habe Griechenland auch noch das verloren, wodurch es bisher den Römern überlegen gewesen sei, »Bildung und Rede« *(paideia kai logos)*.[8] Ein prophetisches Wort.

Zurück in Rom, arbeitet Cicero an seiner politischen Karriere, die innig mit seiner rednerischen Tätigkeit verknüpft ist. Durch seinen rackernden Einsatz in Prozessen schafft er sich die persönlichen Beziehungen, um als *homo novus* (ohne Empfehlung durch seine Herkunft) den Sprung zur Praetur und schließlich zum Konsulat zu schaffen. Erst in diesen höchsten Ämtern tritt er nun auch als politischer Redner auf, im Senat und vor der Volksversammlung, wo der Redner, unter freiem Himmel und vor größtem Publikum (ohne Mikrofon!), am meisten gefordert ist.

Mit dem Konsulat im Jahr 63 v. Chr. spielt ihm das Schicksal seine entscheidende Bewährungsprobe zu. Ein verkommener junger Adeliger, Catilina, will ausgerechnet in Ciceros Amtszeit mit einigen Komplizen durch Gewalt an die Macht kommen – die sogenannte Catilinarische Verschwörung. Cicero zeigt sich der Gefahr gewachsen,

indem er durch ein privat organisiertes Spitzelsystem die Umtriebe
der Putschisten verfolgt und Catilina zur allgemeinen Sicherheit aus
der Stadt verjagt (1. catilinarische Rede: Ciceros berühmtestes Werk
überhaupt). Schließlich deckt er im Senat die landesverräterischen
Pläne der Verschworenen unwiderlegbar auf (3. Rede).

Er versagt dagegen, als er ohne zwingende Notwendigkeit, wenn
wohl auch nicht gegen die Legalität, die wichtigsten der in Rom ver-
bliebenen Anhänger Catilinas hinrichten lässt (4. Rede: ebenfalls ein
Meisterwerk). Dieser Moment seines vermeintlich größten Erfolgs
wird zugleich sein Desaster. Er lehnt es nämlich aus moralischen
Gründen ab, sich im Jahre 60 Roms geheimen Diktatoren, Pompeius,
Caesar und Crassus, den sogenannten »Triumvirn«, anzuschließen. So
nimmt man die Hinrichtung der Catilinarier zum Vorwand, um ihn,
den Patron der freien republikanischen Verfassung, ohne Prozess,
durch nackte Gewaltandrohung, für eine Zeit aus Italien zu vertreiben. Als er im Triumph, wie er wähnt, zurückkehren darf, sieht er bald
seine Flügel gestutzt. Zwar ist er, seinem alten Ideal folgend, auch jetzt
politisch tätig, aber er kann gegen die Mächtigen, zumal gegen Caesar, nichts mehr wirklich gestalten, ja muss sogar ihm verhasste Politiker vor Gericht verteidigen.

EIN RÖMISCHER PLATON

So entschließt er sich, wie Platon philosophischer Schriftsteller zu
werden. Auch formal ist dieser Klassiker sein großes Vorbild. Es entsteht in den Jahren 55 bis 51 v. Chr. – Epochenjahre der römischen
Literatur – eine Werktrias aus drei großen »platonischen« Dialogen. In
drei Büchern *De oratore* (Über den Redner), nachgebildet Platons
Phaidros, diskutieren die zwei größten Redner der Generation vor Cicero über das Problem, wie der ideale Redner sein müsse. Antonius
hält eine nur rhetorische Schulung für ausreichend; Crassus (nicht der
Triumvir), der Ciceros Standpunkt vertritt, verlangt vom Redner umfassende, enzyklopädische Bildung und vor allem ein gründliches Studium der Philosophie, um diese wie ein riesiges Schatzhaus zur Argu-

mentfindung und Überredung auszuschöpfen. Wohl aus keiner seiner Schriften kann man Ciceros sehr realistisches Denken über seinen Rednerberuf so gut kennenlernen.

Noch gewichtiger waren die sechs Bücher *De re publica* (Über den Staat). In diesen diskutiert Cicero durch den Mund des jüngeren Scipio und seiner Freunde das Problem von Platons *Politeia:* die Frage nach dem Idealstaat. Sie ist rasch beantwortet. Der ideale Staat braucht nicht konstruiert zu werden, wie Platon meinte. Er ist im real existierenden römischen Staat schon angelegt. Dieser muss sich nur auf sein eigentliches Wesen und seine Grundsätze besinnen. Davon handelt dieses sicherlich schönste und bedeutendste Werk Ciceros, das uns aber leider zum größeren Teil verloren gegangen ist. Vollständig erhalten ist das *Somnium Scipionis* (Scipios Traum) im letzten Buch. Hier erzählt der Hauptredner, wie er in einem Traum in einen überirdischen Sphärenhimmel entrückt wurde. Dort wird er von seinem verstorbenen Vater *sub specie aeternitatis* (im Anblick der Ewigkeit) über das Weltganze und die letztendliche Bedeutung seines politischen Tuns aufgeklärt.

Kein Geringerer als Mozart hat zusammen mit dem großen Librettisten Metastasio aus dieser philosophischen Lyrik Ciceros eine herrliche Oper gemacht *(Il Sogno di Scipione)*, die nur leider bis heute fast unbekannt geblieben ist. Aber was sind uns auch die platonischen Gedanken Scipios gegen die erotischen Abenteuer eines Don Giovanni!

Weniger gut geriet das wohl mindestens ebenso umfangreich angelegte Werk *De legibus* (Über die Gesetze), nach Platons *Nomoi.* In ihm versuchte Cicero, zugleich die Idee des Naturrechts philosophisch zu begründen (wichtig für die Neuzeit!) und ideale Einzelgesetze für den römischen Staat zu formulieren. Zweieinhalb Bücher davon sind erhalten. Das Altertum kannte mehr. Trotzdem ist klar, dass Cicero das Ganze nicht vollendet, sondern, vielleicht aus Unzufriedenheit, abgebrochen hat. Sicherlich auch, weil er im Jahr 51 in seine Provinz Kilikien aufbrechen musste (sie war ihm als Statthalter, Prokonsul, zugefallen).

Schön ist es, auch hier zu sehen, wie Cicero, durchaus im Geiste von Platons Dialogen, die Probleme der Philosophie in einer volkstümlichen, dem Durchschnittsgebildeten zugänglichen Weise behandelt. Er bleibt im Rahmen der gehobenen römischen Umgangssprache und vermeidet alles philosophische Fachchinesisch (das es im Lateinischen auch noch gar nicht gab). So gebraucht er in *De re publica,* um ein einfaches Beispiel anzuführen, für das griechische Fachwort »Monarchie« das gut lateinische *regnum,* für »Aristokratie«, wozu es keine Entsprechung gab, die Umschreibung *civitas quae optimatium arbitrio regi dicitur* – »der Staat, von dem es heißt, dass er nach dem Willen der Besten regiert wird« – und für »Demokratie« die vorsichtige Neuprägung *civitas popularis,* bei der ein existierender Begriff der politischen Sprache (*popularis,* ungefähr = populistisch) leicht uminterpretiert wird.[9]

Cicero ist in diesen Werken selber im besten Sinn ein Popularphilosoph, der die Mittel seiner rhetorischen Sprachkunst gebraucht, um das Anliegen der Philosophie allen aufgeschlossenen Menschen zu vermitteln. In *De oratore* hebt er das auch ausdrücklich hervor: Die Redekunst krönt die Philosophie, weil der Redner die wichtigsten Gedanken wirkungsvoller als die Philosophen selber ausdrücken kann.[10]

EINE PHILOSOPHISCHE ENZYKLOPÄDIE

Dies war jedoch noch nicht Ciceros letztes Wort in Sachen Philosophie. Bisher hatte er ja nur demonstriert, wie man überhaupt auf Lateinisch über wichtige Dinge philosophieren kann. Die Fülle des griechischen Denkens nach Rom und in die lateinische Sprache zu bringen gelang ihm erst in einer der sonst kläglichsten Perioden seines Lebens.

Im Bürgerkrieg zwischen Caesar und Pompeius hatte er, aufgrund alter Freundschaft, die Partei des Pompeius, des späteren Verlierers, gewählt. Er wurde vom Sieger Caesar zwar bald ehrenvoll begnadigt, dafür aber umso gnadenloser kaltgestellt – jetzt, wo es doch um eine Neuordnung des Staats, Ciceros größtes Anliegen, gegangen wäre! Nach einer kurzen Zeit geistiger Lähmung begann er in den Jahren 46 bis 44 v. Chr. zum zweiten Mal in seinem Leben mit theoretischer, das heißt zunächst rhetorischer, dann besonders philosophischer Schriftstellerei.

In einem Dialog *Brutus* entwickelte er eine Geschichte der römischen Redekunst, die er in ihm, Cicero, selber – in wem auch sonst? – gipfeln ließ. Im Traktat *Orator* behandelte er die Probleme des rednerischen Stils: Seine äußerst subtilen Darlegungen zur lateinischen Sprache und ihren Möglichkeiten, vor allem auch zum Prosarhythmus, machen diese erstaunliche Schrift eines Politikers geradezu zur Bibel der römischen Ästhetik.

Dann aber entwickelte er das ehrgeizigste schriftstellerische Projekt seines Lebens, nun vollständig im Bereich der Philosophie. Geplant hatte er nichts Geringeres als eine große philosophische Enzyklopädie, in der die gesamten aktuellen philosophischen Systeme von Akademie (Schule Platons), Peripatos (Schule des Aristoteles), Kepos (Schule Epikurs) und Stoa (Schule Zenons und Chrysipps) dargestellt und kritisch diskutiert werden sollten. (Und offensichtlich wurde diese in den Jahren 45 und 44 auch vollendet.) Solche Diskussionen divergierender Dogmen gab es natürlich auch im philosophischen Schrifttum der Griechen, aber immer vom Standpunkt einer bestimmten Schule aus. Neu war Ciceros Idee, im Corpus dieser sieben dialogischen Werke (in insgesamt einundzwanzig Büchern) die Vertreter der verschiedenen Schulen, repräsentiert durch zeitgenössische Römer, gewissermaßen auf neutralem Kampfplatz gegeneinander antreten zu lassen.

Den Anfang machte der Dialog *Hortensius,* in dem gezeigt wurde, dass man überhaupt philosophieren sollte – mit größtem Erfolg: Kein Geringerer als der Kirchenvater Augustin datierte von der Lektüre dieses uns verlorenen, aber offenbar mitreißenden Werks an seine erste Bekehrung und Hinwendung zu Gott. Die eigentlichen philosophischen Schriften begannen dann mit den vier Büchern *Academica,* einer scharfsinnigen Erörterung der für alle Schriften grundlegenden Frage nach der Erkennbarkeit der Wirklichkeit. Nach der antiken Einteilung der Philosophie gehörte dies in den Bereich der Logik. Hier vor allem stellte Cicero seinen skeptischen Standpunkt dar.

Auf die Logik folgt die Ethik. In den je fünf Büchern *De finibus bonorum et malorum* (Über das größte Gut und Übel) und *Tusculanae disputationes* (Gespräche in Tusculum) behandelt Cicero die Grundfragen der Moral. Dabei wird seine Neigung zu einem stoischen Standpunkt deutlich. Ziel und Höhepunkt aller Darlegungen bildet der Satz, den Cicero (wohl zu Recht) für den größten der Philosophie hielt: *virtutem ad beate vivendum se ipsa esse contentam*[11] – »dass die Tugend im Hinblick auf das glückliche Leben autark sei (an sich selbst genug habe)«, das heißt, dass es jeder Mensch, unabhängig von seinen äußeren Glücksumständen, in der Hand habe, ein erfülltes Leben zu führen. Cicero versucht darzutun, dass dieser im Kern stoische Satz auch dann gelte, wenn man eines der anderen ethischen Systeme akzeptiere. Im Übrigen bekennt er in einer menschlich ergreifenden Partie, dass es ihm selbst nicht immer leichtfalle, an die Wahrheit dieses Satzes zu glauben. Und er bittet die Philosophie selber, wie eine Göttin, um Kraft.[12] »Ich glaube – hilf meinem Unglauben!«[13]

Krönung der Philosophie ist die Physik, zu der nach antiker Ansicht besonders auch die Theologie gehört. In den drei Büchern *De natura deorum* (Über das Wesen der Götter) werden sehr freimütig die verschiedenen Ansichten der Epikureer und Stoiker über die Götter verglichen und kritisiert. Man sollte dazu wissen, dass Cicero selbst römischer Priester, nämlich Augur, das heißt für die Auspizien[*] zuständig, war.[**] So legt er in einem scharfsinnigen Exkurs dar, dass die Richtigkeit der traditionellen (römischen) Staatsreligion unabhängig von dem bestehe, was (griechische) Philosophen mit rationalen Begründungen über die Götter aussagen.[14] In dem noch weit kühneren, aufklärerischen Werk *De divinatione* (Über die Weissagung, das heißt die Methoden der Zukunftsvorhersage) ging es um einen zentralen, besonders auch Cicero als Augur betreffenden Punkt der römischen

---

[*] Unter Auspizien versteht man die kunstmäßige Deutung des Vogelflugs und des Hühnerfraßes, durch die man sich des Einverständnisses der Götter mit einer geplanten Aktion vergewissert.

[**] Die römische Religion kennt keinen Priesterstand – die professionellen *haruspices* (Eingeweideschauer) sind als Ausländer empfundene Etrusker –, sondern die Personalunion von Priester und Politiker. So kann die herrschende Senatsklasse nie in Konflikt mit einer »Kirche« kommen.

Staatsreligion, die hier von ihm geradezu infrage gestellt wurde: Die Auspizien seien nur aus politischen Gründen, das heißt zur bequemen Gängelung des Volks, aufrechtzuerhalten.

Den Gipfel erreichte sein Scharfsinn aber in der leider nicht vollständig erhaltenen Schrift *De fato* (Über das Schicksal). In dieser wurden mit zum Teil höchst modernen Argumenten die Probleme von Kausalität und Willensfreiheit, an die Cicero fest glaubte, diskutiert. Er integriert hier alle drei von ihm zuvor getrennt behandelten Gebiete der Philosophie: Logik, Ethik, Physik. In die Logik gehört die Frage, ob die Tatsache, dass futurische Aussagen entweder wahr oder falsch sind, eine Vorherbestimmtheit der Zukunft impliziere. Zur Ethik rechnet das Problem der moralischen und strafrechtlichen Verantwortung, sofern man die Willensfreiheit leugnet. Das Gebiet der Physik ist betroffen, wenn es um die universale Gültigkeit des Kausalgesetzes geht. Nachdem dieses kleine Werk Ciceros lange Zeit kaum beachtet wurde, gilt es heute unter Fachleuten wohl zu Recht als sein sachlich interessantester Beitrag zur Philosophie insgesamt. Ihm verdanken wir vor allem auch die Kenntnis wichtiger Lehren des großen stoischen Systematikers Chrysipp. Aber generell gilt, dass wir ohne Cicero über die Philosophie der hellenistischen Zeit nur sehr ungenügend informiert wären.

Cicero konnte und wollte in diesem wirklich fachphilosophischen Corpus sich nicht auf die sprachlichen Mittel beschränken, mit denen er seine platonische Werktrias in den fünfziger Jahren gebaut hatte. Diesmal musste es darum gehen, die Kunstwörter, *termini technici,* der griechischen Denker zu latinisieren, das heißt die ihnen entsprechenden lateinischen Termini zu bilden, um damit die eigene Sprache voll philosophiefähig zu machen. Manche von Ciceros Wortschöpfungen haben sich, vermittelt durch die lateinische Philosophie der Neuzeit, bis in unsere Tage gehalten; so sprechen wir etwa von »Qualität« (*qualitas* für *poiótes*) und von »moralisch« (*moralis* für *ethikós*). Aber wichtiger als das Verdienst einzelner Prägungen war, dass Cicero überhaupt zeigte, wie alle philosophischen Gedanken in lateinischer Sprache formulierbar waren. Kaum eine andere Leistung war so entscheidend dafür, dass Latein Weltsprache werden konnte.

Seinen Haupterfolg hatte er aber gar nicht mit diesen Schriften, sondern mit einem philosophisch eher oberflächlichen, dafür aber höchst lebensvollen Traktat in drei Büchern, den er seinem Sohn Marcus, einem zum Alkohol neigenden Philosophiestudenten in Athen, widmete: *De officiis* (Über die Pflichten), ein an den Stoiker Panaitios angelehntes Handbuch der Lebensklugheit, bestimmt vor allem für römische Politiker, ohne scharfe Definitionen und Beweisführungen, aber immer wieder interessant und überraschend: So hat man erst vor einiger Zeit entdeckt, dass Cicero den neuerdings so viel strapazierten Begriff der »Menschenwürde« geprägt hat.[15]

Der Kirchenvater Ambrosius hat dieses Werk für seine christlichen Zwecke umgearbeitet (*De officiis ministrorum,* Über die Pflichten der Kleriker). Auch Luther war davon entzückt; und Friedrich der Große, unter Zustimmung von Voltaire, erklärte, es werde nie ein besseres Lehrbuch der Moral geben.[16] Anders der Philosoph Herbart: »in wissenschaftlicher Hinsicht […] das Schlechteste, was der große Mann uns hinterlassen hat«.[17] Wer hat jetzt recht? Alle – je nachdem, was einer sucht.

DER LETZTE KAMPF FÜR DIE REPUBLIK

Als der Caesarmörder Brutus nach der Bluttat aus der Curie auf die Straße trat, rief er, seinen Dolch emporhebend, den Namen »Cicero!« – denn der war nun einmal Symbol der freien Republik. Dennoch war es nicht schon die Ermordung Caesars, die Cicero aus seinen Studien riss, sondern erst die Tatsache, dass ein halbes Jahr später der Senat dem einstigen Liebling und Quasinachfolger Caesars, Antonius (Mark Anton), mutigen Widerstand entgegenzusetzen begann.

Cicero hielt Antonius, einen ihm zutiefst unsympathischen Lebemann, für den gefährlichsten Feind der römischen Freiheit – wohl zu Unrecht. Vom Dezember 44 an schwor er den in seiner Mehrheit caesarfeindlichen Senat in flammenden Reden auf eine große, gegen den angeblichen Bösewicht Antonius gerichtete Koalition ein. Sie umfasste außer dem Senat die Caesarmörder einerseits und auf der an-

dern Seite den Adoptivsohn Caesars, Octavian, mit seinen illegal or-
ganisierten Legionen. Diese Reden Ciceros, die Philippiken (*Philippicae*, nach Demosthenes so genannt), waren für Cicero fatal, da sie
eben durch ihren zeitweiligen Erfolg Antonius zutiefst erbitterten.

Nach dem vorläufigen militärischen Sieg über Antonius bei Mu-
tina zerbrach nämlich die künstliche Koalition. Octavian verständigte
sich mit Antonius, der als Caesarianer längst sein natürlicher Verbün-
deter gewesen wäre. Zum sichtbaren Zeichen der Versöhnung musste
er dafür Cicero opfern, den Mann, der ihn überhaupt erst publizistisch
aufgebaut hatte, weil er nun einmal der verhasste Erzfeind seines neuen
Partners war. Nun, da es zum zweiten Mal in der römischen Geschichte zu blutigen Proskriptionen kam, stand Cicero selbst auf der
Liste: Am 7. Dezember 43 fiel sein geächtetes Haupt, wobei er seinem
zitternden Mörder ohne Zagen den Hals bot: *Quid si ad me primum ve-
nissetis?* – »Warum? Ich bin doch nicht euer Erster«.[18] Dieser Tod war
meditiert: Wenn einmal die letzte Stunde der Republik gekommen sein
sollte, so hatte er es in seinen Philippiken fast prophetisch beschworen,
dann gelte es in Würde *(cum dignitate)* zu sterben wie ein tapferer Gladiator.[*19] Weniger würdevoll war das Verhalten seiner Feinde: Fulvia,
Frau des Antonius, soll die Zunge des Verhassten mit der Haarnadel
durchbohrt haben. Seinen Kopf stellte man auf der Rednerbühne aus.
Nun war, für alle sichtbar, die römische Bürgerfreiheit zu Ende.

Es gibt wohl keine fesselndere Lektüre in der lateinischen Literatur der Antike als diese Philippiken Ciceros, die sein Lebenswerk krönen. Brillanz der Formulierung und philosophische Haltung beziehungsweise Selbststilisierung vereinen sich hier auf dem Hintergrund
einer Tragik, die natürlich erst wir spätere Leser dank unseres Wissens
um den Ausgang empfinden können. Unglaublich, dass dieser er-
schütternde Stoff von den Dramatikern und Drehbuchautoren noch
nie aufgegriffen wurde. Und wie oft haben sie schon den arroganten
Caesar sterben lassen!

---

* Der römische Gladiator fällt nicht im Kampf (wie das in Spielfilmen oft falsch dargestellt wird), sondern er wird, wenn es der Veranstalter, meist auf Forderung des Publikums,
verlangt, rituell getötet, wobei er dem Gegner freiwillig die Kehle darzubieten hat.

GRÖSSTER DER LATEINER

Cicero als Mensch und Politiker ist fast immer umstritten geblieben. Seine Egozentrik und Eitelkeit sind tatsächlich oft schwer zu ertragen. Schon in der Antike spöttelte man, Cicero habe sein Konsulat zwar nicht ohne Grund, aber leider ohne Ende gelobt. Und spottend zitierte man Verse, die er zu seinem Selbstlob geschrieben hatte, wie *O fortunatam natam me consule Romam! –* »O glückseliges Rom, mit mir als Konsul geboren!«[20] Als der große Althistoriker Theodor Mommsen sein höhnisches Urteil über den »Staatsmann ohne Einsicht, Ansicht und Absicht« schrieb,[21] konnte er sich auf einige Vorgänger stützen. Als lateinischen Sprachkünstler dagegen musste auch er Cicero gelten lassen, genauso wie das Ciceros Widersacher, der von Mommsen vergötterte Caesar, getan hatte: Cicero, so schrieb dieser, habe mehr geleistet als alle Feldherrn mit ihren Triumphen (man denke an ihn selbst!): Denn es sei etwas Größeres, die Grenzen des römischen Geistes *(ingenium)* als die des Reiches *(imperium)* zu erweitern. Plinius, der diese Äußerung zitiert, nennt Cicero *facundiae Latiarumque litterarum parens –* »Vater der Redekunst und der lateinischen Literatur«,[22] und fast niemand, jedenfalls im späteren Altertum, hat hier widersprochen. Wie man auch sonst zu ihm steht: Ein Freund des Lateinischen, der Cicero nicht bewundert, ist kaum vorzustellen. Vielleicht nie hat sich der Genius einer Sprache so in einem Einzelnen manifestiert.

Worauf beruhte die Wirkung seiner Sprache? Zunächst auf der Vielgestaltigkeit. Es gibt ja nicht nur die pathetischen, durch Leidenschaft und Wortfülle mitreißenden Catilinarien und Philippiken. Es finden sich bei ihm immer wieder auch diffizile juristische Diskussionen von vollendeter Klarheit, nicht nur in den Zivilprozessreden. Er bietet meisterliche Erzählungen und einfühlsame Personenporträts, die auch ins Satirische gehen können. Vor allem aber verfügt Cicero über einen unerschöpflichen Humor, mit dem er selbst Abgründe der Argumentation zu überbrücken vermag. Man lese nur etwa die Rede für Murena, in der er sich aus taktischen Gründen sogar über Dinge lustig macht, die ihm sonst fast heilig sind: stoische Ethik, römisches Recht.

Cicero war außerdem ein sprachmächtiger Dichter, den man nicht nach der oben zitierten Entgleisung beurteilen darf. Er war vor allem auch ein für alle Zeiten vorbildlicher Meister des Briefstils. Neben offiziellen Schreiben, deren Sprache sich den Reden annähert, entzücken uns heute vor allem die vielen ganz intimen Billets an seinen Freund Atticus, die uns eine Vorstellung von der gebildeten Umgangssprache dieser Zeit geben. Sie sind erst nach Ciceros Tod, gegen seine Absicht, herausgegeben worden.

Was die gehobene Prosa betrifft, so ist es vor allem die Fülle der rednerischen Schmuckmittel, die Cicero wie keiner vor ihm (auch kein Grieche) einsetzt: Wort-, Klangfiguren, Tropen, vor allem Metaphern, und immer wieder Gedankenfiguren wie zum Beispiel die rhetorische Frage, den Ausruf, die Apostrophe (Anrede, auch an Abwesende). Jede lateinische Stilistik fächert diese Möglichkeiten auf. Jeder Lateinschüler lernt sie am Gymnasium, und die schönsten Beispiele liefert fast immer Cicero.

Schwieriger ist ein anderes Gebiet der Stilistik: die sogenannte »Wortfügung« *(compositio verborum)*. Dazu gehört die euphonische (wohlklingende) Verknüpfung der Wörter, die Gliederung der Sätze in ausgewogene Kola und Perioden und ganz besonders der Prosarhythmus. Das von Cicero hier entwickelte System der sogenannten Klauseln *(clausulae)*, das heißt der Kolaschlüsse, hat in abgewandelter Form sogar noch das lateinische Mittelalter beherrscht.

Gerade hier setzte allerdings auch schon zu Ciceros Lebzeiten eine gewisse Kritik ein. In den Jahren, als sich Cicero der Macht Caesars unterwarf (von etwa 56 v. Chr. an), waren es junge, anticaesarianische Adlige, besonders ein gewisser, offenbar hochbegabter Calvus, ein Freund des Dichters Catull, die mit der Opposition gegen Caesars Politik eine Kritik an Ciceros Redestil verbanden. Der eintönige Klauselrhythmus schien ihnen kraftlos. Auch die Fülle des Ausdrucks und den Apparat der Figuren hielten sie für übertrieben. Sie beriefen sich dabei auf die sogenannten Attischen Redner (Demosthenes, Lysias und andere), die nicht wie Cicero gesprochen hätten – was, wie wir noch sehen können, durchaus richtig war, auch wenn es Cicero zu bestreiten versuchte.

Und doch war letztlich Cicero im Recht. Er, nicht seine feinsinnigen Kritiker, hatte den unvergleichlichen rednerischen Erfolg. Von ihm ließ sich das römische Volk bezaubern. Er beherrschte den Ton, der die Menschen bezwang, Senat wie Volk. In der Redekunst, so sagte er selber, ist es anders als in Musik und Poesie: Nicht der Kenner entscheidet über den Wert, sondern der Normalhörer, die Masse. Ihr muss dann auch der Kenner recht geben.[23]

Wollen wir Ciceros Leistung insgesamt zusammenfassen, so können wir nur das Wort des Griechen Molon wiederholen: Er hat, was keiner vor ihm vermochte, den Griechen ihren Primat in »Bildung und Rede« genommen. Mit ihm hat die lateinische Literatur ihre griechische Lehrmeisterin so überflügelt, dass diese nun auf lange Zeit der römischen Schülerin nichts Ebenbürtiges mehr an die Seite stellen konnte.

SPES ALTERA ROMAE
DER ZAUBER VERGILS

Cicero, der überragende Literat seiner Zeit, war vor allem ein Mann der Prosa. Kein römischer Dichter konnte sich mit ihm an Bedeutung und Popularität vergleichen. Dabei brachten die fünfziger Jahre auch der Poesie, nach längerem Dämmerschlaf, wieder einen Aufschwung. Vielleicht in Konkurrenz zu Ciceros platonischem Dialogunternehmen schrieb damals der uns sonst fast unbekannte Lukrez ein hinreißendes Lehrgedicht ausgerechnet über die Atomphysik des Philosophen Epikur. Und etwa zur selben Zeit begeisterte der junge Catull das Publikum mit neuartiger Liebeslyrik und politischen Spottversen gegen die Machthaber, Pompeius und Caesar, die sich alsbald im Bürgerkrieg entzweien sollten. Aber erst nach diesem furchtbaren Bürgerkrieg, der zugleich ein Weltkrieg war, begann der Mann aufzutreten, der bald unbestritten als *der* Dichter der Römer galt: Vergil (P. Vergilius Maro, 70–19 v. Chr.), ein Cicero der Poesie.

BEGEGNUNG MIT DEM GENIUS

Über das Zusammentreffen dieser beiden Größten berichtet uns erst vierhundert Jahre später ein Philologe namens Servius in einem gelehrten Kommentar zu Vergil. Aber er sagt uns nicht alles,[1] und manches müssen wir aus unserer Kenntnis der Zeit heraus ergänzen oder durch Kombination erschließen. Danach dürfte es im Jahr 45 gewesen sein,[*] als Cicero, was wohl nur selten der Fall war, sich die Zeit nahm, ins Theater zu gehen – vielleicht um sich über die damals im Volk ge-

---

[*] Da ich hier von der üblichen Ansicht weit abweiche, eine ganz kurze (nur für den Fachmann bestimmte) Fußnote: Das gegebene Datum ergibt sich aus dem der 6. Ekloge, in der Vergil dem offenbar soeben erschienenen Gedicht seines Freunds Gallus über den Gryneischen Hain *(Nemus Gryneum)* huldigt. Auf dieses Gedicht bezieht sich implizit auch Cicero in zwei Äußerungen, die in die Zeit von Ende 45 / Anfang

gen den Diktator Caesar herrschende Stimmung zu informieren. Aber wie dem auch gewesen sein mag, er erlebte, völlig überraschend, eine kleine Sternstunde der lateinischen Literaturgeschichte. Vielleicht als Zwischenmusik zwischen zwei Dramen wurde ein Lied gesungen, dazu wahrscheinlich auch getanzt. Die Sängerin war die in diesen Jahren wohl bekannteste Schönheit Roms: eine Libertine, also freigelassene Sklavin, die mit bürgerlichem Namen nach ihrem früheren Besitzer Volumnia hieß. Ihr Künstlername aber lautete Cytheris, nach Cythera, der Insel der Venus. Ebenso bekannt aber war mittlerweile ihr dritter Name: Lycoris, die Apollinische. Denn unter diesem wurde sie in leidenschaftlichen Elegien besungen von ihrem Liebhaber, dem damals beachtlichsten Dichter Roms: Gallus (C. Cornelius Gallus), der Mann, der die römische Liebeselegie, wie wir heute annehmen, als eigene Literaturgattung begründet und gewissermaßen erfunden hat.

Damals aber stammte der Text von einem anderen Dichter. Das in Hexametern verfasste Lied – wir heute kennen es als die sechste Ekloge Vergils – war eigenartig, fast bizarr in seiner unproportionierten, immer wieder überraschenden Vielgestaltigkeit. Drei junge Leute fesseln den alten Satyr Silenus, der in einer Grotte seinen Rausch ausschläft. Er kauft sich frei, indem er ein Lied anstimmt, das eine ungeheure Wirkung auf die Natur hat:

> *tum vero in numerum Faunosque ferasque videres*
> *ludere, tum rigidas motare cacumina quercus.*[2]

Da aber sahst du im Takt, wie Faune und Tiere sich tanzend regten, und wie ihren Schopf die starrenden Eichen bewegten.

Silenus sang in diesem Tanzlied wirklich von wunderbaren Dingen: ein Mix aus Mythen und Historien, wie man ihn noch nicht gehört hatte und ähnlich erst in Ovids *Metamorphosen* wieder erleben sollte.

---

44 gehören (*Tusc.* 3,45, *de div.* 2,133). Die 6. Ekloge dürfte somit die früheste der sonst später verfassten *Bucolica* sein (eine auch schon in der Antike vertretene Auffassung: Donat, *vita Verg.* 69): Vers 1 scheint darauf abzuheben. Im Übrigen muss das Prooemium (Vers 1–12) natürlich später für die Buchausgabe hinzugedichtet worden sein.

Er hob ganz naturwissenschaftlich an mit der Entstehung der Welt aus den Elementen, um daran die ältesten Mythen von Sintflut und Feuerraub des Prometheus zu knüpfen. Plötzlich ging er dann über zu Erzählungen von unglücklicher Liebe: zu dem Histörchen von Hylas, dem Liebsten des Hercules, und zu der noch pikanteren Affäre der Pasiphae, die sich, Königin von Kreta (man denke!), in einen leibhaftigen Stier verliebt hatte. Ausgerechnet an dieser skandalösen Stelle verweilte das Lied wie nirgendwo sonst, um in rührenden Versen das Liebesleid der perversen Kreterin sowie die Dickfelligkeit ihres animalischen Partners zu beklagen:

> *o virgo infelix, tu nunc in montibus erras:*
> *ille latus niveum molli fultus hyacintho*
> *ilice sub nigra pallentis ruminat herbas*
> *aut aliquam in magno sequitur grege …*[3]

Ach! unselige Frau, du irrst nun über die Berge:
Er aber bettet den Leib, den schneeigen, auf Hyazinthus
und käut wieder das trockene Gras im Dunkel der Eiche –
oder verfolgt eine andere gar in der Herde …

Konnte man feiner die Obsession der auf eine Kuh Eifersüchtigen wiedergeben? Aber noch verblüffender war die Fortsetzung. Nachdem zwei weitere fabelhafte Mythen mehr angetippt als behandelt waren, brachte Silenus eine Person der Gegenwart in sein Lied: den Liebhaber der Sängerin Cytheris selbst, den Dichter Gallus. Aber nicht so, wie man ihn in Rom erlebte (wahrscheinlich doch auch an besagtem Tag, im Theater), sondern in ganz märchenhafter Szenerie. Er sei, hieß es, im fernen griechischen Böotien von den Musen auf ihre heiligen Berge entrückt worden, um dort, wie einst der alte Hesiod, zum Dichter für ein neues episches Projekt geweiht zu werden.

Dann ging, nach dieser sonderbaren letzten Abschweifung, das Lied bald zu Ende. Silen soll noch weitergesungen haben, bis zum Einbruch der Nacht, aber Cytheris schloss ab mit wenigen Versen.

Eigentlich kann dieses geradezu verwirrende Gedicht mit seinen phantastischen, größtenteils erotischen (und auch noch in der Liebe zu einem Rindvieh gipfelnden!) Geschichten dem patriotischen und eher prüden Cicero wenig gefallen haben. Aber der alte Zauberer von der Rednerbühne war immer auch ein Ästhet. Er nahm wahr, dass diese Verse einen Wohlklang verströmten und dabei, trotz aller Harmonie, doch auch eine römische Schwere, Gravität besaßen, wie man das in zweihundert Jahren lateinischer Poesie bisher noch nicht so gehört hatte.

o virgo infelix, tu nunc in montibus erras ...

Ein solcher Vers war ja eigentlich nicht perfekt: Vier Versfüße (Metren) waren nur aus schwerfälligen Doppellängen (Spondeen) gebildet: *o vir − g(o) infe − lix tu − nunc in* ...; und auch die Verschleifung des auslautenden langen *o* mit dem folgenden langen *i* (*virg(o) infelix*) hätte ein nur auf Eleganz achtender Dichter eher vermieden. Aber: Wie ging dieser schwerblütige Vers zu Herzen! Cicero jedenfalls, so wird überliefert, ließ sich den Dichter zeigen: P. Vergilius Maro, ein großer, aber unauffälliger, dunkelhäutiger junger Mann, der mehr wie ein Bauer als wie ein Dichter aussah. Doch da sprach der weltberühmte, weltgewandte Cicero in plötzlicher Eingebung einen Vers beziehungsweise Halbvers, der diese Stunde der Begegnung zweier Genien in nur vier Wörtern auf den Punkt bringen sollte:

... magnae spes altera Romae

Der sei »des großen Roms zweite Hoffnung«. Wer mit der ersten gemeint war, wusste jeder, wir auch.

Cicero hat sich, wenn die Geschichte wahr ist − und sie ist durchaus wahrscheinlich −, nicht geirrt. Vergil wurde der Nationaldichter der Römer, das heißt der Dichter, durch den die Römer ihr eigenes Wesen so verstanden und so ausgedrückt fühlten, dass sie ihn immer und unbestritten allen anderen vorzogen. Er dürfte auch der einzige Lateindichter sein, den bis ans Ende des Altertums, aber auch noch in Mittelalter und Neuzeit, jeder Lateinschüler gelesen hat:

Tityre, tu patulae recubans sub tegmine fagi
silvestrem tenui Musam meditaris avena ...[4]

Tityrus, der du gelagert im mächtigen Schatten der Buche
flötest der ländlichen Muse Gesang auf dem schmächtigen Halme ...

Mit diesen zauberhaften Versen am Anfang der *Bucolica** wird man fast
zweitausend Jahre lang die Einführung in die lateinische Dichterspra-
che, wenn nicht in das Latein überhaupt, beginnen.

PROPHETENBOTSCHAFT IN HIRTENLYRIK

Geboren wurde Vergil 70 v. Chr. im oberitalienischen Mantua, angeblich in kleinen Verhältnissen. Schon um seine Geburt rankt die spätere Sage wunderbare Begebenheiten: Der Neugeborene weint nicht;
ein bei seiner Geburt gepflanztes Pappelreis wächst alsbald zu fabel-
hafter Größe. Für die Elementarbildung beim ABC-Lehrer *(litterator)*
und Philologen *(grammaticus)* reichen Cremona und Mailand noch
aus. Zum Rhetorikstudium, als der üblichen Krönung der Schulbildung, muss man noch immer nach Rom. Aber der daran anschlie-
ßende Versuch, als Anwalt aufzutreten, scheitert an Vergils Schüchtern-
heit. So ist an eine politische Laufbahn nicht zu denken: Roms
»zweite Hoffnung« ist nur für die Poesie bestimmt. Seine sonst
schwere Zunge löst sich zu »wunderbarer, verführerischer Süßigkeit«,
sobald er Gedichte spricht, berichtet ein Ohrenzeuge.[5]

Wie andere in den Jahren von Bürgerkrieg und Diktatur verfällt
auch er dem Zauber Epikurs, dessen Philosophie er bei einem griechischen Lehrer namens Siron in Kampanien, dem Ferienparadies der
Römer, studiert. In einem wunderschönen Gedicht, dessen Echtheit
wohl zu Unrecht bestritten wurde, sagt er der Rhetorik Adieu, um im
Hafen der Philosophie Ruhe zu finden:

---

* Es liegt ein Neutrum Plural vor, sodass man also von »den Bucolica« usw. zu sprechen hat.

nos ad beatos vela mittimus portus
magni petentes docta dicta Sironis
vitamque ab omni vindicabimus cura.[6]

Wir segeln zu den Häfen, die das Glück bergen,
begierig nach des großen Sirons Spruchweisheit.
Dort sei das Leben aller Sorgen ganz ledig.

Die einseitige Ausrichtung auf die epikureische Modephilosophie hat
Vergil später aufgegeben und sich mehr den Stoikern angeschlossen.
Aber seine Liebe zur Philosophie hat er immer wieder bekannt. Und
die letzte Reise, auf der er dann gestorben ist, sollte nach Griechenland führen, wo er nur noch für die Philosophie leben wollte – ein
Gedanke, mit dem auch Cicero gelegentlich gespielt hatte. Nach Rom
ging er möglichst selten, vor allem wohl, um zu »rezitieren«, das heißt
unveröffentlichte Verse vorzutragen, um sie an den Publikumsreaktio-
nen gewissermaßen zu testen.

Vergils erstes großes Werk, das auch das Lied des Silenus enthielt,
waren die *Bucolica,* »Hirtenlieder«. Sie müssten eigentlich »Cowboy-
lieder« heißen: *bukólos* (βουϰόλος) ist der Rinderhirte. Diese Gedichte
waren in der lateinischen Literatur eine Novität, zunächst schon wegen ihrer Formvollendung. Wohl noch nie war ein römisches Ge-
dichtbuch so sorgfältig, Vers für Vers, im Detail ausziseliert und, Nummer für Nummer – insgesamt zehn –, im Ganzen durchkomponiert
worden.

Dann aber war auch die ganze Textgattung neu, denn diese dem
sizilianischen Dichter Theokrit abgeschaute Hirtenpoesie spielte im
niedrigsten Milieu, noch unterhalb der kleinbürgerlichen Komödie.
Vergils Hirten sind Sklaven, die ihrer Herren Vieh weiden, selber für
sich gerade nur eine Konkubine und einen Sparpfennig haben, durch
den sie sich immerhin bei gutem Wirtschaften eines Tages freikaufen
können.

Mit detaillierter Sachkenntnis schildert Vergil das Dasein dieser
Ärmsten der Armen, die doch immer noch Zeit für die Liebe und vor
allem für Musik und Poesie finden. Und nur dann wird er ein wenig

unglaubwürdig, wenn er selbst in der Rolle eines solchen Hirten auftritt. Aber so etwas war, wie man schon in der Antike wusste, »bukolische Maskerade«. Ein poetisches Versteckspiel, bei dem man Biographisches und Historisches in eine fiktive Hirtenwelt hineinmogelte – was bis in die Neuzeit für die Gattung der Bukolik geradezu konstitutiv wurde.

So glaubte man, dass der im zweiten Gedicht vom Hirten Corydon angehimmelte Alexis ein Sklave von Vergils Freund Asinius Pollio sei, in den er selbst sich verliebt hätte. Und noch heute rätseln die Philologen, ob wohl Vergil in dem oben zitierten Tityrus etwas von seinem eigenen Schicksal habe darstellen wollen. Es heißt nämlich, er, Vergil, habe bei den von Octavian (nach der Schlacht von Philippi) zugunsten seiner Veteranen durchgeführten Landenteignungen seine Güter zunächst verloren, sie dann aber durch mächtige Fürsprecher wieder erhalten – und so könne er nun in aller Seelenruhe wie Tityrus seine Hirtenlieder »auf dem schmächtigen Halme« flöten … Das könnte wahr sein; aber ein wirklicher Tityrus war Vergil darum keinesfalls, sondern, zumindest von Hause aus, ein wohlbetuchter Grundbesitzer. Wie fast alle römischen Literaten konnte er von seinen landwirtschaftlichen Einkünften leben.

Aber der überragende Ruhm dieser *Bucolica*, die man oft auch »Eklogen« (*eclogae*, das heißt Einzel- oder Auswahlstücke) nennt, beruht auf einem mit dem Namen *Pollio* überschriebenen Lied. Es ist das bekannteste und bis zur Stunde umstrittenste Gedicht der lateinischen Literatur: die vierte Ekloge.

Es gab damals eine Theorie, dass das altlateinische Wort für den Dichter dasselbe gewesen sei wie das für den Propheten: *vates* (also: Dichterprophet). Wohl davon inspiriert, riskierte Vergil in einer seiner Eklogen eine echte Prophezeiung. Unter Berufung auf einen Orakelspruch der weissagenden Sibylle von Cumae – ihre Grotte ist noch heute zu besichtigen –, der damals in Rom umgegangen sein dürfte, weissagte er in begeistertem Ton: Noch im Jahre 40 v. Chr., im Konsulatsjahr seines Freunds Asinius Pollio, werde ein wunderbarer Knabe, eine Art »Messias«, geboren werden. Dieser Jupitersspross werde der Menschheit Frieden bringen und ein goldenes Zeitalter wiederherstellen.

Aus Vergils Gedicht ergibt sich klar, dass er bei dieser Prophezeiung an einen realen Jungen aus Fleisch und Blut dachte, nicht an eine bloße »Allegorie« oder ein »Symbol«, wie manche sagen. Aber daraus ergibt sich noch keineswegs, dass er, wie die meisten heute glauben, einen bestimmten, damals gerade geborenen oder erwarteten Knaben im Auge gehabt hätte, etwa ein Kind des Octavian oder des Antonius – um sich bei einem von diesen Mächtigen mit seinem Gedicht beliebt zu machen. Anders gesagt: Vergil glaubte zwar offenbar, kraft poetischer Inspiration zu wissen, ein so wunderbarer Knabe werde geboren werden, er musste aber darum diesen Knaben noch nicht identifizieren können. Auch der biblische Prophet Jesaja, den Vergil sehr wohl gekannt haben kann, dachte bei seinen messianischen Weissagungen[7] nicht an das konkrete Kind bestimmter Eltern.

Wie dem aber auch sei: Vergil, der Dichterprophet, hatte auf jeden Fall geirrt. Ein Frieden bringender göttlicher Knabe mit dem Geburtsdatum 40 v. Chr. hat in diesen Jahrzehnten unseres Wissens keine Rolle gespielt. Hätte man also nicht Vergils Patzer rasch vergessen sollen?

Es kam anders. Kein Geringerer als Kaiser Konstantin, der größte Staatsmann Roms nach Romulus und Augustus, krönte im Jahre 325, in einem offiziellen Schreiben an seine Untertanen, Vergils Fehlprognose durch eine noch kühnere Fehlinterpretation:[8] Gemeint habe Vergil keinen anderen als Jesus Christus, den Erlöser – der ja nun mit Sicherheit nicht im Jahre 40 »vor Christus« geboren wurde. Auch wenn ihm das nicht einmal die Kirchenväter alle geglaubt haben: Vergil war durch dieses Machtwort des allerchristlichsten Kaisers für die Spätantike und das Mittelalter in die Reihe der biblischen Propheten, neben Jesaja und andere, erhoben. Wohl auch wegen dieser seiner Prophetenautorität hat ihn Dante in der *Divina commedia* zu seinem Führer durch Hölle und Fegefeuer erwählt.

LANDWIRTSCHAFT IN VERSEN

Die *Bucolica* verschafften Vergil die Freundschaft eines der besten Literaturkenner Roms, dessen Name noch heute ein Markenzeichen für die Förderung aller schönen Künste, für »Mäzenatentum« ist: Maecenas, ein Römer aus altem etruskischen Adel, befreundet mit Octavian und lebenslang dessen wichtigster Mitarbeiter. So schlug sich Vergil mit seinem nächsten Werk, den vier Büchern vom »Landbau«, *Georgica*, offen auf die Seite des Manns, der inzwischen der Mächtigste geworden war. Kaiser Augustus, vormals Octavian beziehungsweise »Caesar«, wie er sich selbst mit Vorliebe nannte,[*] brachte fertig, woran Caesar gescheitert war: sich zum Monarchen von Rom zu erheben, ohne dafür umgebracht zu werden. Schon als Octavian im Jahre 29 siegreich nach Hause zurückkehrte und in einem Landstädtchen rastete, machte ihm Vergil seine Aufwartung. An vier aufeinanderfolgenden Tagen las er ihm das neue Werk vor, wegen stimmlicher Schwäche unterstützt von Maecenas, der dieses Treffen arrangiert haben muss.

Von »Caesar«, den Vergil schon in der hymnischen Einleitung seines Gedichts nicht ganz ohne Humor als zukünftigen Gott apostrophierte, erwartete er nun die Erledigung der großen Friedensmission, die er früher dem göttlichen Knaben der vierten Ekloge zugetraut hatte:

> *di patrii, Indigetes, et Romule Vestaque mater,*
> *quae Tuscum Tiberim et Romana Palatia servas,*
> *hunc saltem everso iuvenem succurrere saeclo*
> *ne prohibete ...*[9]

Eingeborene Götter des Lands und Romulus, Vesta,[**]
die du den tuskischen Tiber und Romas Palatium schirmest,

---

[*]   Vgl. Anm. zu S. 77

[**]   Romulus als Stadtgründer und die Herdgöttin Vesta, in deren uraltem Tempel, bewacht von den Vestalinnen, das ewige Feuer brennt, sind in besonderer Weise für den Schutz der Stadt zuständig; wer unter den *di indigetes* zu verstehen ist (»eingeborene Götter«?), war schon den Römern selbst unklar.

hindert doch wenigstens nicht, dass dieser Jüngling zu Hilfe
kommt der zerrütteten Zeit! …

Diesmal hatte Vergil mehr Glück mit seinen Prophezeiungen. Dem bald
Augustus und *princeps* genannten Alleinherrscher gelang es im Laufe der
Zeit durch ein kluges und taktvolles Regiment, seine blutigen Anfänge
vergessen zu machen und Rom dauerhaften Frieden zu verschaffen.
Zu seinem Reformwerk, das vor allem in einer Wiederherstellung von
altrömischer Moral, Brauchtum und Religion bestehen sollte, wollte
offenbar auch Vergil mit seinen *Georgica* ein Stück beitragen.

Er klagt darin, dass der Pflug nicht mehr geehrt werde, dass Sicheln
zu Schwertern umgeschmolzen würden, weil der Kriegsgott Mars allüberall die Welt beherrsche.[10] Als Kontrast zu dieser bösen Welt verherrlicht er das friedvolle Leben der Bauern in ihrer Naturnähe und
ländlichen Unschuld. So, durch Bauernkraft und Bauerntugend, sei
Rom ja groß geworden.[11]

Und er rechtfertigt auch die mühselige Arbeit *(labor)*, die mit der
Landwirtschaft verbunden ist, als Teil eines göttlichen Heilsplans. Nicht
zur Strafe, wie wir Christen aus der Geschichte vom Sündenfall in der
Bibel lernen, sind Arbeit und Plage den Menschen gegeben, sondern,
sagt Vergil, der hier den Stoikern folgt, um uns zu trainieren, anzuspor-
nen und zu verhindern, dass wir im Wohlleben erschlaffen. Was Vergil
aber nicht hinderte, trotzdem höchst realistisch von der »unguten Arbeit« zu sprechen: *labor improbus* ist sprichwörtlich geworden.[12]

Im Übrigen diente das Werk aber nicht nur einer solchen Land-
wirtschaftsideologie, sondern vor allem auch praktischer, detaillierter
Belehrung über alle Feinheiten des Pflügens, Pfropfens, Düngens,
Rinder- und Bienenzüchtens. Vergil galt darum später bei den Fach-
schriftstellern als große Autorität. Während solche Dinge heute nur
für einen geringen Teil der Bevölkerung, eben die Landwirte, von Bedeutung sind, konnte Vergil seinerzeit mit breitestem Interesse rechnen. Die gesamte Oberschicht, und das waren zugleich alle die, die
Bücher besaßen und lasen, waren ja Bauern, das heißt, sie bezogen ihr
Einkommen aus der eigenen Landwirtschaft. Vergil selbst, wie erwähnt, machte da keine Ausnahme. Die »Villen« *(villae)*, auf die sich

römische Senatoren auch zur Freizeit zurückzogen, waren keine Ferienbungalows, sondern Bauernhöfe, die von einem Trupp von Landsklaven *(familia rustica)* unter Leitung eines Villenaufsehers *(vilicus)* bewirtschaftet wurden.

Unrealistisch war Vergils Gedicht allerdings darin, dass er gerade diesen wichtigen Faktor der antiken Landwirtschaft fast völlig vernachlässigte: die Sklavenarbeit. Wohl um den Wert der Arbeit, die nicht schändet, zu heben, erweckte er den Eindruck, als gehe der römische Grundbesitzer persönlich am Pflug. Gewisse berühmte Urrömer sollen Ähnliches getan haben, ein gewisser Cincinnatus zum Beispiel – nach dem dafür die fleißigen Amerikaner eine Stadt benannt haben.

Von dem abgesehen: Wer von Vergils Lesern brauchte eigentlich, über ein allgemeines Interesse hinaus, eine derartige Unterweisung durch einen Lehrdichter? Am ehesten wohl ausgediente Veteranen, denen nach ihrem Kriegsdienst von der Regierung das ersehnte Stück Land zugewiesen wurde. Vielleicht hat Vergil in der Tat gehofft, in diesem Kreis seine Leser zu finden, um sie für die rechte Einstellung zu ihrer Arbeit und nebenbei vielleicht ein bisschen auch für lateinische Poesie zu begeistern. Daraus dürfte nicht viel geworden sein. Schon knapp hundert Jahre später schien es dem Philosophen Seneca klar, dass Vergil sein Werk »nicht zur Belehrung von Bauern, sondern zur Unterhaltung von Lesern« geschrieben habe – *nec agricolas docere voluit, sed legentes delectare.*[13] Aber sicher ist auch das keineswegs.

TRÄGER DER MISSION:
AENEAS, EIN RÖMISCHER HELD

Von den Hirtensklaven der *Bucolica* war Vergil zu den freien Bauern der *Georgica* aufgestiegen. Jetzt, in seinem letzten und größten Werk, der *Aeneis*, sprach er von Königen und Fürsten. Wie man schon in der Antike sah, waren mit diesen drei Teilen eines – wohl nicht ganz ungeplant entstandenen – Lebenswerks auch drei Entwicklungsstufen der Menschheitsgeschichte bezeichnet: von der Viehhaltung zum Ackerbau und schließlich zu Städtebau und Krieg.

Der Literarhistoriker fügt heute hinzu, dass auch die von Vergil behandelten Gattungen und seine griechischen Vorbilder an Wert und
Würdigkeit zunahmen: Die Bukolik orientierte sich, wie Vergil selbst
angab, am hellenistischen, das heißt zeitlich noch jungen Dichter
Theokrit (drittes Jahrhundert). Mit dem landwirtschaftlichen Lehrgedicht erhob er sich, wie er ebenfalls sagte, zu dem alten Klassiker Hesiod (achtes Jahrhundert). Mit dem Epos *Aeneis* trat er nun in Konkurrenz zum ältesten und größten Dichter überhaupt: Homer. Und zwar
so, dass er in einem Epos von zwölf Büchern beide Werke des Meis-
ters, *Ilias* und *Odyssee,* vereinen wollte. Einem Odysseeteil, der die Irr-
fahrten des Helden Aeneas beschrieb, folgte ein Iliasteil, der von dessen Kämpfen in Italien berichtete. Die Erwartung des Publikums an
dieses größte Werk des neuen »römischen Homer« – denn Ennius galt
mittlerweile als veraltet – war enorm. Properz schrieb, als Vergil gerade
erst ein paar Jahre an der Arbeit war, die höchst riskante Ankündigung:

cedite, Romani scriptores, cedite Grai:
  nescioquid maius nascitur Iliade.[14]

Tretet zurück, ihr Poeten von Rom, ihr Poeten der Griechen!
  Etwas noch Größ'res entsteht, als es die Ilias war.

Wie kam Vergil auf seinen Helden Aeneas? Es gibt bei ihm selber An-
deutungen, dass er ursprünglich ein Augustusepos plante. Aber eine
solche direkte Verherrlichung des Machthabers konnte leicht peinlich
werden. Und Augustus persönlich legte mit zunehmender Altersweis-
heit Wert darauf, nur mit Dezenz gefeiert zu werden. Dies machte nun
die Gestalt des Aeneas möglich. Der war, mit seiner Mannschaft, aus
dem brennenden Troia geflohen und nach Italien gekommen, um
dort nicht nur die Grundlagen für das zukünftige Rom zu legen, sondern auch Stammvater der julischen Familie *(gens Iulia)* zu werden.
Aus der stammten dann Julius Caesar und Augustus selbst, Letzterer
freilich nur durch Adoption.

Dieser Held war kein Mann, der wie Homers Achill nach ruhm-
reichen Taten dürstete oder der wie Odysseus mit List und Gottver-

trauen eine unfreiwillige Weltreise bewältigte. Er war ein Held der Pflichterfüllung. Er hatte eine Mission. Diese konnte natürlich nicht aus seinen eigenen Plänen hervorgehen. Sie war ihm gewiesen durch das *fatum*, das »Schicksal«, ein alter Begriff, dem aber Vergil einen neuen Inhalt gab. Er personalisierte ihn so, dass aus diesem *fatum* geradezu ein Hauptakteur seines Epos wurde. Wir hören von ihm schon im zweiten Vers:

> *Arma virumque cano, Troiae qui primus ab oris*
> *Italiam fato profugus Lavinaque venit*
> *litora …* [15]

Waffen besing ich und Mann, der als Erster von Troias Gefilden flüchtend, vom Schicksal bestimmt, nach Italien kam, zu Laviniums Fluren …

Fato profugus ist zusammen zu nehmen: Aeneas war ein Flüchtling, nicht aus Feigheit oder Zufall, sondern weil es sein Schicksalsauftrag so wollte.

Schicksal *(moira)* war bei Homer und den tragischen Dichtern der Griechen ein Verhängnis, dem der Mensch nicht entrinnen konnte. Ödipus zum Beispiel *muss* seinen Vater erschlagen und die Mutter heiraten. Die stoischen Philosophen sahen im Schicksal *(fatum)* eine Kausalkette, die alles Geschehen der Welt unweigerlich determiniert. Vergil machte aus dieser Konzeption der Dichter und Philosophen eine Macht, die an den Menschen auch Forderungen stellt, denen er zu genügen hat.

Aeneas hat die Mission, die Überlebenden seines Volks nach Latium zu führen. Einen solchen Helden mit einer Mission hatte die antike Literatur noch nicht gekannt. Wir aber kennen ihn aus dem Alten Testament der Juden. Wie Aeneas die Seinen nach Italien führte, so hatte in Gottes Auftrag Moses sein Volk aus Ägypten an die Schwelle des Gelobten Lands geleitet. Dass Vergil das Buch *Exodus* gekannt hat, lässt sich leicht annehmen, denn das Alte Testament lag längst in griechischer Übersetzung vor. Aber weniger wichtig als das ist die Verwandtschaft von jüdischer und römischer Religiosität beziehungsweise Geschichtsauffassung.

Wie Moses ist auch Aeneas ein schwieriger, aber darum menschlich anrührender Held, der immer wieder an seiner Mission zu verzweifeln droht. Schon bei seinem ersten Auftritt, in einem Seesturm, vergisst er den großen Auftrag und wünscht sich, in seiner Heimatstadt Troia gefallen zu sein.[16] Und später bedarf es einer ganzen Unterweltreise, auf der man ihm die zukünftige Geschichte Roms zeigt,[17] damit er seine Aufgabe voller Freude akzeptiert. Bei einem Aufenthalt im afrikanischen Karthago verliebt er sich, wie Caesar in Kleopatra, in die dortige Königin Dido. Er gerät in Gefahr, bei ihr hängen zu bleiben, und muss durch göttlichen Eingriff auf den Weg seiner Bestimmung zurückgebracht werden – worauf Dido sich tötet.[18]

Bis in die letzte Szene der *Aeneis* zieht sich die Diskrepanz zwischen dem letztlich weichen Charakter des Aeneas, der ja ein Sohn der Liebesgöttin Venus ist, und den unerbittlichen Anforderungen, die an ihn gestellt werden. Sein Hauptfeind Turnus, König der Rutuler, bekennt sich im Zweikampf besiegt und bittet um Gnade. Aeneas möchte ihn zuerst auch schonen, aber da erinnert er sich, dass er zur Rache für einen jungen Freund, den Turnus grausam getötet hat, verpflichtet ist. Und in heiligem Zorn stößt er ihn erbarmungslos nieder. Ende des Epos.

Ein alter Preuße soll einmal gesagt haben: »Wir sind nicht auf der Welt, um glücklich zu werden, sondern um unsere Pflicht zu tun.« Kein antiker Philosoph hätte dieser bedenklichen Sentenz zugestimmt, aber sie passt doch ein wenig auf Vergils Aeneas, der seinem Sohn dies als Vermächtnis aufträgt:

Disce, puer, virtutem ex me verumque laborem,
fortunam ex aliis.[19]

Lerne du tapfere Tugend von mir und wirkliche Mühsal,
lerne von andern das Glück!

Wobei mit Glück *(fortuna)* hier allerdings nicht die Daseinserfüllung gemeint ist – das wäre etwa *felicitas*: Gemeint ist mehr das landläufige Glückhaben, wie wir es uns an Neujahr wünschen. Darauf also muss Aeneas verzichten. Aber er und Vergils Leser werden entschädigt durch die Aussicht auf die zukünftige Weltmacht der Römer, von denen Göttervater Jupiter (als Sachwalter des *fatum*) schon im ersten Buch sagt:

> *his ego nec metas rerum nec tempora pono,*
> *imperium sine fine dedi.*[20]

> Ihnen sind nirgendwo Grenzen gesetzt und zeitliche Schranken: Ewiglich dauert ihr Reich …

Dass Vergil auch in diesem Punkt ein falscher Prophet war, hat seiner Popularität bis heute nicht geschadet.

Schon in der Antike wurde kolportiert, Vergil habe vor seinem Tod die Verbrennung der *Aeneis* angeordnet. Das stimmt so wohl nicht. Aber immerhin wurde in Vergils Testament seinen beiden Freunden Varius und Tucca aufgetragen, sie sollten kein Werk von ihm veröffentlichen, das er nicht selbst schon herausgegeben hätte. Er wollte also, dass seine *Aeneis* ein Gedicht nur für seine Freunde bleibe und nicht an die Öffentlichkeit komme, hauptsächlich wohl wegen einer gewissen künstlerischen Unfertigkeit. Auf Drängen von Augustus haben Varius und Tucca die Bitte ihres Freunds in den Wind geschlagen.[21]

So blieb der Welt ein Gedicht erhalten, das nicht nur als Selbstdeutung römischen Wesens, sondern auch als lateinisches Sprachkunstwerk unvergleichlich ist.

SAECULUM AUGUSTUM
ROMS DICHTER IM BANNKREIS DES MÄCHTIGEN

Cicero und Vergil, die zwei Heroen der römischen Literatur, haben uns beide zu Augustus geführt, dem wichtigsten Römer seit dem Stadtgründer Romulus. Cicero hat den jungen Revolutionär »Caesar« vor Senat und Volk salonfähig gemacht; Vergil hat ihn als Friedensfürsten »Augustus« wie einen Zielpunkt römischer Geschichte verherrlicht. Mehr als fünfundfünfzig Jahre hindurch, von seinem ersten Auftritt bis zu seinem Tod, hat Octavian beziehungsweise Augustus[*] Rom in beispielloser Weise geprägt. So ist das »Augusteische Zeitalter« seitdem zu einem Begriff geworden, noch klingender als *Elizabethan Age* oder *Siècle de Louis XIV*, von bescheideneren Epochen wie unserer *Wilhelminischen Ära* zu schweigen.

Und dabei denkt man besonders auch an die Literatur. Denn Augustus schuf nicht nur, durch seine Neuordnung des Reichs und die Sicherung des Friedens, die materiellen Grundlagen für eine einzigartige Blüte vor allem der Poesie, er suchte diese auch durch Anteilnahme und gezielte Förderung zu beeinflussen.

OCTAVIAN UND DER JUNGE HORAZ

Die Anfänge des jungen »Caesar«, der zuerst als Erbe, dann vor allem als Rächer seines (Adoptiv-)Vaters Julius Caesar auftritt, waren freilich furchtbar. In den Proskriptionen des Jahres 43 soll er schlimmer als die anderen »Triumvirn« (Antonius, Lepidus) gewütet haben. In jedem Fall hat er seinen väterlichen Freund und Propagandisten Cicero

---

[*] Weil er der leibliche Sohn eines Octavius war, hieß er nach seiner Adoption durch den Diktator Julius Caesar korrekt »C. Iulius Caesar Octavianus«. Darum sprechen wir heute vom jungen »Octavian«. Er selber pflegte aus begreiflichen Gründen diesen Beinamen nicht zu führen, sondern ließ sich von 44 an »Caesar« nennen. Den Namen »Augustus« (der »Erhabene«) erhielt er erst als Alleinherrscher im Jahre 27.

schnöde geopfert. Nach dem Sieg über die Caesarmörder bei Philippi ist er es, der das abgeschlagene Haupt des Brutus dem Standbild Caesars zu Füßen legen lässt. Und als er im folgenden Bürgerkrieg Perusia, das heutige Perugia, belagert und erobert, richtet er ein beispielloses Blutbad an, das seinen Namen lange Zeit belastet. So verschafft er sich zwar bei den Feinden Respekt, aber keine Freunde unter Roms Intellektuellen. In den zwölf Bürgerkriegsjahren bis zu seinem Sieg von Actium (31 v. Chr.) regt sich kaum eine Feder zur Unterstützung des Manns, dem sie sich später fast alle beugen sollten.

Der größte Prosaiker dieser Epoche, Sallust (C. Sallustius Crispus), meidet in seinen historischen Werken, die insgesamt nur Episoden aus der Zeit zwischen 116 und 63 v. Chr. behandeln, die jüngste Vergangenheit und Gegenwart. Auch die intensivsten Bemühungen, zwischen seinen Zeilen zu lesen, haben kein klares Urteil über Octavian oder seine Kontrahenten zutage gefördert. Und was den jugendlichen Vergil betrifft, so bekennt sich dieser zwar als Freund der Prominenten Gallus und Pollio, nicht aber als Anhänger Octavians. Die dafür einschlägigen Äußerungen hat man ihm erst später in die Eklogen (besonders die erste) hineinkommentiert.

Fühlbare Distanz zum kommenden Herrscher hält auch der junge Dichter Horaz (Q. Horatius Flaccus, 65–8 v. Chr.), dessen Stern in diesen dreißiger Jahren aufgeht. Kein Wunder. Er hatte in jugendlichem Freiheitsrausch bei Philippi für den Caesarmörder Brutus, gegen Octavian, gekämpft und war dafür durch den Verlust seiner Güter bestraft worden. Dennoch wurde er bald in den Freundeskreis des berühmten Octavianfreunds Maecenas aufgenommen, dem auch Vergil angehörte. Aber sein literarisches Debüt bestand aus geflissentlich unpolitischen Satiren, *Saturae*. Diese bei ihrem Erfinder Lucilius noch scharf aggressive Gattung modelte er um zu fast philosophischen Essays, in denen er, wie der junge Vergil, die auf ein zurückgezogenes Leben zielende Ethik Epikurs vertrat.

Lehrreich und amüsant ist in dieser Hinsicht besonders eine Satire, die das Tagebuch einer »Reise nach Brindisi« enthält (*Iter Brundisinum*[1]). Maecenas war dorthin in diplomatischer Mission von Octavian beordert worden. Das hinderte ihn aber nicht daran, seine musischen Freunde mitzunehmen: Vergil, Horaz, Varius und viele andere. Nun würde man erwarten, dass auf einer solchen Reise, neben Ästhetischem, besonders auch die aktuelle Politik diskutiert würde. Keine Rede davon. Horaz als genussorientierter Epikureer interessiert sich scheinbar nur für die Qualität des jeweiligen Nachtquartiers, für den Ärger mit Stechmücken und nachtquakenden Fröschen und immer wieder vor allem fürs mehr oder minder gute Essen. Ein Höhepunkt der Begebenheiten ist in dem Dörfchen Trivicum der missglückte One-Night-Stand mit einer lokalen Schönen, die Horaz versetzt, wofür ihn dann aber eine nächtliche Pollution entschädigt – wie krude doch diese Satiriker sind! So unpolitisch also schreibt der Poet, der zwanzig Jahre später zum Staatslyriker avancieren sollte.

Selbst Octavians Sieg über Antonius und Kleopatra bei Actium bringt zunächst noch keine rechte Annäherung an den Mann, der nun *de facto* bereits Weltherrscher ist. Noch nach dieser für lange Zeit wichtigsten Schlacht der römischen Geschichte veröffentlicht Horaz ein Buch von »Epoden«, *Epodi,* im Stil des aggressiven griechischen Jambikers Archilochos. In der sechzehnten Epode prophezeit er in düsteren Tönen Roms baldigen Untergang durch den Bürgerkrieg und seine Eroberung durch die Parther. Dieses Gedicht kehrt also die vorausgegangene Prophezeiung von Vergils vierter Ekloge geradewegs um.

Immerhin begrüßt Horaz in einem anderen Gedicht schon den Sieg »Caesars« und verwünscht den der Kleopatra ergebenen Antonius als unrömischen »Weiberknecht« (*emancipatus feminae*[2]). Wann er sein eigentliches Siegeslied gedichtet hat, wissen wir nicht; veröffentlicht hat er es jedenfalls erst acht Jahre später, das berühmteste lateinische Trinklied, dessen Anfang sprichwörtlich geworden ist:

> *Nunc est bibendum, nunc pede libero*
> *pulsanda tellus …*[3]

Nun heißt es trinken, nun mit befreitem Fuß
die Erde stampfen …

Die allgemeine Stimmung scheint umzuschlagen, als im Jahre 29 v. Chr. der siegreiche Octavian nach Rom zurückkehrt. Wie wichtig es ihm ist, die Literaten für sich zu gewinnen, zeigt sich bei den Triumphspielen noch im selben Jahr. Sehr zu seinem Wohlgefallen dichtet Varius Rufus, Freund von Vergil und Maecenas, die Tragödie *Thyestes,* die den schlimmsten Tyrannen des Mythos, den kinderschlachtenden, kinderkochenden Atreus, auf die Bühne bringt: ein Gegenbild zum künftigen Friedensfürsten. Dafür erhält er das unerhörte Honorar von einer Million Sesterzen.

Zwei Jahre später wird der Staat, wie es offiziell heißt, »an Senat und Volk zurückgegeben«, also die alte Republik wiederhergestellt. Jeder wusste, dass damit nur eine faktische Militärdiktatur bemäntelt wurde. Der Machthaber behielt ja das Kommando über die Heere in den Provinzen. Dennoch jubelte man dem »Augustus«, wie er jetzt hieß, gerne zu, denn er wollte ja nicht wie Caesar als *dictator* oder gar *rex* (König) seinen Willen durchsetzen, sondern nur als *princeps* (erster Bürger) seine Pflicht tun.

Damit waren die Weichen gestellt für die goldenen zwanziger Jahre der lateinischen Literatur, die nun vom moralisch-religiösen Reformprogramm des Herrschers bestimmt sind. Es galt die Schäden von fast zwei Jahrzehnten Bürgerkrieg zu beseitigen. Da schien die Besinnung auf die Tugenden und Sitten, die Rom groß gemacht hatten, das Nächstliegende.

HORAZ, EIN BEKEHRTER LYRIKER

Vergil widmet dem Herrscher, noch bevor er »Augustus« heißt, seine *Georgica* und redigiert sie dementsprechend. Fast ebenso Großes konzipiert Horaz, der seiner früher unpolitischen Haltung ausdrücklich abschwört. In einer berühmten allegorischen Ode gibt er dem römischen Staats-»Schiff« in Seenot gute Ratschläge.[4] Auch seinen früheren Epikureismus widerruft er, soweit dieser religiösen Unglauben impliziert – angeblich aufgrund eines persönlichen Bekehrungserlebnisses.[5] Die Wiederherstellung der alten Religion lag ja Augustus besonders am Herzen.

Diese Oden sind Teil eines großen lyrischen Werks (*Carmina* oder

Odae) in drei als künstlerische Einheit komponierten Büchern, die das Anspruchsvollste werden sollten, was die römische Literatur bisher hervorgebracht hatte. Eine Absicht, die Horaz vollkommen erreicht hat! Noch der strenge Kunstrichter Nietzsche schwärmte von diesem »Mosaik von Worten, wo jedes Wort als Klang, als Ort, als Begriff, nach rechts und links und über das Ganze hin seine Kraft ausströmt«, einem »Minimum in Umfang und Zahl der Zeichen« und einem »Maximum in der Energie der Zeichen«.[6]

Ein Beispiel. Am Ende einer Ode, in der Horaz seine noch heute sprichwörtliche Philosophie des *Carpe diem* (Pflücke den Tag) entwickelt, rät er seinem jugendlichen Adressaten, er solle doch ja, solange er jung sei, Sport, Tanz und Liebe nicht versäumen:

> *nunc et latentis proditor intumo*
> *gratus puellae risus ab angulo*
>   *pignusque dereptum lacertis*
>   *aut digito male pertinaci.*[7]

> Wie reizend klingt da aus dem versteckten Eck
> das Lachen, das des Mädchens Verräter wird,
>   das Pfand, vom Arme abgerissen
>   und von dem Finger, der schlimm sich weigert.

Auch die beste Übersetzung dieser Beschreibung eines verliebten Stelldicheins kann keine Ahnung von der Kunst der Verse geben, die großenteils auf der artifiziellen Wortstellung beruht. Wir beschränken uns auf die ersten beiden Verse, die wörtlich heißen: »Jetzt ist sowohl willkommen *(gratus)* das verräterische Lachen *(proditor risus)* des verborgenen Mädchens *(latentis puellae)* vom innersten Winkel her *(intumo ab angulo)* ...« Klar: Herr und Dame sind verabredet; sie aber versteckt sich schelmisch im Winkel, und nur durch ihr verräterisches Lachen lässt sie sich auffinden. Dieses Neckspiel von Verstecken und Gefundenwerden bildet sich ab in der auch den Leser foppenden Anordnung der Wörter: Was *latentis*, was *proditor*, was *intumo* in der ersten Zeile bedeuten soll, lässt sich nicht einmal ahnen, bevor die zweite

Zeile, Wort für Wort, durch zuerst *puellae,* dann *risus* und *angulo* den Aufschluss gibt.

Jedes Wort, nach rechts und links ausstrahlend (wie Nietzsche sagt), wird erst aus dem Ganzen verständlich. Eine Möglichkeit, die das Lateinische als flektierende Sprache immer besessen hatte, die aber nun von Horaz in unerhörter Weise ausgenützt wird. Wir zitieren aus der Äußerung des deutschen Meisterstilisten gerne noch einen Satz: »In gewissen Sprachen ist das, was hier erreicht ist, nicht einmal zu *wollen.*«

Vor allem durch die Kunst der Wortstellung konnte der Lyriker Horaz sogar sein großes griechisches Vorbild, den aus Lesbos stammenden Lyriker Alkaios, übertreffen, dem er im Übrigen die meisten seiner Metren verdankte. Der Erfolg beim breiteren Publikum allerdings hielt sich in Grenzen. Sogar später hatte es die allzu exquisite Kunst des Lyrikers Horaz nicht ganz leicht, zum Beispiel Eingang in den Schulunterricht zu finden. Erst die Pädagogen des neunzehnten Jahrhunderts haben ihn voll gewürdigt und die Horazoden mit gutem Grund zum Schluss- und Höhepunkt des lateinischen Gymnasialunterrichts gemacht. So habe auch ich es noch am Ende der fünfziger Jahre erlebt. Inzwischen freilich hat man Horaz längst wieder gegen leichtere Kost (Ovid, Martial, Petron) eingetauscht.

Horaz versäumte es nicht, sein großes Werk, als es beendet war (23 v. Chr.), dem Princeps, der darin ehrerbietig apostrophiert wurde, zuzusenden. Vor allem die sogenannten »Römeroden« mit ihren ernsten Mahnungen an die Jugend mussten diesem gefallen: Ohne seine epikureische Ethik ganz zu vergessen, fand Horaz in ihnen warme Worte, um den Mädchen und Jungen, die er ansang (*virginibus puerisque canto*[8]), Bescheidenheit, Charakterstärke, Patriotismus und vor allem Frömmigkeit und Keuschheit ans Herz zu legen. Letzteres ließ über manches Bedenkliche in Horazens Symposienerotik hinwegsehen.

LYRIK IM STAATSAUFTRAG

Sechs Jahre später wurde er dafür belohnt und ausgezeichnet. Als Augustus, um ein neues Zeitalter einzuläuten, im Jahre 17 »Jahrhundertspiele« *(ludi saeculares)* veranstaltete, bekam Horaz den Auftrag, für einen gemischten Kinderchor die religiöse Festkantate zu schreiben, vielleicht sogar zu komponieren. Jedenfalls übernahm er mit Freuden auch die musikalische Einstudierung, brachte sie doch den Endvierziger wieder in Kontakt mit der Jugend. Erst dieses zweimal, auf dem Palatin und dem Kapitol, zum Abschluss des Festes dargebotene Chorwerk machte ihn in Rom wirklich berühmt – auch wenn manche Strophen seiner Staatslyrik nicht ganz das übliche Niveau erreichten.

Lesen wir ein schlimmes Beispiel. Augustus hatte im Jahr zuvor (18) durch neue Ehegesetze den Bevölkerungsschwund aufhalten wollen.[*] Deswegen rief Horaz nun die griechische Geburtsgöttin Ilithyia an:

> *diva, producas subolem patrumque*
> *prosperes decreta super iugandis*
> *feminis prolisque novae feraci*
>   *lege marita.*[9]

Das ist schiere, nur äußerlich in Verse gesetzte Prosa: »Göttin, bring Nachkommenschaft hervor und begünstige die Beschlüsse der Väter [das heißt des Senats, der die Ehegesetze beraten hatte] über die Verheiratung der Frauen und über das Ehegesetz, das neuen Nachwuchs erzeugt.« Man bemerkt hier wohl, dass Horaz unverheiratet und kinderlos war. Aber natürlich enthielt auch diese Ode, die Horaz nicht in sein später publiziertes viertes Buch der Lyrik aufnahm, viele grandiose Formulierungen, wie zum Beispiel dieses Gebet an den Sonnengott Sol:

> *alme Sol, curru nitido diem qui*
> *promis et celas aliusque et idem*

---

[*] Vgl. unten S. 87–89

nasceris, possis nihil urbe Roma
visere maius.[10]

Güt'ger Sol, der du mit dem Strahlenwagen
weckst und deckst den Tag und derselbe neu doch
aufstehst: Nimmer möge dein Auge sehen
Größ'res als Roma!

Woraus man lernen kann, dass auch ein Staatsauftrag schöne Poesie
nicht unbedingt verhindern muss. Selbst Bertolt Brecht, der Horaz als
»des Imperators feisten Hofnarren« schon in einem Schulaufsatz verspottet hatte,[11] gab später zu, solche Verse seien in »Marmor« geschrieben: »Wir heute arbeiten in Dreck«.[12]

Höchste literarische Qualität haben auch spätere Oden, zu denen
sich Horaz überreden ließ: vor allem die extrem kunstvollen, grandiosen Preisgedichte auf die Kaiserenkel Drusus und Tiberius.[13] Diese
hatten durch Siege über unsere bayerisch-schwäbischen Vorfahren,
Räter und Vindeliker, die Grundlagen für die Augustus-Stadt Augsburg *(Augusta Vindelicum)* gelegt. Dort steht das Denkmal des Kaisers
noch immer auf dem Marktplatz – wo Brecht es regelmäßig gesehen
hat.

Nachdem Vergil im Jahre 19 gestorben war, blieb sozusagen alles
an Horaz, als verbliebenem Nationaldichter, hängen. So auch die
Aufgabe, an den Kaiser selbst eine poetische Denkschrift über den
Gegenwartszustand der römischen Literatur zu richten, die sogenannte Augustusepistel. In ihr klagt er, dass man im Theater immer
noch altmodische Klassiker wie Ennius und Plautus spiele.[14] Trotz
des Anfangserfolgs des *Thyestes* war es nämlich Augustus nicht gelungen, die Dichter zu bedeutenderen Bühnendramen zu motivieren.

Seinen bleibendsten Erfolg aber verdankt Horaz dem Lehrgedicht
De arte poetica (Über die Dichtkunst). In ihm stellte er wohl gegen
Ende seines Lebens, wiederum als Mahnschrift an die Jugend, die
wichtigsten Grundsätze seiner strengen Kunstauffassung zusammen.
Wer auch nur ein bisschen Latein gelernt hat, muss davon gehört ha-

ben, zumindest von der Forderung, *in medias res* (mitten in die Sachen) zu gehen, und von dem berühmten Lehrsatz: *aut prodesse volunt aut delectare poetae*[15] – Entweder nützen oder erfreuen wollen die Dichter.

Bis zu Beginn des achtzehnten Jahrhunderts hat dieses schmale Werkchen als das unübertroffen Beste gegolten, was je über Poesie gesagt worden sei, trotz Aristoteles und allen Poetologen, die ihm gefolgt sind. Noch den jungen Goethe verwies man, als er Maßstäbe für Literaturkritik suchte, vor allem auf Horaz.[16] Er bestaunte zwar »einzelne Goldsprüche dieses unschätzbaren Werks mit Ehrfurcht«, konnte dann aber doch wohl nicht viel anfangen mit einem Kunstrichter, der die Vernunft *(sapere)* zur Grundlage der Dichtung erklärte und allen Geniekult als Schlamperei verspottete.[17]

DIE LIEBESELEGIKER
IM AUGUSTEISCHEN STAAT

Die zunehmende Hinwendung zu Augustus lässt sich am schönsten an Properz (Sextus Propertius) beobachten. Der trat schon in den dreißiger Jahren als Liebeselegiker die Nachfolge des Gallus mit sprachlich kühnen, extrem leidenschaftlichen Gedichten auf eine *Cynthia* an – höchstwahrscheinlich eine Freigelassene, wie fast alle Frauen in der römischen Liebesdichtung. In seinem ersten Buch, gegen 29 v. Chr., bekannte er sich in unerhörter Schroffheit zu einem Leben in der Liebe, außerhalb römischer Konventionen, unter Absage an Ehe und politische Karriere.[18] Das Buch enthielt mit seinen Anspielungen auf die Kämpfe bei Perusia deutliche Spitzen gegen die militärischen Anfänge des Herrschers.[19]

Die Formvollendung dieses begeisternden Erstlingswerks, das man der kompositorischen Leistung nach neben Vergils Eklogenbuch stellen konnte, veranlasste Maecenas, auch diesen Hochtalentierten unter seine Freunde aufzunehmen. So mäßigt Properz in seinem zweiten Buch den kessen Ton, lobt den Augusteer Vergil und tut, als hätte er selbst schon Lust, ein Epos auf die Kriegstaten des Augustus zu ver-

fassen.[20] Aber einen Seitenhieb auf die damals schon geplanten Ehegesetze, die ihn zu einer Heirat und zum Kinderkriegen hätten veranlassen sollen,* kann er sich doch nicht verkneifen:

> *unde mihi Parthis natos praebere triumphis?*
> *nullus de nostro sanguine miles erit.*[21]

> Söhne wozu? für den Krieg? einen Siegestriumph über Parther?
> Nein, aus unserem Blut werde mir keiner Soldat!

»Make love, not war!« Die Vietnam-Demonstranten der späten Sechziger hätten in Properz ihren Herold finden können. Aber nicht lange.
Schon im dritten Buch vermeidet Properz alles Anstößige; und im vierten und letzten versteigt er sich sogar dazu, den Sieg von Actium zu feiern und eine römische Ehefrau namens Cornelia wegen ihrer Treue
und Keuschheit zu loben.[22] Dieser Gesinnungswechsel des Properz hat
manche Philologen so erfreut, dass man in neuerer Zeit gerade diese
(nicht überragende) Nummer zur »Königin der Elegien« ernannt hat!
   Zurückhaltender gegenüber Augustus war ein anderer Elegiker,
der formvollendete, aber schwer fassbare Tibull (Albius Tibullus). Der
hielt bis zu seinem frühen Tod an der schon traditionellen Idee eines
Lebens für die Liebe, ja eines Sklavendiensts der Liebe *(servitium amoris)* fest, obwohl gerade bei ihm die Partner wechseln: Neben zwei
Frauen, Delia und Nemesis, steht, wie so oft in der griechischen Liebesdichtung, ein junger Mann, der schwärmerisch besungene Marathus. Nicht einmal zu einem fiktiven Roman lassen sich diese Verhältnisse runden.
   Tibull, nicht Properz, feierte man als quasi den Vergil der Elegie, als
beide im selben Jahr starben. Ein Epigrammatiker namens Domitius
Marsus schrieb damals:

> *Te quoque Vergilio comitem non aequa, Tibulle,*
> *mors iuvenem campos misit ad Elysios,*

---

* Vgl. unten S. 89

ne foret aut elegis molles qui fleret amores
aut caneret forti regia bella pede.[23]

Dich auch sandte, Tibull, der grausame Tod in der Jugend
    zu dem elysischen Feld, als den Gefährten Vergils:
Keiner mehr sollte verliebt sich elegisch in Tränen verströmen,
    keiner auf epischem Fuß singen von Fürsten und Krieg.

An diesen Versen erkennt man nebenbei auch, dass unsere Vorstellung, wonach »elegisch« etwas traurig Melancholisches bedeute, dem Altertum nicht unbekannt ist. Die Definition von Elegie wird zwar ausschließlich durch das Versmaß gegeben (Wechsel von Hexameter und Pentameter), die antiken Philologen waren aber der Meinung, dass der Ursprung dieses Maßes in der Klage beziehungsweise Totenklage zu suchen sei.

EIN ENFANT TERRIBLE: OVID

Schwerer als alle anderen Dichter zu zähmen war Roms vierter und berühmtester Elegiker: Ovid (P. Ovidius Naso, 43 v. Chr. – ca. 17 n. Chr.). In Ciceros Todesjahr geboren, bald mit Properz befreundet, begann er früh Elegien auf eine Corinna zu schreiben, über deren Identität man rätselte. Das ergab zunächst fünf Bücher *Amores,* die der selbstkritische Dichter auf drei komprimierte: ein Feuerwerk sprühend von Witz und Pointen, wie Rom es noch nicht erlebt hatte. Und wie brillant die Verstechnik war, so kühn war die Frechheit, mit welcher der junge Dichter den Kaiser, der sich soeben mit *ludi saeculares* hatte feiern lassen, verspottete. Hierbei ging es neben anderem um die Ehegesetze des Kaisers, zu denen vor allem gehörte, dass nunmehr, zur Wiederherstellung altrömischer Keuschheit, der Ehebruch in der *lex Iulia de adulteriis* als ein strafrechtliches Delikt festgelegt wurde! In der Tat eine einschneidende Neuerung, die nur im jüdischen Gesetz der Bücher Mose ein Vorbild hatte. Bekanntlich hat sie bis in unsere Tage gewirkt, in Westdeutschland bis zur Strafrechtsreform 1969. Dazu gehörte auch, dass der vom Ehebruch betroffene Mann[*] verpflichtet war, gegen seine Frau strafrechtlich einzuschreiten, widrigenfalls er selbst eine Anklage wegen »Zuhälterei durch den Ehemann« *(lenocinium mariti)* zu gewärtigen hatte.

Natürlich wagte Ovid nicht auszusprechen, was jeder wusste: dass Augustus selber ein höchst erfolgreicher Ehebrecher war, toleriert von seiner Frau Livia. Aber mit welchen Augen musste der Kaiser Verse lesen wie diese?

> *rusticus est nimium, quem laedit adultera coniunx,*
>   *et notos mores non satis urbis habet,*
> *in qua Martigenae non sunt sine crimine nati*
>   *Romulus Iliades Iliadesque Remus.*[24]

Der ist ein Tölpel vom Land, den die Frau noch ärgert, die
                         fremdgeht,
   und er weiß nicht Bescheid, wie man hier lebt in der Stadt,
zeugte doch Mars auch nicht ganz sündlos einst seinen
                                  Nachwuchs:
Romulus, Ilias Kind, Remus, den anderen Sohn.

Das war starker Tobak, ein glatter Hohn auf das Ehebruchsgesetz. Nur dadurch etwas gemildert, dass der hier angesprochene Mann kein Ehemann im Sinne des Gesetzes war, sondern nur der ständige Liebhaber einer Frau, die aufgrund ihres Standes von der *lex Iulia* streng genommen nicht betroffen war. Das galt aber natürlich nicht für den Gott Mars, der in grauer Vorzeit die Vestalin Ilia geschwängert und so

---

[*] Nach römischen Vorstellungen begeht die Frau einen Ehebruch *(adulterium)* dann, wenn sie mit einem anderen Mann als ihrem Ehemann Geschlechtsverkehr hat. Auch dieser andere Mann ist dann Ehebrecher *(adulter)*, weil er in eine fremde Ehe einbricht. Er ist es aber nicht, wenn er die eigene Ehefrau etwa mit einer Sklavin oder Libertine betrügt. Der Geschlechtsverkehr mit der unverheirateten, frei geborenen Frau ist ebenfalls gesetzlich verboten; er heißt *stuprum*. Libertinen, also freigelassene Sklavinnen, waren vom Verbot des *stuprum* ausgenommen, da sie ihre Unschuld ohnehin verloren hatten. Das macht Liebesverhältnisse in der Art der in Ovids *Amores* geschilderten grundsätzlich möglich und legal.

Roms Stadtgründer gezeugt hatte. Eindeutig ein strafrechtliches Delikt nach dem neuen Gesetz. Wie peinlich!

Ovid blieb seiner Linie auch in seinem folgenden Werk, das bis heute zu den bekanntesten und berüchtigtsten der lateinischen Literatur zählt, treu: der »Liebeskunst« (*Ars amatoria,* uns erhalten in einer Fassung aus dem Jahr 1 n. Chr.). Die, wie wir sagen, »freie Liebe«, zu der der Dichter darin anleitete, war nicht verboten. Aber dennoch musste die Tendenz eines solchen Werks den Absichten des Augustus, der durch ein gesetzliches Ehegebot, eine *lex de maritandis ordinibus,* die Ehescheu der vornehmen Jugend bekämpfen wollte, zuwider sein. Zumal es Ovid an direktem Spott über die Ehe nicht fehlen ließ und dabei auch noch ausdrücklich das neue Gesetz erwähnte. Mit der Ehe kannte er sich aus, war er doch im Gegensatz zu Vergil und Horaz ordentlich verheiratet, sogar dreimal. So ermahnt er, mit der Geliebten *(amica)* nicht zu streiten, sondern dies Eheleuten zu überlassen:

> *hoc decet uxores; dos est uxoria lites:*
> *audiat optatos semper amica sonos.*
> *non legis iussu lectum venistis in unum:*
> *fungitur in vobis munere legis amor.*[25]

> So ist's Gattinnen recht, das Zanken ist Mitgift der Gattin:
> Immer nur lieblichen Laut höre die Liebste von dir.
> Kommt ihr doch nicht zusammen ins Bett auf Gebot des Gesetzes:
> Amor erledigt bei euch, was das Gesetz sonst bewirkt.

Welch ein Bild: Ovids Schüler im vergnügten Lotterbett der freien Liebe, im verordneten Ehebett das Augusteische Rom!

Augustus war »not amused«. Aber er wollte gegen einen Dichter, der der erklärte Liebling der Jugend war, noch nicht einschreiten, zumal sich dieser unwidersprochen als Vollender und gewissermaßen »Vergil« der römischen Elegie feiern konnte:

> *Tantum se nobis elegi debere fatentur,*
> *quantum Vergilio nobile debet opus.*[26]

> So nennt mich das elegische Maß seinen Meisterpoeten,
> wie man fürs Epos Vergil immer als Meister verehrt.

Immerhin könnte Ovid einen Wink bekommen haben, dass man ihm Weiteres nicht würde durchgehen lassen; denn in allen folgenden Gedichten vermeidet er Anspielungen auf die Ehegesetze. Dies gilt vor allem für sein erotisches Meisterwerk, die »Heroidenbriefe« *(Epistulae)*, in dem er mit psychologischer Meisterschaft fünfzehn völlig verschieden liebende Frauen aus der Sagenwelt zu Wort beziehungsweise zur Feder kommen ließ. Fast schon von Augustus' Religionspolitik inspiriert waren dann die *Fasti,* ein zum Teil eher etwas trockener römischer Festkalender, der aber unvollendet blieb.

Und in der Verherrlichung des Augustus gipfelte schließlich auch Ovids größtes und bis heute berühmtestes Werk: die »Verwandlungen« *(Metamorphoses),* ein völlig neuer Typ des Epos. Es war das erste Buch, das man dem jungen Goethe zu lesen gab, und das Schrecknis des kleinen Hanno Buddenbrook. Vielleicht inspiriert von Vergils sechster Ekloge, wurden hier an die zweihundertfünfzig völlig disparate Sagen von wunderbaren Verwandlungen meist von Menschen in Tiere oder Pflanzen aneinandergereiht, und zwar so, als hätten sie just in dieser historischen Reihenfolge stattgefunden. So entstand zugleich eine Art *Who's who* der griechischen Mythologie und ein episch »fortlaufendes Gedicht« *(carmen perpetuum*[27]*)*, das von der Erschaffung der Welt bis zur Apotheose des Julius Caesar im Jahr 44 führte. Letztere, heißt es ausdrücklich, war nötig für die Göttlichkeit des Augustus, mit dessen Lobpreis dann das Werk ausklingt.

Ovid hat hier einmal sehr dick aufgetragen, aber den rechten Ton wohl nicht getroffen, vielleicht auch gar nicht treffen wollen. Als er im Jahre 8 n. Chr. in eine dem Kaiser offenbar peinliche Skandalgeschichte seiner Familie verwickelt wurde, verbannte der ihn ohne Gerichtsurteil nach Tomi, eine Stadt am Schwarzen Meer. Dort wurde ihm, wie der boshafte Theodor Mommsen formulierte, »Gelegenheit gegeben, über seinen allzu flotten Lebenswandel fern in der Dobrudscha nachzudenken«.[28] Als offizieller Verbannungsgrund musste die schon nicht mehr ganz neue *Ars amatoria* herhalten. Gleichzeitig wurden seine Werke aus den öffentlichen Bibliotheken entfernt.

Auch als Verbannter nutzte Ovid sein unerschöpfliches Genie. In »Trauerelegien« *(Tristia)* und poetischen Briefen *(Epistulae ex Ponto)* ergriff er in einer für die antike Dichtung beispiellosen Subjektivität sein eigenes Erleben als Möglichkeit poetischer Gestaltung, um einerseits in Rom für seine Sache publizistisch zu wirken und andererseits, wie er immer wieder sagt, mit seinem Schicksal fertig zu werden. Aber noch über den Tod des Augustus hinaus blieb er verbannt und starb etwa im Jahre 17 n. Chr. – ein Vorbild und tröstendes Beispiel für viele verbannte Dichter aller nachfolgenden Zeiten.

Uns aber erinnert sein Schicksal daran, dass Augustus durchaus nicht nur ein Förderer der Literatur war. Wie er am empörenden Tod Ciceros und am Selbstmord des Gallus Schuld trug, so fand unter ihm auch, obschon auf Betreiben des Senats, zum ersten Mal eine Bücherverbrennung statt. Betroffen war das missliebige Geschichtswerk des Redners Titus Labienus, der sich aus Gram darüber zu Tode hungerte.

Kein Zweifel: Augustus hat der Literatur des nach ihm benannten Zeitalters seinen Stempel aufgedrückt. Aber wirklich zu verdanken ist diese Blütezeit ihm doch wohl nicht. Vergil, Horaz, Properz haben Meisterwerke schon vor der Zeit seines Prinzipats geschaffen. Tibull und Ovid haben sich von ihm nicht vereinnahmen lassen, und das gilt auch für den großen Geschichtsschreiber der Zeit, Titus Livius. Auch im *saeculum Augustum* gab es nicht nur Augusteer, und trotz vieler Lobsprüche ist dieser grandios erfolgreiche Staatsmann bis heute immer umstritten geblieben.

URBI ET ORBI
LATEIN WIRD WELTSPRACHE

Urbi et orbi, »der Stadt und dem Erdkreis«, erteilt der Papst bei festlichen Anlässen seinen Segen. Nicht erst die Christen haben sich dieses Wortspiel, das Rom so klingend mit der Welt verknüpft, ausgedacht. Es erscheint in der lateinischen Literatur, sobald die Römer etwas von einer Berufung ihrer Stadt zur Weltherrschaft und damit von globaler Verantwortung ahnen.

Cicero in der ersten Rede gegen den Staatsfeind Catilina (63 v. Chr.) beschuldigt diesen, dass er den »Untergang dieser Stadt *(huius urbis)* und – damit – den des ganzen Erdkreises *(orbis terrarum)*« im Sinne habe.[1] Und etwa siebzig Jahre später behauptet Ovid mit kühner Übertreibung, andere Völker hätten bestimmte Grenzen, aber »das Gebiet der Stadt Rom und das des Erdkreises ist dasselbe« (*Romanae spatium est urbis et orbis idem*[2]).

Während hier nur die Ausbreitung der römischen Herrschaft ins Auge gefasst ist, denkt, wiederum vierhundert Jahre später, Rutilius Namatianus, ein Dichter, der dieselbe Formel verwendet, an die einheitsstiftende Macht des römischen Rechts. So dankt er Roma, die von ihm als Göttin verehrt wird:

Fecisti patriam diversis gentibus unam,
profuit iniustis te dominante capi;
dumque offers victis proprii consortia iuris,
urbem fecisti, quod prius orbis erat.[3]

Eine gemeinsame Heimat erschufst du der Vielzahl der Völker;
weil sie zuvor ohne Recht, war ihnen nützlich dein Sieg.
Da die Besiegten du nahmst in des eigenen Rechtes Gemeinschaft,
schufst du zur einzigen Stadt, was eine Welt war zuvor.

Es waren wohl diese Verse, die den Juristen Rudolph von Jhering zu einem berühmten Ausspruch inspiriert haben: Roms historische Leistung sei es gewesen, dreimal die Welt zu einigen – durch die Gewalt der Waffen, durch die christliche Kirche, durch das römische Recht.[4] Schade! Das Schönste hat er vergessen. Rom hat die Welt noch ein viertes Mal geeint: durch die lateinische Sprache.

Aber wann und wie ist das geschehen? Noch Cicero, der, wie wir soeben sahen, das Schicksal des *orbis* in Zusammenhang mit dem der *urbs* sieht, weiß, dass lateinische Schriften nur innerhalb Italiens gelesen werden, dass die internationale Sprache Griechisch ist.[*] Auch Vergil, eine Generation später, glaubt zwar, dass die Gestalten seiner Dichtung so unsterblich sein werden wie die Stadt Rom und ihr Reich,[5] aber die Zukunft der lateinischen Sprache sieht auch er nur in den Grenzen Italiens.[**] Und ebenso spricht sein Freund, der Lyriker Horaz, in seiner wohl bekanntesten Ode[6] von dem »Denkmal dauernder als Erz« *(monumentum aere perennius)*, das er sich selbst in seinem Werk errichtet habe, und auch er verbindet diesen Ruhm mit dem Bestehen des Imperiums. Aber geographisch lokalisiert er ihn in seiner Heimat, Apulien. Dort werde man besonders stolz sein auf den prominenten Sprössling.

ZUKUNFTSVISIONEN IM SCHWANENFLUG

Und doch ist es derselbe Lyriker Horaz, der an anderer Stelle zum ersten Mal in visionärer Schau die Idee nicht nur einer Weltsprache Latein, sondern zugleich die einer lateinischen Weltliteratur gefasst hat. Im Schlussgedicht seines zweiten Odenbuchs (23 v. Chr.), seiner vielleicht kühnsten und befremdlichsten Schöpfung, versetzt er sich prophetisch in seine eigene Todesstunde und erlebt so den Übergang von einem sterblichen Menschen zu einem unsterblichen Dichter. Dieser Übergang wird dargestellt als Verwandlung in einen singenden

---

[*]   Vgl. oben S. 25
[**] Vgl. oben S. 19 f.

Schwan, einen Vogel, der seit je dem Dichtergott Apollon heilig ist. Erst spricht Horaz von seinem baldigen Aufstieg in die Regionen des Äthers, dann beginnt die »Verschwanung«, von den einschrumpelnden Beinen bis hinauf zu den auf Armen und Schultern sprießenden Federn. Noch während dieser Prozess im Gange ist, malt sich Horaz schon den kommenden Flug aus:

Iam Daedaleo notior Icaro *
visam gementis litora Bosphori
    Syrtisque Gaetulas canorus
        ales Hyperboreosque campos.

Me Colchus et qui dissimulat metum
Marsae cohortis Dacus et ultimi
    noscent Geloni, me peritus
        discet Hiber Rhodanique potor. [7]

Berühmter als des Daedalus Icarus
besuch ich schon den seufzenden Bosporus,
    Gaetuliens Syrten auch, als Singschwan,
        hyperboreischen Landes Felder.

Mich wird der Colcher lernen, der Daker, der
vor Marsertruppen** heimlich erzittert, und
    Gelonen in der Ferne, bald auch
        kluge Hiberer und Rhonetrinker.

Es ist klar, dass dieser Schwanenflug allegorisch zu verstehen ist. Horaz will nicht nur sagen, dass seine Lyrik fortlebt, sondern dass sie weltweit gelesen oder gesungen wird. Vor allem das Verbum *discet* (in V. 20), »der Hiberer (Spanier) wird mich lernen«, macht das un-

---

* Icarus, Sohn des berühmten Ingenieurs Daedalus, war zusammen mit seinem Vater bekanntlich der erste fliegende Mensch.

** Das italische Volk der Marser steht hier nur repräsentativ für die Militärmacht des unter Rom geeinten Italiens (Figur der *pars pro toto*).

zweideutig klar. Horazens Dichterruhm reicht also, wenn wir die im lyrischen Enthusiasmus absichtlich verwirrten geographischen Angaben etwas ordnen, vom Osten Europas, repräsentiert durch den Bosporos (mit Byzanz), die Kolcher (im Osten des Schwarzen Meers) und die Daker (im heutigen Rumänien), bis zum Westen, für den der Spanier und der Bewohner der Rhone (in Gallien) stehen. Der Norden wird markiert durch den skythischen Stamm der Geloner und das sagenhafte, »jenseits des Boreas« gelegene Volk der *Hyperborei*; im Süden liegen die gätulischen (afrikanischen) Sandbänke, mit denen wohl die Wüste als Grenze der bewohnbaren Welt bezeichnet wird.

Liest man dort wirklich überall Horaz? Schwerlich. Grosso modo orientiert sich der Dichter bei dieser Luftkreuzfahrt an der damaligen Ausdehnung des Imperium Romanum, doch punktuell geht er auch über diese hinaus: Dakien ist erst unter Trajan erobert und latinisiert worden, auch wenn es angeblich damals schon (V. 17!) vor den Römern Angst hatte. Und bei den Hyperboreern (V. 16) wissen wir nicht einmal genau, wer damit gemeint sein soll. Klar, dass die fleißigen, lateinbegeisterten Finnen, die seit fast zwei Jahrzehnten jede Woche in Rundfunk und Internet *nuntii Latini*, lateinische Nachrichten, produzieren,[*] solche Äußerungen gerne auf sich beziehen möchten. Aber zum Imperium Romanum haben sie so wenig gehört wie andere skandinavische Völker.

Schließlich: Wenn Horaz glaubt, dass man seine so anspruchsvolle Lyrik in all diesen Ländern versteht, so verlangt das entschieden mehr als ein kleines Latinum. Es setzt eigentlich lateinischen Sprach- und Literaturunterricht beim sogenannten *grammaticus* (Philologen) voraus. Sollte es den damals schon allerorts gegeben haben? Auch wenn uns beiläufig überliefert ist, dass der Römer Sertorius schon im ersten Jahrhundert v. Chr. eine lokale Lateinschule in Spanien eröffnet habe, ist das ganz unwahrscheinlich.

Sicherlich, Horaz hätte diese Verse kaum schreiben können, wenn es nicht seinerzeit schon erste Anzeichen einer weltweiten Verbreitung lateinischer Literatur gegeben hätte. Aber aufs Ganze gesehen ist

---

[*] www.interrete.de/latein/nuntiifin.html

seine Ode, die ja durchweg nicht im Präsens, sondern im Futur geschrieben ist, ein Stück echter und wahrer Prophetie. Man hat tatsächlich später an all den Orten seines geplanten Schwanenflugs den Dichter Horaz gelesen. Hier dürfen wir nun mittlerweile getrost auch die Finnen mit einbeziehen.

LATEINISCHE LITERATUR
IM RÖMISCHEN IMPERIUM

Bald beginnen sich die Zeugnisse für die Karriere des Lateinischen als Weltsprache zu häufen. Einige Jahre nach der Veröffentlichung seiner ersten Odensammlung fürchtet Horaz, sein Büchlein poetischer Episteln werde seinen Lebensabend einmal in so jämmerlichen Nestern wie Utica (in Afrika) oder Ilerda (in Spanien) beschließen müssen.[8] Wiederum etwas später sagt er von einem dichterischen Bestseller, dass dieser »für die Sosii[*] Geld verdient und auch über das Meer geht« (*hic meret aera liber Sosiis, hic et mare transit*[9]). Das heißt, er wird auch im außeritalischen Ausland verkauft und wandert nicht etwa nur im Reisegepäck eines Römers mit. Mit größerer Keckheit nimmt etwa zur selben Zeit der etwas jüngere Ovid den Gedanken auf, wenn er seiner Geliebten verspricht, sie werde ebenso international berühmt werden wie die Zeusgeliebten Io, Leda und Europa:

*Nos quoque per totum pariter cantabimur orbem
iunctaque semper erunt nomina nostra tuis.*[10]

Uns auch singt man vereint an sämtlichen Orten der Erde,
    und mit dem meinigen bleibt immer dein Name verknüpft.

---

[*] So heißen die ersten uns namentlich bekannten römischen Buchhändler, die zugleich Buchverleger waren, insofern, als sie für die Abschrift literarischer Werke sorgten und für Neuerscheinungen Reklame machten. Frühere sogenannte Verleger wie Ciceros Freund Atticus ließen Bücher abschreiben, ohne kommerzielle Interessen zu verfolgen.

Grund für diese Zuversicht könnte der Welterfolg sein, den mittlerweile ein anderer, schon verstorbener Dichter genießt, Cornelius Gallus:

Gallus et Hesperiis et Gallus notus Eois
    et sua cum Gallo nota Lycoris erit.[11]

Gallus kennt jeder im West und Gallus kennt jeder im Osten,
    und mit Gallus zugleich kennt auch Lycoris die Welt.

Da Ovid das an anderer Stelle wiederholt[12] und da er von keinem anderen lateinischen Dichter etwas Ähnliches sagt, liegt die Vermutung nahe, dass es zuerst die populären Gedichte dieses Liebeselegikers waren, die zum Status einer solchen Weltliteratur aufgestiegen sind.

Ein klein wenig bescheidener äußert sich Ovid am Ende seiner *Metamorphoses*, indem er seinen künftigen Weltruhm an die Ausdehnung nur des Imperiums bindet:

Quaque patet domitis Romana potentia terris,
ore legar populi …[13]

Und so weit sich erstreckt Roms Herrschaft über die Länder,
    liest mich und singt mich das Volk …

Ironie des Schicksals: Ausgerechnet Ovid wurde, bald nachdem er dies geschrieben hatte, von Augustus nach Tomi, in einen so entlegenen Winkel des Römischen Reichs verbannt, dass er dort niemanden fand, mit dem er hätte Latein sprechen können. So sah er sich am Ende gar gezwungen, in der Barbarensprache Getisch zu dichten, um ein Publikum zu finden.[14] Noch ging die römische Macht weiter als die lateinische Sprache.

In den Werken über die Geschichte des Lateinischen wird die Ausbreitung der Sprache nüchtern daraus hergeleitet, dass Latein die Verwaltungssprache des Weltreichs war und dass es darüber hinaus von römischen Soldaten und Kaufleuten als gängige Verkehrssprache in die Provinzen exportiert wurde. Natürlich muss das so gewesen sein. Aber die zitierten Dichterzeugnisse vor allem aus den letzten Jahrzehnten vor Christi Geburt zeigen uns deutlich, dass die Aneignung des Lateinischen im Imperium Romanum nicht nur diesem praktischen Bedürfnis entsprungen ist, sondern auch einem Verständnis für das, was die lateinische Literatur inzwischen an Großartigem hervorgebracht hatte: Um mit einem römischen Steuerpächter zu verhandeln oder mit einem Weinimporteur Geschäfte zu machen, musste man keinen Horaz oder Ovid gelesen haben.

So können wir auch dem Kirchenvater Augustin nicht völlig zustimmen, wenn er in seinem berühmten Werk über den *Gottesstaat (De civitate Dei)* darüber klagt, Rom, der imperialistische Staat *(imperiosa civitas)*, habe nicht nur sein Joch, sondern auch seine Sprache den unterworfenen Völkern auferlegt – »aber mit wie vielen großen Kriegen, mit wie viel Menschenschlächterei, mit welchen Strömen menschlichen Bluts ist dies erreicht worden?«[15] Doch nicht nur der Legionär *(miles)*, auch der Philologe *(grammaticus)* hat Latein verbreitet.

Die literarischen Früchte eines schulmäßigen Lateinunterrichts zeigen sich zuerst in dem ja schon früh zur Provinz gewordenen Spanien. Der überragende Stilist des ersten nachchristlichen Jahrhunderts, der die Jugend mit seinen Pointen bezaubernde Philosoph Seneca (L. Annaeus Seneca, gest. 65 n. Chr.), ist wie sein schriftstellernder Vater gleichen Namens ein gebürtiger Spanier. Dasselbe gilt für seinen Neffen, den eigenwilligen Epiker Lukan. Es gilt auch für den witzigen Epigrammatiker Martial und den bis heute überragenden Rhetoriker Quintilian (M. Fabius Quintilianus, gegen Ende des ersten Jahrhunderts). Sie alle kommen von der Iberischen Halbinsel, haben dort ihre erste Ausbildung genossen, aber sie wirken natürlich in Rom: Seneca etwa als der für den zukünftigen Kaiser Nero engagierte Prinzenerzieher, Quintilian als der erste staatlich besoldete Rhetoriklehrer Roms. Noch sind wir ein Stück weit entfernt von den Zeiten, wo sich abseits von Rom literarische Zentren bilden.

ROMS SPRACHE ALS ERZIEHERIN
DER MENSCHHEIT

Einen gewissen Abschluss der ersten Phase der Entwicklung des Latein zur Weltsprache markiert eine Äußerung des für seine »Naturgeschichte« (*Naturalis historia*, 77 n. Chr.) berühmten älteren Plinius, die
man noch selten gewürdigt hat. Als er in hymnischer Prosa das Land
Italien rühmt, kommt er auch auf dessen Sprache: *Italia* sei, sagt er, *nu-*
mine deum electa, quae caelum ipsum clarius faceret, sparsa congregaret impe-
ria ritusque molliret et tot populorum discordes ferasque linguas sermonis com-
mercio contraheret ad conloquia et humanitatem homini daret breviterque una
cunctarum gentium in toto orbe patria fieret.[16] – »Italien ist nach dem Willen der Götter dazu erwählt, den Himmel selbst strahlender zu machen, verstreute Regimente zu vereinen und ihre Sitten zu zivilisie-
ren, ferner die disparaten und wilden Zungen so vieler Stämme durch
die Gemeinschaft der Sprache zur Verständigung zusammenzubringen
und so dem Menschen die Menschlichkeit zu geben und, kurz gesagt,
ein einziges Vaterland aller Völker auf der ganzen Welt zu werden.«

Das ist die Fortsetzung und Übersteigerung des imperialistischen
Auftrags, den Vergil den Römern gesetzt hatte: *regere imperio populos –*
mit Macht die Völker zu regieren.[*] Nun wird daraus ein universaler
Bildungsauftrag, der sich durch die globale Ausbreitung der lateinischen Sprache vollzieht. Durch diese wird nicht nur ein Kommuni-
kationsinstrument geschaffen, sondern sie macht die Barbaren aller
Völker erst recht eigentlich zu gesitteten Menschen. Die hier gebrauchte Vokabel *humanitas* bezeichnet wie bei Cicero, der sie geschaffen oder zumindest verbreitet hat,[**] sowohl im moralischen Sinn die
»Menschlichkeit« beziehungsweise »Mitmenschlichkeit« als auch im
intellektuellen Sinn die geistige »Bildung«. Beides bewirkt also die
Sprache, die lateinische Sprache. Damit ist erstmals ein Leitgedanke
des neuzeitlichen »Humanismus« angedeutet. Die eigentlich menschliche, »humanistische« Erziehung ist diejenige durch die Sprache und

---

[*]   Vgl. S. 27 f.
[**] Vgl. S. 156 f.

Literatur. Im Scherz könnte man sagen, Plinius rede schon wie ein Gymnasialpräzeptor des neunzehnten Jahrhunderts, der den altsprachlichen Unterricht verteidigt. Auch den Griechen ist er nicht entgangen. Ein Jahrhundert nach Plinius sagt der griechische Redner Aelius Aristides, die Menschen seien nun nicht mehr einzuteilen in Griechen und Barbaren, sondern in Römer und Nichtrömer.[17]

Das müsste eigentlich bedeuten, dass jetzt auch die Griechen Latein zu lernen hätten. In der Tat bemerken wir schon von der Zeit Ciceros an, dass sie sich von der römischen Literatur beeinflussen lassen. Die griechische Bewegung des sogenannten Attizismus, das heißt der sprachlichen Neuorientierung an den attischen Klassikern der griechischen Prosa des fünften und vierten Jahrhunderts, scheint von jungen römischen Rednern der fünfziger Jahre auszugehen. Und viele griechische Dichter und Literaten von Augusteischer Zeit an zeigen, dass sie mit römischer Literatur vertraut sind und natürlich Latein gelernt haben. Man denkt besonders an die Römerbiographien des Plutarch, der Latein die Sprache nennt, die »nun alle Menschen benutzen«.[18]

Aber trotzdem bleibt es vorläufig noch immer weit üblicher, dass ein Römer Griechisch studiert, als umgekehrt: Selbst der römische Kaiser Mark Aurel (gest. 180 n. Chr.) schreibt sein berühmtes Werk *An sich selbst,* weil es ja philosophisch ist, in griechischer Sprache. Besonders im Osten des Imperiums ist Latein zwar die offizielle Verwaltungssprache, aber es kann sich trotz der Bemühungen mancher Kaiser (Diokletian, Konstantin) als Umgangssprache und erst recht als Literatursprache nicht recht durchsetzen, zumal nach der Teilung des Reichs in eine West- und eine Osthälfte (395 n. Chr.), mit Rom und Konstantinopel als den beiden Hauptstädten.

Immerhin gab es aber im vierten Jahrhundert in Nicomedia, der Hauptstadt des kleinasiatischen Bithynien, eine lateinische Rhetorenschule. Und im sechsten Jahrhundert besingt ein lateinischer Epiker, Flavius Cresconius Corippus, einen Feldzug Kaiser Justinians. Derselbe Kaiser lässt aus älteren Schriften römischer Juristen das lateinische *Corpus Juris* redigieren, heute das Grundbuch des Rechts. In Deutschland wurde es erst 1900 durch das Bürgerliche Gesetzbuch ersetzt, in dem es aber fortlebt.

Eine Generation früher lehrt ebendort Priscian, wie schon andere vor ihm, lateinische Grammatik: Sein für Griechen bestimmtes Unterrichtswerk ist auf tausend Jahre das umfangreichste und wichtigste Lehrbuch des Lateinischen geblieben. Dies entspricht dem Selbstbewusstsein der oströmischen, byzantinischen Kaiser, die sich zumal nach Auflösung des Weströmischen Reichs als die eigentlichen Träger der Romidee empfinden, mit Stolz den Namen »Römer« führen und noch über die Krönung Karls des Großen zum römischen Kaiser verärgert sind. Auf ihren Partys aber und erst recht auf den Gassen von Konstantinopel wurde trotzdem, sicherlich bis zur Eroberung der Stadt durch die Türken (1453), Griechisch parliert.

NEUE LATEINZENTREN

Sonst aber herrscht die Sprache der mächtigen *Roma*, die lange Zeit hindurch auch alle Literaten in der Weise an sich zieht, dass diese in Rom leben und für ein vorwiegend römisches Publikum schreiben. Ein echtes literarisches Zentrum außerhalb Roms scheint sich zuerst ausgerechnet im afrikanischen Karthago, einst Mutterstadt des Erzfeinds Hannibal, mittlerweile eine römische Kolonie, zu bilden. Apuleius, der noch heute berühmte Verfasser des auch wegen seiner Schlüpfrigkeiten gerne gelesenen Romans »Der goldene Esel« *(Asinus aureus)*, studiert vor allem in Karthago Rhetorik. Dorthin kehrt er Mitte des zweiten Jahrhunderts nach nur kurzer Tätigkeit in Rom wieder zurück, um als Festredner gefeiert zu werden und sich sogar Denkmäler aufstellen zu lassen. Dort lebt auch ein wenig später der erste große christliche Schriftsteller, Tertullian.

Nach der Neuorganisation des Reichs durch Diokletian (284–305) – von diesem Zeitpunkt an spricht man heute von »Spätantike« beziehungsweise »spätantiker Literatur« – hören wir dann von neuen literarischen Zentren im Imperium, wie etwa Mailand *(Mediolanum)*, Bordeaux *(Burdigala)* und – mit patriotischem Stolz sei es hervorgehoben – der Stadt der Treverer *(Augusta Treverorum)*, Trier, das einige Zeit zu den Hauptstädten der Welt zählte.

In Trier lebte und lehrte der wichtigste Dichter des vierten Jahrhunderts, der aus Bordeaux stammende »erste Franzose der Weltliteratur« (von Albrecht): Ausonius, eigentlich Decimus Magnus Ausonius, höchster Hofbeamter, kaiserlicher Prinzenerzieher und Verfasser aller Arten von Gelegenheitspoesie, darunter eines virtuosobszönen Hochzeitsgedichts und eines lesenswerten Reisegedichts über die Mosel *(Mosella)*.

Noch beachtlicher sind allerdings die Verse, die er einer schönen Schwäbin, der ihm als Kriegsbeute aus einem Alemannenfeldzug zugefallenen Bissula, gewidmet hat: herzerwärmende Liebeslyrik eines Rhetoriklehrers, der ja doch seine besten Jahre längst hinter sich hatte. Der Schwäbin zuliebe hat er die lateinische Poesie sogar um eine neue Versform bereichert, deren geradezu swingende Anmut sich im Deutschen leider nicht wiedergeben lässt:[*]

Delicium, blanditiae, ludus, amor, voluptas,
barbara, sed quae Latias vincis alumna pupas …[19]

Du Entzücken, du Süße, du Nette, du Liebe, du Wonne,
du Barbarin, die aber doch besser ist als alle Püppchen aus Latium …

Letzteres bezieht sich nicht etwa nur auf die »blauen Augen und blonden Haare«, wie es heißt, sondern vor allem auf ihre perfekte Ausdrucksfähigkeit in dem als Zweitsprache erlernten Latein. Klar, dass dieser Dichter nicht mehr vorwiegend für Römer schreibt – schon gar nicht für »Püppchen aus Latium«!

So ist Trier auch als Literaturstadt, wie es ausdrücklich heißt, ein »zweites Rom« geworden. Grund genug für den bis heute vorhaltenden Nationalstolz der Trierer, die zu sagen pflegen: »Tüchtig waren die Römer, aber wir Treverer sind cleverer.« Und dabei haben wir noch gar nicht von Triers berühmtestem Lateiner gesprochen: Karl Marx.[**]

---

[*] Dafür mit der Hilfe der zeitgenössischen Musik; vgl. die Vertonung von Jan Novák, *Cantica Latina*, München/Zürich 1985, Nr. XX, S. 46 f.

[**] Vgl. unter S. 249 f.

MORS IMMORTALIS
LATEIN WIRD DURCH SEINEN TOD UNSTERBLICH

Im Zusammenhang mit dem Aufstieg des Lateinischen zur Weltsprache vollzieht sich etwas, was von nun an für alle Zeiten geradezu zum Wesen des Lateinischen gehören wird: Es erstarrt und wird, wie heute vor allem seine Feinde gerne formulieren, zur »toten« Sprache.[*]

Wie? Sollte sich das wirklich schon damals ereignet haben? Ausgerechnet in dem Moment, wo alle Welt Latein sprach? Das Gegenteil scheint richtig, und so haben denn die Gelehrten für den Tod des Lateinischen meist andere Daten vorgeschlagen:

– das Ende des Altertums, als das Weströmische Reich zusammenbrach und die romanischen Sprachen entstanden;

– das Ende des Mittelalters, als übereifrige Humanisten, wie man sagt, durch ihre übertriebenen stilistischen Ansprüche dem Latein den »Todesstoß« gaben;

– das Ende der frühen Neuzeit, als die Wissenschaftssprache Latein durch die modernen Sprachen ersetzt wurde.

Aber schon die Vielzahl dieser Datierungen, die sich noch um einige erweitern ließe, zeigt, wie schwierig und komplex das Problem ist. Und so hat soeben ein Linguist, Paolo Poccetti, behauptet, man dürfe, da man kein Todesdatum angeben könne, überhaupt nicht vom »Tod« des Lateinischen sprechen.[1] Aber das Latein hat solche Tricks nicht nötig.

---

[*] Wer zuerst den Vorwurf der »toten Sprache« gegen das Lateinische erhoben hat, ist noch nicht geklärt. Ausführlich behandelt wird er schon gegen Ende des sechzehnten Jahrhunderts durch den französischen Humanisten Marcus Antonius Muretus (1583): *Aiunt Graecam Latinamque linguam iampridem mortuas esse. Ego vero eas nunc demum non tantum vivere et vigere contendo, sed […] firma valetudine uti, postquam esse in potestate plebis desierunt* (*Orationes, epistulae et poemata*, Leipzig 1698, Bd. 1, 380). – »Man sagt, die griechische und die lateinische Sprache seien längst gestorben. Ich meine dagegen, dass sie jetzt erst nicht nur kraftvoll leben, sondern sich sogar bester Gesundheit erfreuen, nachdem sie nicht mehr der Gewalt des gewöhnlichen Volkes unterworfen sind.« – Diese Rede des großen Philologen und Dichters Muret gehört zum Besten, was je zum Thema gesagt worden ist.

Wenn ich es wage, meine eigene Datierung mit Entschiedenheit zu behaupten, so geht das auf eine einfache Überlegung zurück. Unsere Ausdrücke »lebendige Sprache« bzw. »tote Sprache« beruhen auf einer Metapher aus der Biologie: Wie der Organismus eines Lebewesens, Pflanze oder Tier, wächst und sich verändert, bis der Tod aller solchen Veränderung ein Ende macht, so sind auch Sprachen darum lebendig, weil sie sich verändern, sich entwickeln. Die Sprache Goethes ist, wie jeder Gymnasiast bemerkt, nicht mehr ganz die unsere; noch ferner liegt die Sprache eines Barockdichters wie Andreas Gryphius. Und noch weiter entrückt ist uns die Sprache der Lutherbibel oder gar des Nibelungenlieds, das wir ohne Kommentar überhaupt nicht mehr verstehen können. Die deutsche Sprache hat sich eben wie alle lebendigen Sprachen in den vergangenen achthundert Jahren kräftig fortentwickelt, und aller Voraussicht nach wird das so weitergehen.

Im Gegensatz dazu gibt es andere Sprachen, wie das indische Sanskrit oder das klassische Arabisch, die eine solche Entwicklung nicht oder nicht mehr haben. Und zu ihnen rechnet das Latein, nicht seit je, sondern, behaupte ich, seit ungefähr der Zeit des Augustus. Hier, zugleich mit seiner globalen Expansion, »stirbt« Latein – ich spreche vorläufig nur von der Literatursprache –, das heißt, schon in dieser Zeit verfestigt es sich zu seiner bis heute gültigen, nicht mehr veränderten Gestalt.

LEBENDIGES LATEIN – VOR CICERO

Dies lässt sich schon an wenigen Beispielen klarmachen. Wenn wir die Denkmäler der lateinischen Sprache und Literatur von den Anfängen bis zur Zeit Ciceros durchmustern, so sehen wir die Sprache noch in lebendigster Bewegung. Nehmen wir etwa die erste der berühmten Zwölf Tafeln, die, 450 v. Chr. aufgestellt, immer als Fundament des römischen Rechts gegolten haben. Sie beginnt (nach späterer Orthographie reguliert): *Si in ius vocat, ito. Ni it, antestamino: igitur em capito.*[2] – »Wenn einer einen anderen vor Gericht lädt, soll dieser gehen. Wenn er nicht geht, soll er jemanden zum Zeugen anrufen: Dann soll er ihn ergreifen.«

Was zunächst in die Augen springt, zumal wenn man den Text mit der Übersetzung vergleicht, ist die außerordentliche Knappheit, die an die Grenzen der Unverständlichkeit führt. Weder der Kläger noch der Beklagte sind im ersten Satz auch nur durch Pronomina (»einer«, »einen anderen«) genannt; nicht markiert ist zweimal der Subjektwechsel zwischen Nebensatz *(vocat, it)* und Hauptsatz *(ito, antestamino)*: So ist im dritten Satz vom Wortlaut her nicht klar, ob der Zeuge oder der Beklagte ergriffen werden soll.

Eine so schroffe Kürze wäre in Rechtstexten späterer Zeit kaum denkbar. Den Kern der Sprache betreffen aber andere Erscheinungen. Wir finden im zweiten Satz zwei Flexionsformen, die zur Zeit Ciceros nicht mehr sprachüblich wären: den Imperativ *antestamino* vom Infinitiv *antestari* (später korrekt: *antestator*) und die Form *em* als Akkusativ des Pronomens *is* (statt *eum*). Außerdem hat *igitur* im letzten Satz nicht die später übliche Bedeutung von »also«. Es heißt noch so viel wie »dann, danach«.

Somit finden sich in elf Wörtern vier gravierende Abweichungen vom späteren, »klassischen« Sprachgebrauch. Wir wissen, dass Cicero als Schulbub zu Beginn des ersten Jahrhunderts den Text der Zwölf Tafeln lernen musste. Sie müssen ihm sprachlich fast ebenso fern gewesen sein wie einem heutigen Schüler das Original der Lutherbibel. Die genaue Bedeutung von *antestari*, über die sich noch heute die Rechtshistoriker streiten, war vielleicht auch schon ihm nicht mehr völlig klar.

Bei noch älteren Texten war das noch ärger. Wir erfahren zum Beispiel, dass das sogenannte Salierlied, ein urtümlicher kultischer Text, sogar von den *Salii*, das heißt den Priestern, die ihn zu singen und zu tanzen hatten – *Salii* kommt von *salire*, »hüpfen« –, nicht mehr verstanden wurde.[3] Und schon im zweiten vorchristlichen Jahrhundert bezeugt ein Grieche, der gut Latein konnte, der Historiker Polybios: »Auch bei den Römern ist der Unterschied zwischen der heutigen Sprache und der alten so groß, dass die kundigsten Leute manches trotz aufmerksamem Bemühen nicht aufklären können.«[4]

Viel besser als mit den Zwölf Tafeln ging es dem jungen Cicero natürlich mit den altrömischen Komödien, die vom Jahr 240 bis 160 v. Chr. reichten, zeitlich also im Durchschnitt kaum weiter von ihm entfernt waren als von uns etwa die Komödien Frank Wedekinds. Aber auch hier begegnete er vielen sprachlichen Erscheinungen, die zu seiner Zeit längst außer Gebrauch waren. Wir finden zum Beisspiel bei Plautus in der a–Deklination eine Genitivendung auf (zweisilbiges) -*a-i*, also *comoediai* statt *comoediae*, oder Formen des Konjunktiv Perfekt auf -*sim*, wie *faxim* (= *facsim*) statt *fecerim*; indirekte Fragesätze stehen häufig im Indikativ (statt Konjunktiv) usw. Da diese Komödien bis in augusteische Zeit gerne aufgeführt wurden, muss das allgemeine Publikum sie mühelos verstanden haben. Dennoch wirkte ihre Sprache altertümlich, ein Zeichen dafür, dass Latein noch kräftig am Leben war.

»TOTES« LATEIN – NACH CICERO

Gehen wir nun aber auf der Zeitachse von Cicero aus in die umgekehrte Richtung, so ergibt sich ein anderes Bild. Etwa hundertzwanzig Jahre nach Ciceros ruhmreichem Konsulat (63 v. Chr.) schreibt der Philosoph Seneca seine »Moralischen Briefe« *(Epistulae morales)*, Vorbild für den modernen philosophischen Essay. Noch einmal etwa ein halbes Jahrhundert später verfasst der Historiker Tacitus die großen Geschichtswerke *Historiae* und *Annales*. Nun, wer je etwas von römischer Literaturgeschichte gehört hat, der weiß, dass diese beiden Vertreter der sogenannten Silbernen Latinität einen Stil schreiben, der, wie schon der Stil Sallusts, dem Ciceros diametral entgegengesetzt ist. Beide meiden die große Satzperiode mit ihren eingeschalteten Nebensätzen und Parenthesen. Beide streben nach Kürze, wobei Tacitus seine Sätze gerne abrupt enden lässt, bevor noch der Gedanke voll ausformuliert ist. Dahingegen geht Seneca auf geistreiche, oft geradezu paradoxe Pointen aus. Das ändert aber nichts daran, dass sich beide Autoren – bis auf minimale Ausnahmen – genau an die Grammatik Ciceros halten.

Ein kurzes Beispiel kann genügen. Seneca beginnt so: *Ita fac, mi Lucili: vindica te tibi, et tempus quod adhuc aut auferebatur aut subripiebatur aut excidebat collige et serva. Persuade tibi hoc sic esse ut scribo: quaedam tempora eripiuntur nobis, quaedam subducuntur, quaedam effluunt.*[5] – »Halte es so, mein lieber Lucilius: Emanzipiere dich für dich selbst, und die Zeit, die dir bisher entrissen oder entwendet wurde oder die dir entfiel, die sammle und bewahre. Überzeuge dich davon, dass es so ist, wie ich dir schreibe: Manche Zeit nimmt man uns mit Gewalt, manche stiehlt man uns, manche entfließt uns.«

Schwerlich hätte Cicero für diese Theorie des Zeitsparens – die erste in der Antike! – eine so minutiöse Dreigliederung ausgetüftelt; und wenn die mit *quaedam* beginnenden drei Satzglieder dem Umfang nach ab- statt zunehmen (11–6–4 Silben[*]), so widerspricht das Ciceros Bauprinzipien; aber rein grammatikalisch hätte er in Senecas Text nichts seinem Sprachgebrauch Widersprechendes gefunden. Und wo sich, vor allem bei Tacitus, doch einmal eine stärkere Abweichung von Ciceros Satzbau findet, handelt es sich um eine persönliche Vorliebe des eigensinnigen Autors, nicht um die Folge einer allgemeinen Sprachentwicklung. Jedem Autor zur Zeit des Tacitus stand es frei, sich mit den grammatikalischen Mitteln Ciceros auszudrücken: Schon für den Redelehrer Quintilian, der ein etwas älterer Zeitgenosse des Tacitus ist, stellt Cicero das erklärte und uneingeschränkte Vorbild dar.[**] Er weiß nichts von einer sprachlichen Kluft von hundertfünfzig Jahren.

Und gehen wir nun noch einmal etwa dreihundert Jahre weiter, in die sogenannte Spätantike, etwa zum Kirchenvater Hieronymus (ca. 347–420), der als Schöpfer der lateinischen Bibelübersetzung berühmt ist, und lesen seine zahlreichen Briefe, so glauben wir uns um mehr als vierhundert Jahre zurückversetzt. Betrachten wir auch hier nur den Anfang des ersten Stücks: *Saepe a me, Innocenti carissime, postulasti ut de eius rei miraculo quae in nostram aetatem inciderat non tacerem. Cumque ego id verecunde et vere, ut nunc experior, negarem meque adsequi posse diffiderem, sive quia omnis humanus sermo inferior esset laude caelesti, sive quia*

---

[*] *quaedam tempor(a) eripiuntur nobis*: 11 Silben; *quaedam subducuntur*: 6 Silben; *quaed(am) effluunt*: 4 Silben. Generell gilt in der Stilistik das Prinzip der »wachsenden Glieder«. Wenn es hier von Seneca unterlaufen wird, hat das expressiven Sinn: Die Zeit entschwindet immer schneller.

[**] Vgl. oben S. 44

otium quasi quaedam ingenii rubigo parvulam licet facultatem pristini siccas-
set eloquii, tu e contrario adserebas in Dei rebus non possibilitatem inspici de-
bere, sed animum, neque eum posse verbo deficere qui credidisset in Verbo.[6] –
»Oft hast du, mein liebster Innocentius, verlangt, dass ich über dasjenige Wunder, das sich in unserer Zeit ereignet hatte, reden solle. Und
nachdem ich dies schamhaft und wahrheitsgemäß, wie ich jetzt er-
fahre, ablehnte und mir nicht zutraute, es fertigzubringen, sei es, weil
ich wusste, dass alle menschliche Rede dem Ruhm des Himmels unterlegen bleibt, sei es, weil meine Untätigkeit gleichwie ein Rost des
Geistes meine frühere Befähigung zur Rede, und war diese auch noch
so klein, hatte austrocknen lassen, da behauptetest du im Gegenteil, in
den Dingen Gottes dürfe man nicht auf die Möglichkeit sehen, sondern auf die Gesinnung, und dem könne das Wort nicht mangeln, der
an das Wort geglaubt habe.«

Jeder, der einmal gründlicher Latein gelernt hat und dies liest, muss
ausrufen: »Aber das ist ja reiner Cicero!« In der Tat hat hier Hieronymus ein schönes Beispiel für den ciceronischen Periodenstil mit seinen Nebensätzen ersten und zweiten Grads, seinen harmonisch ge-
doppelten Satzgliedern und Prosaklauseln geliefert. Aber nicht das ist
jetzt für uns entscheidend, vielmehr: dass die viereinhalb Jahrhunderte
seit Cicero an der grammatischen Substanz dieser Sätze so gut wie
spurlos vorübergegangen sind. Die Regulierung der Tempora (Zeiten) und des Konjunktivs ist genau nach altem Vorbild gehandhabt.
Auch die Bedeutung der Wörter hat sich im Wesentlichen nicht geändert. Nur gerade eine Vokabel hätte Cicero als neuartig auffallen
müssen, während sie uns fast selbstverständlich scheint: Noch unbekannt waren ihm *possibilitas* (Möglichkeit) ebenso wie das zugrunde
liegende *possibilis* (möglich), zwei im ersten nachchristlichen Jahrhundert gebildete Kunstwörter der rhetorischen und philosophischen
Fachsprache.

Mehr befremdet hätten Cicero allerdings wohl die letzten drei
Wörter *credidisset in Verbo*. Denn die Vorstellung eines »Glaubens an«
(hier durch *in* mit dem Ablativ, üblicher mit dem Akkusativ, wie *credo*
in unum Deum) ist auch rein sprachlich gesehen etwas spezifisch
Christliches. Sonst aber ist die Grammatik des Hieronymus dieselbe

wie die Ciceros. Es ist diejenige, die wir noch heute unseren Studenten mithilfe von lateinischen Stilübungen beibringen.

Wir haben der Einfachheit halber unsere wenigen Beispiele nur aus der Prosa gewählt. Aber Analoges ließe sich für die Dichtung zeigen, wenn wir etwa die epische Sprache von Ennius (gestorben 169 v. Chr.) mit der von Vergil (gestorben 19 v. Chr.) und diese mit der von Lukan (gestorben 65 v. Chr.) und Claudian (um 400 n. Chr.) in ähnlicher Weise vergleichen würden. An beiden Beispielreihen kann man oder könnte man den linguistischen »Tod« des Lateinischen illustrieren. Das heißt, dessen Gefrieren zu einer im Wesentlichen unveränderbaren Sprachnorm lässt sich recht präzise datieren auf die Zeit nach Cicero und Vergil. Es fällt etwa zusammen mit der Ausbreitung des Lateinischen zur Weltsprache und, zufälligerweise, auch mit unserer Zeitenwende. Griffig formuliert: Christus wird geboren, Latein stirbt.

Von jetzt an ist es fast nur noch das Vokabular, das sich aufgrund äußerer Faktoren wie der Religion oder des kulturellen und wissenschaftlichen Fortschritts ändert bzw. ergänzt (wie im erwähnten Falle von *possibilitas*). Aber dergleichen greift natürlich längst nicht so tief in die Sprache ein, wie wenn Formenlehre oder Satzbau sich ändern würden. Wenn lateinische Christen mit griechischen Lehnwörtern von *baptisma* (Taufe) oder *episcopus* (Bischof) sprechen, berührt das den Kern der Sprache so wenig, wie wenn man in der frühen Neuzeit *perspicillum* für die Brille sagt oder wenn heutige Lateinfreaks *computatrum* für den Computer, *pagina domestica* für die Homepage einsetzen. Ihr Latein kann trotzdem perfekt »klassisch« sein.

STERBEN IN SCHÖNHEIT

Wie ist es nun zu diesem »Tod« des Lateinischen gekommen? Zu einem Tod, der, wie wir sehen, das Weiterexistieren der Sprache gar nicht hindert, ihr nur die Möglichkeit der Fortentwicklung nimmt? Diese wichtige Frage ist in der wissenschaftlichen Forschung selten scharf gestellt oder gründlicher diskutiert worden. Meist spricht man nicht von der Erstarrung des Latein, sondern, nicht ganz zu Unrecht, aber einseitig, von seiner Vereinheitlichung zum Normlatein.

Da unsere Schulgrammatiken auf Cicero und Caesar beruhen, deren Sprachgebrauch so gut wie völlig identisch ist, nimmt man gelegentlich an, diese beiden Kronzeugen der *Latinitas* hätten die Sprache in ihren grammatischen Möglichkeiten willentlich reduziert und normiert. Und dabei beruft man sich gerne auf einen berühmten Ausspruch Caesars: Man solle »ein ungewohntes und unübliches Wort ebenso meiden wie (der Seemann) die Klippe« – *ut tamquam scopulum, sic fugias inauditum atque insolens verbum.*[7] In der Tat ist Caesars Wortschatz ebenso beschränkt wie etwa der des klassischen Französisch bei Racine.

Aber dieser Rat betrifft den Stil, und auch Ciceros zahlreiche Empfehlungen zum sprachlichen Ausdruck (vor allem im *Orator*) beziehen sich auf den Stil, nicht auf den harten Kern der Sprache, also nicht auf Formenlehre, Satzbau und Phonetik. So handelt Cicero zum Beispiel vom Einsatz des Prosarhythmus und dem der rhetorischen Figuren. Er empfiehlt aber nicht etwa, *uti* mit dem Ablativ zu gebrauchen – statt mit dem Akkusativ, wie das früher möglich war. Zwar zeigen seine *Stil*vorschriften natürlich eine durchaus individuelle Präferenz. Aber sein grammatischer *Sprach*gebrauch dürfte einfach dem der Normalgebildeten am Ende der Republik entsprechen. Hier galt das Sprichwort *Usus tyrannus.*[*]

Und doch muss Cicero, und in ähnlicher Weise Vergil, für den »Tod« der lateinischen Sprache entscheidend wichtig gewesen sein. Wir haben Zeugnisse dafür, dass vor allem die Werke dieser beiden schon in der frühen Kaiserzeit als unübertroffene Höhepunkte lateinischer Sprachkunst angesehen wurden. Schon der ältere Seneca, der die Redner augusteischer Zeit noch gehört hat, stellt fest, dass sofort nach Cicero ein völliger Niedergang der Redekunst eingesetzt habe, dessen Ende nicht abzusehen sei;[8] und ähnlich empfindet ja auch noch Quintilian. Für den größten nachvergilischen Epiker, Statius, ist

---

[*] Der Sprachgebrauch entscheidet (wie ein Tyrann) darüber, was richtig und falsch ist. Herkunft und Geschichte des Sprichworts erläutert Büchmann[31] (s. Lit. S. 348) 473.

Vergils *Aeneis* ein Vorbild, das ewig unerreichbar bleibt.[9] Und für den bald nach dem Tod des Augustus schreibenden Velleius Paterculus ist die ganze Epoche vom alles übertreffenden Cicero bis zu Livius, Ovid und Vergil, dem »Fürsten der Dichtung« *(princeps carminum)*, ein für ihn offenbar schon abgeschlossenes Zeitalter höchster Vollendung.[10] Es ist, wie wir feststellen, ebendie Zeit, die wir heute noch als »goldene Latinität« vor allen anderen hervorheben.[*]

Natürlich beziehen sich solche Zeugnisse nicht auf den Sprachgebrauch, sondern auf das alles Grammatische hinter sich lassende Künstlertum dieser Meister. Aber wenn es in Zukunft weiterhin möglich sein sollte, Cicero nachzuahmen, Vergil nachzueifern, dann war es notwendig, auch deren Sprache, auch deren grammatikalisches Substrat zu erhalten. Und ebendieses Gefühl muss, meine ich, der Grund dafür gewesen sein, dass die lateinische Sprache insgeheim den Beschluss fasste, wie Oskar in der *Blechtrommel* von Günter Grass, ihr Wachstum einzustellen, auf dem einmal erreichten Stand zu verharren.

Freilich hat es keinen Kongress der *grammatici* gegeben, auf dem diese über die beste Sprachform, wie unsere Philologen heute über die Rechtschreibreform, debattiert und Cicero samt Vergil den Zuschlag gegeben hätten. Es war vielmehr ein instinktives Empfinden dafür, dass eine Sprache, in der Vergil seine *Aeneis*, Cicero seine *Philippicae orationes* geschrieben hat, dass eine solche Sprache sich nicht mehr ändern dürfe. So gibt es, seit Latein gestorben ist, nur noch ein Latein, aber das auf ewig. Nur durch seinen »Tod« konnte Latein unsterblich werden.

Gegen diese von mir des Öfteren mündlich vorgetragene Theorie wurde schon eingewendet: Es hätte ja dann auch die englische Sprache nach Shakespeares *Hamlet* und *Sommernachtstraum* stehen bleiben müssen oder die spanische nach Calderóns Meisterwerken. Ich antworte darauf, dass es sich hier selbstverständlich nicht um ein universales Gesetz handelt, sondern etwas Besonderes, das mit der nationa-

---

[*] Das geht zurück auf Erasmus in der Vorrede zur zweiten Auflage seiner Seneca-Ausgabe (1527).

len Eigenart der Römer zu tun haben könnte, ihrer überall zu spü-
renden Suche nach dem überzeitlich Mustergültigen.

Denkbar wäre auch ein anderer Einwand: Man hat oft festgestellt,
dass die Vereinheitlichung des Lateinischen zur Zeit Ciceros von Nutzen gewesen sei für die Organisation des Imperiums: Lag vielleicht
hier der Grund, dass Latein zur »toten« Sprache erstarrt ist? Ich meine
dagegen, dass zwar die Unveränderbarkeit einer Sprache deren Ein-
heitlichkeit bedingt, nicht aber umgekehrt. Die Verwaltung des Bri-
tish Commonwealth machte wohl eine gewisse Vereinheitlichung des
Englischen notwendig, diese hat die Sprache aber nicht in ihrer Entwicklung gehemmt.

Am »Tod« des Lateinischen war, meine ich, nicht irgendein Nutzen schuld, sondern die ästhetische Mustergültigkeit seiner Meisterwerke. Was August Graf von Platen einmal gedichtet hat: »Wer die
Schönheit angeschaut mit Augen/Ist dem Tode schon anheimgege-
ben ...«, könnte man im übertragenen Sinn auch vom Tod des Lateinischen sagen.

VULGÄRLATEIN: DIE SPRACHE DES
KLEINEN MANNES

Ins Herz der Dinge trifft dagegen ein anderes Argument gegen das
bisher Behauptete: Gilt denn nicht all das Gesagte nur für die Literatur oder, etwas weiter formuliert, für die Schriftsprache? So ist es in
der Tat. Alles, was wir festgestellt haben, betrifft ausschließlich die
Sprache derjenigen, die beim *grammaticus* lateinischen Sprach- und Literaturunterricht genossen haben, vielleicht auch beim *rhetor* Rede-
unterricht, also eine sozial und intellektuell höhergestellte Oberschicht.

Die Sprache des kleinen Mannes, des Bauern, Legionärs und
Kleinhändlers, der über sein ABC (beim Elementarlehrer, *litterator*),
falls er es überhaupt beherrschte, nicht hinausgekommen ist, hat sich
selbstverständlich ihre Entwicklung nicht verbieten lassen. Zur selben
Zeit, als die Sprache der Gebildeten stehen bleibt, entsteht, als gewis-

sermaßen notwendige Kehrseite dieses Vorgangs, das sogenannte Vulgärlatein. Das ist nichts anderes als die lebendige Umgangssprache der Ungebildeten, die sich um die Regeln der für die Hochsprache geltenden Grammatik nicht kümmert.

Man sollte sie nicht, wie es öfter geschieht, mit der Umgangssprache schlechtweg gleichsetzen. Die gepflegte Umgangssprache der alten Komödie oder auch Ciceros in seinen intimeren Briefen (besonders *ad Atticum*) war, solange Latein noch lebendig war, in das Ganze der Sprache eingebunden und entwickelte sich zusammen mit diesem. Erst im ersten nachchristlichen Jahrhundert öffnet sich eine Schere zwischen dem Normlatein der Schule, das von Gebildeten geschrieben, aber selbstverständlich auch gesprochen wurde, und dem Vulgärlatein, das zwar aus der alten Umgangssprache stammt, sich nun aber frei, oder fast frei von Rücksicht auf die Normsprache entfaltet.

Klar, dass vor allem dieses Vulgärlatein in den letzten zweihundert Jahren das Interesse der Sprachwissenschaftler auf sich gezogen hat. Hatte man doch entdeckt, dass es ebendieses und nicht die Hochsprache war, aus der die romanischen Sprachen (Italienisch, Spanisch, Portugiesisch, Französisch, Rumänisch usw.) stammen. So gehen zum Beispiel die romanischen Wörter für »Mund«, also etwa ital. *bocca*, span. und portug. *boca*, franz. *bouche*, auf das vulgärlateinische *bucca* zurück. Obwohl dieses Wort gelegentlich schon im saloppen Umgangslatein Ciceros vorkommt, lernt man es heute nicht in der Schule, weil im Normlatein der Mund selbstverständlich *os* heißt. Im Vulgärlatein ist aber dieses *os* durch das ordinäre *bucca* vollkommen verdrängt worden.

So leiten sich zum Beispiel die romanischen Wörter für »Ohr« nicht von *auris* her, sondern von dessen vulgärer Verkleinerungsform (Deminutiv) *auricula* bzw. *oricla*, »Öhrchen«: ital. *orecchio*, span. *oreja*, franz. *oreille* usw. Denn wie der Schwabe (»Häusle baue«), so liebt auch der Vulgärlateiner das gemütliche Deminutiv (*agnellus, asellus, catellus* …), das natürlich auch schon der umgangssprachliche Cicero gebraucht, wenn ihm einmal warm ums Herz ist: *Tulliola, deliciolae nostrae* …[11] – »Tullialein, mein Schätzlein …«.

Und wie man im Schwäbischen, ja in der Umgangssprache überhaupt, den Genitiv meidet und statt »Antons Hand« lieber (schwä-

bisch-bairisch) »dem Anton seine Hand« beziehungsweise »die Hand
von (vom) Anton« sagt, so ersetzt auch das Vulgärlateinische gern den
anstrengenden Genitiv durch einen Ausdruck mit der Präposition *de*:
manus de Antonio, wie später in den romanischen Sprachen (ital. *la
mano di Antonio*, franz. *la main d'Antoine* usw.), wo dann schließlich alle
Kasus außer dem Nominativ und Akkusativ wegfallen beziehungsweise durch Präpositionalausdrücke ersetzt werden. Ein besonderer
Nachruf wäre hier dem Ablativ als dem nobelsten und lateinischsten
aller Kasus zu singen: Ihn hat die Romania, nach Vorarbeit durchs Vulgärlatein, restlos liquidiert.

VULGÄRLATEINISCHE STAMMTISCHPHILOSOPHIE

Kennen wir also das Vulgärlatein nur über solche Rückschlüsse aus
den romanischen Sprachen? Keineswegs. Ganz unmittelbare schrift-
liche Zeugnisse für diese Sprache kann es zwar nicht geben, da sie ja
ihrem Wesen nach mündlich war. Aber es gibt doch eine Reihe von
Texten, die in wünschenswerter Weise die »Entstellung« unseres
Schullatein im Munde »vulgärer« Sprecher dokumentieren, vom ersten bis ins achte nachchristliche Jahrhundert.

Die wohl frühesten dieser Dokumente sind die Gespräche, die der
geistreiche Romandichter Petron, der zur Zeit von Seneca und Kaiser Nero sein *Satiricon* schrieb, ebenso ungebildeten wie eingebilde-
ten Freigelassenen aus Süditalien in den Mund gelegt hat. Natürlich
nicht, um uns über Sprachgeschichte zu belehren, sondern um seinem
stadtrömischen Publikum etwas zu lachen zu geben. Hören wir, wie
der Vulgärphilosoph Seleucus salbadert: *Ego, inquit, non cotidie lavor;
baliscus* [1] *enim fullo est, aqua dentes habet et cor<pus>* * *nostrum cotidie
liquescit. Sed cum mulsi pultarium obduxi, frigori laecasin* [2] *dico. Nec sane
lavare* [3] *potui; fui enim hodie in funus* [4]. *Homo bellus* [5], *tam bonus
Chrysanthus animam ebulliit. Modo modo me appellavit. Videor cum illo*

---

* Das in den Handschriften überlieferte *cor* (Herz) gibt in diesem Zusammenhang keinen Sinn.

loqui. Heu, eheu! utres inflati ambulamus. Minoris quam muscae sumus. [...]
Medici illum perdiderunt, immo magis malus fatus [6].[12] – »Er sagte: Ich
wasche mich nicht täglich. Das Bädlein ist nämlich ein Walker,[*] das
Wasser hat Zähne, und so schmilzt unser Leib täglich zusammen. Aber
wenn ich mir ein Töpfchen mit Mulsum (Honigwein) reingezogen
habe, sage ich der Kälte, sie könne mich mal! Und ich konnte ja auch
gar nicht (mich) waschen, ich war nämlich heute auf ein Begräbnis.
Der nette Mensch, Chrysanthus, so ein Guter, hat seinen letzten Atem
ausgeblubbert. Eben, eben noch sprach er mich an. Ich glaube, ich
rede noch mit ihm. Weh o weh! Wir spazieren dahin wie aufgeblasene
Schläuche. Wir sind weniger wert als die Fliegen. [...] Die Ärzte haben ihn zugrunde gerichtet, oder eher noch der böse Schicksal.«

Dieses fragwürdige Latein bedarf einiger Erläuterungen. [1] Die
Vokabel *baliscus* ist offenbar ein griechischer Deminutiv zu lateinisch
balneus (statt *balneum*, »Bad«). [2] *laecasin* ist verballhornt aus λαικάζειν
(*laikázein*, »herumhuren«). Die Aufforderung dazu (»Er soll doch ...«)
entspricht funktional etwa unserem schwäbischen Gruß (»Er kann
mich ...«). [3] Statt korrekt *lavari*: Aktive Verbformen dringen im Vulgärlateinischen vor. [4] Statt des zu erwartenden *in funere*, wohl durch
eine Vermengung (Kontamination) mit *venire in funus* (zu einem Begräbnis gehen) u. Ä. [5] *bellus* verdrängt im Vulgärlatein restlos das gehobene *pulcher*. [6] Statt *malum fatum*: Neutra auf *-um* werden im Vulgärlatein oft als Masculina auf *-us* behandelt (*vinum: vinus*),[**] bis dann
in den romanischen Sprachen das Neutrum ganz wegfällt.

Die unwiderstehliche Komik dieses Textes beruht natürlich nicht
nur auf den Grammatikschnitzern als solchen, sondern vor allem auch
auf dem Missverhältnis zwischen dem Anspruch der Aussage und ihrer völligen Banalität, die überall im Redensartlichen stecken bleibt:
Das unbeholfene Latein ist nur das Korrelat dazu.

---

[*] Es walkt den Körper wie der Tuchwalker das Tuch.
[**] Ähnlich sagen heute viele fälschlich »der (statt: das) Corpus«, »der Virus«.

KLINGENDES LATEIN: DEN WÄNDEN
POMPEJIS ABGELAUSCHT

Noch näher kommen wir der Sprache des Volkes aber durch die in Pompeji gefundenen Wandinschriften. Pompejis Untergang in Asche und Bimsstein des Vesuv (am 24. August 79 n. Chr.) hat ja der Altertumswissenschaft einen geradezu wunderbaren Segen gebracht. Seitdem man im achtzehnten Jahrhundert begonnen hat, diese kampanische Kleinstadt, die seit Sulla römische Kolonie war, wieder auszugraben, ist uns antikes Leben in einer Unmittelbarkeit nahegebracht geworden wie nirgendwo sonst. Und schon Goethe jubelte: »Es ist viel Unheil in der Welt geschehen, aber wenig, das den Nachkommen so viel Freude gemacht hätte.«[13]

Das gilt auch für die Sprache. Wer die Römer, die Alltagsrömer, hören will, muss die Graffiti von Pompeji lesen, auch wenn dort, wie auf heutigen Klosetts, mancher manches schreibt, was er nicht so leicht in den Mund nähme. Und wie viele das sind! Gut zehntausend Stück, versammelt in vier mächtigen Wälzern des *Corpus Inscriptionum Latinarum*. So wie wir sagen: »Narrenhände beschmieren Tisch und Wände«, klagt schon ein pompejanischer Leser (und Schreiber!) beim Anblick des überhandnehmenden Gesudels: *Admiror, paries, te non cecidisse ruinis / qui tot scriptorum taedia sustineas.* Ein formal wohlgelungenes Distichon (aus Hexameter und Pentameter), in Prosa übersetzt: »Ich wundere mich, Wand, dass du noch nicht in Trümmern zusammengebrochen bist, / wo du das langweilige Zeug so vieler Schreiber aushalten musst.«

Grammatisch ist hier einmal nichts auszusetzen. Wohl aber an einem anderen Vers, in dem sich ein Wandmaler gegen eine eventuelle Beschädigung seines Gemäldes verwahrt: *Abiat Venere Bompeiiana iratam qui hoc laesaerit.* Weil in der Orthographie dieses Verses die vulgäre Aussprache durchschlägt, wird er erst verständlich, wenn man ihn durch Umschrift normalisiert: *Habeat Venerem Pompeiianam iratam qui hoc laeserit.* – »Dem soll die Venus von Pompeji [also die Schutzgöttin der Stadt] zürnen, wer das beschädigt.« In *Abiat* ist das *h* ausgefallen (das ja die Italiener, Spanier und Franzosen bis heute nicht sprechen

können); dann wird das kurze *e* mit dem in der Aussprache naheste-
henden *i* verwechselt. In den folgenden beiden Wörtern (*Venere Bompeiiana**) fehlt jeweils das Schluss-*m*, das auch bei guter Aussprache nur
schwach artikuliert wurde. In *laesaerit* sind *ae* und *e* verwechselt, weil
beide in der vulgären Aussprache zusammenfallen (so wird aus lat. *caelum* ital. *cielo* mit offenem *e*). So also klang Latein in Pompeji.

Die aufregendste Neuerung im Bereich der Aussprache betrifft etwas, das für die spätere Sprach- und Literaturgeschichte fundamental
wichtig ist: die Vokal- und Silbenlänge. Die lateinische Verskunst beruhte, wie wir uns erinnern, seit Livius Andronicus auf der Unterscheidung von langen und kurzen Silben. Dabei, ganz pauschal formuliert, galt folgende Regel: Kurz ist eine Silbe, wenn sie 1. einen
kurzen Vokal hat, 2. wenn auf diesen Vokal nicht mehr als ein Konsonant folgt, andernfalls ist sie lang. So ist die erste Silbe von *rosa* (Rose)
kurz, weil das *o* kurz ist und ihm nicht mehr als ein Konsonant *(s)* folgt.
Dagegen ist *ros* (Tau) lang, weil das *o* lang ist, und ebenso die erste Silbe
von *russus* (rot), weil auf das *u* zwei Konsonanten *(ss)* folgen.**

Eigentlich ganz einfach. Aber dieses System der Silbenquantitäten
gerät im Vulgärlatein so in Unordnung, dass man geradezu von einem
»Quantitätenkollaps« (Lausberg) gesprochen hat. Auch dafür finden
wir die frühesten Belege an den pompejanischen Wänden. Man lese
folgendes Gedicht, in dem ein Verliebter den von ihm engagierten
Kutscher eines Maultiertaxis zur Eile anspornt, ohne sich offenbar viel
Gedanken über Alkohol am Steuer zu machen:

Amoris ignes si sentires, mulio,
magi [= magis] properares ut videres Venerem. […]
Bibisti, iamus [= eamus], prende lora et excute:
Pompeios defer, ubi dulcis est Amor.[14]

Eine poetische Übersetzung soll hier eine Ahnung vom Versmaß vermitteln:

* Warum hier *B* statt *P* geschrieben ist, bleibt unklar.
** Vgl. im Anhang S. 320.

Ach, Kutscher, fühltest du der Liebe Feuer doch,
du führest schneller, um die Venus selbst zu sehn. […]
Du hast getrunken, gehn wir, lass die Zügel knalln:
Fahr nach Pompeji, wo die süße Liebe wohnt!

Ob hier mit Venus und Amor die Liebesgötter persönlich gemeint
sind? Oder das in Pompeji beheimatete Liebchen des Dichters? Im
Feuerstrom dieser Verse ist das nicht ganz leicht zu erkennen. Klar ist
dagegen, dass an zwei Stellen, wo das Versmaß (der jambische Senar)
eine lange Silbe verlangt, eine kurze gesetzt ist. Kurz sein müsste die
jeweils erste Silbe von *Vĕnerem* und von *ŭbi*; sie werden aber, wie man
sagt, »lang gemessen«. Warum? Ohne Zweifel: weil man sie mittlerweile so gesprochen hat (und wohl nicht nur, wenn man verliebt war).
Offenbar unter Einwirkung des Wortakzents wurde jeweils der Vokal
und damit die Silbe gelängt. Ein römischer *grammaticus* müsste bei derartigen Versen aufgeschrien haben; aber sie waren ja auch nicht für
ihn, sondern für vulgärlateinische Taxifahrer bestimmt.

Sagen wir noch ein abschließendes Wort zu diesem schon oft erwähnten [*] *grammaticus*, dem Urvater aller lateinischen Studienräte und
Professoren für klassische Philologie. Es gibt ihn, und damit den lateinischen Unterricht, der fast immer mit dem griechischen verbunden
war und etwa bis zur Pubertät ging, seit den Uranfängen der römischen Literatur. Livius Andronicus und Ennius waren *grammatici*, die
im Unterricht, privat oder schulmäßig, neben Griechischem vor allem eigene Werke behandelten.

Im zweiten Jahrhundert vor Christus wurde die Tätigkeit der
»Grammatiker« wissenschaftlich angehoben zu dem, was man heute
Philologie nennt, der Untersuchung sprach- und literaturwissenschaft-
licher Fragen (zum Beispiel: Wie viele Komödien von Plautus sind
echt?). Am Anfang dieser Neuorientierung, die für den Jugendunter-
richt weniger wichtig gewesen sein dürfte, stand lustigerweise ein Ver-
kehrsunfall: Ein griechischer Philosoph und Grammatiker, Krates von
Mallos, brach sich (wohl 169 v. Chr.) in einer römischen Kloake das

---

[*] Vgl. oben S. 112.

Bein und benutzte dann seinen unfreiwilligen Krankenaufenthalt in Rom für philologische Vorlesungen. Diese natürlich auf Griechisch, aber er ermunterte damit die Römer zu vergleichbaren Leistungen.

Mit der frühen Kaiserzeit, das heißt mit der Trennung von Hoch- und Vulgärlatein, muss die Rolle des *grammaticus* eine neue Dimension gewonnen haben. Er wurde nun, wie der Kirchenvater Augustin formuliert, zum *custos historiae*,[15] »Hüter der Tradition«. Zu dem Mann, dem es aufgetragen war, das Latein der vorbildlichen Autoren, vor allem Ciceros, unverfälscht vom Latein der Straße zu erhalten, dafür zu sorgen, dass man für »mit den Freunden« eben nicht *cum sodales* (mit vulgärlateinischem Akkusativ), sondern *cum sodalibus* (mit klassischem Ablativ) schrieb und sprach. Der *grammaticus*, wenn wir maliziös formulieren wollen, hielt die Totenwache an der Bahre des in Schönheit entschlafenen Latein.

Vom Beginn der Spätantike (Ende des dritten Jahrhunderts) an haben wir vollständige *Artes (grammaticae)*, zu Unterrichtszwecken verfasste Gesamtdarstellungen der lateinischen Sprache, heute gesammelt in acht dicken Bänden der *Grammatici Latini*. Die mit Abstand berühmteste davon ist die Grammatik des Donat (Aelius Donatus, viertes Jahrhundert), aufgeteilt in eine *Ars minor* und eine *Ars maior* (»Kleineres« beziehungsweise »Größeres Lehrbuch«), neben der lateinischen Bibel und dem *Corpus Juris* das erfolgreichste Lateinbuch aller Zeiten. Wie Caesar zum Markennamen aller Kaiser, Maecenas zu dem der Mäzene geworden ist, so ist Donat bis in die Neuzeit quasi Gattungsbezeichnung aller lateinischen Schulmeister geblieben:

Discite Donatum, pueri, puerilibus annis,
*   ne spretus iuvenes vos notet atque senes.*[16]

Lerne du früh den Donat, mein Kind, in kindlichem Alter!
    Sonst blamiert er dich einst schmählich als Jüngling und Greis.

Bei Donat und anderen vollzieht sich die Abgrenzung vom Vulgärlatein nur implizit, nicht ausdrücklich. Aber es gibt auch Schriften, in denen der korrekte Sprachgebrauch vom vulgären ausdrücklich abgesetzt wird. Am ergiebigsten ist hier die sogenannte *Appendix Probi* (unsicheren Datums),[17] in der die Konfrontation Wort für Wort durchgeführt wird. Man sage, lehrt dieser Grammatiker: *speculum non speclum* (Spiegel), *cavea non cavia* (Käfig), *nurus non nura* (Schwiegertochter), *tristis non tristus* (traurig), *auris non oricla* (Ohr), *nobiscum non noscum* (mit uns) usw. Der Verfasser dieser anspruchslosen Tabellen wollte ein Hilfsbüchlein zur Förderung des Hochlatein schreiben. Er konnte kaum ahnen, dass er ein uns höchst willkommenes »Lehrbuch« des Vulgärlatein verfasst hat.

Ach, wie viel lieber würde manch einer Latein lernen, wenn er *tristus* statt *tristis* deklinieren dürfte! Aber woran das Vulgärlatein letztlich zugrunde gegangen ist, werden wir erst im übernächsten Kapitel erfahren.

CICERONIANUS, NON CHRISTIANUS
AUCH DIE CHRISTEN LERNEN LATEIN

»Was, Ihr Bub lernt Latein? Ja will er denn Pfarrer werden?« So hörte man es noch vor fünfzig Jahren, bevor in Deutschland die Gymnasialbildung und damit das Lateinlernen mächtig expandierte und bevor etwa zur selben Zeit unter dem Segen von Papst Johannes XXIII. die lateinische Messe bis auf einen Anstandsrest abgeschafft wurde. Auch heute verbinden viele Menschen mit Latein in erster Linie die Kirche, insbesondere die katholische, das heißt »universale«, Kirche *(catholica ecclesia)*. Und diese bedient sich ja zumindest in offiziellen Äußerungen, wie den päpstlichen Enzykliken, noch immer der universalen Weltsprache Latein. Petrus, der von Jesus eingesetzte »Fels der Kirche«, Bischof von Rom und somit erster Papst, so die fromme Überlieferung, müsste doch bestimmt Latein gesprochen haben!

DIE GRIECHISCHEN ANFÄNGE
DES CHRISTENTUMS

Aber das hat Petrus wohl nicht. Die Christen haben erst erstaunlich spät Latein gelernt. Auch wenn es der »in den Originalsprachen« gedrehte Christusfilm von Mel Gibson *The Passion of the Christ* anders darstellt: Jesus selber hat seine Bibel auf Hebräisch gelesen und daraus, wie in den Evangelien überliefert, noch am Kreuz zitiert. Er hat seine Bergpredigt auf Aramäisch gehalten, in der unter palästinensischen Juden üblichen Umgangssprache. Aber die Gespräche mit Vertretern der römischen Besatzungsmacht, wie dem Hauptmann von Kapernaum oder gar dem Provinzstatthalter Pontius Pilatus, fanden sicherlich in der üblichen Weltsprache Griechisch statt, die sich im Osten des Reichs ja immer behauptet hat. Nur für die Inschrift auf seinem Kreuz verwendete man neben Aramäisch und Griechisch auch Latein,[1] die Sprache der Sieger, die ja formell auch diesen Justizmord zu verantworten hatten: *Iesus Nazarenus Rex Iudaeorum* – auf Bildern der Neuzeit oft abgekürzt zu *INRI*.

Auch die ersten Missionspredigten der Apostel, die sich zunächst auf den Osten beschränkten, wurden auf Griechisch gehalten. Petrus muss sich, weil er als einfacher Fischer nur Aramäisch beherrscht, von seinem jungen Sekretär Markus ins Griechische übersetzen lassen. (Solche zweisprachigen Veranstaltungen kann man sich so ähnlich wie die heutigen Predigten amerikanischer Evangelisten in Deutschland vorstellen.) Aus dieser Dolmetschertätigkeit soll, nach einer alten und durchaus nicht unglaubhaften Überlieferung, das Markusevangelium entstanden sein, natürlich auf Griechisch, wie auch die anderen, späteren Evangelien.

Der Apostel Paulus, wichtigster und umtriebigster Theologe nicht nur der damaligen Christenheit, war römischer Staatsbürger. Aber auch er hatte in seiner Heimatstadt Tarsos (Hauptstadt der Provinz Cilicia) kein Latein, sondern nur Griechisch gelernt, was er für seine Missionsreisen benötigte. Erst am Ende seines Lebens orientiert er sich nach Westen: Aus Korinth schreibt er seinen berühmten Brief an die Römer. Aber – welcher Schmerz für uns Lateiner! – er schreibt auch ihn auf Griechisch. Am Schluss dieses Briefs kündigt Paulus seine erste und einzige Romreise an. Doch auch in Rom selbst, wo er schließlich hingerichtet und zum Märtyrer wird, dürfte er schwerlich viel Latein gelernt haben. Wozu auch? Die Sprache der Liturgie mit ihren »Psalmen und Hymnen«, von denen Paulus und der jüngere Plinius erzählen,[2] war nun einmal auch in Rom Griechisch.

Und so beginnt auch die christliche Literatur in griechischer Sprache: Im zweiten Jahrhundert verteidigten gebildete Christen, die sogenannten Apologeten, ihre Religion gegen Vorwürfe, die von Nichtchristen, Heiden erhoben wurden. Sie stellten sich dabei als rechtschaffene, dem Staat loyal ergebene Patrioten dar. Wären sie doch nur auch bereit gewesen, am römischen Staatskult teilzunehmen und dem göttlichen Kaiser ein klitzekleines Opfer darzubringen! Aber da waren die auf den einen Gott eingeschworenen Christen ebenso kompromiss- wie die Römer verständnislos: Solche Menschen mussten Staatsfeinde sein, denen man dann rasch auch rituelle Kindsmorde und andere Scheußlichkeiten andichten konnte. So sind die Christen die einzigen Menschen im Römischen Reich, die wegen ihrer Religion verfolgt werden, blutig verfolgt, von Kaiser Nero bis Diokletian.

DAS CHRISTLICHE AFRIKA HAT DIE ERSTEN LATEINER

Wann also lernen auch die Christen Latein? Sie beginnen damit, wie es scheint, nicht in Rom, der Stadt der Päpste, die sich noch bis zum Ende des dritten Jahrhunderts griechische Inschriften auf ihre Grabmäler setzen lassen! Sie beginnen damit in Nordafrika, vor allem im neuen lateinischen Bildungszentrum Karthago,[*] das im zweiten Jahrhundert nach Rom und Antiochia die drittgrößte Stadt des Römischen Reichs ist. Dort macht man sich daran, die griechische Bibel ins Lateinische zu übersetzen, auch das Alte Testament, das weltweit in griechischer Version (genannt *Septuaginta*) gelesen wurde.

Von dort stammen auch die ersten lateinischen Märtyrerakten, Aufzeichnungen über die Hinrichtungen von Christen, die an ihrem Glauben festgehalten haben. Unter diesen sicherlich zur moralischen Stärkung der christlichen Gemeinde bestimmten Akten befindet sich als ein besonders kostbares und köstliches Stück die Autobiographie einer jungen Afrikanerin namens Vibia Perpetua. Sie schildert darin, wie sie nach gerichtlichem Verhör durch eine Reihe göttlicher Traumvisionen die Kraft erhält, den schrecklichen Tod *ad bestias,* die Hinrichtung durch wilde Tiere im Amphitheater, freudig zu ertragen (im Jahr 202 oder 203). Dies ist eine der seltenen authentischen Stimmen einer Frau, die wir in der sonst ja von Männern beherrschten lateinischen Literatur vernehmen.[**]

---

[*] Vgl. oben S. 101.

[**] Erwähnung verdienen immerhin ein uns überlieferter Brief von Cornelia, der Mutter der Gracchen, sowie die leidenschaftlichen poetischen Liebesbrieflein einer offenbar vornehmen Römerin Sulpicia, die im dritten Buch des »Tibull« mitgeteilt werden. Leider ist uns nichts überliefert von der Tochter des Redners Hortensius, Hortensia, die als Rednerin recht erfolgreich gewesen sein soll. Von Christinnen schreibt

Eigentlicher Vater der christlichen lateinischen Literatur aber ist der Karthager Tertullian (Q. Septimius Florens Tertullianus), ein Mann, dessen Bedeutung man kaum überschätzen kann. Er hat als offenbar geschulter Redner die Dinge des christlichen Glaubens zuerst so dargestellt, dass sie auch in der Latein sprechenden heidnischen Welt Interesse finden mussten.

Sein im Jahr 197 verfasstes Hauptwerk *Apologeticum* (Verteidigungsschrift), eine an alle Statthalter des Römischen Reichs in Form einer Prozessrede gerichtete Rechtfertigung des Christentums, geht, dem jungen Cicero gleich, von der Verteidigung kühn zum Angriff über. Gleich zu Beginn wirft er den Verfolgern der Christen scharfsinnig juristische Ungereimtheiten in den Christenprozessen vor. Kaiser Trajan hatte in einem berühmten Brief verfügt, gegen Christen solle nur auf Denunziation hin eingeschritten werden.[3] Sei das nicht widersinnig? Wenn doch die Christen um ihres bloßen Christentums willen als schwere Verbrecher bestraft werden, warum fahnde man dann nicht nach ihnen? *negat inquirendos ut innocentes et mandat puniendos ut nocentes. parcit et saevit, dissimulat et animadvertit. quid temet ipsam, censura, circumvenis?*[4] – »Er verbietet die Fahndung, als seien sie schuldlos; er verfügt die Strafe, als seien sie schuldig. Er schont und wütet, er ignoriert und bestraft. O Urteil, was betrügst du dich selber?«

Und wenn Christentum ein Verbrechen sei, fährt Tertullian fort, warum wende man nur bei Christen die Folter an, um sie von ihrem Bekenntnis, *confessio,* abzubringen, während sonst in Strafprozessen gefoltert werde, gerade um ein Bekenntnis, *confessio,* zu erreichen? Unsinn über Unsinn!

Schon diese wenigen zugespitzten Sätze zeigen: Hier spricht ein ebenso leidenschaftlicher wie gerissener christlicher Advokat, der die Mittel der klassischen Rhetorik energisch für seine Ziele zu nutzen weiß. Und nicht nur den Heiden gegenüber. In einem Großteil sei-

---

Proba (im vierten Jahrhundert) eine Art Bibelepos. Bedeutender ist im Mittelalter Hrotsvitha von Gandersheim (zehntes Jahrhundert) mit ihren noch heute aufführbaren Märtyrerdramen. Der Ruhm Hildegards von Bingen (zwölftes Jahrhundert) beruht weniger auf dem literarischen Wert ihrer Schriften. Zu einigen Lateinerinnen der Renaissance s. unten S. 192–194.

ner meist polemischen Schriften widmet er sich aktuellen theologischen Problemen wie besonders der Abgrenzung von Ketzern. Andere beschäftigen sich mit Fragen der christlichen Lebensführung:
Darf man zum zweiten Mal heiraten? Müssen alle Frauen beim Beten ein Kopftuch tragen? Seinem rhetorischen Temperament gemäß
ist Tertullian ein Rigorist, der die Päpste des zwanzigsten Jahrhunderts
geradezu als Vertreter einer *permissive society* erscheinen lässt: Christen
dürfen nicht ins Theater gehen, keine Kränze oder Perücken auf-
setzen, keine politischen Ämter bekleiden. Sie dürfen weder Maler
noch Soldat noch Schullehrer sein (obwohl gute Schulbildung notwendig sei!).

Und das alles wird sorgfältig begründet. Leider auch mit solcher
Freude an der pointierten Verknappung, dass darunter bisweilen die
Klarheit leidet. Tertullian sei »äußerst dunkel« *(multum obscurus)*, meint
schon der Kirchenvater Laktanz. Aber auf jeden Fall hat er, wie alle
Fachleute sagen, den christlichen Sprachgebrauch im Lateinischen
entscheidend geprägt. Er hat viele zentrale Wörter, zum Teil aus dem
Griechischen, eingebürgert wie zum Beispiel *clerus, evangelium, ecclesia*;
zum Teil in neuem Sinn festgelegt wie *fides*, »Glaube« statt »Treue«,
sacramentum, »Sakrament« statt »Fahneneid«; *saeculum*, »Welt«, das heißt
heidnische Gottferne, statt »Generation, Zeitgeist«. In dieser Hinsicht
ist er also durchaus Cicero vergleichbar. Dem ähnelt er auch in seiner
literarhistorischen Bedeutung: Wie seinerzeit kein griechischsprachi-
ger Autor Cicero Paroli bieten konnte, so konnte es an der Wende
zum dritten Jahrhundert kein Heide mit Tertullian aufnehmen.

Ein Ciceronianer in ganz anderem Sinn war zur selben Zeit der
wohl ebenfalls aus Afrika stammende Minucius Felix, der das Für und
Wider des Christentums zuerst in der Form eines philosophischen
Dialogs, wie ihn Platon und Cicero verfasst hatten, dargestellt hat. Im
Octavius ging es um die Frage, ob die christliche Religion die wahre
Lehre (Caecilius) oder eine verwerfliche Irrlehre (Octavius) sei. Die
in elegantestem Cicerolatein geführte Debatte endet mit der Beke-
rung des Heiden Octavius, der sich selbst mit Freuden für besiegt erklärt: *nam ut ille mei victor est, ita ego triumphator erroris.*[5] – »Denn wie
er über mich siegt, so triumphiere ich über meinen Irrtum.«

Ein solcher Dialog zeigt nebenbei mit Deutlichkeit das Neue, wodurch sich das junge Christentum von der antiken Religion absetzt.
Die Religion der Griechen und Römer war eine fast weltanschau-
ungsneutrale Sache von Kult, Opfer und Gebet. Die Christen dagegen haben einen Glauben, eine Lehre, über deren Richtigkeit man ra-
tional debattieren kann und die auch moralische Forderungen
einschließt. Christliche Theologen ähneln in dieser Hinsicht eher antiken Philosophen als griechisch-römischen Priestern.

CHRISTENTUM UND PHILOSOPHIE
IN LATEINISCHER SPRACHE

Aber erst mehr als ein Jahrhundert später erscheint der eigentliche
»christliche Cicero«: Laktanz (L. Caelius Firmianus Lactantius). Noch
zur Zeit der Christenverfolgung unter Diokletian beginnt er, damals
noch Rhetoriklehrer, die Arbeit an seinem großen Lehrbuch des
Christentums, *Divinae institutiones*. Dann ändern sich schlagartig die
Zeiten. Kaiser Konstantin, der wahrscheinlich bei Laktanz persönlich
Rhetorik studiert hat, fördert das eben noch verfolgte Christentum,
nachdem er im Jahr 312 an der Milvischen Brücke den Gegenkaiser
Maxentius im Kreuzeszeichen Christi besiegt hat. *Hoc signo vinces* –
»Unter diesem Zeichen wirst du siegen«, hieß die sprichwörtlich ge-
wordene Prophezeiung, die er vor der entscheidenden Schlacht in
einer Art Vision erhalten hatte.[6] Ein Jahr später war durch das Toleranzedikt von Mailand das Christentum gesetzlich anerkannt.

Laktanz wird nun offizieller Prinzenerzieher, und sein mittlerweile
vollendetes Werk kann, jedenfalls in zweiter Auflage, Konstantin selbst
als dem ersten christlichen Kaiser gewidmet werden. Die Widmungs-
worte an diesen wichtigsten Römer seit Augustus klingen wie eine
feierliche Ouvertüre zur ganzen lateinischen Literatur der anheben-
den Spätantike,[*] die ja von nun an fast völlig im Zeichen des Christentums stehen wird: *Quod opus nunc nominis tui auspicio inchoamus,*

---

[*] Vgl. zu diesem Begriff S. 101.

Constantine, imperator maxime, qui primus Romanorum principum repudiatis erroribus maiestatem dei singularis ac veri et cognovisti et honorasti. [...] *Cuius religionem cultumque divinum cupiens defendere quem potius appellem, quem adloquar nisi eum per quem rebus humanis iustitia et sapientia restituta est?*[7] – »Dieses Werk beginnen wir nun im glücklichen Zeichen deines Namens, Constantinus, größter Kaiser, der du als Erster von den Führern der Römer die Irrtümer verworfen und die Majestät des einzigartigen und wahren Gottes erkannt und geehrt hast. [...] Wenn ich dessen Religion und göttliche Verehrung zu verteidigen wünsche, wen sollte ich eher anrufen, wen eher ansprechen als den, durch den für die Menschheit Gerechtigkeit und Weisheit wiederhergestellt wurden?«

So schön ciceronisch stilisiert wie diese Widmung ist das ganze umfängliche Werk. In ihm werden die Wahrheiten des Christentums systematischer als je zuvor wie in einem großen philosophischen Lehrbuch dargelegt und begründet. Gelegentlich geschieht dies durch Zeugnisse der Bibel, vor allem aber durch sorgfältige Argumentation. Laktanz spricht ausdrücklich aus, was bei den Früheren noch ungesagt blieb: Christentum ist eine Philosophie, die »wahre Philosophie« (*vera sapientia*, Titel des 4. Buches), die alle anderen überflüssig macht. Hier liegt denn auch ein tiefer Unterschied zu dem von Laktanz bewunderten Cicero, der ja immer Skeptiker blieb und vor endgültigen Wahrheiten zurückschreckte.

Mit dem Aufblühen der christlichen lateinischen Literatur verebben im Westen die Griechischkenntnisse. Tertullian publizierte noch selbst auf Griechisch, Laktanz zitiert immerhin noch griechische Texte. Schon am Ende des vierten Jahrhunderts aber muss der größte lateinische Kirchenvater, Augustin, bekennen, dass er Griechisch nur ungenügend, weil widerwillig, gelernt hat. Hier bahnt sich schon das lateinische Mittelalter an, in dem die Kenntnis des Griechischen fast völlig verloren geht.

Wieder ein gutes Jahrhundert später versucht der große, christliche, aber auch der heidnischen Klassik zugewandte Philosoph Boethius (Anicius Manlius Severinus Boethius) eine Art Rettungsaktion. Er plant eine lateinische Gesamtübersetzung der beiden wichtigsten

Philosophen, Platon und Aristoteles. Sein früher Tod – ein Justizmord durch den Ostgotenkönig Theoderich den Großen – erstickte im Keim dieses gigantische Werk. Wahrscheinlich hätte es der europäischen Geistesgeschichte eine andere Richtung gegeben.

Bis heute berühmt wurde Boethius dafür durch seine *Consolatio philosophiae*, eine von ihm für sich selbst im Kerker geschriebene »Tröstung durch die Philosophie«. Sie enthält eine Art Summa der großen griechischen Weltweisheit, von Platon bis zur Stoa, ohne christliche Beimengung – dennoch ein beispielloser Erfolg im späteren christlichen Europa!

IN BETHLEHEM WIRD AUCH
DIE LATEINISCHE BIBEL GEBOREN

Wo man des Griechischen nicht mehr sicher war, war eine verlässliche lateinische Übersetzung der Bibel umso notwendiger. Es war der Kirchenvater Eusebius Sofronius Hieronymus, der in den Jahren 382 bis 384 als Sekretär des Papstes Damasus den Auftrag dazu erhielt. Er sollte die seit dem zweiten Jahrhundert umlaufenden Bibelübersetzungen – man spricht heute von der *Vetus Latina* – durch einen verbindlichen Text ersetzen.

Schon sein buntes Leben prädestinierte ihn zu dieser größten Mittleraufgabe zwischen Ost und West, Griechisch und Latein. Den ersten Teil seines Lebens verbringt er vor allem in Rom, wo er beim großen Donat lateinische Philologie studiert, und in der Residenzstadt Trier. Im Jahr 386, beeindruckt vom damals neumodischen Mönchsideal, geht er als Einsiedler in die Wüste von Syrien, danach in ein Kloster in Bethlehem, wo er eine Schar vornehmer Damen für asketische Ideale begeistert, sodass sie ein Frauenkloster gründen. Zur Staatsreligion befördert, brachte das Christentum ja keine Märtyrer mehr hervor. So schien von nun an Enthaltsamkeit, besonders von Eigentum und Geschlechtsverkehr, der sicherste Weg zum Himmel.

In Bethlehem erst macht sich Hieronymus an sein großes Lebenswerk, die Bibelübersetzung. Er hatte wohl bei Donat gelernt, eine philologische Aufgabe ernst zu nehmen. Und so studierte er, nachdem er sich Griechisch schon angeeignet hatte, nun auch noch Hebräisch, um das Alte Testament aus dem Original und nicht, wie bisher, aus der griechischen *Septuaginta* zu übersetzen. So entstand ein Meisterwerk, das schließlich als *Vulgata* (die »Übliche, allen Geläufige«) bezeichnet wurde und bis heute die weltweit verbreitetste Version der Bibel ist. Selbst der nach Hieronymus berühmteste Bibelübersetzer, Martin Luther, hat sich, wie vor einiger Zeit die Entdeckung seines Privatexemplars der *Vulgata* gezeigt hat, mehr an dessen lateinischer Version als an den hebräischen und griechischen Originalen orientiert.

Wir haben ein Stück aus einem Brief des Hieronymus schon in anderem Zusammenhang kennengelernt.[*] Vergleicht man dessen feine, klassisch-ciceronische Stilisierung mit der Sprache seiner Bibelübersetzung, so glaubt man, es mit einem völlig anderen Autor zu tun zu haben. Hören wir zum Kontrast zwei beliebige Verse aus dem Weihnachtsevangelium: *Et pastores erant in regione eadem vigilantes et custodientes vigilias noctis supra gregem suum et ecce angelus Domini stetit iuxta illos et claritas Dei circumfulsit illos et timuerunt timore magno.*[8] Nach Luther, leicht revidiert: »Und es waren Hirten in derselben Gegend auf dem Felde bei den Hürden, die hüteten des Nachts ihre Herde. Und siehe, des Herrn Engel trat zu ihnen, und die Klarheit des Herrn leuchtete um sie; und sie fürchteten sich sehr.«

Kein lateinischer Stilübungsmeister dürfte solch einen Text heute durchgehen lassen. Wer schließt schon so linkisch an mit *et*? *Et pastores erant*, und, noch schlimmer, nachher: *et ecce ... et claritas ... et timuerunt!* Und dann dieser Pleonasmus (übervoller Ausdruck): *timuerunt timore!* Wie leicht ließe sich das alles verbessern! Doch man versuche es nur, und man wird sofort spüren, warum Meister Hieronymus darauf verzichtet hat, dem Zauber der Weihnachtsbotschaft die Regeln der klassischen Stilistik zu oktroyieren. Eben in diesem anspruchslos reihenden Latein, das genau dem Griechischen nachgebildet ist, liegt die ganze Schlichtheit der Botschaft von Jesus, der gesagt hat: »Lasset die Kindlein zu mir kommen«. Man hört dahinter noch das ursprüng-

---

[*] Vgl. oben S. 107f.

liche Aramäisch, in dem Jesus und der Fischer Petrus miteinander geredet haben, eine beifügende, nicht unterordnende Sprache, wie es ja ebenso das Bibelhebräisch des Alten Testaments ist (wo übrigens auch Ausdrücke wie *timuerunt timore* ganz üblich sind).

Hieronymus hat diese Art des Bibelübersetzens nicht erfunden; schon die weniger gewandten, am Wort haftenden älteren Übersetzungen (die *Vetus Latina*), die er bearbeitete, hatten es ihm jedenfalls prinzipiell vorgemacht. Sein Verdienst war, dass er sich einerseits gegen traditionell vertraute Übersetzungen strikt an den Sinn des Originaltexts hielt und damit viele verärgerte. Andererseits aber verzichtete er doch, was den Stil betraf, auf den Ruhm eines Neuerers und bewahrte der christlichen Gemeinde den gewohnten und dem Wort Gottes adäquat scheinenden Klang.

Dabei sei aber gleich einem verbreiteten Irrtum vorgebeugt. Wenn Hieronymus selber im Hinblick auf die Schlichtheit der Sprache vom *sermo vulgatus* seiner Übersetzung spricht, so bedeutet das nicht etwa, dass er hier dem sogenannten Vulgärlateinischen Einlass gewährt hätte. Wieder sind Stil und Grammatik zu trennen: Was Letztere angeht, so folgt Hieronymus, indem er manche Vulgarismen der älteren Übersetzungen entfernt, fast völlig der klassischen Norm und seinem Lehrer Donat. Kein heutiger Lateinlehrer muss also fürchten, dass er seine Schüler verdirbt, wenn er ihnen an Weihnachten das Evangelium nach Lukas und Hieronymus vorliest.

HIERONYMUS ZWISCHEN CHRISTUS UND CICERO

Und doch litt Hieronymus selber an dem Zwiespalt zwischen der Eleganz des klassischen Sprachstils und der niederen »Fischersprache« der Bibel. Während Laktanz noch gemeint hatte, die Wirkung seiner Predigt durch den Einsatz rhetorischer Künste steigern zu können,[9] zweifelte nun Hieronymus, ob die Pflege lateinischer Sprachkunst nicht gar dem Glauben abträglich sein könne. Diese Besorgnis, die von nun an die Geschichte des christlichen Latein durchzieht, findet ihre greifbarste Gestalt in einer Traumerzählung, die zu den berühm-

testen und aufschlussreichsten Texten der alten Kirchengeschichte gehört:[10] Auf einer Pilgerreise nach Jerusalem habe er, Hieronymus, ge-
betet, gewacht und gefastet, wie es seinen Sünden und asketischen
Idealen entsprach. Und doch habe er, inmitten solch frommer Übungen, der Versuchung nicht widerstehen können, immer wieder auch
die lateinischen Klassiker zu lesen: Cicero, versteht sich, und – den
Komödiendichter Plautus! Dann aber, wenn er sich eines Besseren be-
sann und einen biblischen Propheten zur Hand nahm, *sermo horrebat
incultus*, »widerstand mir dessen ungepflegte Sprache«. So foppte ihn,
sagt er, »die alte Schlange«, der Teufel.

Aber die Strafe für diesen Sprach- und Bildungshochmut folgte
auf dem Fuß: Hieronymus erkrankt so jämmerlich, dass man schon
sein Begräbnis vorbereitet: […] *cum subito raptus in spiritu ad tribunal
Iudicis pertrahor; ubi tantum luminis et tantum erat ex circumstantium clari-
tate fulgoris, ut proiectus in terram, sursum aspicere non auderem. Interrogatus
condicionem Christianum me esse respondi: et ille qui praesidebat: »Mentiris,
ait, Ciceronianus es, non Christianus! ubi enim thesaurus tuus, ibi et cor
tuum.« Illico obmutui, et inter verbera – nam caedi me iusserat – conscientiae
magis igne torquebar. – »*[…] da werde ich plötzlich im Geiste vor das
Tribunal des (Welten-)Richters geschleift, wo ein solches Licht war
und wegen der Herrlichkeit der Umstehenden [Engel] ein so blitzen-
des Leuchten, dass ich mich zur Erde warf und nicht nach oben zu
blicken wagte. Wie ich nun gefragt wurde, welchen Standes ich sei,
antwortete ich, ich sei ein Christ. Und da sprach der, der den Vorsitz
führte: ›Du lügst. Du bist ein Ciceronianer, kein Christ! Denn wo dein
Schatz ist, da ist auch dein Herz [*Matthäus* 6,21]‹. Sogleich verstummte
ich, und unter den Hieben – denn er hatte befohlen, mich prügeln zu
lassen – wurde ich doch noch mehr vom Feuer meines Gewissens
gequält.« – Hieronymus schwört seiner früheren Lektüre ab: *Domine,
si unquam habuero codices saeculares, si legero, te negavi.* – »Herr, wenn ich
noch jemals weltliche Bücher habe und sie lesen werde, habe ich dich
verleugnet.« – So wird er denn gnädig wieder zu den Lebenden ent-
lassen. Nur ein Fiebertraum? Nein. Nach dem Aufwachen zeigt sein
Körper noch die Spuren der Prügel, die ihm der Weltenrichter wegen seines Ciceronianertums hat beibringen lassen.

Diese Geschichte wird von Hieronymus so entzückend pointiert erzählt, dass man fast an ihrer Ernsthaftigkeit zweifeln könnte. Wäre die Freude an Cicero wirklich ein gar so strafwürdiges Vergehen? Aber der Kontext seines Briefes zeigt, dass er es völlig ernst meint: Die Freude auch am schönen Stil gehört zu den Verführungen der »alten Schlange«, die der asketische Christ zu meiden hat. Hieronymus selbst hat sich allerdings auch später nicht an diesen Grundsatz und seinen Schwur gehalten. Schon zu Lebzeiten hat man ihm das vorgeworfen.

AUGUSTIN WILL DEM VOLK AUFS MAUL SCHAUEN

Vom bekanntesten Kirchenvater, Augustin (Aurelius Augustinus, 354–430), wird die Abkehr vom Ideal klassischer Stilschönheit, zumindest seinen Äußerungen nach, entschiedener vollzogen. Er, einer der tiefsten Denker aller Zeiten, war von Hause aus selbst Rhetoriklehrer in Karthago, bis ihn zuerst der Philosoph Cicero, dann der Bischof Ambrosius und schließlich der Apostel Paulus zum Christentum brachten. Seine Autobiographie, *Confessiones*, »Bekenntnisse«, in der er das schildert, ist die berühmteste der Weltliteratur überhaupt. Als Bischof im afrikanischen Hippo Regius und als Prediger bemühte er sich um eine Sprache, mit der er die Herzen auch der vollkommen Ungebildeten erreichen konnte. Dabei, sagt er, wolle er sogar Vulgarismen zulassen. Sein berühmtester Ausspruch: *Melius est reprehendant nos grammatici quam non intelligant populi.*[11] – »Es ist besser, dass die Philologen uns tadeln, als dass die Volksmassen uns nicht verstehen.« Und an anderer Stelle (mit unübersetzbarem Wortspiel): *Melius in barbarismo nostro vos intellegitis quam in nostra disertitudine vos deserti eritis.*[12] – »Es ist besser, ich spreche barbarisch und ihr versteht es, als dass ich kunstvoll spreche und ihr seid verlassen.« – Dabei übertreibt er allerdings die eigene Vulgarität: Der vermeintliche »Barbarismus«, für den er sich hier entschuldigt – *fenerare* statt *fenerari*, »wuchern« –, ist nämlich gar keiner. Seit Terenz sind beide Wortformen nebeneinander belegt.

Wenn ihm die Grammatik angeblich nichts bedeutet, dann umso viel mehr die Rhetorik, deren Schmuckmittel er in seinen Predigten verschwenderisch einsetzt. In einer seiner bedeutendsten Lehrschriften, *De doctrina Christiana* (Über die christliche Lehre), stellt er sogar die These auf, dass die Bibel für alle von Cicero empfohlenen Stilarten perfekte Beispiele enthalte, und er beweist dies an Textproben. Sein meistgelesenes Werk, die schon erwähnten *Confessiones*, ist ein sprachliches Kabinettstück, das seinen besonderen Reiz erhält aus dem schillernden Wechsel zwischen einer rhetorisch hochstilisierten und einer biblisch einfältig, in Art der *Vulgata*, gefärbten Prosa: Formal handelt es sich ja um ein Gebet, also eine Rede zu Gott. Konventioneller, im Stil ciceronischer Prosa, schreibt Augustin sein gewaltiges Hauptwerk, *De civitate dei* (Vom Gottesstaat), als Gegenstück zu Ciceros *De re publica* eine Art theologischer Weltgeschichte vom Sündenfall bis zum Jüngsten Gericht: Kaum eine andere Schrift der Antike hat das Weltbild der Menschen bis ins achtzehnte Jahrhundert so tief beeinflusst wie dieses gedankenreiche Werk.

DURCHHALTELIEDER AUS MAILAND:
DIE FRÜHESTE CHRISTLICHE LYRIK

Wir aber beschäftigen uns (fast) nur mit dem Latein und fragen zum Schluss, wie es denn die Christen mit der Dichtung halten. Darüber berichtet uns zuerst der jüngere Plinius, Provinzstatthalter im kleinasiatischen Bithynien (im Jahr 111 / 112), zu dessen Aufgaben es gehörte, Christen zu verhören und sie gegebenenfalls hinzurichten. In einem Brief an seinen Vorgesetzten, Kaiser Trajan, referiert er die Aussagen früherer Christen, die inzwischen ihrem Glauben abgeschworen haben: »Sie behaupteten, das sei der Inbegriff *(summa)* ihrer Schuld beziehungsweise ihres Irrtums gewesen, dass sie nach ihrer Gewohnheit an bestimmten Tagen vor Sonnenaufgang zusammenkamen und Christus gleichsam als Gott miteinander im Wechsel ein Lied sangen« – *carmenque Christo quasi deo dicere secum invicem*.[13] So wichtig war also das gemeinsame Singen den Urchristen. Von ihren Liedern, die auch Paulus bezeugt,[14] ist leider nichts erhalten.

Natürlich waren sie griechisch. Und in griechischer Sprache hat man wohl lange Zeit auch im Westen gesungen, noch über die Zeit der Verfolgung hinaus, als längst schon lateinisch gepredigt wurde. Erst Hilarius, Bischof von Poitiers, verfasste im vierten Jahrhundert ein zum Gesang bestimmtes lateinisches Hymnenbuch in schwierigen horazischen Versmaßen. Es ist uns immerhin noch in Stücken kenntlich, blieb aber wohl ohne größere Breitenwirkung.

Diese war dafür den Hymnen eines anderen bestimmt, des Kirchenvaters Ambrosius, seit 374 Bischof zu Mailand. Seine Lieder-dichtung erwuchs aus der Verfolgung, allerdings einer neuartigen, innerkirchlichen. Die Kaiserinmutter Justina hatte sich der – nach katholischer Ansicht – »ketzerischen« Sekte der Arianer verschrieben und verfolgte darum die »rechtgläubige« Gemeinde von Mailand. »Damit das Volk im Übermaß der Bekümmerung nicht ermatte« *(ne populus maeroris taedio contabesceret)*, verfasste Ambrosius »nach Art des Orients« *(secundum morem partium orientalium)* seine berühmten Hymnen, die nachts von der frommen, zum Tod bereiten Gemeinde in der Kirche gesungen wurden. So bezeugt es uns Augustin, der damals als sehr junger Mann an diesen Trutzgottesdiensten teilnahm: Wiewohl noch ungläubig, sei er von der Süßigkeit der Gesänge des Ambrosius zu heißen Tränen gerührt worden.[15] Uns scheinen sie eher streng, allerdings nicht ohne herben Reiz, der auch aus einer gewissen Dunkelheit resultiert.

Wenigstens die ersten beiden Strophen des ersten (achtstrophigen) Hymnus seien zitiert:

Aeterne rerum conditor,	Du ew'ger Schöpfer aller Welt,
noctem diemque qui regis	der Nächte du und Tage lenkst
et temporum das tempora,	und aller Zeiten Zeiten schenkst
ut alleves fastidium,	und so dem Überdrusse wehrst:
praeco diei iam sonat	Schon tönt des Tages Herold hell,
noctis profundae pervigil,	der durch die tiefe Nacht gewacht,
nocturna lux viantibus	ein nächtlich Licht den Wanderern,
a nocte noctem segregans.[16]	die Nacht verscheuchend von der Nacht.

Jesus Christus, mit Gott gleichgesetzt, bringt durch den Wechsel von Tag und Nacht Abwechslung in die eintönige Natur. Dabei kann »des Tages Herold« nur der, im Augenblick dieses Morgenhymnus, krähende Hahn sein, den wir auf den Türmen evangelischer Gotteshäuser noch heute sehen, weil er uns wie einst Petrus zur Buße ruft. Sein »Tönen« scheint denen, die »im Finstern wandeln« (Jesaja 9,2), wie ein Licht, das gewissermaßen der Nacht die Nacht austreibt.

So künstlich diese Bildersprache, so einfach ist das wohl von Ambrosius selbst erfundene streng metrische Versmaß (Strophe aus vier jambischen Dimetern): Jeder Vers strebt danach, eine geschlossene Sinneinheit zu bilden, ebenso jede Strophe. Wie gerne wüssten wir die Originalmelodie zu diesen Versen, die, wie es hieß, das Volk behext und Augustin so erschüttert haben! Aber aus dem römischen Altertum auch dieser Zeit ist uns keine Note erhalten.

Ambrosius verstand es, auch in seinen Predigten, ohne Abstriche an literarischer Qualität seine Gemeinde zu fesseln, und er wurde so zum beliebtesten der Kirchenväter und christlichen Dichter. Sogar der literarisch bedeutendste Dichter der antiken Christenheit, der mit Vergil und Horaz konkurrierende Spanier Prudentius, konnte ihn an Popularität nie übertreffen. Jedenfalls hat seine »Ambrosianische Strophe« unzählige Dichter inspiriert und sozusagen ins Brot gesetzt. Auch Luther und andere Protestanten haben sie zu Chorälen verarbeitet. Nur ausgerechnet der »Ambrosianische Lobgesang« selbst, das berühmte *Te Deum laudamus*, stammt wohl leider nicht von ihm.

MEDIUM AEVUM
WIE FINSTER WAR DAS LATEINISCHE MITTELALTER?

Wenn fromme Amerikaner den gottlosen Darwin und seine Evolutionslehre aus den Schulen verbannen wollen oder wenn fanatische Islamisten sich und andere in die Luft sprengen, um rascher zu Allahs Freuden zu gelangen, dann sagen wir empört, das sei ja nun wohl das »finsterste Mittelalter«. »Mittelalter«, das ist nach landläufigem Sprachgebrauch zumeist ein Inbegriff mangelnder Aufklärung und Zivilisation.

Und diese übliche Abwertung des Mittelalters färbt auch auf unsere Vorstellung vom Latein der Epoche ab. Selbst Leute, die sonst von Latein weniger verstehen, sprechen doch mit Herablassung von einem damals im Schwange gewesenen »Mönchslatein«, wenn nicht gar »Küchenlatein«. Dass es aber damit ganz so schlimm nicht gewesen sein kann, zeigt uns schon das Beispiel der im zwanzigsten Jahrhundert weltweit erfolgreichsten Oper: Carl Orffs *Carmina Burana,* 1937 uraufgeführt und heute noch packend wie am ersten Tag, beruhen auf den lateinischen Texten einer mittelalterlichen Handschrift. In diesen ebenso kecken wie hochpoetischen Liedern wird man auch keine Spur von finsterem Mittelalter oder lateinischer Küche finden. Aber warum steht dann das Latein des Mittelalters in einem so schlechten Ruf? Betrachten wir zuerst die Zeit, in der es geboren wurde.

WANN BEGINNT DAS LATEINISCHE
MITTELALTER?

In der Spätantike, jedenfalls in der Romania, also in den Latein sprechenden Teilen des Imperium Romanum, herrschte eine Art Zweisprachigkeit. Neben einem volkstümlich gesprochenen Vulgärlatein der Ungebildeten stand das Bildungslatein derer, die durch die Schule des *grammaticus* (Philologen) gegangen waren. Das heißt nicht, dass der

»Hochlateiner« und der »Vulgärlateiner« nicht miteinander hätten reden können: Einige Dokumente der Spätantike zeigen uns, wie beide »Sprachen«, besser: Sprachschichten in Verbindung bleiben, indem sich Vulgärlateinisches wie unabsichtlich in literarische Texte einschleicht. Das berühmteste Beispiel ist der charmante Bericht einer Nonne namens Egeria über ihre Pilgerreise ins Heilige Land (*Peregrinatio Egeriae,* bald nach 384). Dort heißt es etwa: *Qui montes cum infinito labore ascenduntur, quoniam non eos subis lente et lente per girum, ut dicimus in cocleas, sed totum ad directum subis ac si per parietem* [...].[1] – »Auf diese Berge steigt man mit unendlicher Mühe, da du sie nicht langsam, langsam im Kreis angehst, in Schnecken, wie wir sagen, sondern sie ganz direkt angehst wie über eine Wand hoch [...].«Vulgärlateinisch ist hier unter anderem der Ersatz des Superlativs durch die Doppelung des Adverbs: *lente et lente* (wie heute noch gerne im Italienischen, etwa *piano piano*), dann die Vokabel *girus* (= *gyrus*), die das klassische *circulus* verdrängt hat. Im Wesentlichen entspricht aber auch ein solcher Text der Normgrammatik.

Dieser Zustand eines friedlichen Nebeneinanders unter Bewahrung des Hochlatein änderte sich aber mit der Zeit der Völkerwanderung beziehungsweise dem Zerfall des Römischen Reichs. Auf dessen Boden entstehen vom fünften Jahrhundert an germanische Reiche: von 415 an ein Westgotenreich in Spanien und der Provence, von 429 an ein Vandalenreich in Nordafrika, von 493 an ein Ostgotenreich in Italien.

Mit diesen Germanen kam nun aber nicht etwa die blanke Barbarei. Wie sie die christliche Religion übernahmen, so waren sie an sich auch bereit, eifrig Latein zu lernen. Der bedeutendste ihrer Herrscher, der Ostgote Theoderich der Große, der in den Jahren von 493 bis zu seinem Tod 526 von Ravenna aus über Italien regierte, führte die lateinische Kultur fast zu einer neuen Blüte: Unter ihm wirkte der hochgelehrte Philosoph Boethius, unter ihm, als Bischof von Pavia, ein gewisser Ennodius, der seinem Herrscher in höchst vertracktem Latein das Loblied sang. Sein Kanzleichef war der stilgewandte Redner und Theologe Cassiodor (Flavius Magnus Aurelius Cassiodorus Senator), ein Mann, den man zu Recht kürzlich unter die »lateinischen Lehrer Europas« eingeordnet hat.[2] Bei ihm müssen wir noch einen Augenblick verweilen.

Nachdem Rom 536 vom oströmischen Feldherrn Belisar besetzt worden war, gründete Cassiodor, sich aus der Politik zurückziehend, in seiner Heimat Bruttien das vor allem dem literarischen und wissenschaftlichen Studium gewidmete Kloster Vivarium. Sein hierfür geschriebenes Lehrbuch *Institutiones* gibt im ersten Buch eine Einführung in die geistliche Literatur *(divinae litterae)*, also die Bibel und die Kirchenväter, im zweiten dann in die weltlichen Wissenschaften *(saeculares litterae)*, das heißt die berühmten »freien Künste« *(artes liberales)*. Diese wurden so genannt, weil sie nicht auf einen Brotberuf abzielen (wie Medizin oder Schusterei), sondern der allgemeinen Bildung dienen und somit eines »Freien« würdig sind. Sie erscheinen bei ihm in dem später verbindlichen Siebenerkanon von *Trivium:* Grammatik, Rhetorik, Dialektik (sprachorientierte *artes*), und *Quadrivium:* Arithmetik, Geometrie, Musik(-wissenschaft), Astronomie[*] (mathematikorientierte *artes*).[**]

Haben sich also hier Bildung und klassisches Latein vor den Stürmen der Zeit hinter Klostermauern gerettet? Gerade in diesem Fall: eher nein. Cassiodors Werke haben zwar im späteren Mittelalter als Lehrschriften eine große Rolle gespielt, sein Kloster Vivarium aber mitsamt seiner vorzüglichen Bibliothek hat ihn nicht lange überdauert. Es war ja auch in Italien die Zeit nicht danach. Wie den Goten die Oströmer gefolgt waren, so folgten diesen die Langobarden, den Langobarden die Franken ... Immerhin gelingt es doch dem irischen Missionar Columban, 612 im langobardischen Oberitalien mit dem Kloster Bobbio ein neues kulturelles Zentrum zu schaffen. Und ge-

---

[*]   *astronomia*, noch häufiger *astrologia* genannt. Unsere terminologische Unterscheidung zwischen wissenschaftlicher Astronomie und abergläubischer Astrologie beginnt ansatzweise in der Spätantike (Isidor), setzt sich aber erst in der Neuzeit durch.

[**] Man merkt sich die *Septem artes* an zwei schönen *versus memoriales* (Merkversen), in Hexametern: *GRAMM loquitur, DIA vera docet, RHET verba colorat,*
        MUS canit, AR numerat, GEO ponderat, AST colit astra.
»Grammatik redet, Dialektik lehrt die Wahrheit, Rhetorik gibt den Worten Farbe, / Musik singt, Arithmetik zählt, Geometrie wägt, Astrologie befasst sich mit den Gestirnen.« (Der Verfasser scheint unbekannt.)

nerell ist die Schreibkultur der christlichen Klöster entscheidend wichtig für die Erhaltung der antiken lateinischen Literatur, gerade auch der heidnischen, geworden.

AUFGANG DER ROMANISCHEN SPRACHEN – NIEDERGANG DES LATEINISCHEN

Die Wirrnisse vom sechsten bis zum achten Jahrhundert führen innerhalb der Romania zu einem Verfall der *grammatica,* des lateinischen Sprach- und Literaturunterrichts. Das versteht sich zuerst für Dacia (Rumänien), das schon 271 dem Römischen Reich verloren gegangen war. Gefolgt sein dürften Afrika und Gallien. Am längsten scheint sich die lateinische Schulbildung, neben Ausläufern in Italien, in Spanien zu halten. Hier schreibt noch am Anfang des siebten Jahrhunderts Isidor, Bischof von Sevilla, seine *Etymologiae,* ein gelehrtes Konversationslexikon, in dem das gesamte Wissen des klassischen Altertums handbuchartig nach Gebieten gespeichert ist. (Dafür hat man ihn übrigens 2001 offiziell zum Schutzpatron des Internets gemacht.) Wirklich finster wurde es für das lateinische Spanien wohl erst 711, als sich die Araber der Iberischen Halbinsel bemächtigten.

Der Niedergang des Grammatikunterrichts hat zwei Folgen. Erstens entstehen nun in relativ knapper Zeit aus dem Vulgärlateinischen die verschiedenen romanischen Sprachen: Italienisch, Spanisch, Katalanisch, Portugiesisch, Französisch, Provenzalisch, Sardisch, Rätoromanisch (mit Ladinisch), Rumänisch. Warum erst jetzt? Offenbar weil bis dahin der Zwang zur Verständigung zwischen den verschiedenen Lateinsprechern, von dem oben die Rede war, die Vulgärlateiner gewissermaßen gebremst und dazu angehalten hatte, sich nicht allzu weit von der Hochsprache des *grammaticus* zu entfernen. Dazu kam, dass die Organisationseinheit des Imperium Romanum es verhindert hatte, dass sich regionale Eigenarten zu weit auseinanderentwickelten. Nun fielen beide Hemmnisse weg. Und das bisher fast einheitliche Vulgärlatein konnte sich im zerfallenden Imperium endlich, regional differenziert und ohne Rücksicht auf das Hochlatein, frei entfalten. Das geschah in offenbar kurzer Zeit, aber in verschiedenem Tempo. Die Franzosen waren so geschwind, dass das Französisch der Straßburger Eide (842) vom Latein Augustins (um 400) schon viel weiter entfernt ist als das Italienisch eines Romano Prodi im Jahre 2007! Aber die Italiener hatten ja auch noch im zehnten Jahrhundert das Gefühl, Latein zu sprechen. Und manche haben es bis heute.

Die zweite Folge des Niedergangs der *grammatica* war natürlich der Verfall der Lateinkenntnisse auch bei denen, die sich um die Sprache bemühten. Sie ist für uns am greifbarsten in Gallien. Der schriftstellerisch ehrgeizige Bischof Gregor von Tours (gestorben 594) führt, als er seine »Geschichte der Franken« *(Historia Francorum)* schreibt, ausdrücklich Klage darüber, dass in den Städten Galliens die »literarische Kultur« *(liberalium cultura litterarum)* am Ende sei. So bittet er seine Leser in sozusagen schönstem Vulgärlatein um Verzeihung für seine sprachlichen Entgleisungen: [...] *veniam legentibus praecor* [= *a legentibus precor**], *si aut in litteris aut in sillabis grammaticam artem excessero, de qua adplene* [= *qua ad plenum*] *non sum imbutus, illud tantum studens ut quod in eclesia credi* [= *ut credatur*] *praedicatur sine aliquo fuco aut cordis hesitatione* [= *haesitatione*] *reteneam* [= *retineam*] [...].[3] – »[...] bitte ich die Leser um Entschuldigung, falls ich in Buchstaben oder Silben** mich gegen die Grammatik vergehen werde; denn ich bin mit ihr nicht völlig bekannt geworden, indem ich nur darauf achtete, das, was in der Kirche für den Glauben gepredigt wird, ungeschminkt und ohne Zögern meines Herzens zu bewahren [...].«

Kurz vorher versucht er immerhin noch aus seiner Not eine Tugend zu machen, indem er sich auf die Unbildung auch seiner Leser beziehungsweise Hörer beruft: *Philosophantem rethorem intellegunt pauci, loquentem rusticum multi.*[4] – »Den gebildet sprechenden Rhetoriker verstehen nur wenige, den redenden Bauern viele.« In ähnlicher Absicht, aber mit etwas anderer Argumentation äußert sich Papst Gre-

---

* Die Verwechslung von *ae* und *e* ist, nachdem beide in der Aussprache zusammengefallen waren, von der Spätantike bis zur frühen Neuzeit gang und gäbe; vgl. unten *hesitatione.*
** Mit der Lehre von den *litterae* und *syllabae* beginnt jede Grammatik.

gor der Große, ein Zeitgenosse Gregors von Tours: *ipsam loquendi artem* […] *servare despexi* […], *quia indignum vehementer existimo, ut verba caelestis oraculi restringam sub regulis Donati.*[5] – »Die Kunst des Redens selbst [womit hier nicht die Rhetorik, sondern die elementare Grammatik gemeint ist] habe ich mit Verachtung gestraft […], da ich es für völlig unangemessen halte, die Worte göttlicher Offenbarung durch die Regeln des Donat einzuschränken.«

Die Regeln des Donat gelten wenig in dem wohl wirkungsmächtigsten lateinischen Text, der im Westen damals entstanden ist: der noch heute gültigen und vorbildlichen Mönchsregel des Benedikt von Nursia, Namenspatron des derzeitigen Papstes, für sein 529 gegründetes Kloster Montecassino. Der Vergleich etwa mit den zeitlich etwas späteren, viel korrekter formulierten *Institutiones* Cassiodors zeigt, dass Benedikts kindliches, aber durchaus fesselndes Latein weniger der Rücksichtnahme auf seine Mönche als seinem eigenen Mangel an sprachlicher Schulung zuzuschreiben sein dürfte.

Hören wir den bekannten Satz, in dem er sein sprichwörtliches Prinzip *Ora et labora*[*] zu entwickeln beginnt: *Otiositas inimica est animae, et ideo certis temporibus occupari debent fratres in labore manuum, certis iterum horis in lectione divina.*[6] – »Müßiggang ist der Feind der Seele, und darum müssen die Brüder zu bestimmten Zeiten mit manueller Arbeit beschäftigt werden, zu bestimmten Stunden dagegen mit religiöser Lektüre.« – So urrömisch der zugrunde liegende Gedanke ist – denn dass Müßiggang aller Laster Anfang sei, wussten schon Cato, Catull und Sallust –, so unrömisch ist, neben manchen anderen Sonderbarkeiten, vor allem der Gebrauch von *labor* im Sinne von »Arbeit, Beschäftigung«. Uns Normallateinern fällt das freilich nicht auf, da sich die Gleichsetzung von *laborare* und »arbeiten« in fast jedem Lateinbuch schon auf Seite eins findet: *Agricola in agro laborat*, »Der Bauer arbeitet auf dem Feld« – üblich, aber nicht ganz richtig. In klassischem Latein bezeichnen *labor* und *laborare* immer die »Mühsal, Anstrengung,

---

[*] »Bete und arbeite!« Diese zündende, sprichwörtliche Formulierung scheint nicht von Benedikt selbst zu stammen; gelegentlich erweitert man: *Ora et labora: Deus adest sine mora* – »Gott ist da ohne Verzug«.

Plage«, die mit der Arbeit, aber auch mit anderem verbunden sein kann. Sodass der besagte Bauer auf dem Feld etwa auch Migräne haben könnte.* Der heilige Benedikt empfindet hier also schon wie das heutige Lateinbuch.

Die Vorstellung von der finstersten Entartung des Lateinischen in diesen Jahrhunderten verbindet man mit dem Namen der fränkischen Merowinger. Während sich das Latein des halbgebildeten Gregor noch relativ leicht verstehen lässt, machen die Vulgarismen des berüchtigten »Merowingerlatein« gerade in offiziellen und hochstilisierten Urkunden des siebten Jahrhunderts das Verständnis fast unmöglich. Auch gute Lateiner brauchen dafür heute ein Spezialstudium.

Wenn es aber so in der edelsten Romania, im Lande des Ausonius, aussah, was dürfen wir dann vom Latein der Germania erwarten? Auch die Germanen jenseits des Limes, also außerhalb des Imperiums, mussten ja Latein lernen. Nicht um Cicero oder Horaz zu verstehen, sondern, sofern sie Christen wurden, um die Bibel lesen und ihr *Paternoster* (Vaterunser) beten zu können. Und Christen wurden sie. Schon 496 lässt sich Frankenkönig Chlodwig mit seinen Untertanen taufen. Um 700 missioniert der Angelsachse Winfried Bonifatius, der »Apostel der Deutschen«, von Friesland bis Bayern mit Erfolg, er gründet und vernetzt zahlreiche Bistümer.

Dies alles ging, zumindest was die Pfarrer betraf, nicht ohne Latein, von dem nunmehr die Kirche ebenso zusammengehalten wurde wie einst das Imperium Romanum. Aber was für ein Latein! Man lese, um einen Eindruck von der Verwilderung in Morphologie und Syntax zu haben, die *Vita Sancti Corbiniani*, die Bischof Arbeo von Freising in der Mitte des achten Jahrhunderts, als erstes historisches Werk eines Deutschen, verfasst hat. Noch bekannter ist, was aus einem Briefwechsel des Bonifatius mit seinem Papst Entsetzliches hervorgeht: Man habe von einem bayrischen Priester als Taufformel hören

---

* Die Lexika wie das von Georges (s. Lit. S. 347 f.) führen für *labor* = »Arbeit, Werk« Stellen an wie Caesar, *Bell. civ.* 2,14,4: *ita multorum mensum labor [...] puncto temporis interiit.* – »So ging der *labor* vieler Monate in einem Augenblick zugrunde«. Aber auch hier ist weniger auf die »Tätigkeit« als auf die damit verknüpfte »Mühe« abgehoben. – Für »arbeiten« sagt man klassisch etwa *opus facere.*

müssen: *Baptizo te in nomine patri<u>a</u> et fili<u>a</u> et spiritus sancti!*[*7] War eine so barbarische Taufe überhaupt gültig? *Quo vadis, Europa?*

LATEIN WIRD GERETTET – ALS ZWEITSPRACHE

Es war Karl der Große, heute »Vater Europas« genannt, der dafür Sorge trug, dass in seinem Reich der Lateinunterricht wiederhergestellt und ein Minimum lateinischer Bildung zumindest für die Geistlichen, *clerici*, gesichert wurde. Er engagierte 781 den aus dem britischen York stammenden, hochgebildeten Alkuin (Alcuinus) für die Durchführung seines Reformwerks. In einer *Admonitio generalis* (Allgemeine Anweisung) des Jahres 789 hielt Karl dann alle Klöster und Bischofssitze seines Reichs dazu an, Schulen zu unterhalten, in denen vor allem *grammatica*, das heißt Latein, gelehrt werden sollte.

Es war kein Zufall, dass gerade ein Engländer mit dieser Aufgabe der Bildungsreform betraut wurde. In England, das als Provinz *Britannia* zur Zeit der Römerherrschaft sprachlich kaum romanisiert worden war, hatte sich unberührt von den Erschütterungen der Völkerwanderung zusammen mit der Christianisierung ein geordneter Lateinunterricht herausgebildet und erhalten. Dabei waren aber die sprachlichen Verhältnisse fundamental anders als in der Romania. Latein musste hier ja von vornherein als gebildete Zweitsprache gelernt werden, ohne dass eine Beziehung zur Muttersprache gegeben war. Durch die sogenannte karolingische Bildungsreform wurde nun dank Alkuin ebendieses britische Modell der Zweisprachigkeit sowohl auf die Germania als auch besonders auf die Romania übertragen. Damit und erst damit war also klargestellt, dass die aus dem Lateinischen entstandenen romanischen Sprachen mittlerweile etwas vom Lateinischen Verschiedenes seien: Muttersprachen hier – »Vatersprache« dort.

Die Geburtsurkunde der romanischen Sprachen oder zumindest des Französischen ist, wie man längst gesehen hat, ein noch zu Kaiser

---

[*] Statt *Baptizo te in nomine patris et filii et spiritus sancti* – »Ich taufe dich im Namen des Vaters und des Sohnes und des Heiligen Geistes.«

Karls Lebzeiten gefasster Beschluss des Kirchenkonzils von Tours (813). In ihm wurde verfügt, es sollten hinkünftig alle Predigten zum besseren Verständnis aus dem Lateinischen *in rusticam romanam linguam aut thiotiscam*[8] – »in volkstümlich römische oder deutsche Sprache übersetzt werden«. So befindet sich das »römische« Französisch nun auf derselben Stufe wie das barbarische Deutsch.

Durch Karls Reform war nun Latein für alle, Nichtromanen wie Romanen, eine »tote« Sprache auch in dem Sinn geworden, dass es von den Gebildeten zusätzlich zu einer Muttersprache erworben wurde, aber gerade nicht von der Mutter, sondern beim *grammaticus* – und nur beim *grammaticus*. Dies war die eigentliche Geburtsstunde des Mittellatein beziehungsweise des Mittelalters in linguistischer Sicht. Es war aber auch die Geburtsstunde eines Zustands der Zweisprachigkeit, der in dieser Form bis ins achtzehnte Jahrhundert fortdauern sollte, jedenfalls in ganz Europa, aber mit weltweiter Ausstrahlung.

Und wiederum zeigt sich, dass auch dieser zweite »Tod« des Lateinischen nicht auf einem Versiegen schöpferischer Kräfte beruht. Die mit der Bildungsreform zusammenhängende sogenannte »karolingische Renaissance« lässt vielmehr die lateinische Literatur wie seit Langem nicht mehr erblühen. Um Karl den Großen, der selbst nicht richtig schreiben, dafür aber angeblich gut Latein kann, scharen sich an seinem Aachener Hof die besten Intellektuellen, vor allem Dichter, Europas. Wir kennen ihr literarisch-geselliges Treiben aus vielen Gedichten der in drei dicken Bänden gesammelten *Poetae Aevi Carolini* (Karolingische Dichter). Es erinnert etwas an den auf Augustus ausgerichteten Literatenkreis um Maecenas, zumal auch diese Dichter von dem Gefühl beseelt sind, dass mit Karl, der ja durch seine Krönung in Rom quasi Amtsnachfolger der römischen Kaiser wird, ein neues, goldenes Zeitalter angebrochen sei, in dem das alte Rom neu geboren werde. So Modoin (in seinen *Eclogae Nasonis*): *Aurea Roma iterum renovata renascitur orbi*.[9] – »Wiedergeboren ersteht die goldene Roma dem Erdkreis.«

Gerne stimmen wir in diesen Jubel mit ein. Dank Karl findet nicht nur die dringend notwendige Reparatur der Lateinbildung statt. Durch ihn entsteht nun auch erst die eigentliche mittellateinische Literatur, die dann für alle neben ihr entstehenden Nationalliteraturen Mutter und Vorbild wird, zum Teil noch weit über das Mittelalter hinaus. Man lese das berühmte Buch des Romanisten Ernst Robert Curtius *Europäische Literatur und lateinisches Mittelalter* (1948 u. ö.).

Diese »karolingische Renaissance« bringt literarische Werke hervor, welche wieder die Konkurrenz mit der Antike suchen. So zum Beispiel die *Vita Karoli* (Leben Karls) von Einhard, der den Herrscher nach dem Vorbild von Suetons Kaiserbiographien schildert. Hören wir nur den Anfang des ersten Satzes: *Vitam et conversationem et ex parte non modica res gestas domini et nutritoris mei Karoli excellentissimi et merito famosissimi regis postquam scribere animus tulit, quanta potui brevitate complexus sum, operam impendens, ut de his quae ad meam notitiam pervenire potuerunt nihil omitterem neque prolixitate narrandi nova quaeque fastidientium animos offenderem* […].[10] – »Da mich, das Leben, den Charakter und zum nicht geringen Teil die Taten meines Herrn und Ernährers Karl, des einzigartigen und zu Recht hochberühmten Königs, darzustellen, der Geist trieb, erfasste ich diese Aufgabe mit der größtmöglichen Kürze, indem ich mir Mühe gab, zwar nichts von dem, was zu meiner Kenntnis gelangen konnte, auszulassen, aber doch auch nicht durch allzu ausschweifende Erzählung diejenigen zu verstimmen, die alles Neue verschmähen […].«

Seit wohl fast vierhundert Jahren war ein so elegant geformter lateinischer Satz nicht mehr geschrieben worden. Man beachte nur: Bis zu *famosissimi regis* glaubt der Leser des lateinischen Textes, sich im Hauptsatz zu befinden; dann erst durch das überraschend eingeschobene Kolon *postquam … tulit* werden die vorausgegangenen Akkusative *(vitam …)* nachträglich einem nunmehr gegebenen Nebensatz eingegliedert; jetzt erst folgt der sorgsam aufgeschobene Hauptsatz: lateinische Kompositionskunst auf hohem Niveau!

ES GIBT KEIN MITTELLATEIN

Aus dem schon Gesagten ergibt sich: »Mittellatein« ist trotz seines irreführenden Namens, der aus der deutschen Romantik stammt, keine Bezeichnung einer Entwicklungsstufe in der Sprachgeschichte wie

etwa »Mittelfranzösisch« oder »Mittelhochdeutsch«: Auch im Mittelalter bleibt Latein Latein. Das heißt, es bleibt grundsätzlich an den antiken (und spätantiken) Mustern orientiert. Wie Einhard den Sueton,
so ahmen etwa der Waltharius-Dichter im zehnten Jahrhundert den
Vergil, Hildebert de Lavardin oder Baudri de Bourgueil im zwölften
Jahrhundert den Ovid nach, so orientiert sich der große Geschichts-
philosoph Otto von Freising (gestorben 1158) in seiner *Historia de
duabus civitatibus* an Augustins Werk *De civitate Dei*. Diese und andere
Fälle der sprachlich-stilistischen Imitation wären nicht denkbar, wenn
sich die Sprache ernstlich fortentwickelt hätte. Man stelle sich vor, ein
Schriftsteller wollte heute das Lob Willy Brandts in der Sprache des
Nibelungenlieds singen!

Aber hat nicht soeben der hochgelehrte Zürcher »Mittellateiner«
Peter Stotz in fünf dicken Bänden ein etwa dreitausendfünfhundert
Seiten starkes *Handbuch zur lateinischen Sprache des Mittelalters* vorge-
legt? Er konnte das darum, weil sich natürlich auch im Mittelalter das
lateinische Vokabular erweitern musste und weil durch Unwissenheit
oder Gleichgültigkeit Unregelmäßigkeiten, »Fehler« in die Sprache
eindrangen und sich in bescheidenem Maße auch einbürgerten.

Ein aufschlussreiches Beispiel ist das Vordringen des Allerweltswört-
leins *quod*. Wer je Latein gelernt hat, weiß, dass nach Verben des Sagens
und Denkens kein Wort für »dass« folgt, sondern ein sogenannter *Accusativus cum infinitivo* (vulgo *AcI*). Also: »Ich glaube, dass er verrückt
ist« = *puto eum* (Akkusativ) *insanire* (Infinitiv). Nun kommt es aber
schon im Spätlatein und geradezu regelmäßig in der lateinischen Bibelübersetzung vor, dass dieser *AcI*, ähnlich wie im Deutschen, durch
einen mit *quod* (oder *quia*) eingeleiteten Nebensatz ersetzt wird, also:
puto quod insanit (nicht schön, aber gut verständlich). So heißt es etwa
am Anfang des biblischen Schöpfungsberichts (*Genesis* 1,4): *et vidit Deus
lucem quod esset bona*[11] – »Und Gott sah das Licht, dass es gut war«, statt:
et vidit Deus lucem bonam esse. Die Bibel war das meistgelesene Buch:
kein Wunder also, dass diese Ausdrucksweise kaum mehr als fehlerhaft
empfunden wurde und sich weithin im Sprachgebrauch festsetzte.

Hat sich dann aber nicht doch die Sprache an dieser Stelle entwickelt? Nein, mit aller Entschiedenheit! Von Entwicklung könnte man

ja nur dann sprechen, wenn es irgendwann einmal fehlerhaft geworden wäre, *puto eum insanire* zu sagen, sodass die neue Konstruktion mit *quod* die ältere mit *AcI* abgelöst und ersetzt hätte. Aber ebendies war nie der Fall. Immer blieb es so, dass gute Autoren, ja dass gerade die anspruchsvollsten Schriftsteller die nach klassischen Maßstäben korrekte *AcI*-Konstruktion wählten, von Prosaikern etwa die erwähnten Einhard und Otto von Freising. Die beliebte, überall zu lesende Vorstellung, im Mittelalter habe Latein noch gelebt und erst die Renaissancehumanisten hätten es getötet, ist naiv und von Grund auf verkehrt.

KREATIVES MITTELALTER: DIE RHYTHMISCHE POESIE

An einem Punkt allerdings wurde das Mittelalter in der Tat schöpferisch, in den Formen der Poesie, die man (ungeschickt) als »rhythmisch« bezeichnet. Wir denken vor allem wieder an die eingangs erwähnten *Carmina Burana*:

> *O fortuna   velut luna,*
> *   statu variabilis,*
> *semper crescis   aut decrescis:*
> *   vita detestabilis.*[*][12]

So etwas wie diese durch Carl Orff weltberühmt gewordenen Verse hätte in der Tat kein antiker Dichter schreiben können! Sie klingen, mit ihren Betonungen und Reimen, im Prinzip wie heutige deutsche Verse. Wie konnte es dazu kommen?

Wir müssen zurück zu einer Beobachtung, die wir bei den pompejanischen Graffiti gemacht haben. Beginnend mit den Anfängen des Vulgärlatein im ersten Jahrhundert nach Christus verschwindet aus der ungebildeten Umgangssprache die korrekte Beachtung der Silben

---

[*] »O Glück, wie der Mond / ist dein Zustand veränderlich: / Immer nimmst du zu oder nimmst du ab: / ein schreckliches Leben!«

quantitäten. Wahrscheinlich weil der Wortakzent stärker wurde, begann man akzentuierte Silben zu längen, nicht akzentuierte zu kürzen. Statt *cănō* sprach der Ungebildete *cānŏ*. Dadurch wurde die klassische, das heißt metrische Dichtung der Römer, deren Schemata (Metren) ja ausschließlich auf der Silbenquantität beruhten, für das ungebildete Volk mehr und mehr unhörbar, unverständlich. Sie wurde zu etwas Esoterischem, das nur noch der Bildungsschicht zugänglich war.

Der Zustand schrie nach einer Reform. Sie gelang, nachdem andere Versuche missglückt waren, keinem anderen als dem auch hier schöpferischen Kirchenvater Augustin. Er verfasste kurz vor 395 n. Chr. ein, wie er selber sagt, vom niedrigsten Volk *(humillimum vulgus)* zu singendes religiöses Kampflied, *Psalmus contra Donatistas*, in dem er erklärtermaßen auf ein festes, das heißt quantitierendes, Versmaß verzichtete: Darum, weil ihn sonst der »Zwang des Metrums *(necessitas metrica)* zu irgendwelchen Wörtern genötigt hätte, die im Volk weniger üblich sind«.[13] Und, dürfen wir hinzufügen, weil das Metrum für das Volk ohnehin unhörbar gewesen wäre. Das war die Geburtsstunde der »rhythmischen« Dichtung, eine echte Revolution!

Natürlich schrieb Augustin keine freirhythmischen Gedichte wie der junge Goethe. Sein festes Bauprinzip ist leicht zu erkennen, wenn wir uns nur wenige Verse ansehen:

Abundantia peccatorum   solet fratres conturbare.
propter hoc dominus noster   voluit nos praemonere,
comparans regnum caelorum   reticulo misso in mare.[14]

Allzu vieler Sünden Fülle   pflegt die Brüder zu verwirren.
Darum wollte unser Heiland   uns im Voraus mahnend warnen
und verglich das Reich des Himmels   einem Fischernetz im Meere.

Man sieht leicht, dass jeder Vers aus zweimal acht Silben besteht, nach denen jeweils Wortende zu sein hat.[*] Aber nicht nur die Silbenzahl ist

---

[*] *abundantia* ist natürlich viersilbig zu lesen: *abundantja*; bei dem zweisilbigen *miss(o) in* ist die Vokalverschmelzung, Synaloiphe, zu beachten.

reguliert; die Verse sind auch so gebaut, dass in der Versmitte und am Versende der Wortakzent immer auf die vorletzte Silbe fällt: *peccató-rum … conturbáre … nóster … usw.*

Mit diesem großen Gedicht hatte Augustin die wichtigsten Regeln der späteren »rhythmischen« Dichtung des Mittelalters antizipiert: Die Silben werden nicht mehr gemessen, sondern gezählt. An gewissen Stellen wird ein bestimmter Akzentfall angestrebt. Und noch ein Drittes: Alle Verse enden auf den Vokal *e* (womit für das Ohr klargestellt ist, dass man sich am Versende befindet). Hier liegt der noch ganz primitive Ursprung des Reims, also desjenigen Kunstmittels, das auch für die deutsche, französische und englische Dichtung seit dem Mittelalter *das* Wesen der Verskunst auszumachen scheint.

In den späteren rhythmischen Gedichten des eigentlichen Mittelalters finden wir dann sowohl die uns vertrauten Reimformen als auch den gleichmäßig abwechselnden Akzentfall (betont – unbetont), wie er etwa für die neuere deutsche Poesie verbindlich ist. Ich zitiere nur ein einziges berühmtes Beispiel aus der »Vagantenbeichte« des genialen Archipoeta (die von diesem erhaltenen Verse sind gedichtet zwischen 1159 und 1164):

> *Méum ést propósitúm   ín tabérna móri,*
> *ubi vina proxima   morientis ori.*
> *tunc cantabunt laetius   angelorum chori:*
> *»sit Deus propitius   huic potatori!«*

(Fast) kongenial hat Ludwig Laistner (1879) übersetzt:

> Mein begehr und willen ist: in der kneipe sterben,
> wo mir wein die lippen netzt,   bis sie sich entfärben!
> aller englein jubelchor   wird dann für mich werben:
> »laß den wackern zechkumpan,   Herr, dein reich ererben!«[*][15]

---

[*] Bei dieser Übersetzung entfällt die fast schon blasphemische Anspielung auf die Worte des Zöllners bei Lukas 18,13: *Deus, propitius esto mihi peccatori.* – »Gott sei mir Sünder gnädig!«

Auf die ursprüngliche Silben- beziehungsweise Vokalquantität ist keine Rücksicht mehr genommen: *mŏri* und *chŏri* reimen auf *ōri* und *potatōri*.

Aber auch hier gilt, dass die neue, »rhythmische« Form die alte »metrische« nicht verdrängt oder gar ersetzt: Wie in der Spätantike, so verfasst man auch das ganze Mittelalter hindurch korrekt quantitierende, also metrische Verse, zumindest in den gängigsten Maßen, Hexameter, Pentameter und sapphischer Strophe. Und diese Zweigleisigkeit setzt sich fort auch noch in der ganzen Neuzeit. Eine Anthologie (Blütenlese) der lateinischen Dichtung des zwanzigsten Jahrhunderts, die vom Journalisten und Poeten Josef Eberle herausgegebene *Viva Camena* (1961), ist eingeteilt in 1. *Metra*, 2. *Rhythmi*. Erbe des Mittelalters.

Vergil und Ovid schrieben ihre metrischen Verse, ohne wahrscheinlich viel über Metrik oder Prosodie gelernt zu haben. Sie konnten sich auf ihr durch Lektüre geschultes Ohr verlassen. Im Mittelalter war das, da die antike Lateinaussprache im praktischen Gebrauch verloren gegangen war, natürlich nicht mehr möglich. Man brauchte jetzt, um metrische Dichtung zu verfassen, die Lehren der spätantiken Grammatiker; zum Teil musste man sich sogar neue Lehrbücher schaffen. Das erfolgreichste war das *Doctrinale* (um 1200) eines gewissen Alexander de Villa Dei (von seinen Feinden auch genannt *Alexander de Villa Diaboli*), der das gloriose Kunststück fertigbrachte, die gesamte lateinische Grammatik in etwa zweieinhalbtausend Hexametern, und zwar gereimten Hexametern, darzustellen! (Das hat auch ihm jetzt den Ehrentitel eines »lateinischen Lehrers Europas« eingebracht.) Dabei wird nun vor allem die für die Dichtung notwendige Lehre von den Silben- beziehungsweise Vokalquantitäten in einer Breite dargestellt, wie sie zu Zeiten intakter Aussprache natürlich völlig unnötig, ja unsinnig gewesen wäre. Nur ein kleines Beispiel: Welche Quantität hat der Vokal *a* vor dem Konsonanten *b*?

> *a brevis in mediis datur ante b: »syllaba« testis.*
> *si »bilis« a sequitur, ut »amabilis«, excipiatur.*[16]

»Bei Silben in der Mitte eines Worts ist *a* vor *b* kurz: Zeuge dafür ist das Wort *syllăba.* Folgt aber *-bilis* auf das *a,* muss man, wie in *amābilis,* eine Ausnahme machen.«

Und so weiter, und so weiter, Buchstabe um Buchstabe, für vordere, mittlere und hintere Silben, tausend Hexameter lang durchs Alphabet. Arme Schüler, die das alles auswendig lernen mussten! Wäre es denn nicht schlauer gewesen, ihnen gleich von Anfang an die richtige Aussprache der Wörter beizubringen? Damit sie, wie Vergil, nach dem Ohr hätten dichten können? Natürlich. Aber diese gute Idee hat sich auch bis heute noch nicht so richtig herumgesprochen. Hier herrscht in unseren Klassenzimmern meist immer noch das »finsterste Mittelalter«.

STUDIA HUMANITATIS RENATA
DIE NEUZEIT BEGINNT IM ZEICHEN CICEROS

Mit der Renaissance beginnt die Neuzeit. So viel weiß jeder, der in irgendeiner Form Geschichtsunterricht genossen hat. Und er weiß dann auch meist, dass diese Renaissance im Italien des vierzehnten und fünfzehnten Jahrhunderts begonnen hat. Und ebenso glaubt er zu wissen, worin sie bestanden hat: in einer »Wiedergeburt« (ital. *rinascimento*) der vormittelalterlichen Antike, vor allem aber in einer Veränderung des Weltbilds. Während im Mittelalter Gott im Zentrum des Denkens gestanden habe, sei nunmehr der Mensch selbst an diese Stelle gerückt; aus einer theozentrischen Weltsicht sei eine anthropozentrische geworden.

Im Zusammenhang damit verbindet man die Renaissance seit anderthalb Jahrhunderten mit dem Begriff des »Humanismus«, der gerade das auszudrücken scheint. In ihm vereint sich der Gedanke an die Vorbildlichkeit der Antike – wir denken an den »Humanismus« des humanistischen, das heißt altsprachlichen Gymnasiums – mit eben der Vorstellung, dass es vor allem auf den Menschen ankomme, wie ja, so denkt man unwillkürlich, auch in der Antike vor allem der Mensch zentral wichtig gewesen sei.[*]

DER HUMANISMUS UND SEIN VATER: PETRARCA

Nun, diese Vorstellung von Renaissance kann nicht völlig richtig sein. Gehen wir nämlich von den Äußerungen derer aus, die wir heute als repräsentative Renaissancehumanisten ansprechen, so finden wir in

---

[*] Als repräsentativ für diese übliche Ansicht zitiere ich den klassischen Philologen Eckard Lefèvre (»Humanismus und humanistische Bildung«, in: *Humanismus in Europa*, Heidelberg 1998, 1–43, dort S. 15): »Der Humanismus versuchte eine Lebensgestaltung zu begründen, in deren Mittelpunkt der Mensch steht. [...] Anders als im mittelalterlichen Denken war der Bezugspunkt der Bildung des Menschen und der

ihnen wenig, was auf eine Hinwendung zum Menschen oder gar Abkehr von Gott hindeuten würde. Diese unsere Vorstellung von »Humanismus« ist ihnen ebenso fremd wie die Vokabel selber, die erst 1808 erfunden wurde.** Wenn sie von der Vorbildlichkeit der Antike sprechen, dann denken sie nicht im Entferntesten an philosophische Aufklärung oder gar Heidentum, sondern vor allem an Sprache und Literatur. Sie denken nicht zuletzt an Latein.

Betrachten wir zuerst den Mann, der, seit es den Begriff gibt, als »Vater des Humanismus« angesehen wird: Francesco (Franciscus) Petrarca (1304–1374). Nicht ohne Grund hat man in diesem schon zu seiner Zeit europaweit verehrten italienischen Geistlichen, Dichter, Philologen, Philosophen, Historiker und Diplomaten auch den ersten modernen Menschen gesehen. Denn nicht nur seine einzigartige, individuelle Ruhmesliebe hebt ihn von allem ab, was uns heute zu Recht als mittelalterlich gilt. Auch er selbst hatte schon das Gefühl gehabt, am Grenzpunkt der Menschen zweier Zeitalter *(velut in confinio duorum populorum)* zu stehen und wie ein Gott Janus nach beiden Richtungen *(simul ante retroque)* zu schauen.[1] Dabei empfand er die mit ihm endende Epoche als eine des Unflats, die mitten zwischen eine glücklichere Vor- und Nachwelt eingeschoben sei:

Nam fuit, et fortassis erit, felicius aevum.
In medium sordes, in nostrum turpia tempus
confluxisse vides …[2]

Glücklicher einst war die Zeit und wird es vielleicht wieder
werden.
In die mittlere Zeit, zwischen beiden, ergießt sich des Dreckbachs
sämtlicher Schmutz …

Bildung zum Menschen der Mensch selbst. In der Begegnung mit der Antike gelang es, durch die Rezeption eines freien und unabhängigen Menschenbilds das eigene Sehnen bestätigt zu finden und in steter Auseinandersetzung zu einem selbständigen Ideal zu formen.«
** Vgl. unten S. 269.

Kurzum: Kein anderer als Petrarca ist der Erfinder unserer Vorstellung des mehr oder minder dunklen »Mittelalters« *(medium tempus)*. Und, so fügen wir sogleich hinzu, er ist auch der Pionier der lateinischen Sprache der Neuzeit, des »Neulatein«, das seinen Namen mit demselben Recht und Unrecht trägt wie das »Mittellatein«.[*]

Von Herkunft Florentiner, wie Dante vor ihm, Boccaccio nach ihm, von Überzeugung Römer, wie seine Heroen Scipio und Cicero, wird er in der Provence, im römischsten Teil Frankreichs, geboren. Dort bringt er auch den größten Teil seines Lebens zu. Sein Vater verdonnert ihn zum lukrativen Jurastudium. Das wirft er hin, sobald dieser gestorben ist, um sich von da an fast nur noch den lateinischen Klassikern zu widmen. Am Karfreitag 1327 begegnet er nach eigener Angabe Laura, der Frau, die ihn bis heute weltberühmt gemacht hat, obwohl man streitet, ob es sie je gegeben hat: Sein später veröffentlichter italienischer *Canzoniere* mit Liebesgedichten auf ebendiese Laura begründet dank der schmerzlichen Süßigkeit seines Tons die jahrhundertelang dauernde Mode des »Petrarkismus«.

Diese unerfüllte, auch Lauras Tod noch überdauernde Liebe hindert ihn nicht, die niederen Priesterweihen zu empfangen. Sie hindert ihn auch nicht daran, später mit einer Ungenannten zwei uneheliche Kinder zu zeugen. Seinen Ruhm als Philologe gewinnt er unter anderem durch die Wiederentdeckung und eigenhändige Abschrift von Ciceros Briefen *ad Atticum,* die der Welt einen völlig neuen Einblick in die Persönlichkeit des größten römischen Schriftstellers gewähren. Als Dichter sucht er Ruhm vor allem durch sein lateinisches Epos *Africa,* in dem der ältere Scipio, der Bezwinger Hannibals, verherrlicht wird.

Obwohl dieses Werk nie ganz vollendet wird und die lateinischen Dichtungen Petrarcas nicht entfernt den Ruhm seiner italienischen erreichen, wird er am 8. April 1341 vom römischen Senat auf dem Kapitol mit dem Dichterlorbeer als lateinischer *poeta* gekrönt, ein Höhepunkt seines Lebens. Viel gelesen werden immerhin seine lateinisch verfassten moralphilosophischen Dialoge und Abhandlungen. Beson-

---

[*] Vgl. S. 145 f.

ders bewundert man seine Briefe, die er selber sammelt und der Nachwelt aufbewahrt. Darin erzählt er auch von Denkwürdigkeiten seines Lebens, wie der berühmten Besteigung des *Mons Ventosus* (Mont Ventoux, heute bekannt als strapaziösester Anstieg der Tour de France), die ihn ganz nebenbei auch noch zum Vater des Alpinismus gemacht hat.

Höhepunkt seiner politischen Tätigkeit, durch die er in Verbindung mit dem »Volkstribunen« Cola di Rienzo kommt, sind seine Versuche, Kaiser Karl IV., mit dem er ebenfalls persönlichen Kontakt hatte, aus Prag nach Italien zur Wiederherstellung Roms und des Imperium Romanum zu rufen. Aber zumindest hier hatte er seine Möglichkeiten überschätzt.

Nicht überschätzt hat er dagegen die Bedeutung seines lateinischen Werks, das aus einer damals als neu und einzigartig empfundenen Begeisterung für die Antike hervorging. Er habe sich, schreibt er in einem an uns gerichteten »Brief an die Nachwelt« *(Epistula posteritati)*, »neben vielem anderen, in besonderer Weise auf die Erkenntnis des Altertums verlegt« *(incubui unice, inter multa, ad notitiam vetustatis*[3]). Es habe zu seiner Zeit keinen größeren Bewunderer *(venerator)* des Altertums gegeben als ihn.[4] Er habe für diese seine »Studien« *(studia)*, die viele Jahrhunderte hindurch vernachlässigt worden seien *(multis neglecta saeculis)*, »zahlreiche Menschen begeistert, überall in Italien und vielleicht noch über Italien hinaus« *(multorum me ingenia per Italiam excitasse et fortasse longius Italia*[5]). Später (1401) hat das Leonardo Bruni in seinen *Dialogi* in die berühmten Worte zusammengefasst: [...] *hic vir studia humanitatis, quae iam extincta erant, repararit.*[6] – »Dieser Mann hat die Humanitätsstudien, die schon erloschen waren, wiederhergestellt.«

Und damit sind wir wieder bei unserem Stichwort. Es ist unbestritten, dass die moderne Vokabel »Humanismus« Nachfahrin ebendieses Begriffs der *studia humanitatis* ist, der nach Bruni vor allem von dem Florentiner Staatskanzler und Philologen Coluccio dei Salutati als programmatisches Schlagwort verbreitet wurde. *Humanistae* nannte man dann im späten fünfzehnten Jahrhundert die Dozenten für lateinische Literatur und Moralphilosophie an den italienischen Universitäten. Was war damit genau gemeint? Was hat die Antike mit dem »Menschen«, mit *humanitas* zu tun?

DIE HUMANITAS UND IHR VATER: CICERO

Humanitas, »Menschlichkeit«, war wahrscheinlich einmal ein Schlagwort der römischen Politik, entstanden in den späten achtziger Jahren, hervorgegangen aus den Gräueln der sullanischen Proskriptionszeit. Cicero griff es auf in seinen frühen Reden, wo er an die »Humanität« zunächst im Sinne einfühlsamer Mitmenschlichkeit appellierte. Bald aber machte er dieses Wort zu einer Lieblingsvokabel. Dabei erweiterte er deren Bedeutung. Weil geistige, vor allem sprachliche Bildung den Menschen kommunikativer und dadurch mitmenschlicher macht, konnte bei ihm nun auch diese »geistige Bildung« selber *humanitas* heißen. So notierte man schon im Altertum die Doppelbedeutung.

Ausgerechnet in Ciceros Konsulatsjahr, das ihm so wenig Zeit für geistige Studien ließ, kommt es nun, recht beiläufig in einem Kriminalprozess, zur Prägung *studia humanitatis.* Cicero meint damit an dieser Stelle[7] die philosophischen Interessen, die ihm und seinen Hörern gemeinsam seien. Ein Jahr später, in der Rede *Pro Archia,* versteht er darunter vor allem Grammatik und Rhetorik[8] als die üblichen Anfänge der geistigen Bildung im Jugendalter. Auch die sonstigen Gebiete der »freien Künste«, wie besonders Musik und Mathematik, aber auch etwa Astronomie können miteinbezogen werden in diesen Begriff, der dann ungefähr den Gesamtbereich unserer alten philosophischen Fakultäten abdeckt,[*] wobei aber doch meist das Sprachliche und Musische im Vordergrund steht. Ohne Zweifel hat man vor allem an *Pro Archia* gedacht, wenn man Petrarca die Wiederherstellung der *studia humanitatis* zuschrieb und damit diesem Begriff eine von Cicero nie beabsichtigte programmatische Bedeutung gab.

Aber wie kam man zu solcher Hervorhebung Petrarcas? Auch das Mittelalter hat doch Grammatik, Rhetorik, Philosophie und alle

---

[*] Da die philosophischen Fakultäten am Anfang des neunzehnten Jahrhunderts aus den alten Artistenfakultäten entstanden sind (das heißt den Fakultäten, an denen die *liberae artes* [vgl. S. 138 mit Anm.] gelehrt wurden), enthielten sie ursprünglich, wie jene, neben den geisteswissenschaftlichen Fächern auch die Naturwissenschaften, also der Idee nach sämtliche *artes,* die nicht zu den Brotberufen der Theologie, Jurisprudenz und Medizin hinführen.

»freien Künste« getrieben! Ja, aber wohl nicht in derselben Weise wie Petrarca. Hören wir, wie er zu Cicero gekommen ist. Er hat es uns kurz vor seinem Tod in einem berühmten Brief geschildert.[9] Schon in zartem Alter, wo sich andere Kinder an Fabeln vergnügen, habe er sich auf Cicero verlegt. Diese Leidenschaft sei nun derart gewachsen, dass er sich schließlich die Bissen vom Mund abgespart habe, nur um Bücher Ciceros erwerben zu können. Davon sei er freilich sieben Jahre lang – die Gründe werden aus dem Text nicht ganz klar – abgekommen, um Recht zu studieren, das heißt seine »Zeit zu vergeuden« *(septennium totum perdidi)*. Aus dieser Zeit müsse er nun folgende »geradezu tragikomische Geschichte« *(rem paene ridiculam flebilemque)* erzählen.

Petrarca hatte seine Bücher mit Schriften Ciceros und einiger Dichter versteckt gehalten, weil er Angst hatte, man würde sie ihm, als dem juristischen Brotstudium abträglich, nicht gönnen. Aber sie wurden doch entdeckt, offenbar vom Vater, dem diese übertriebene Ciceroliebe anstößig war, und wie Ketzerschriften *(quasi haeresum libri)* dem Flammentod eines Autodafé überantwortet. Dies geschah vor den Augen des jungen Petrarca – »der ich bei diesem Schauspiel nicht anders seufzte, als würde ich persönlich in dieselben Flammen geworfen *(quo spectaculo non aliter ingemui quam si ipse iisdem flammis inicerer)*«. Angesichts dieses Jammers fasst den Vater doch noch eine wenigstens partielle Reue: Er entreißt zwei schon angekohlte Bücher den Flammen, »und den Vergil in der Rechten, in der Linken Ciceros Rhetorik[*] haltend, reichte er mir, der ich weinte, beide unter Lächeln. Hier, nimm dir diesen zu einer seltenen Erquickung deines Geistes *(pro solatio quodam raro animi)*, diesen zur Unterstützung des Rechtsstudiums *(pro adminiculo civilis studii)*«. Mit diesen beiden Klassikern also hatte sich Petrarca einstweilen zu trösten, bis er, selbstständig geworden, die Jurisprudenz aufgeben und sich ganz dem Altertum widmen konnte.

Natürlich stimmt diese Geschichte nicht, sagen die heutigen Historiker, die ja fast nie etwas glauben, was irgendein Autor über sich

---

[*] Gemeint ist sicherlich die unter Ciceros Namen überlieferte (nicht von ihm stammende), im Mittelalter viel benutzte *Rhetorica ad Herennium*.

selbst erzählt, zumal wenn es sich um lebensentscheidende Ereignisse handelt. Wie hätte denn, sagen sie, ein vernünftiger Mann wie Petrarcas Vater wertvolle Codices vernichten wollen? Glückliche Kaltblütler! Sie wissen nichts vom Jähzorn ehrgeiziger Väter.

Sicher scheint, dass Petrarca hier auf einen Gegensatz zwischen sich und seinem Vater im Verhältnis zu den antiken Autoren abheben will. Der Vater lässt den Prosaiker Cicero nur als nützliche Hilfe für den Brotberuf gelten. Rhetorik ist ja bis heute für den Juristen unentbehrlich. Der Dichter Vergil soll als erholsamer Ausgleich für Mußestunden dienen. Was den Zweiten angeht, so gibt Petrarca hier keinen Kommentar. Wir wissen aber, dass ihm selber Vergil Träger tiefer Weisheit schien, kein bloßes *solatium animi*.

Hier jedoch steht im Zentrum der Erste, Cicero. Von ihm wurde Petrarca nach seinem Bericht, aus dem wir nun ergänzend einiges nachtragen müssen, in doppelter Weise gepackt. Als er noch klein war und vom Inhalt Ciceros nichts verstehen konnte, »… da fesselte mich allein eine gewisse Süßigkeit und der Wohlklang der Wörter *(sola me verborum dulcedo quaedam et sonoritas detinebat)*, sodass mir alles, was ich sonst las oder hörte, heiser und ganz misstönend schien«. Ein einzigartiges Zeugnis für die schiere sinnliche Faszination, die von Cicero ausgeht. Vielleicht seit Hieronymus[*] war so etwas nicht mehr zu hören gewesen. Dieses instinktive Urteil aber, sagt Petrarca, stimmte wunderbarerweise überein mit seiner späteren rationalen Beurteilung. Sein völliger Cicerofanatismus kam nämlich, »als ich, nachdem ich kaum die Schale aufgebrochen hatte, etwas von der Süßigkeit des Kerns kostete *(cum vix testa effracta aliquam nuclei dulcedinem degustarem)*.« Hier muss die Philosophie gemeint sein. Ausdrücklich sagt Petrarca dort, wo er über die verlorene Zeit seines Jurastudiums klagt, er habe damals Cicero vergessen, »der die heilsamsten Vorschriften für das richtige Leben darlegt *(vitae leges saluberrimas describentem)*«, also den Philosophen, genauer: den Moralphilosophen Cicero.

---

[*] Vgl. S. 131.

CICERO ALS DOPPELTES VORBILD FÜR
PETRARCAS HUMANISMUS

Zwei Dinge waren es also, die den jungen Petrarca nach seinem Zeugnis sukzessive an Cicero gefesselt haben: die schiere ästhetische Qualität der ciceronischen Sprache und das lebenspraktisch Nützliche seiner Philosophie. In beiderlei Hinsicht musste er sich in einem Gegensatz zu seinem Zeitalter fühlen. Denn er empfand die Philosophie der eigenen Zeit, die spätmittelalterliche Scholastik, die sich immerhin auf die antike Autorität des Aristoteles berief, zum einen als eine nutzlose Vermehrung der Erkenntnis, ohne praktische Lebenshilfe, zum anderen als unschön.

Sprechen wir zuerst vom Ersten. Als ihn ein paar Leute, weil er philosophisch nicht *up to date* sei, »ungebildet« *(illiteratus)* nannten, rechnete er in einer höchst temperamentvollen, mit sokratischer Ironie gewürzten Schrift *De sui ipsius et multorum ignorantia* (Über seine und vieler anderer Unwissenheit) mit diesen Gegnern und ihren scholastischen Gesinnungsgenossen ab. Sogar Aristoteles selbst zieht er in seine Kritik der zeitgenössischen Ethik mit hinein. Dieser verstehe es zwar, die Tugend *(virtus)* als das höchste Gut der heidnischen (und das zweithöchste der christlichen) Philosophie zu definieren, nicht aber die Sehnsucht danach zu erwecken. Er wirke nur auf den Intellekt, nicht auf den Willen; er mache einen nur gescheiter, aber nicht besser. Ihm stellt er die zur Tugendliebe beflügelnden »Unseren« *(nostri)* gegenüber, die Lateiner Seneca und besonders Cicero, der, wie er weiß und ausdrücklich sagt, entscheidend war für die Bekehrung des Kirchenvaters Augustin.[10]

Steht also in dieser lebenspraktischen Ausrichtung der Philosophie Petrarca mit Cicero gegen die Scholastik seiner Zeit, so gilt dies ebenso für die Kunst des sprachlichen Ausdrucks. Immer wieder spricht Petrarca rühmend von der einzigartigen *dulcedo* (Süßigkeit) und *elegantia verborum* (treffsicheren Wortwahl) Ciceros. Wäre Cicero doch nicht wenige Jahre vor Christi Geburt gestorben! Hätte sich ihm, der so oft den letzten Wahrheiten nahekam, der wahre Gott doch selbst offenbaren wollen! »Dann hätten wir in unseren Tempeln, wie ich glaube, zwar nicht wahrere und nicht heiligere, aber vielleicht doch süßere und wohltönendere Lobpreisungen *(dulciora et sonantiora praeconia)* unseres Gottes.«[11]

Wie anders als Cicero schreiben vor allem Petrarcas philosophierende Zeitgenossen: »Von ihnen wird nach der heutigen Philosophenart *(hoc moderno philosophico more)* die Sprachkunst *(eloquentia)* verachtet und abgelehnt, als sei sie etwas gebildeter Männer Unwürdiges. So steht jetzt nur noch eine philosophische Sprachlosigkeit und ein verwirrtes Gestotter *(philosophantis infantia et perplexa balbuties)* in Ehren, eine Weisheit, die nur noch durch ihre Augenbrauen imponiert* und, wie Cicero sagt, mehr gähnt als redet *(uni nitens supercilio atque oscitans, ut Cicero vocat, sapientia).*«[12] Wer denkt, wenn er dieses liest, nicht mit Ingrimm an das scholastische Kauderwelsch mancher heutiger Geisteswissenschaftler (welches »Fachchinesisch« zu nennen längst eine Beleidigung für alle anständigen Chinesen ist)? Sie seien daran erinnert, dass es seit Petrarca wieder die Pflicht auch der Philosophen ist, verständlich und schön zu schreiben.

So ist für Petrarca Cicero sowohl der Philosoph, der ihn, in einer Art Vorschule zum Christentum, für das richtige Leben begeistert, als auch der unvergleichliche Meister der Sprachkunst. Ausdrücklich sagt Petrarca einmal, er könne – den Zwiespalt des Hieronymus überwindend – zugleich nach der Gesinnung *Christianus,* nach der Sprache *Ciceronianus* sein.[13] Durch beides rückt Petrarca ab von der Philosophie seiner Zeit, nicht etwa durch eine Hinwendung zum »Menschen« oder gar eine Abkehr von Gott. Durch beides konnte er als der Mann gelten, der Ciceros *studia humanitatis* erneuert habe; durch beides heißt er heute zu Recht »Vater des Humanismus«.

---

* Vor allem durch Hochziehen der Augenbrauen täuscht man eine nicht vorhandene Ernsthaftigkeit vor.

LATEIN NEUGEBOREN AUS DEM
SCHLAMM DER BARBAREI

Im Vordergrund stand für Mit- und Nachwelt jedenfalls Petrarcas Erneuerung der lateinischen Sprache. Sie versetzte wie keine andere Leistung die Menschen in Erregung und Entzücken und machte seinen Namen für Jahrhunderte zu einem Symbol des kulturellen Fortschritts. So sagt von ihm der Literaturpapst des sechzehnten Jahrhunderts, Julius Caesar Scaliger, er habe es als Erster gewagt, »sein Haupt aus dem Schlamm der Barbarei zum Himmel zu erheben *(ex lutulenta barbarie os caelo attollere)*«.[14] Und der Tübinger Humanist Heinrich Bebel schreibt ihm zusammen mit seinem Schüler Boccaccio das Verdienst zu, zuerst den Kampf gegen eine tausendjährige mittelalterliche Verwüstung der Sprache in Angriff genommen zu haben.[15]

Das mag zunächst überraschend scheinen, nachdem wir ja im vorigen Kapitel gesehen haben, dass das Mittelalter keineswegs ganz musenfern und der Lateinkultur feindlich gewesen ist. Hier will aber bedacht sein, dass die eigentliche mittellateinische Literatur, das heißt die Literatur, die einen ästhetischen Anspruch erhebt – ob in Prosa oder in Vers –, etwa mit dem Ende des zwölften Jahrhunderts ausklingt. Ungefähr um dieselbe Zeit erstarken dafür in Italien, Frankreich, Deutschland die Nationalliteraturen, die nun gewissermaßen das Erbe der lateinischen Literatur antreten. Kein deutscher Lateiner könnte es damals noch mit Wolfram von Eschenbach, kein italienischer mit Dante Alighieri aufnehmen. Latein blieb Gelehrten- und Wissenschaftssprache, es hörte vorläufig auf, Sprache der *belles lettres* zu sein.

Diesem Umschwung beziehungsweise dieser neuen Rollenverteilung entspricht, wenn ich das recht sehe, eine eigenartige Theorie der Sprachen, die kein Geringerer als eben Dante, der größte Dichter des europäischen Mittelalters überhaupt, in seiner kurz nach Petrarcas Geburt verfassten Schrift *De vulgari eloquentia* (Über die Kunst der Volkssprache, nach 1305) dargelegt hat. Danach gibt es seit der Sprachenzersplitterung durch den Turmbau von Babel auf der Welt zwei Arten von Sprache. Einerseits die natürliche Volkssprache, *vulgaris locutio,* die man sich ohne Regel, *sine omni regula,* durch Imitation der Amme aneignet. Im südlichen Europa sind das, nach Dante, Spanisch, Französisch, Italienisch. Und andererseits gibt es die *grammatica,* die als Zweitsprache, *locutio secundaria,* mit großem Zeitaufwand nach Regeln erlernt werden muss. In Europa ist dies natürlich das Lateinische. Letztere sei eine künstliche, auf Verabredung beruhende Erfindung der Gelehrten, um gegenüber den sich verändernden Volkssprachen ein stabiles Kommunikationsmittel zu haben, eine »unveränderlich zu verschiedenen Zeiten und Orten gleichbleibende Identität der Sprache *(inalterabilis locutionis identitas diversis temporibus atque locis)*«. Nur durch sie seien wir in der Lage, sowohl mit den maßgeblichen Geistesgrößen der Vergangenheit *(antiquorum auctoritates)* als auch mit Menschen, die von uns räumlich getrennt sind *(quos a nobis locorum diversitas facit esse diversos),* in Kontakt zu kommen.[16]

Diese trotz ihrer Irrtümer[*] großartige Theorie, in der die Besonderheit der lateinischen Sprache in wichtigen Punkten erfasst ist, könnte auf ein Hohelied des ewigen, unsterblichen Lateins hinauslaufen. Sie tut es aber nicht. Von Anfang an stellt Dante klar, dass die Volkssprache trotz ihrer Verschiedenheit in aller Welt vornehmer *(nobilior)* ist als die *grammatica.* Warum? Sie ist ursprünglich, natürlich und allen zugänglich[17] – die gegebene Sprache also für einen Dichter. Kein Lateiner konnte damals widersprechen: Italienisch, nicht Latein, musste die Sprache für Dantes *Divina commedia* sein.

Wie sah nun im Gegensatz zur *vulgaris locutio* der literarischen Volkssprachen die sogenannte *grammatica,* das Wissenschaftslatein des Spätmittelalters aus? Dante gibt in der zitierten Schrift selbst ein Beispiel dafür. Der Satz, der den soeben referierten Abschnitt seiner Abhandlung einleitet, ist das Muster einer ästhetisch anspruchslosen Wissenschaftssprache: *Sed quia unamquamque doctrinam oportet non probare, sed suum aperire subiectum, ut sciatur quid sit super quod illa versatur, dicimus, celeriter attendentes, quod vulgarem locutionem appellamus eam qua infantes assuefiunt ab assistentibus cum primitus distinguere voces incipiunt. –*

---

[*] Dante sieht nicht, dass auch Latein einmal Muttersprache war und dass die romanischen Sprachen aus ihm nachträglich entstanden sind. Solche irrigen Vorstellungen waren übrigens auch noch im fünfzehnten Jahrhundert verbreitet.

»Aber weil eine jede Theorie nicht (nur) beweisen, sondern (auch) ihren Gegenstand klar darlegen muss, damit man weiß, was das ist, worauf sie sich bezieht, so sagen wir, indem wir rasch zur Sache kommen, dass wir als Volkssprache diejenige verstehen, an welche die Kinder von denen gewöhnt werden, die bei ihnen sind von dem Augenblick an, wo sie anfangen, die Laute zu unterscheiden.«

Das ist insgesamt klar, aber wenig elegant. Zur Syntax: *non modo, sed etiam* ist verkürzt zu *non, sed*; *dicimus* wird mit *quod* statt dem *AcI* verbunden;* statt *assuefiunt* wäre *assuescunt* korrekt. Im Wortgebrauch unklassisch sind: *subiectum, versari super, attendere*. Schwerfällig ist vor allem das wortreiche *ut sciatur quid sit super quod illa versatur* mit dem unschönen Gleichklang -*atur* − -*atur*. Nur in der Periodisierung des Gesamtsatzes erkennt man einen gewissen stilistischen Gestaltungswillen.

Dies war immerhin noch Dante, der seine dichterische Sprachkraft nie ganz verleugnen kann (*ex ungue leonem!***). Kommen wir nun aber etwa zum Großmeister der theologischen Scholastik, Thomas von Aquin (gestorben 1274), den die katholische Kirche noch heute als dogmatisch verbindlichen und »engelsgleichen Lehrer« (*doctor angelicus*) verehrt, so treten wir ein in eine von aller Ausdruckskunst, *eloquentia*, geradezu aseptisch gesäuberte Sprachwelt, in der nur der reine Geist und Gedanke zählt.

Am Anfang eines seiner Hauptwerke, der *Summa contra gentiles* (Umfassende Widerlegung der Heiden), behandelt Thomas die Frage, wieweit der menschliche Geist in der Lage sei, Gott zu erfassen. Was für ein Thema! Was hätte etwa ein Seneca, ein Augustin oder − sagen wir es doch: ein Petrarca aus diesem Gegensatz von Unendlichkeit Gottes und menschlicher Beschränktheit machen können! Doch der heilige Thomas lässt sich nicht aus der Reserve locken, sondern distinguiert glasklar nüchtern: *humana igitur ratio ad cognoscendum fidei veritatem, quae solum videntibus divinam substantiam potest esse notissima, ita se habet, quod ad eam potest aliquis verisimilitudines colligere [...]*[18] − »Im

---

* Vgl. S. 146f.
** »Auch schon an der Klaue erkennt man den Löwen.« Vgl. Büchmann[31] (s. Lit. S. 348) 462, Bartels 68.

Hinblick auf die Erkenntnis der Wahrheit des Glaubens, die nur denen völlig bekannt sein kann, die das göttliche Wesen sehen, verhält es sich also mit dem menschlichen Verstand so, dass er dafür (nur) gewisse Wahrscheinlichkeiten sammeln kann [...].« – Man kann es vielleicht nicht präziser sagen, aber auch kaum trockener und unlateinischer, selbst wenn man von den groben Verstößen gegen die Normgrammatik absieht.* Cicero hätte diese Sprache kaum mehr als die seine erkannt und höchstens ahnungsweise begriffen, wovon hier überhaupt die Rede ist.

Die geistige Leistung Thomas von Aquins steht jetzt nicht zur Debatte. Aber es gilt zu verstehen, was gemeint war, wenn man seinerzeit von Petrarca sagte, er habe die *studia humanitatis* und die lateinische Sprache erneuert. Weder er noch seine begeisterten Nachfolger, Giovanni Boccaccio, Coluccio Salutati und die andern, haben gegen das »Mittellatein« schlechtweg polemisiert: Diese Humanisten** haben sich vielmehr abgesetzt von dem als hässlich empfundenen Universitätslatein ihrer Zeit. Und indem sie sich wieder an den Klassikern, besonders an Cicero und Vergil, orientierten, haben sie die lateinische Sprache in den Bereich der Kunst zurückgeführt, dem sie sich seit über einem Jahrhundert entfremdet hatte. Darum nannten sich die Humanisten selbst vor allem *oratores et poetae* – »Meister der Kunstprosa und Poesie«.

Besonders bei Petrarca selbst ist diese Neuorientierung verbunden mit einem in seiner Zeit einzigartigen Nahverhältnis, einer geradezu familiären Liebe zu den antiken Autoren. Sie drückt sich am schönsten aus im 24. Buch seiner *Epistolae familiares* (!), »Vertrauten Briefe«, das zehn Schreiben an die fast durchweg römischen Geistesgrößen der Vergangenheit enthält: Cicero (zweimal), Seneca, Varro, Quintilian, Asinius Pollio, Livius, Horaz, Vergil, Homer. Wenigstens eine Stilprobe aus dem ersten Brief an Cicero[19] kann uns zeigen, wie nicht nur

---

* Das Gerundium *cognoscendum* steht anstelle des Gerundivs *cognoscendam*; *quod* statt *ut* leitet einen konsekutiven Nebensatz ein.

** Hier und im Folgenden verstehe ich unter einem »Humanisten« – eine historisch schwer belastete Vokabel – jemanden, der im Sinne Petrarcas *studia humanitatis* treibt (oder zu treiben glaubt).

rhetorisch geformt, sondern auch persönlich lebhaft, ja sogar leidenschaftlich kritisch Petrarca seinen Dialog mit der Antike führt. Der Brief ist geschrieben unter dem Eindruck von Ciceros damals wiederentdeckten Briefen *ad Atticum*, die Petrarca am Gegenstand seiner Bewunderung zum ersten Mal fast irregemacht hatten: Warum hat sich der ehrgeizige Cicero immer wieder in die Politik reißen lassen, statt das kontemplative Leben eines echten Philosophen zu führen?

O inquiete semper atque anxie, vel ut verba tua recognoscas,
o praeceps et calamitose senex,[*]
quid tibi tot contentionibus
et prorsum nihil profuturis simultatibus voluisti?
Ubi et aetati et professioni et fortunae tuae conveniens otium reliquisti?
Quis te falsus gloriae splendor senem adolescentium bellis implicuit
et per omnes iactatum casus ad indignam philosopho mortem rapuit? […]
Nimirum quid enim iuvat alios docere,
quid ornatissimis verbis semper de virtutibus loqui prodest,
si te interim ipse non audeas?

O du unruhiger und ängstlicher oder – damit du deine eigenen Worte wiedererkennst – du kopfloser und unseliger Greis, was hast du nur gewollt mit so vielen Kämpfen und Streitereien, die dir doch überhaupt nichts nutzen konnten? Wo hast du die Muße gelassen, die deinem Alter, deinem Beruf und deinem Schicksal entsprochen hätte? Welcher falsche Glanz des Ruhmes hat dich als alten Mann in die Kriege der Jungen verstrickt[**] und dich, von allem Unglück verfolgt, schließlich in einen Tod getrieben, der eines Philosophen unwürdig war? […] O ja, was nützt es denn, andere zu lehren und mit den kunstvollsten Worten immer über die Tugenden zu reden, wenn du nicht bisweilen selber auf dich hörst?

---

[*] Petrarca zitiert aus der *Epistula ad Octavianum* (§ 6), die, wie wir heute wissen, eine unter dem Namen Ciceros laufende Fälschung ist.
[**] Gemeint ist der Mutinensische Krieg, in dem sich Cicero mit Octavian verbündet hatte. Vgl. S. 57 f.

Cicero selbst hätte diese Anklage seiner Person (mit ihren Homoiote-
leuta, Parallelismen und Chiasmen*) nicht schneidender formulieren
können. Was Petrarca allerdings inhaltlich dem sonst so verehrten Cicero vorwirft, das hätte Cicero aufrichtigen Herzens zurückweisen
können: Für ihn als Platonschüler war klar, dass der Philosoph die
Pflicht habe, in die Politik zu gehen. Ihm gegenüber blieb sein Adept
Petrarca, der »erste moderne Mensch«, dann doch ein Stubenhocker.

DIE *STUDIA HUMANITATIS* IN ITALIEN

Jüngerer Freund und Bewunderer Petrarcas war Giovanni Boccaccio
(Ioannes Boccaccius). Dieser schrieb nicht nur auf Italienisch den berühmten *Decamerone*. Sondern er verfasste auch ein damals weit bekann-
teres lateinisches Handbuch der Mythologie unter dem Titel *Genealo-
giae deorum gentilium* (Genealogien der heidnischen Götter), weniger
wichtig wegen seiner eher traditionellen Mythenauslegung als wegen
der Verteidigung der Poesie in den letzten beiden Büchern (14/15). In
scharfer Polemik gegen scholastische Theologen weist Boccaccio den
göttlichen Ursprung der Poesie nach, die nicht erlernbar und nur wenigen geschenkt sei. Vor allem diese Gedanken wurden zum Gemeinbesitz der neuzeitlichen Poetik, auch der volkssprachlichen.

Inspiriert von Boccaccio und Petrarca, dem selber das poetische
Meisterwerk lateinischer Sprache versagt blieb, erreichten die italienischen Dichterphilologen des fünfzehnten und frühen sechzehnten
Jahrhunderts eine Vollendung der Form, die an das Beste der Antike
heranreichte. Gälte es, eine Geschichte der lateinischen Literatur und
nicht der Sprache zu schreiben, wäre bei diesen Männern lang zu verweilen, deren Meisterschaft sich vor allem auch in viel bewunderten
Lehrgedichten zeigte: Girolamo Fracastoro etwa schrieb in Hexametern über den Ursprung der *Syphilis*, Marco Girolamo Vida über den

---

* Beispiel für Homoioteleuton: *anxie̱ … inquiete̱ … calamitose̱*. Parallelismus: *quis …
implicui̱t / et … rapui̱t?* Chiasmus (Überkreuzstellung): *quid … iuvat … docere? / quid …
loqui prodest?* – Die Schreibung nach Kola (Satzgliedern) stammt natürlich von mir.

Scacchia ludus, das Schachspiel (was bis heute immer wieder neu aufgelegt wird).

Petrarca selbst war aber nicht nur Dichter und Philosoph, sondern
besonders auch Philologe gewesen. Sein wissenschaftliches Erbe wurde
am sichtbarsten verwaltet von Lorenzo Valla (Laurentius Valla), dem
Humanisten, der, auch als eigenwilliger Philosoph, im fünfzehnten
Jahrhundert das wohl größte Aufsehen erregte. Vallas philologischer
Genius zeigte sich vor allem in einem Buch mit dem polemischen Titel *Declamatio de falso credita et ementita Constantini Donatione* (Über die
fälschlich geglaubte und erlogene Konstantinische Schenkung). Es
ging um eine Urkunde, in der Kaiser Konstantin angeblich dem Papst
(das heißt Papst Silvester und seinen Nachfolgern) die Herrschaft über
Rom und Italien zugesprochen hätte. Valla wies nach, dass es sich um
eine mittelalterliche Fälschung handeln müsse, indem er, neben historischen Wahrscheinlichkeitsargumenten, zum einen die Mängel der
Beglaubigung aufdeckte, zum andern das miserable Latein brand-
markte, das so in der Zeit Konstantins nicht möglich gewesen wäre.

Hier hören wir aus humanistischem Munde endlich einmal anti-
klerikale Töne über ein angebliches »Mönchslatein«. Denn die Sprache dieser Urkunde, sagte Valla, sei die »eines dummen, gemästeten
und fetten Pfäffleins, der zwischen Katzenjammer und Weinrausch
solche Sätze und solche Wörter ausgerülpst« habe *(clericuli stolidi [...]
saginati et crassi ac inter crapulam interque fervorem vini has sententias et haec
verba ructantis)*.[20] Das saß! Die schmollende Theologie hat bis ins neun-
zehnte Jahrhundert gebraucht, um zuzugeben, dass Valla recht hatte.

Er hatte auch sonst fast immer recht, vor allem in Sachen Latein.
Damit es keinen Zweifel daran geben könne, was das maßgebliche,
wahre Latein sei, die *veritas*, wie er selbst sich ausdrückt, schrieb er das
Werk, das, unendlich oft aufgelegt, jahrhundertelang die Bibel vieler
Humanisten wurde: *Elegantiarum linguae Latinae libri sex*[*] (zuerst 1440,
gedruckt bis ins achtzehnten Jahrhundert). Nach seiner eigenen Mei-

---

[*] »Sechs Bücher über den feinen lateinischen Ausdruck«; *elegantia* ist »Eleganz« nicht
im Sinne der Prächtigkeit, sondern in dem des »feinen, treffenden« Ausdrucks. Als römische Meister der *elegantia* galten vor allem Caesar und Tibull.

nung war es das Beste, was in den letzten sechshundert Jahren über Grammatik geschrieben wurde, fußend vor allem auf Cicero und Quintilian, den er über alles schätzte.

Nicht alle aber waren ganz mit ihm einig. Der große Handschriftenjäger und Schriftsteller Poggio (Ioannes Franciscus Poggius Bracciolini) fühlte sich durch eine angebliche Kritik Vallas an seinem, Poggios, etwas eigenwilligen Latein provoziert, und er eröffnete mit einer Schmähschrift gegen Valla einen wütenden Federkrieg zwischen den beiden,[21] in dessen Verlauf schließlich die Vokabel »Küchenlatein« geboren wurde: Poggio nämlich, so behauptete sein verärgerter Widersacher, müsse seine Lateinvokabeln von einem ungebildeten Koch gelernt haben (darum: *culinaria vocabula*).

Im Übrigen wurde die Frage nach dem richtigen Latein nicht nur hier diskutiert. Bis ins siebzehnte Jahrhundert geht ein erbitterter Streit darüber, ob der Sprachgebrauch Ciceros die einzig maßgebliche Autorität sei, wie dies radikale Puristen wollten. So sprach etwa ein Fanatiker wie Kardinal Bembo vom lieben Gott nicht als *Deus* – denn Cicero tat das gewöhnlich auch nicht –, sondern erweiterte ihn zu polytheistischen *di immortales*; dementsprechend wurde Maria zur *dea* und Christus zum *heros*.[22] Valla selbst war liberaler gewesen, indem er neben Cicero auch andere große Schriftsteller *(magni auctores)* gelten ließ. Und Angelo Poliziano, der größte Dichter und Philologe dieser Zeit, vertrat sogar das Recht auf einen individuellen Stil: »Da sagt jemand: ›Du schreibst nicht ciceronianisch‹« *(Non exprimis […] Ciceronem)*. Na und? *Me tamen, ut opinor, exprimo.* Frei übersetzt: »Aber ich schreibe polizianisch.«[23]

Vallas *Elegantiae* werden heute kaum mehr wegen ihres wissenschaftlichen Werts studiert; aber höchst lesenswert bleibt zumindest die Vorrede zu diesem Werk, die uns die schönste Einstimmung in dieses lateinbegeisterte Jahrhundert gibt. Nie, seit den Tagen des alten Plinius,[*] ist das Loblied der edlen Römersprache beredter gesungen worden. Man höre, was Valla über den Vergleich der lateinischen Sprache mit dem römischen Weltreich zu sagen hat: *Illud* (sc. *imperium*) *pridem tam-*

---

[*] Vgl. S. 99.

quam ingratum onus gentes nationesque abiecerunt: hunc (sc. *sermonem*) *omni nectare suaviorem, omni serico splendidiorem, omni auro gemmaque pretiosiorem putaverunt et quasi Deum quendam e coelo demissum apud se retinuerunt.*[24] – »Jenes Imperium haben die Völker und Nationen längst wie eine unerfreuliche Last von sich abgeworfen; diese Sprache aber, die sie für süßer als allen Nektar, glänzender als alle Seide, kostbarer als alles Gold und alle Perlen hielten, ja die ihnen geradezu wie ein vom Himmel herabgestiegener Gott schien, diese Sprache behielten sie bei sich.«

O könnten doch alle geplagten Lateinschüler diese Worte lesen und glauben! Aber es kommt noch schöner – jetzt vor allem für italienische Lateinschüler: *Magnum ergo Latini sermonis sacramentum est, magnum profecto numen* […]: *Amisimus Romam, amisimus regnum, amisimus dominatum, tametsi non nostra, sed temporum culpa: verumtamen per hunc splendidiorem dominatum in magna adhuc orbis parte regnamus. Nostra est Italia, nostra Gallia, nostra Hispania, Germania, Pannonia, Dalmatia, Illyricum, multaeque aliae nationes. Ibi namque Romanum imperium est, ubicumque Romana lingua dominatur.* – »Groß ist also das Sakrament der lateinischen Sprache, wahrhaft groß ihre Gottheit […]: Wir haben Rom verloren, das Reich verloren, die Herrschaft verloren, wenn auch nicht durch unsere Schuld, sondern die der Zeiten; indes dank dieser glänzenderen Herrschaft herrschen wir noch immer in einem großen Teil der Welt. Unser ist Italien, unser ist Gallien, unser Spanien, Germanien, Pannonien, Dalmatien, Illyricum und viele andere Völker. Denn dort ist das Römische Reich, wo immer die römische Sprache regiert.«

Man spreche hier nicht vorschnell von italienischem Nationalismus. Vergleichen wir mit Petrarca, der sich zugleich mit der Erneuerung der lateinischen Sprache das leibhaftige Imperium wiederhergestellt wünschte, so sehen wir, dass Lorenzo Valla viel bescheidener geworden ist. Ähnlich wie Hans Sachs am Ende von Wagners *Meistersingern* prophetisch ahnt, dass die »heil'ge deutsche Kunst« den Deutschen einmal das »Heil'ge Röm'sche Reich« werde ersetzen müssen, so sieht Valla in der Weltgeltung der römischen Sprache einen vollgültigen Ersatz für die verlorene Großmachtstellung: Römer ist, wer Latein spricht. Damit wird das Humanistenlatein der Italiener exportfähig, es kann nun auch über die Alpen gehen, zum Beispiel nach Deutschland.

O SAECULUM! O LITTERAE!
DIE MUSEN KOMMEN ÜBER DIE ALPEN

»Niemals war eine junge studentische Jugend so berechtigt wie diese, stolz auf das Leben, stolz auf die Aufgabe und stolz auf die Pflicht zu sein. Und niemals hatten junge Männer so wie jetzt das Recht, mit Ulrich von Hutten auszurufen: O Jahrhundert! O Wissenschaften! Es ist eine Lust zu leben!«[1] Der Mann, der das am 10. Mai 1933 auf dem Berliner Opernplatz gelegentlich einer Bücherverbrennung »wider den undeutschen Geist« den zündelnden Kommilitonen zurief, war Joseph Goebbels. Er war nicht nur ein geübter und seit Gymnasialzeiten an Cicero, wie man fühlt, geschulter Lateiner,[*] der sein Zitat ohne Mühe auch in der Originalsprache hätte liefern können. Er war auch wohl gebildet genug, um zu wissen, dass Deutschlands sprachgewaltigster Humanist, Ulrich von Hutten, bei seinem im Jahre 1518 ausgestoßenen Jubelruf *O saeculum! o litterae! iuvat vivere!*[2] nicht die Reinheit des deutschen Geistes, auch nicht des deutschen Reiches Herrlichkeit, ja nicht einmal den damals anstehenden Kampf gegen Rom und Papst im Sinn hatte. Er schrieb diese Worte an den Nürnberger Humanisten Willibald Pirckheimer, und beide dachten dabei an die europäische Gemeinschaft der Gebildeten, die *res publica litteraria,* als deren Vertreter Hutten namentlich den Niederländer Erasmus und den Franzosen Budé nannte.

Vor allem aber dachte Hutten, den man seit den Freiheitskriegen gegen das napoleonische Frankreich mitunter einseitig für die deutsche Sache reklamiert, an die gemeinsame Pflege lateinischer Sprachkultur. Sie war inzwischen auch im Europa nördlich der Alpen etabliert *(o saeculum!)* und fand dank Deutschlands wichtigstem Kulturbeitrag, der Erfindung Gutenbergs *(o litterae!),* eine so wunderbare Verbreitung

---

[*] Goebbels' erster Biograph, Wilfrid Bade (1933), sagt über den Schüler Goebbels (nach dessen eigenen Angaben): »Außerordentlich bezeichnend ist seine Vorliebe für die lateinische Sprache [...]. Besonders interessieren ihn Ciceros Catilinarische Reden«; zitiert nach Helmut Heiber, *Joseph Goebbels*, München (1965) [2]1972, 15.

wie nie zuvor. So jubelt Hutten weiter: *Vigent studia, florent ingenia. Heus tu accipe laqueum, Barbaries, exilium prospice.* – »Es gedeiht die Bildung, es blühen die Begabungen. Hallo, du, Barbarei, nimm dir einen Strick und fass dein Exil ins Auge!« – Pirckheimer konnte damit konkrete Vorstellungen verbinden: Ein Jahr zuvor hatte Hutten in den berühmten »Dunkelmännerbriefen« einen vernichtenden publizistischen Schlag gegen die noch übrig gebliebenen küchenlateinischen »Barbaren« unter den Universitätstheologen geführt und sich dabei – was Goebbels nun doch übersehen haben dürfte – für den Judenfreund Johannes Reuchlin eingesetzt. Davon muss bald die Rede sein.

BESCHEIDENE ANFÄNGE DES DEUTSCHEN HUMANISMUS

Freilich, nicht erst mit Hutten und Pirckheimer, sondern schon seit mehr als einem halben Jahrhundert waren lateinische *litterae* und *studia* aus Italien nach Deutschland gekommen. Bereits Petrarca hatte erste Fäden nach Prag gesponnen und immerhin den Kanzler Karls IV. so sehr für seinen Humanismus begeistert, dass dieser sich aus Johann von Neumarkt zum *Johannes Noviforensis* umtaufte. Interesse an Deutschland zeigen dann auch die Humanisten Poggio und vor allem Aeneas Sylvius Piccolomini, seit 1458 Papst Pius II. Dieser lernt Deutschland beim Konzil von Basel (1431–1447) kennen und gibt eine höchst lesenswerte, von Sympathie getragene Beschreibung seines Gastlands (1456), ein zeitgemäßes Gegenstück zur *Germania* des Tacitus.

Sein Lob der deutschen Erfindungen und Städte kann noch kein Lob der deutschen Bildung mit einschließen. Immerhin berichtet er doch in einer Schrift über Kindererziehung (*De liberorum educatione*, 1450), deutsche Theologen protestierten dagegen, dass man aus Italien gewisse *poetae* einführe, um deutsche Sittenreinheit *(sanctos Germaniae mores)* durch welsche Liederlichkeit *(lascivia)* zu korrumpieren.[3] Gerne wüsste man, ob hier schon jemand konkret im Blick ist. Liest man die lateinischen Schriften des größten deutschen Intellektuellen in diesem

Jahrhundert, Nicolaus Cusanus – den man heute oft vage den Humanisten zurechnet –, fühlt man jedenfalls keinen Hauch aus Italien: Er schreibt, auch in seinen Dialogen, ein traditionelles Scholastikerlatein.

Der eigentliche deutsche Humanismus beginnt im Juli 1456 mit Trompetenstößen. Ein nicht mehr ganz junger, durch keinen akademischen Grad, dafür durch eine Griechenlandreise ausgewiesener Dozent namens Peter Luder (geboren circa 1415) kündigte an der Universität Heidelberg eine erste humanistische Vorlesung an unter Berufung auf den »Pfälzer Fritz«, Kurfürst Friedrich den Siegreichen: *Dominus Fridericus princeps* [...] *Latinam linguam iam paene in barbariem versam atque perlapsam restaurare suo in gymnasio cupiens studia humanitatis, id est poetarum oratorum ac historiographorum libros publice legi instituit.* [...][4] – »Kurfürst Friedrich [...] in dem Wunsche, die lateinische Sprache, die schon fast in Barbarei verkehrt und entartet war, an seiner Hochschule zu erneuern, verfügte, dass dort über die Humanitätsstudien, das heißt über die Werke der Dichter, Redner und Geschichtsschreiber, öffentlich gelesen werden solle.«

Kein Italiener hätte das neue Bildungsziel, zusammengefasst unter dem Markennamen *studia humanitatis*, der hier seine deutsche Premiere feiert, anders beschrieben: Erneuerung der lateinischen Sprache und Lektüre der Klassiker – nur die Philosophie hätte ein Petrarca vermisst.

Das vollmundige Latein dieser und späterer Ankündigungen, auch an anderen Universitäten, steht allerdings in deutlichem Kontrast zur Sprache seiner Vorlesungen selber, die umständlich und scholastisch ist. Groß war die Schadenfreude, als er die sparsamen Sachsen zum Besuch einer Vorlesung mit dem Versprechen ködern wollte: [...] *omnes volentes lectiones tres* [richtig: *lectionibus tribus*] *gratis interesse poterunt.*[5] – »Alle, die wollen, können <u>dreimal</u> <u>die</u> Vorlesungen gratis beiwohnen.« – Der Akkusativ statt des Dativs kann zwar dem Charme einer Verona Pooth *sive* Feldbusch (»Da werden Sie geholfen«), nicht aber dem Großmaul eines Dozenten vergeben werden, der in derselben Ankündigung verspricht, das »Küchenlatein« *(culinarium Latinum)* aus Leipzig vertreiben zu wollen. Im Übrigen ist der bei Luder festzustellende Gegensatz zwischen rhetorischem Glanzlatein vor allem in programmatischen Äußerungen und anspruchslosem Wissenschaftslatein in der gelehrten Alltagssprache kein Einzelfall. Auch in den folgenden Jahrhunderten blieb das Latein der eigentlichen Fachwissenschaften relativ scholastisch, am meisten, versteht sich, in Theologie und Philosophie, am wenigsten natürlich in der Philologie – relativ wenig auch in der Medizin!

Luder, der sich selbst, wie viele Humanisten, als *poeta* bezeichnete, war ohne falsche Bescheidenheit bezüglich seiner geschichtlichen Bedeutung. Sogar in einer Liebeselegie rühmt er sich vor seiner geliebten Pamphila, er habe als Erster die Musen aus Italien, wo er beim Humanisten Guarino in Ferrara studiert hatte, nach Deutschland gebracht. Ebendiese Leistung wurde später einem Jüngeren, ungleich Bedeutenderen zugeschrieben: Rudolf Agricola. Dessen Rang war auch bei Italienern anerkannt: 1476 ließ man ihn an der Universität von Ferrara eine programmatische Rede *In laudem philosophiae et reliquarum artium* (Zum Lob der Philosophie und der übrigen Künste) halten. Diese war auch gedanklich ein originelles Produkt, wie alle Schriften dieses Gelehrten und Denkers, zum Beispiel sein hochgerühmtes, oft gedrucktes Lehrbuch *De inventione dialectica*, welches die den Humanisten sonst eher suspekte Logik behandelt.

Agricola gelingen auch als erstem deutschen Humanisten Verse, die nicht nur fehlerfrei, sondern auch schön sind. So beginnt zum Beispiel ein langes Wintergedicht im alcäischen Odenmaß *(Ad Rodolphum Langium)* mit diesem schlichten, Abstraktes und Konkretes glücklich vereinenden Naturbild:

Formosa rerum iam facies perit,
nudasque sternunt arboreae comae
terras, et os late sonantum
conticuit volucrum per agros.[6]

Schon kommt Natur um all ihre Lieblichkeit,
der Bäume Laubhaar deckt den entblößten Grund
der Erde, und verstummt sind klanglos
rings auf den Feldern der Vögel Münder.

CONRAD CELTIS RUFT APOLL
NACH DEUTSCHLAND

Bei Agricola (gestorben 1485), der am Ende seines Lebens Professor in Heidelberg war, studiert gerade noch ein halbes Jahr lang der Mann, der für alle Zeiten Deutschlands quirligster und erfolgreichster Lateiner werden sollte und den man seit anderthalb Jahrhunderten den deutschen »Erzhumanisten« nennt: Conrad Celtis (1459–1508).

Auch bei ihm konstatieren wir, wenn auch auf ganz anderem Niveau als bei Luder, eine gewisse Diskrepanz zwischen Anspruch und Können. Seine *Ars versificandi et carminum,* die erste von einem Deutschen veröffentlichte lateinische Metrik (1486), ist unselbstständig und fehlerhaft. Aber sie enthält an ihrem Ende ein humanistisches Programmgedicht, das offenbar die Menschen begeistert hat. Überschrieben ist diese sapphische Ode: *Ad Apollinem repertorem poetices, ut ab Italis cum lyra ad Germanos veniat* (An Apoll, den Erfinder der Dichtkunst: Er solle mit der Lyra von[*] den Italienern zu den Deutschen kommen), und sie beginnt (V. 1–4):

> *Phoebe, qui blandae citharae repertor,*
> *linque delectos Heliconque Pindum*[**]
> *et veni nostris vocitatus oris*
> > *carmine grato.*[7]

Phoebus, du der schmeichelnden Leier Vater,[***]
lass den lieben Helikon, lass den Pindus:
Komm zu unserm Land, von des lieben Liedes
> Tönen gerufen!

---

[*] Im Sinne der ersten und der letzten beiden Strophen läge es allerdings näher, *ab* im Sinne einer zeitlichen Folge zu verstehen: »nach den Italienern«.

[**] Aus metrischer Not statt des korrekten: *Helicona Pindumque.* In einer späteren Fassung (ediert postum, 1513) sind solche Fehler beseitigt.

[***] Nicht Apollon, wie Celtis wähnt, sondern Hermes (Merkur) hat die Lyra beziehungsweise Kithara erfunden.

Nach der folgenden zum Teil etwas dunklen Strophe zu urteilen, sind die Musen ihrem Führer Apoll schon vorausgeeilt. Und er soll jetzt offenbar nachkommen, um die kulturelle Mission zu vollenden, die »Barbarensöhne« mit »lateinischer Eleganz« *(Latius lepos)* zu bilden und zum Dichten *(pangere carmen)* zu befähigen.

Nach einem Vergleich mit dem alten Wundersänger Orpheus, der auch wilde Tiere mit seinem Gesang fesselte, wird zum Schluss das Ganze in größte kulturhistorische Zusammenhänge gestellt:

> *Tu celer vastas aequoris* [*] *per undas*
> *laetus a Graecis Latium* [**] *videre*
> *invehens Musas voluisti gratas*
> > *pandere et artes.*

> *Sic velis nostras rogitamus oras*
> *Italas ceu quondam aditare terras,*
> *barbarus sermo fugiatque ut atrum*
> > *subruat omne.*

> Einstmals kamst du schnell auf des Meeres Wogen
> von den Griechen froh zu Latinerküsten,
> brachtest auch die Musen mit dir und alle
> > lieblichen Künste.

> So auch komm, wir bitten dich, komm zu unsrem
> Land, wie einst du kamst zu Italiens Fluren!
> Lass Barbarensprache vergehn und alles
> > finstere Dunkel!

Die jetzige kulturelle Wende in Deutschland soll also derjenigen entsprechen, die Rom erlebt hat, als es nach dem Ersten Punischen Krieg

---

[*]   Celtis schreibt, wie damals üblich, der Aussprache folgend: *equoris* (ebenso *letus*, *Grecis*) und macht dann den Fehler, die erste Silbe kurz zu messen.

[**] Im Originaldruck steht *Latiam* (genauer: *laciam*), was kaum richtig sein kann.

griechische Literatur kennenlernte und importierte. Das ist interessant und höchst originell! Es bedeutet nämlich, dass nicht, wie nach der Vorstellung der Italiener, durch Renaissance und Humanistenlatein ein dunkles Mittelalter überwunden und eine glanzvolle Antike wiederbelebt werden soll: Vielmehr meint Celtis, dass die Deutschen nach ewigem barbarischen »Dunkel« nunmehr überhaupt erst – und vor allem durch ihn, Celtis – mit wahrer Sprachkultur in Berührung kommen. Zum Glück blieb Celtis dem deutschen lateinischen Mittelalter gegenüber nicht immer so unfair. Zu seinen großen Leistungen gehört auch, dass er die zu Unterrichtszwecken verfassten Märtyrerkomödien der ersten deutschen Dichterin, Hrotsvitha von Gandersheim, aus dem zehnten Jahrhundert wiederentdeckt und mit Holzschnitten seines Freunds Albrecht Dürer 1501 veröffentlicht hat.

DEUTSCHLAND HAT EINEN
GEKRÖNTEN POETEN

Wenn Apoll durch Celtis aus Griechenland nach Deutschland kam, um es, so wie einst Italien, auf die Höhen der Sprachkultur zu heben, dann hieß das auch, dass die Deutschen grundsätzlich mit den Italienern auf einer Stufe standen. In diesem Sinn war es konsequent, dass Celtis ein Jahr nach seiner *Ars versificandi* am 18. April 1487 als erster Deutscher von Kaiser Friedrich III., gelegentlich des Nürnberger Reichstags, mit dem Dichterlorbeer gekrönt wurde. Derselbe Kaiser hatte mit dieser Ehre schon früher, 1442, den oben erwähnten italienischen Humanisten Aeneas Sylvius Piccolomini ausgezeichnet. Somit war durch die Krönung des Celtis klar und sichtbar gemacht, dass Deutschland nunmehr eine lateinische Literatur habe, die derjenigen Roms beziehungsweise Italiens prinzipiell ebenbürtig sei.

Seine akademische Karriere führte Celtis über die Universität Ingolstadt, wo er eine anspruchsvolle, pompöse Antrittsvorlesung hielt und seine Studenten mit neuen musikalischen Experimenten für horazischen Odengesang begeisterte, nach Wien. Noch wichtiger war seine Reisetätigkeit, die ihn zuerst und relativ spät nach Italien, dann kreuz und quer durch Deutschland führte. An mehreren Orten gründete er, nach dem Vorbild italienischer Akademien, humanistische Vereine wie die *sodalitas Rhenana* (Rheinclub) und die *sodalitas Danubiana* (Donauclub).* Auch wollte er in allen vier Teilen Deutschlands je eine Geliebte gehabt haben, nach denen er dann seine je vier Bücher Liebeselegien *(Amores secundum quattuor latera Germaniae)* und Oden (*Odae*, postum 1513) anlegte. Sie beginnen jeweils im Osten mit der rassigen Polin *Hasilina*, führen über den Süden mit der allzu blonden, untreuen Regensburgerin *Elsula* in den goldenen Westen zur hochbegabten *Ursula*, der Celtis sogar lateinische Metrik und Prosodie beibringen will,** um schließlich im Norden bei der etwas frostigen Lübeckerin *Barbara* zu enden.

Geographie und Kulturgeschichte lagen ihm dabei ebenso am Herzen wie die Erotik: Hinter seinen Reisen und Amouren steckte auch der gewaltige Plan einer *Germania illustrata*, einer historisch fundierten Gesamtdarstellung des modernen Deutschlands. Die Stadtbeschreibung *Norimberga* (Nürnberg) kann als vorläufiges Teilstück davon angesehen werden. Auch als Dramenautor und Regisseur sowie als Festspielleiter für Kaiser Maximilian hat Celtis Bahnbrechendes geleistet, ebenso als philologischer Herausgeber und Kommentator mittellateinischer und klassischer Texte, zum Beispiel der für das deutsche Selbstverständnis so wichtigen *Germania* des Tacitus. Jedenfalls war er, ohne irgendwo selbst etwas künstlerisch oder wissenschaftlich ganz Überragendes geschaffen zu haben, ein unvergleichlicher Anreger und Ideengeber, der mit den besten Köpfen Deutschlands in Verbindung stand und auch Fürsten begeistern konnte. Den Namen des deutschen »Erzhumanisten« trägt er, nicht nur wegen seiner nationalen Gesinnung, mit Recht.

---

* In Wiederaufnahme der von Celtis begründeten Tradition haben 1984 Münchner Humanisten eine *Sodalitas LVDIS LATINIS faciundis e. V.* gegründet; sie fördert satzungsgemäß den lebendigen Gebrauch der lateinischen Sprache im Sprechen, Schreiben, Singen, Tanzen und Theaterspielen (www.sodalitas.de).
** Hier ist Celtis sogar als Metrikdidaktiker innovativ: Er will die Regeln für lange und kurze Silben durch eine entsprechend variierte Kussdauer vermitteln.

NEUE LATEINDIDAKTIK: SCHÜLERGESPRÄCHE
UND SCHULTHEATER

Celtis' Versuch einer modernen Lateinmetrik zeigte, wie schwer es
war, sich von den mittelalterlichen Lehrbüchern zu befreien. Insgesamt versuchten die humanistisch gesinnten Lateinlehrer in Deutschland vom übertriebenen Regelwerk etwa eines Alexander de Villa
Dei* loszukommen. Sie versuchten die Schüler nach einem elementaren Sprachunterricht, etwa durch Donat, häufig bald auch durch das
beliebte »Kinderpapperl« (*Pappa puerorum*, ab 1513) des Münsteraners
Johannes Murmellius, rasch zu den klassischen Autoren als den wahren Lateinlehrern zu führen: *Vera grammatica et quae fandi rationem
praebe<a>t in oratorum voluminibus poetarumque consistit.*[8] – »Die wahre
Grammatik, die den Weg zum Sprechen eröffnet, besteht in den Büchern der Redner (Prosaiker) und Dichter« (Paulus Niavis).

Vor allem aber galt es, Latein durch das Lateinsprechen selber, den
praktischen Gebrauch der Sprache, zu lehren. Selbstverständlich findet der Schulunterricht auf Latein statt, und die Schüler sind gehalten, sich auch untereinander der lateinischen Sprache zu bedienen.
Als Hilfestellung dafür entwickeln geschickte Schulmeister als neue
Lehrbuchgattung die lateinischen »Schülergespräche«. Pionier ist der
soeben zitierte Chemnitzer Paulus Niavis (Schneevogel) mit seinen
seit spätestens 1487 unter verschiedenen Titeln veröffentlichten Ge-
sprächssammlungen. Glanzstück seines ebenso brillanten wie kindge-
mäßen Humors ist der undatierte *Dialogus in quo litterarum studiosus
cum beano quarumvis praeceptionum imperito loquitur* (Dialog eines literarisch Beflissenen mit einem umfassend ungebildeten Klippschüler**).
Hier werden zum ersten Mal, wenn ich nicht irre, die beiden Sprach-
ebenen eines humanistischen Hochlatein und eines korrupten Küchenlatein, das heißt fehlerhaften Umgangslatein, einander in humo-
ristischer Absicht gegenübergestellt.

---

* Vgl. S. 150 f.

** *Beanus* ist, genau genommen, der noch nicht in der Universität immatrikulierte zukünftige Student, nach angeblich folgendem Spruch (mit Akrostichon): <u>b</u>eanus <u>e</u>st
<u>a</u>nimal <u>n</u>esciens <u>u</u>itam <u>s</u>tudiosorum.

Das Gespräch eröffnet der Küchenlateiner *(Scoribal)*: <u>*Benevenis*</u>, *Florine! <u>Ille</u> filius pistoris dixit mihi, <u>quod</u> tu venisti, et ego ita <u>curri</u> de foro, ut <u>pes</u> mihi <u>faciunt</u> <u>awe</u>.* – »Hallo, Florinus! Der Sohn des Bäckers hat mir gesagt, dass du gekommen bist, und da bin ich vom Markt weg so losgelaufen, dass mir die Füß auweh tun.« – Das sind in einundzwanzig Wörtern immerhin sieben grobe Grammatikschnitzer (oben durch Unterstreichung markiert).[*]

Der »literarisch Beflissene« *(Florinus)* lässt sich aber durch diese Katastrophe nicht verunsichern, sondern eröffnet seinerseits das Gespräch mit einer fanfarengleichen Humanistenphrase: *Gratia tibi pro hac tua in me benevolentia sit atque adeo maxima!* – »Dank sei dir, und zwar der größte, für dieses dein mir erzeigtes Wohlwollen!« – Man würdige hier vor allem das überflüssige, aber exquisit ciceronische *atque adeo!*

Der Charme dieses Gesprächs, das scheinbar eine programmatische Mahnung zum Studium eines humanistisch gereinigten Latein enthält, beruht natürlich darauf, dass im Grunde der einfältige Küchenlateiner Scoribal viel sympathischer dargestellt ist als der geschleckte Humanist Florinus, der weniger etwas sagen als vor allem seine Beherrschung der Imponiersprache Latein vorführen will. Paulus Niavis zeigt hier, dass er nicht nur Humanist, sondern auch human ist. Bei ihm in Chemnitz Latein zu lernen muss Spaß gemacht haben: *o litterae! iuvat discere!*

Im Zusammenhang mit diesen didaktisch orientierten Schülergesprächen, die übrigens eine deutsche Spezialität sind, stehen die Anfänge des lateinischen Schultheaters in Deutschland. Der Elsässer Jacob Wimpheling, bedeutend auch als pädagogischer Theoretiker, bringt 1480 als Dekan der Artistenfakultät in Heidelberg ein Stück, *Stylpho*, auf die Universitätsbühne, in dem der Titelheld, ein fauler Student, verspottet wird. Hier spielt die humanistische Lateinreform noch keine Rolle, wohl aber im *Codrus* des Münsteraner Johann Kerckmeister, in dem Anhänger der neuen Bildung einen rückständigen Schulmeister grausam hänseln.

---

[*] Korrekt wäre etwa: *Salve, Florine! Filius pistoris mihi dixit te venisse, quare ita de foro huc cucurri, ut pedes doleant.*

1497, zehn Jahre nach der Dichterkrönung des Celtis, kam es dann
zu einer ersten, echten Sternstunde der deutschen Theatergeschichte:
Der Jurist, Diplomat, Philosoph und Philologe Johannes Reuchlin
(1455–1522), der sich auch griechisch *Capnio* (Räuchlein) nennt,
führt am 31. Januar im Heidelberger Privathaus des Pfälzer Kanzlers
Johannes von Dalberg seine Komödie *Henno* mit neun Schauspielern
auf.

Dieser *Henno* war der altlateinischen Komödie vor allem des Plautus nachgebildet, aber viel einfacher gestrickt. Darum erhielt er auch
den anspruchslosen Untertitel *Progymnasmata scenica* (Theatralische
Vorübungen). Die Bescheidenheit hat sich gelohnt. Reuchlins Stück
überforderte weder ihn noch seine jugendlichen Akteure. Es ist ein
einfacher Schwank um den Bauern Henno, seine Frau Elsa und ihren
Knecht Dromo: Der Bauer bestiehlt seine Frau um acht Gulden, die
dann vom Knecht unterschlagen werden. Nach komischen Auftritten
auch eines Astrologen Alcabicius und eines Advokaten Petrucius
kommt es zu einem moralisch geradezu desaströsen Happy End: Der
betrügerische Knecht Dromo, ein unwiderstehlicher Beau, erhält, statt
bestraft zu werden, sogar noch sein Liebchen samt Mitgift.

Wie man sieht, schlägt Reuchlin alle seit Boccaccio üblichen humanistischen Beteuerungen, wonach es die Dichter vor allem auf die
sittliche Besserung ihres Publikums abgesehen hätten, kühn in den
Wind. Nur an einer Stelle musste er mildern. Als Elsa hört, dass ihr
Mann es mit schlechten Weibern treibe *(scortatur)*, glaubt sie es nicht
und beschwert sich auch noch: *nam me recumbentem sibi vix ter petit*[9] –
»denn mich, wenn ich bei ihm liege, stößt er kaum dreimal«. Reuchlins Freund Wimpheling hielt das für zu starken Tobak, und Reuchlin
entschärfte: Aus *vix ter petit* wurde *vix basiat* – »küsst er mich kaum«,
womit freilich der Witz verdorben ist.

Ein Triumph war Reuchlins *Henno* vor allem auch, was die Metrik anging. Er brachte als erster Deutscher regelrechte jambische Trimeter auf die Bühne. Und er scheute sich trotzdem nicht, hier und
dort der Gaudi halber auch Küchenlateinisches in seine Dialoge ein-
zumengen wie *Bonum sero* für »Guten Abend«. Aber, was das Schönste
war, nach jedem der regelrecht abgezählten fünf Akte (mit Ausnahme

des letzten) sang, gut antik, ein Chor zu zündenden Melodien, die uns noch erhalten sind, über so beliebte Themen wie das Lob des einfachen Lebens und das der poetischen Studien. Falls jemand einer Laienspielgruppe angehört, verrate ich ihm: Die Wiederaufführung des *Henno* lohnt sich (*probatum est*[*]).

DUNKELMÄNNER DEKUVRIEREN SICH

Mit dem Namen des großen Reuchlin, der später vor allem Vater der deutschen Hebraistik wurde, ist auch das zu Recht berühmteste Werk verknüpft, das der deutsche Lateinhumanismus hervorgebracht hat, die *Epistulae obscurorum virorum* (Briefe von Dunkelmännern). Beim literarischen Streit mit einem getauften Juden namens Pfefferkorn, der im Eifer des Konvertiten den Kaiser zum Vorgehen gegen christenfeindliche jüdische Schriften bewegen wollte, war Reuchlin, der für die Sache der Juden eintrat, in den Verdacht der Ketzerei geraten, und man hatte sich sogar an den Papst gewandt. Um weiter gegen ihn Stimmung zu machen, veröffentlichte ein Freund Pfefferkorns, Ortwin Gratius, Professor in Köln, eine Sammlung von Gutachten, die für Reuchlin negativ waren.

Jetzt scharten sich die deutschen Humanisten, die sich nach italienischem Vorbild *poetae* nannten und in Ortwin den scholastischen Widersacher witterten, um ihren Gesinnungsgenossen Reuchlin. Nach der Veröffentlichung einer ernst gemeinten Sammlung von *Clarorum virorum epistulae* (Briefe berühmter Männer), die Reuchlin den Rücken stärken sollte, verhöhnte man nun die Gegner in einer als Satire gedachten fiktiven Sammlung eben von »Briefen dunkler Männer« (zuerst 1515). Damit sollten die Anhänger des nicht minder dunklen Ortwin Gratius gemeint sein. Um was für Banausen es sich bei diesen *viri obscuri* handelt, zeigen schon ihre Namen, die zum Teil echt (wie *Thomas Langschneyderius*), meist aber frei erfunden sind (wie *Mammo-*

---

[*] »Die Erfahrung hat es bestätigt«. Ich denke an Aufführungen in München (etwa 1980) und Freising (1989).

trectus[*] *Buntemantellus, Herbordus Mistladerius* und *Conradus Dollenkopf-
fius*). Sie alle sind Anhänger der *theologi* und erbitterte Gegner der *poetae*, also der Humanisten, die sich allüberall an der Universität breit-
machen und verlangen, dass man statt bewährter mittelalterlicher
Lehrbücher »neumodische Dichter« wie *Cicero* (!) und Ähnliches liest.

Der Pfefferkornstreit wird damit vom Theologischen ins Bil-
dungspolitische hinübergespielt. Mit gleichmäßiger Borniertheit und
in gräulichem Latein diskutieren die Dunkelmänner untereinander
Fragen theologischer, literarischer und linguistischer Natur, wie zum
Beispiel sogleich das interessante Problem, ob ein künftiger Magister
als *noster magistrandus* oder *magister nostrandus* anzusprechen sei (I 1) –
natürlich ist beides grundverkehrt, da weder ein Verbum *magistrare*
noch ein *nostrare* existiert.

Der wichtigste Fragenkreis betrifft, wie es sich für Universitätstheologen gehört, die Campuserotik: Zwar gibt es noch keine Theo-
logiestudentinnen, aber dafür hat Professor Ortwin ein Techtelmechtel mit seinem Beichtkind, Frau Pfefferkorn, persönlich (I 13 *supponitis
uxorem Ioannis Pfefferkorn*[**]), weshalb ihm Magister *Conradus de Zvic-
cavia*, selbst ein bekennender Schürzenjäger, in gut gewürztem Küchenlatein Ratschläge gibt: *Quando scribitis*[***] *mihi: quid facit vestra ama-
sia? Nuper dixit mihi unus, quod, quando ipse fuit Coloniae, tunc fuistis in
rixa cum ipsa et percussistis eam, quia fortassis non fecit secundum opinionem
vestram; et ego miror, quare potestis ita pulchram mulierem percutere;
ego flerem, si viderem; potius debetis dicere, quod non faciat amplius, tunc ipsa
emendaret se, et de nocte esset vobis amicabilior.*[****][10] – »Falls Ihr mir

---

[*]   Wohl verballhornt aus *mammothreptus* = Brustsauger, Busenlutscher.

[**]   Wörtlich:»Ihr legt euch die Gattin von J. P. unter«; das ordinäre *supponere* steht
regelmäßig zur Bezeichnung amouröser Verhältnisse.

[***] Die Pluralanrede *(vos)* statt des republikanischen Singulars *(tu)*, mit dem sogar
Kaiser und Papst anzusprechen sind, ist bis heute ein sicheres Markenzeichen des Kü-
chenlateiners.

[****] In korrektem Latein hieße das etwa: *Si mihi scripseris: quid agit amica tua? Nuper
mihi aliquis dixit te, cum ipse Coloniae esset, rixatum esse cum illa, etiam percussisse, fortasse
quia morem tibi gerere noluisset. Atqui miror te tam formosam mulierem percutere posse. Hoc si
viderem, flerem. Melius erat admonere eam, ne saepius hoc committeret. Quod si faceres, ipsa sese
ad meliorem mentem revocaret et noctu te amantius acciperet.*

schreibt: Was macht Eure Liebste? Neulich sagte mir einer, Ihr habt, als er selber in Köln war, mit ihr gestritten, auch sie geschlagen, vielleicht weil sie es Euch nicht nach Eurer Vorstellung gemacht hat. Und ich wundere mich, warum Ihr eine so schöne Frau schlagen könnt. Ich würde weinen, wenn ich es sähe. Eher müsstet Ihr sagen, dass sie das nicht wieder tun soll: Dann würde sie sich bessern und Euch nachts mit mehr Liebe behandeln.«

Auch ein damals zwischen Physik und Theologie an der Universität Erfurt kontroverses Problem soll mittels Befragung der Frau des bekehrten Juden Pfefferkorn durch Beichtvater Ortwin endlich geklärt werden *(Lupoldus Federfusius):* Wächst nach der Taufe die der Beschneidung zum Opfer gefallene Vorhaut *(praeputium)* des Juden wieder nach?[11] Leider erhalten wir gerade auf diese hochkomplizierte Frage *(quaestio multum subtilis)* keine Antwort.

Manchmal ist man als Universitätsprofessor doch froh, nicht im sechzehnten Jahrhundert gelebt zu haben! Verfasser dieser im Schutz der Anonymität veröffentlichten geist- und giftsprühenden Sottisen, wie wir sie bei unserer heutigen Zimperlichkeit wohl nicht mehr hinnehmen würden, war vor allem der Theologe Crotus Rubeanus, Mitglied eines Erfurter Humanistenkreises. Aber auch der schon zitierte Ulrich von Hutten war Koautor; und er war dann mit Sicherheit Hauptverfasser des zweiten Buches, das, 1517 erschienen, noch weiter ging in der Schärfe der antiklerikalen Polemik und, ohne Einbuße an Humor, ernste Themen wie den Ablasshandel oder die Finanzpraktik der römischen Kirche mit einbezog.

ULRICH VON HUTTEN, DEUTSCHER PATRIOT UND LATEINER

Bevor wir aber damit zur Reformationszeit übergehen, sei wenigstens noch kurz ein Blick auf diesen Publizisten und Dichter Hutten (1488–1523) geworfen, den manche als den größten deutschen Lyriker zwischen Walther von der Vogelweide und Klopstock bezeichnet haben und der jedenfalls als lateinischer Dichter in seinem Jahrhundert fast einzig dasteht, an Wirkung nur mit Celtis vergleichbar, an Können diesem weit überlegen.

Ein gebürtiger Franke, für den geistlichen Beruf bestimmt, entzieht er sich bald dem Studium der Theologie zugunsten der *artes*. Er erhält mit achtzehn Jahren akademische Lehrerlaubnis als Baccalaureus, den man neuerdings in Deutschland zum *Bachelor* verunstaltet. Und er schreibt schon als Teenager ein Gedicht, das nicht zuletzt wegen seiner Frechheit Furore macht: *Nemo* (Niemand) heißt der Mann, den er preist, denn *Nemo*, der schon vor der Weltschöpfung da war, der zwei Herren dienen und sogar in der Liebe vernünftig sein kann, dieser *Nemo* kann und darf überhaupt alles, zum Beispiel auch gegen die Kirche polemisieren:

Nemo sacerdotum luxus vitamque supinam,
Nemo audet Latium carpere pontificem.[12]

»Niemand« riskiert es, den Schlaf und den Luxus der Pfaffen zu
tadeln,
»Niemand« riskiert nur ein Wort gegen den Pontifex Roms.

So sagt Hutten, dank ingeniöser Erfindung, eben das, was »niemand« sagen darf. Kenner sehen leicht, dass dieses Wortspiel mit »Niemand« seinen Ursprung bei Homer in der *Odyssee* hat:[*] Aber was hat der junge Hutten daraus gemacht!

Bald darauf instrumentalisiert er seine Feder zur Waffe im persönlichen Lebenskampf: Dem altgriechischen Jambiker Archilochos und dem verbannten Ovid folgend, macht er eine als Dozent in Greifswald erlittene Unbill zum Gegenstand von zwei Büchern *Querelae* (Klagen). Die Subjektivität dieser Elegien, in denen sowohl der Leidensgenosse (!) Christus als auch der zuständige Landesfürst um Rechtsschutz gebeten werden, ist einzigartig. Vor allem eine eingelegte Selbstbiogra-

---

[*] Der listenreiche Odysseus nennt sich (im achten Buch der *Odyssee*) dem Menschenfresser Polyphem gegenüber *Utis* (Niemand); das macht es diesem Tölpel, als er von Odysseus geblendet ist, schwer, seine Genossen gegen »Niemand«, der ihn verletzt habe, zu mobilisieren.

phie zeigt eine Freude an der eigenen Persönlichkeit, wie man sie in dieser Zeit sonst kaum findet. Hier bekennt er sein echt humanistisches Weltbürgertum: *Nusquam habitare magis quam me delectat ubique*[13] – »Nirgends zu wohnen ist mir viel lieber als irgendein Wohnsitz«; hier seine petrarcagleiche Ruhmesliebe: *Me iuvat esse aliquid famamque extendere factis*[14] – »Selber ein Held will ich sein und den Ruhm ausdehnen durch Taten.« Derselbe Hutten genießt es aber auch, Mitglied einer Gemeinschaft humanistischer Gesinnungsgenossen zu sein: Eine Elegie *Ad Poetas Germanos* (An die deutschen Dichter: 2,10) nennt vierzig Namen (von Wimpheling bis Reuchlin), ein *Who's who* des deutschen Humanismus um 1510.

Noch größeren Erfolg hat begreiflicherweise das praktischen Zwecken dienende metrische Lehrgedicht *De arte versificatoria* (Über die Kunst des Versemachens, 1511), das die fast gleichnamige Schrift des Celtis (und andere Lehrbücher) weit in den Schatten stellt und in den nächsten fünfzig Jahren etwa dreißigmal nachgedruckt wird.

Studienjahre in Italien und Paris muss Hutten aus Geldmangel abbrechen. Zum Glück erwirbt er sich mit einem virtuosen Preisgedicht auf Markgraf Albrecht von Brandenburg sowohl zweihundert Gulden als auch einen wohlgesinnten Mäzen. Größeren Ruhm bringen ihm die nach Ciceros Reden gegen Verres stilisierten fünf fiktiven Gerichtsreden gegen Ulrich von Württemberg, den Mörder von Huttens Vetter. Ein anderes gegen Herzog Ulrich gerichtetes Werk enthält zum ersten Mal Huttens persönliches, von Julius Caesar übernommenes, Lebensmotto: ALEA IACTA EST – Der Würfel ist gefallen,[*] in Huttens eigener Verdeutschung: »Ich hab's gewagt«. In dieselbe Zeit fällt sein oben erwähntes Mitwirken an den *Epistulae obscurorum viro-*

---

[*] In dieser Form ist das Zitat sprichwörtlich bis heute, nicht ganz im Sinne des Urhebers. Caesar selbst zitierte bei dem für die römische Geschichte entscheidenden Überqueren des Rubikon in griechischer Sprache »Der Würfel <u>soll</u> geworfen sein« (das wäre lateinisch: *alea iacta esto*). Damit war nicht ausgedrückt, dass eine Entscheidung gefallen wäre, sondern dass sich die Dinge nunmehr zu entscheiden haben: »Der Würfel soll (hiermit) emporgeworfen sein – wollen wir sehen, was der Wurf bringen wird: Sieg oder Niederlage.« Huttens Übersetzung des geflügelten Worts kommt, trotz falschem Wortlaut im Lateinischen, dem ursprünglichen Sinn nahe.

rum und seine Dichterkrönung durch Kaiser Maximilian, im Jahr 1517 – dem Jahr von Luthers Thesenanschlag.

Der Kampf für die Reformation und gegen die römische Kirche wird von nun an Huttens Lebensthema: Poesie und Philologie haben sich der Politik unterzuordnen; nicht mehr Cicero und Ovid sind die Vorbilder, sondern Arminius, der Befreier Deutschlands. Hutten veröffentlicht Lorenzo Vallas Schrift über die Unechtheit der konstantinischen Schenkung,[*] und er geißelt in einem Dialog *Trias Romana*, den er auch gleich ins Deutsche übersetzt (»Die Römische Dreyfaltigkeit«), was dem römischen Klerus das Herzallerliebste ist – nicht Vater, Sohn und Heiliger Geist, sondern »hüpsche frawen, schöne pferd, vnd Bäpstliche bullen«.[15]

In zwei Sprachen, Latein und Deutsch, finden nun die publizistischen Kämpfe statt, die Hutten, an der Seite Luthers, gegen die Papstkirche austrägt: Er ist möglicherweise der erste Deutsche, dessen Werke nicht nachträglich zweisprachig werden – wie etwa Jacob Locher Sebastian Brants *Narrenschiff* als *Stultifera navis* latinisiert hat (1497), um ihm europaweite Verbreitung zu sichern –, sondern die von vornherein in zwei Sprachen konzipiert sind: lateinisch für das internationale gelehrte Publikum, deutsch für die eigenen, auch die ungebildeten Volksgenossen.

Manche Publikationen sind nun auch nur noch auf Deutsch verfasst. Huttens programmatische Verse über dieses neue Dichten markieren eine Epoche der Literaturgeschichte:

Latein ich vor geschriben hab,
das war eim yeden nit bekandt.
Yetzt schrey ich an das vatterland
Teütsch nation in irer Sprach ...[16]

Hutten lässt es nicht bei Worten bewenden. Mit Franz von Sickingen, dem Anführer der rheinischen Ritterschaft, plant er einen Feldzug gegen das Erzbistum Trier. Als dieser misslingt, muss er, in Acht und Bann

---

[*] Vgl. S. 167.

getan, in die Schweiz fliehen, wo ihm Erasmus, die größte humanistische Autorität der Zeit, zu seiner Erbitterung die kalte Schulter zeigt. Im August 1523 stirbt Hutten, im Alter von fünfunddreißig Jahren. Seine letzte Schrift mit dem Titel *In tyrannos* ist verloren. Aber sie hat dem Werk eines anderen Nationaldichters das Motto geliefert: Friedrich Schillers *Räubern*. In ihnen weht noch einmal etwas von Huttens Geist.

Aber er war gerade nicht nur ein deutscher Nationaldichter. In ebendem Brief an Willibald Pirckheimer, den wir eingangs zitiert haben, bekennt er sich ja emphatisch zur europäischen Gemeinschaft der Lateiner. Pirckheimer hatte ihn in jenem Entscheidungsjahr (1518) aufgefordert, sich doch aus der Politik herauszuhalten und, wie die meisten anderen Humanisten, als Dichterphilologe ein ruhig gelehrtes Dasein zu führen. Dies musste Hutten ablehnen *(quiescere nondum iuvat, Bilibalde)*, wie er denn auch zwei Jahre später dichtet:

Wer wolt in solchem bleiben dheim?
Ich habs gewagt, das ist mein reim.[17]

Aber zugleich beruhigt er Freund Willibald: Auch als politischer Publizist fühlt er, Ulrich von Hutten, sich immer noch der humanistischen Sache, dem Kampf für lateinische Bildung verpflichtet: *O saeculum! o litterae! iuvat vivere!*

RES ET VERBA
REFORMATION UND LATEINHUMANISMUS

Martin Luther, sicherlich der gewaltigste Theologe seit dem Apostel Paulus, war ein einzigartiger Meister der deutschen Sprache, die er durch seine Bibelübersetzung wie neu geschaffen, durch zahllose Schriften und Lieder bereichert hat. Er war aber auch ein unverächtlicher Lateiner, der, selbst zwar im »Mittellatein« seiner scholastischen Lehrer geschult, dennoch auch in gehobener Sprache treffend zu formulieren und sogar zu dichten verstand – entgegen der herrschenden Meinung. Vor allem aber hat er das Verdienst, dafür gesorgt zu haben, dass im Trubel von Reformation, Bauernkrieg und Schwarmgeisterei die lateinische Schulbildung erhalten blieb und weiterhin im Geiste der Humanisten erneuert werden konnte.

*R*enaissancehumanismus und *R*eformation mussten ja natürliche Geschwister sein, entstammten beide doch einer umfassenden, tief ins Mittelalter zurückreichenden Sehnsucht nach *Wieder*geburt *(renasci)* und Erneuerung *(reformari)*, was sowohl Bildung als auch Religion betraf. Ein Jahr bevor Luther mit dem sensationellen Anschlag seiner fünfundneunzig Thesen (1517), einem der wichtigsten lateinischen Texte aller Zeiten, seinen Bruch mit der alten Kirche einleitete, hatte der berühmteste Humanist des Jahrhunderts, Desiderius Erasmus, in einem offenen Brief an Papst Leo X. die Sehnsucht der Gebildeten nach Wiederherstellung echter Frömmigkeit, literarischer Bildung *(litterae)* und christlicher Eintracht dargelegt. So nimmt es denn nicht wunder, dass sich zumindest am Anfang der Bewegung fast alle deutschen Humanisten, wie besonders Ulrich von Hutten, Luther anschlossen oder doch mit ihm sympathisierten. Umgekehrt erklärte sich Luther mitunter geradezu programmatisch für den Humanismus, wenn er etwa sagte, er bedauere es, seine Zeit mit scholastischen Theologen und deren geistigem Vater Aristoteles, dem »müßigen Esel«,[1] wenn nicht gar leibhaftigen Teufel,[2] vertan zu haben, statt Lateinklassiker wie Cicero zu lesen.[3]

Und was von Luther zu sagen ist, gilt noch mehr von den beiden anderen Reformatoren, den »Reformierten«: Huldrych Zwingli, der auch in Wien bei Celtis studiert hatte, war ein professioneller Philologe, der etwa einen lateinischen Kommentar zu den *Erga* (Landwirtschaft) des altgriechischen Epikers Hesiod schreiben konnte; und Johannes Calvin verfasste in jungen Jahren (1532) einen noch heute wertvollen Kommentar zu Senecas Schrift *De clementia* (Über die Milde), in glänzendem Latein, wie alles von ihm.

Und doch kam es zu keiner völligen Eintracht zwischen Humanismus und Reformation. Luthers Fanatismus stieß im Laufe der Zeit viele Humanisten vor den Kopf, zumal Erasmus, dessen Autorität für die Durchsetzung der Reformation so wichtig gewesen wäre. Nach Luthers Überzeugung beruhte dies auf einem tiefen Gegensatz, da Erasmus »mehr am Menschlichen als am Göttlichen hänge« (*humana praevalent in eo plus quam divina*, Brief vom 1.3.1517). Natürlich: Für einen Humanisten wie Erasmus war die Pflege der Sprache, womit damals nur Latein gemeint sein konnte, immer auch ein Wert an sich, nicht ebenso für Luther, dem es fast nur auf den Geist ankam.

Vermittelnd, leider nicht versöhnend, stand zwischen den beiden großen Antipoden die lichtvolle Gestalt des Philipp Melanchthon, der idealtypisch das verkörpert, was man »christlichen Humanismus« nennt. Luther in seiner großen Fähigkeit zur Vereinfachung hat das Verhältnis dieser drei wichtigsten Köpfe der Zeit einmal, mit Kreide auf seine Tür geschmiert, in folgende griffige Formel gefasst: *Res et verba Philippus. Verba sine re Erasmus. Res sine verbis Lutherus.*[*4] – »Sache und Worte: Philipp (Melanchthon). Worte ohne Sache: Erasmus. Sache ohne Worte: Luther.« Wir befassen uns vor allem mit den beiden Meistern der *verba,* den großen Lateinern Erasmus und Melanchthon.

---

[*] Meist wird heute falsch betont: *Lútherus;* richtig aber *Luthérus.* Ebenso bei allen anderen Namen auf *-erus.*

ERASMUS: WUNDER DER WELT

Obwohl der Niederländer Erasmus noch heute ein bekannter Name
ist, der das Markenzeichen für ein europäisches Studentenprogramm
hergibt, ist dieser verbliebene Ruhm doch nur ein Abglanz der beispiellosen Popularität, deren sich Erasmus bei seinen Zeitgenossen er-
freute. Sie wurde, wie Stefan Zweig einmal festgestellt hat, nicht einmal von einem Dürer, Paracelsus oder Michelangelo erreicht: Was er
schrieb, galt; wer ihn sprechen durfte, war beseligt; wer gar einen Brief
von ihm erhielt – zweitausend davon sind erhalten –, verehrte diesen
wie eine Reliquie. Woher die beispiellose Autorität dieser Kultfigur,
dieses »Wunders der Welt« *(miraculum mundi)?*[5]

Viel trug sein umfassendes Wissen dazu bei, für das er auch *doctor
universalis* hieß; fast ebenso viel sein liebenswürdiges Wesen, noch
mehr vielleicht seine auf völliger Geistesfreiheit beruhende Überpar-
teilichkeit. Aber entscheidend war letztlich doch ein anderes: die einzigartige, so vielleicht nie wieder erreichte Beherrschung der lateinischen Sprache, welche sich *ex negativo* schon daran zeigt, dass Erasmus
heute, in Übersetzungen, kaum mehr gelesen wird. Dabei ist seine
Sprache gerade nicht rhetorisch aufgedonnert, sondern sie drückt alles mit einer so selbstverständlichen Leichtigkeit aus, dass der Leser gar
nicht auf den Gedanken kommt, man hätte es auch anders sagen können. Und auch inhaltlich ist ein großer Teil seines Werks (in der alten
Gesamtausgabe drei von zehn riesigen Folianten) dem Lateinischen,
ganz besonders der Lateindidaktik gewidmet. Es gab wohl auch nie
einen besseren Lateinlehrer.

Erasmus, wie Petrarca geweihter Priester, debütiert sogleich mit
einer humanistischen Programmschrift, den 1494 begonnenen, erst
viel später gedruckten *Antibarbari.* Seinen Ruhm aber begründen die
Adagia (Sprichwörter), mit denen er geschickt eine Lücke auf dem
humanistischen Büchermarkt aufgespürt hat. Wer im Diskurs der Gebildeten mithalten will, muss – das gilt ja noch heute – mit geflügelten Worten und Redensarten umgehen und imponieren können.
Erasmus lieferte seinem Leser die zunächst etwa achthundert, später
über dreitausend wichtigsten sprichwörtlichen Wendungen, gab dazu

die antiken Belege, Sacherklärungen und immer wieder eigene, geistsprühende Kommentare.

Wir überspringen die vielbewunderten Lehrbücher der christlichen Moral, die Erasmus – auch darin echter Humanist im Sinne Petrarcas – nicht weniger am Herzen liegen, und wenden uns dem La-
teinpädagogen zu. Ihn erleben wir vor allem in den kuriosen zwei
Büchern *De utraque verborum ac rerum copia* (Über die Fülle sowohl der
Wörter als auch der Sachen), aus denen man lernt, wie man seine Gedanken variieren *(verba)* und erweitern *(res)* kann. Keine Frage, dass
Luther bei der Formulierung des zitierten Diktums *(Res et verba …)*
an dieses Werk gedacht hat. In dessen erstem Teil bietet Erasmus die
virtuosesten lateinischen Fingerübungen, die es je gegeben hat. So
wird ein Satz wie *Semper dum vivam, tui meminero*[6] – »Solange ich lebe,
werde ich immer an dich denken« – in circa dreihundert Variationen
durchgespielt. Anfänger sagen etwa: *numquam, quoad victurus sum, me
tui capiet oblivio* – »Niemals, solange ich am Leben sein werde, werde
ich deiner vergessen«; Fortgeschrittene lassen sich etwas Exquisiteres
einfallen: *eadem me lux exanimem videbit, quae tui conspiciet immemorem –*
»Derselbe Tag wird mich als Toten sehen, der erblicken muss, wie ich
deiner vergesse.« Das ist nicht nur ein literarisch-intellektuelles Spiel,
sondern ein ernstliches Training für den, der damals sprachlich *up to
date* sein wollte. Welch ein Jahrhundert!

Der reine Künstler Erasmus erreicht seinen Zenit mit dem bis
heute in Übersetzung viel gelesenen, Witz und Bosheit versprühenden
Encomium Moriae (Lob der Torheit) – der Titel sinnreich gewählt mit
Anspielung auf seinen englischen Freund Thomas *Morus,* den Verfasser des ebenso genialen Romans *Utopia.* Seine pädagogische Leidenschaft aber, neben dem literarischen Künstlertum, zeigt sich am voll-
kommensten in den *Colloquia familiaria* (Vertraute Gespräche), seinem
zu Lebzeiten erfolgreichsten Werk. Es hat seinen Ursprung in den von
deutschen Lehrern erfundenen »Schülergesprächen«, die – ähnlich wie
heutige Konversationsführer, besonders für Auslandstouristen – die üb-
lichsten Phrasen des Umgangslatein vermitteln sollen. So beginnen die
Colloquia des Erasmus mit einfachsten Floskeln: *Salve pater, salve mater-
cula, salve mi frater … Salvete pariter omnes*[7] – »Sei gegrüßt, Vater … Müt-

terchen … mein Bruder … Seid alle zusammen gegrüßt«, nebst einer nützlichen Belehrung darüber, wen und wann man zu »grüßen« beziehungsweise Gesundheit zu wünschen habe (*salutare* umfasst zugleich »Guten Tag« und »Zum Wohl«): Zu »grüßen« ist auch der Speisende, Gähnende, Niesende, Hustende und der vom Schluckauf Betroffene; dagegen: *In ructu crepituve ventris salutare hominis est plus satis urbani* – »Bei einem Rülpser oder knallenden Wind ›Zum Wohl‹ zu sagen wäre eine allzu übertriebene Höflichkeit.« Man beachte die elegante Schamhaftigkeit der Formulierung, die bezüglich des Windes den *terminus technicus* meidet, dabei aber trotz Dezenz kraftvoll bleibt.

DÜRFEN AUCH FRAUEN LATEIN LERNEN?

Auch die später folgenden, umfangreicheren *Colloquia* lassen sich bis heute mit Gewinn zur Erlernung der lateinischen Umgangssprache gebrauchen. Aber sie erheben sich hoch über diesen Zweck empor in die Sphäre der Weltliteratur, werden doch hier die den Normalmenschen am häufigsten bewegenden Themen des Jahrhunderts mit feinstem Witz behandelt: eine Mentalitätsgeschichte in literarischen Sketches.

Nur ein Beispiel, das ein durch den Humanismus aufgeworfenes Problem betrifft: die lateinische Frauenemanzipation. Schon Celtis hatte in einer Elegie[8] geklagt, dass seine literarisch so begabte Ursula kein Latein verstehe, ja dass man überhaupt Frauen von der Lateinbildung ausschließe – sodass denn viele Nonnen ihre Hymnen plärrten, ohne den Text zu verstehen! Tüchtige deutsche Humanisten ließen es nicht bei solchen Klagen bewenden: Charitas Pirckheimer, Tochter des schon erwähnten Nürnberger Gelehrten Willibald Pirckheimer, lernt so bravourös Latein, dass sie dem Erzhumanisten Celtis in einem fein pointierten Brief wegen seines literarischen Neuheidentums Vorhaltungen machen kann. Und eine Tochter des großen Augsburger Humanisten Conrad Peutinger soll sogar schon im zarten Alter von drei Jahren Kaiser Maximilian I. mit lateinischer Grußadresse bedacht haben. Auch im Ausland denkt man über das Problem nach: Der bedeutendste spanische Humanist und Pädagoge, Juan Luis Vives, schreibt, wohl als Erster, *De institutione feminae Christianae* (Über die Unterweisung einer christlichen Frau) und verteidigt die umstrittene lateinische Mädchenerziehung.

Nun greift Erasmus auch dieses Thema auf, indem er in seinen *Colloquia* einen stumpfsinnigen Priester, den Abt Antronius, mit einer humanistisch gebildeten jungen Dame, Magdalia, konfrontiert.[9] Der geistliche Herr hat neben Beten und Klosterwirtschaft nur Jagen, Trinken und Würfelspiel im Kopf. Bei ihr dagegen ist noch das Schlafzimmer voll von lateinischen und griechischen Büchern. Er findet das für eine Frau unnütz: Bei ihr seien, neben Spindel und Rocken, allenfalls französische Bücher zu ertragen, Latein dagegen sei unweiblich. Warum? »Weil diese Sprache zu wenig geeignet ist, ihre Keuschheit zu erhalten *(Quia parum facit ad tuendam illarum pudicitiam)*.« Magdalia denkt an Unzüchtiges etwa bei Ovid, und die Replik scheint ihr leicht: »Ja tragen denn französische Bücher, die voll sind von den frivolsten Geschichten, zur Keuschheit bei? *(Ergo nugacissimis fabulis pleni libri Gallice scripti faciunt ad pudicitiam?)*« Jetzt wird der Abt verlegen: »Ich meine etwas anderes *(Aliud est)*.« – »Sag offen, was es auch ist! *(Dic istud, quidquid est, aperte!)*« Endlich lässt er die Katze aus dem Sack: »Weil sie von den Priestern weniger zu befürchten haben, wenn sie kein Latein können *(Tutiores sunt a sacerdotibus, si nesciant Latine)*.«

Ist Erasmus nicht ein trefflicher Sprachsoziologe? Die Lateinbarriere stabilisiert Kirche und Gesellschaft, indem sie der lüsternen Geistlichkeit das Anbandeln erschwert! Und nun beachte man, wie Magdalia pariert. Statt ins moralische Horn zu stoßen, gibt sie dem Gespräch mit Ironie eine echt humanistische Wendung: »Nein, aus dieser Richtung droht die geringste Gefahr, dank eurer Mühe: Ihr sorgt ja mit Fleiß dafür, dass ihr selber kein Latein könnt. *(Immo istinc minimum est periculi vestra opera; quando quidem hoc agitis sedulo, ne sciatis Latine.)*« Eine lateinisch geschulte Magdalia lässt sich gewiss nicht von einem ungebildeten geistlichen Schmalspurlateiner aufs Kreuz legen.

Im Übrigen weiß sie, dass sie nicht mehr allein steht, dass sich in Europa schon gewissermaßen eine *res publica eruditarum,* ein internationales lateinisches Damenkränzchen, abzeichnet. Nicht nur in den

Kernländern des Humanismus, Italien und Spanien, gibt es gelehrte Frauen: *Sunt in Anglia Moricae, sunt in Germania Billibaldicae et Blaurericae.* – Es gibt in England die Töchter des (Thomas) Morus, in Deutschland die des Willibald (Pirckheimer) und des (Ambrosius) Blaurer.[*] Und nun wird Erasmus zum Propheten, indem er Magdalia weissagen lässt, bald könnten auch in der Kirche Frauen die Macht übernehmen: *Quod nisi caveritis vos, res eo tandem evadet, ut nos praesideamus in scholis theologicis, ut contionemur in templis.* – »Wenn ihr also nicht aufpasst, wird es einmal noch so weit kommen, dass wir Frauen in den theologischen Schulen den Vorsitz führen, dass wir in den Kirchen predigen.« – Richtig prophezeit, Magdalia! Theologieprofessorinnen gibt es inzwischen sogar schon in der katholischen Kirche, und, wer weiß, katholische Pfarrerinnen irgendwann auch.

Dies war nur ein winziges Beispiel. Aber es zeigt uns andeutungsweise, worauf die geistige Machtstellung dieses Mannes zu seiner Zeit beruht hat. Kein politischer Traktat, keine rhetorische Deklamation könnte ja überzeugender für die humanistische Frauenbildung werben als dieses leichtfüßige *Colloquium,* in dem eine charmante Lateinerin einen bornierten Geistlichen, ohne je bösartig zu werden, mit brillanter Formulierungskunst bloßstellt. Erasmus zwingt seinen Leser, ihm zuzustimmen, und trifft den Gegner, ohne zu verletzen – anders als etwa die giftigen *Epistulae obscurorum virorum,* die er ausdrücklich ablehnte. Man beachte: In dem zitierten *Colloquium* konzediert er auch dem tumben Abt ein immerhin passables Latein. Wohl auch aus diesem Grund waren die immer wieder neu aufgelegten und erweiterten *Colloquia* jahrzehntelang das meistgekaufte Buch nach der Bibel.

---

[*] Ambrosius Blaurer (meist: Blarer) war der Reformator Württembergs. Er war 1522 (im Jahr der Erstpublikation der *Colloquia familiaria*) noch Prior des Klosters Alpirsbach; zur Abfassungszeit dieses Colloquiums muss er offenbar schon eine Weile Familienvater gewesen sein.

PÄDAGOGISCHER HUMANISMUS UND
THEOLOGISCHE RADIKALITÄT

Mit seiner Kritik an Kirche und Geistlichkeit, die man ihm vielerorts
verübelte – einige Werke blieben dauernd auf dem Index der katholischen Kirche –, schien Erasmus zunächst ganz auf der Seite der Reformation zu stehen. Das von ihm zum ersten Mal kritisch herausgegebene Neue Testament war die Grundlage für Luthers sensationelle
Übersetzung. Aber Partei nehmen für Luther wollte Erasmus nicht,
und dessen politische wie theologische Position wurde ihm zunehmend unheimlich. Als ihn dann Vertreter und Anhänger der alten Kirche zur Stellungnahme drängten, wurde daraus zwar kein lautes »Zu-
sammendonnern« *(detonare)*, wie viele wünschten, aber doch eine
strenge Zurechtweisung des Revolutionärs, der in ebendiesem Jahr
(1524) durch Ablegen seiner Mönchskutte endgültig zeigte, wie ernst
es ihm war.

Erasmus' Schrift *De libero arbitrio* (Über den freien Willen) war
seine wohl wichtigste theologische Leistung. Wie Luther anerkannte,
hatte sich Erasmus nicht mit Nebensachen, wie Ablass oder Fegefeuer,
abgegeben, sondern »als Einziger von allen das eigentliche Kernpro-
blem erkannt *(Unus tu et solus cardinem rerum vidisti)*«[10]: Kann sich der
Mensch aus freiem Willen *(libero arbitrio)* für Gott entscheiden und sein
Seelenheil gewinnen, oder ist er, wie die Reformatoren wollen, völlig von der Gnade Gottes abhängig (*sola gratia* lautete die berühmte
Formel), der den einen zum Heil, den anderen zum Verderben bestimmt hat? Ein kaum lösbares Problem, wenn man annimmt, dass
Gott über die völlige Allmacht und Vorhersehung verfügt – was einen
freien Willen aufheben muss –, zugleich aber auch Gerechtigkeit und
Barmherzigkeit verkörpert – was eine Vorbestimmung *(praedestinatio)*
zu ewiger Strafe auszuschließen scheint.

Erasmus, der alle Autoritäten der Bibel, der Kirchenlehrer und der
Kirche selbst gegen Luther anzuführen versucht, schlägt sich ganz auf
die Seite des liebenden Gottes und bejaht somit das *liberum arbitrium,*
das durch den Sündenfall nur geschwächt worden sei. Aber weit mehr
am Herzen liegt ihm, wie er sogleich feststellt, etwas anderes: Selbst

wenn Luther in der Sache recht hätte, hätte er schweigen oder sich allenfalls auf eine Erörterung unter Gelehrten beschränken sollen. Denn wenn der ohnehin zum Bösen geneigte Normalmensch auch nur als Diskussionsmeinung höre, dass er selbst nichts für sein Seelenheil tun könne, werde er vollends erschlaffen. Es gelte aber doch, die Menschen zu ermuntern! Wichtiger darum als die Frage, ob Luther recht habe, sei ihm, Erasmus: dass man »in solchen Labyrinthen (gelehrter Diskussion) nicht Lebenszeit und Geist vertun solle – *in huiusmodi labyrinthis non esse terendam aetatem aut ingenium*«.[11] Und das sagt ein Mann, der die Zeit dafür aufbringt, dreihundert Mal den Satz *Semper dum vivam, tui meminero* zu variieren!

Dem Meister des Worts tritt der Denker Luther mit seiner Gegenschrift *De servo arbitrio* (1525) entgegen, zunächst ganz im Sinne seiner Formel *Verba sine re Erasmus*: Was die Kraft der Redekunst *(eloquentia)* angehe, wolle er, der ja immer nur ein Barbar in der Barbarei gewesen sei *(barbarus in barbarie semper versatus)*, gerne hinter dem berühmten Gegner zurückstehen. Dabei wisse er nun aber freilich, dass bei diesem nur »Abfall oder Mist in goldenen und silbernen Gefäßen« *(quisquiliae vel stercora aureis argenteisque vasis)* transportiert werde. Von ihm selbst dagegen gelte: *et si sermone sum imperitus, rerum tamen scientia non sum imperitus gratia Dei*[12] – »und wenn ich in der Rede unerfahren bin, bin ich doch im Wissen über die Dinge nicht unerfahren, dank der Gnade Gottes (nach *2 Korinther* 11,6)«.

Schon dieser Eingang zeigt, dass Luther, der die durchgängige Mäßigung *(perpetua modestia)* in der Schrift des Erasmus sogleich für einen Trick erklärt, andere Töne anschlägt als der große Humanist. Dessen mild mahnende Predigt kontert er mit dem Donner und Blitz seiner Leidenschaft, wobei er rhetorisch durchaus nicht so unbedarft ist, wie er vorgibt.

Auch die klassische Antike liefert Geschosse gegen deren großen Kenner: »Was? Die Frage nach der Willensfreiheit wäre nutzlos und unnötig?« *Totus Lucianum spiras et inhalas mihi grandem Epicuri crapulam. Si tu hanc causam non necessariam ducis Christianis, cede quaeso ex harena, nihil tibi et nobis, Nos necessariam ducimus.*[13] – »Dein ganzer Atem riecht nach Lukian, und du schnaubst mir den vollen Weindunst Epikurs ins

Gesicht. [Der griechische Rhetor Lukian wie der Philosoph Epikur galten als Gottesverächter.] Wenn du meinst, diese Sache sei nicht notwendig für Christen, verschwinde bitte aus der Arena [Luther denkt an ein römisches Gladiatorenpaar], du und ich haben nichts miteinander – *ich* halte sie für notwendig.«

Wie Erasmus fast ausdrücklich den immer gesprächsbereiten, alles zur Diskussion stellenden Charakter von Ciceros späten philosophischen Schriften aufgenommen hatte[*] – seine Schrift hieß im Untertitel *collatio*, »Gespräch, Diskussionsbeitrag« –, so scheint sich Luther umgekehrt an dessen polemischen Invektiven zu orientieren. Und der aggressive Schwung seiner kecken »Behauptung« – *NON CONTULI, SED ASSERUI*,[14] – »Ich habe nichts beigetragen, sondern behauptet« – ist demjenigen Ciceros in seinen besten Stücken fast ebenbürtig: Etwa das deftige *crapulam exhalare* hat er wie anderes (direkt oder indirekt) von ihm übernommen.[15] Seine packende Schrift hat bei tiefstem theologischen Ernst doch auch einen echt humanistischen Zuschnitt, und sie ist, trotz gelegentlicher Verstöße gegen die Normgrammatik, sogar sprachlich dem eleganten Traktat des Erasmus nicht unterlegen – als lateinisches Gesamtkunstwerk am Ende wohl gar noch besser.

Aber Erasmus hatte ja auch noch ganz anderes zu bieten. Nach *De libero arbitrio* und einer Retourkutsche gegen Luthers Gegenschrift *(Hyperaspistes)* schrieb er allein in dem einen Jahr 1528 zwei bleibende Meisterwerke: den Dialog *De recta Latini Graecique sermonis pronuntiatione* (Über die richtige lateinische und griechische Aussprache), eine sprachhistorische Pionierleistung, durch welche die Phonetik (Lautlehre) der klassischen Sprachen erschlossen wurde, und den noch witzigeren Dialog *Ciceronianus*. In ihm wurde die übertriebene Ciceroverehrung mancher Zeitgenossen, der »Affen Ciceros«, so geistreich verspottet, dass »Ciceronianismus« seitdem fast ein Schimpfwort geworden ist. Dabei behauptete Erasmus auch mit feinem Geschmack das Recht auf ein gewisses traditionelles Vokabular für Dinge des christlichen Glaubens: *Qui sic est Ciceronianus, ut parum sit Christianus, is ne Ciceronianus quidem est, quod non dicit apte […].*[16] – »Wer so Cice-

---

[*] Vgl. S. 49.

ronianer ist, dass er zu wenig Christ ist, der ist nicht einmal Ciceronianer,* weil er sich nicht angemessen ausdrückt [...].«

MELANCHTHONS NEUES
HUMANISTISCHES PROGRAMM

In der Einleitung zu *De servo arbitrio* (1525) rühmt Deutschlands längst
weltberühmter Reformator das »unübertreffliche Buch« *(invictus libellus)* eines jungen Theologen, das seinem Urteil nach nicht nur die Unsterblichkeit, sondern sogar die Aufnahme in den kirchlichen Kanon
verdiene: die *Loci communes* (1521) des Philipp Melanchthon. In diesem, Luthers lebenslangem Freund und Ratgeber, vereinen sich wie
in keinem anderen Humanismus und Reformation. Einst hatte er
Schwarzert geheißen, aber als er im zarten Alter von zwölf Jahren mit
einigen Kameraden seinem berühmten Großonkel Reuchlin dessen
Komödie *Henno* vorspielte, umarmte dieser den Jungen: »Du musst
Melanchthon [= Schwarz-Erd] sein!«

Und der war denn auch gleich ein Wunderkind der akademischen
Szene. Bald ist er Baccalaureus an der Universität Heidelberg, schon
mit siebzehn Jahren avanciert er in Tübingen zum Magister, darf also
Vorlesungen halten, und brilliert als solcher mit einer fulminanten
Rede, *De septem artibus liberalibus* (Über die sieben freien Künste). Aber
dieser junge Universitätsmann denkt auch bereits, mehr als andere
Humanisten, an die einfachen Bedürfnisse der Schule. Eine Ausgabe
des Terenz bringt diesen wichtigsten Lehrer des gesprochenen Latein
in die Hände der Kinder; und eine neue Griechisch-Grammatik
(Institutiones Grammaticae) wird sogleich Bestseller und macht Epoche.

Als Luther in Wittenberg einen fähigen Professor für Hebräisch
und Griechisch benötigt, um das dortige Theologiestudium zu erneuern, und man den ersten deutschen Experten, Reuchlin, um Rat
fragt, empfiehlt der sogleich seinen Großneffen. Melanchthons brillant formulierte Antrittsvorlesung »Über die Bildungsreform« (*De cor-*

---

* Die Antithese nach Hieronymus, vgl. S. 131.

rigendis adolescentiae studiis, 1518) kommt den Vorstellungen des Reformators in wunderbarer Weise entgegen: Klassiker- und Sprachenstudium vor allem, aber nicht nur, zum Verständnis der Bibel! Im Nu
wurde der schmächtige einundzwanzigjährige Professor zur Säule der
Wittenberger Hochschule.

Weniger bekannt heute, aber noch wichtiger ist die fünf Jahre später gehaltene Rede *Encomium eloquentiae* (Lob der Beredsamkeit),
wohl die wichtigste deutsche Programmschrift für humanistische
Bildung überhaupt. Äußerlich gesehen, macht Melanchthon darin
Werbung für die Rhetorik im Rahmen des von ihm mitvertretenen
Studiums der *Artes* (an der »Artisten«-Fakultät), das den prestigeträchtigeren Brotstudien der Theologie, Jurisprudenz und Medizin vorausgeht.[*] Rhetorik heißt hier natürlich Perfektionierung des lateinischen
Stils. Diese ist, wie Melanchthon im ersten, humanistischen Teil seiner Vorlesung ausführt, wichtig, um sich verständlich zu machen und
Texte wie die der Bibel zu verstehen, vor allem aber, um sich durch
Sprachschulung auch sittlich zu bilden!

Das war ein kühner, aber nicht ganz neuer Gedanke. Schon Ovid
hatte ihn, vielleicht nach anderen, an einer viel zitierten Stelle ausgesprochen: *ingenuas didicisse fideliter artes / emollit mores nec sinit esse
feros*[17] – »getreu zu studieren die edlen Künste [gemeint sind Poesie und
Rhetorik] / zähmt den Charakter und nimmt sämtliche Wildheit hinweg.« – Das, soweit ich sehe, Neue bei Melanchthon ist, dass er diesen
Gedanken erstmals mit dem aus Cicero stammenden althumanistischen
Schlagwort der *studia humanitatis*[**] verbindet und dieses dadurch um
eine ganz neue Dimension bereichert: »Was, glaubt ihr, war die Absicht
bei den alten Lateinern, dass sie die Redekünste [Poesie, Rhetorik]
humanitas genannt haben? Ihr Urteil war offenbar, dass durch das

---

[*] Wenn Goethes Faust am Anfang klagt, er »Habe nun ach Philosophie, / Juristerei
und Medizin / und leider auch Theologie / durchaus studiert mit heißem Bemühn«, so
ist »Philosophie« als Oberbegriff für die *Artes* zu verstehen; aus ihnen erwächst im
neunzehnten Jahrhundert die moderne philosophische Fakultät (vgl. Anm. zu S. 156),
die als lehrerbildende Einrichtung nunmehr auch, wie Theologie etc., zu einem Brotberuf führt.
[**] Vgl. S. 156.

Studium dieser Disziplinen nicht nur die Zunge geschliffen, sondern auch die Rohheit und Barbarei der Gemüter gebessert werde.« – *Quid in consilio fuisse censetis veteribus Latinis, cur dicendi artes humanitatem appellarint? Iudicabant illi nimirum harum disciplinarum studio non linguam tantum expoliri, sed et feritatem barbariemque ingeniorum corrigi.*[18]

Schon in der Antike hatte sich das bis heute diskutierte Problem gestellt, warum Cicero und andere »Bildung« und »Mitmenschlichkeit« mit derselben Vokabel *humanitas* bezeichneten. Melanchthon glaubt, die Lösung zu wissen: Darum, weil sich aus der vor allem sprachlichen Bildung die Erziehung zur Mitmenschlichkeit von selbst ergibt. Dabei meint er, dass diese sittliche Schulung vor allem über das Training des Intellekts zustande kommt: »weil das Bemühen um gutes Sprechen an sich den Geist lebhafter macht (*quod bene dicendi cura per sese vegetiorem animum reddit).*«[19] Also: Rhetorik schult den Geist, und dies wirkt dann positiv auch auf den Charakter. Wir analysieren oder kritisieren das nicht weiter, stellen aber nebenbei fest, dass der große Didaktiker Melanchthon hier ganz beiläufig auch das Prinzip der »formalen Bildung« entdeckt hat.

Aber diese Rede hat neben dem humanistischen auch einen reformatorischen Teil. Hier spricht der Professor zu den Theologen unter seinen studentischen Hörern. Kein Weg zum Wort Gottes ohne Schulung in lateinischer Rhetorik! Als der liebe Gott auf seine Kirche zornig war, nahm er ihr die *litterae*, die literarische Bildung. Und es folgte das finstere Mittelalter mit seiner Scholastik, die Melanchthon, wie später Luther, als *sophistice* bezeichnet und durch ein paar scherzhafte Beispiele illustriert. Nun, da Gott gnädiger geworden ist, stellt er die *litterae* wieder her, um sein Evangelium zu verbreiten. Dieses Wunder einer Renaissance der *litterae*, die wie aus einer Finsternis, dunkler als die des Tartarus *(ex tenebris plus quam Tartareis)*, wiedererstanden sind, lässt sich, meint Melanchthon im Überschwang dieser Rede, nur noch mit dem Pfingstwunder der heiligen Apostel vergleichen. Man denke! Der italienische Lateinhumanismus war also der vom Heiligen Geist inspirierte Vorbote der deutschen Reformation.

Mit welcher Freude muss Luther, der schon 1505, bei seinem Eintritt ins Kloster, Plautus und Vergil als einzige Bücher mitgenommen

hatte, diese enthusiastische Rede seines jungen Freunds gehört haben!
Ein Jahr später hat er Hauptgedanken daraus publik gemacht in sei-
ner für die deutsche Bildungsgeschichte so wichtigen Schrift *An die
Ratsherren aller Städte deutschen Landes, dass sie christliche Schulen aufrich-
ten und halten sollen* (in deutscher Sprache, da sich die Schrift nicht an
Gelehrte richtete).

Kein Mensch in unserem Land hat in den vergangenen Jahrzehnten mit so mächtiger Posaune den Bildungsnotstand ausgerufen wie
einst Martin Luther in diesem Büchlein. Überall, klagt er, gehen Klosterschulen und Universitäten zugrunde – aber auch kein Wunder bei
dem dortigen, seit alters miserablen Unterricht! Nun aber seien gottlob die alten Sprachen wiedererstanden, die schon um des Evangeli-
ums willen zu studieren seien: »Die sprachen sind die scheyden / da-
rynn dis messer des geysts stickt«.[20] Bei Verlust der altsprachlichen
Bildung könnte sich, meint Luther, das vergangene finstere Zeitalter
erneuern, in dem »die elenden leut schier zu lautter bestien worden
sind / wider deutsch noch lateinisch recht reden oder schreyben kon-
nen. Vnd bey nahend auch die natürliche vernunfft verloren haben«.
Auch hier spüren wir den humanistischen Geist Melanchthons, der
Sprache, Vernunft und Sittlichkeit so eng verbunden hat – und sinnen
darüber nach, was wohl beide Reformatoren zum heutigen Zustand
der Bildung in Deutschland sagen würden.

PRAECEPTOR GERMANIAE

Den bis heute vorhaltenden Ruhm eines *Praeceptor Germaniae* (Lehrer Deutschlands) erwarb sich Melanchthon aber nicht durch geist-
volle Programmreden, sondern durch seine handfesten Lehrbücher
und seine schulorganisatorische Arbeit. Er hatte offenbar keine über-
wältigende Neigung – oder besser: keine Zeit –, so wie andere Humanisten durch große philologische Leistungen seinen Namen auf die
Nachwelt zu bringen. Übrigens auch nicht durch eigentlich literarische Werke, die von anderen geschaffen wurden.

Man benötigte damals für Schule und Universität moderne Lehrbücher, und die lieferte Melanchthon, nicht nur für die ihm am nächsten stehenden Fächer, sondern auch für einen Teil der Naturwissenschaften, natürlich alles in lateinischer Sprache. Ganz oben an Bedeutung steht die zuerst 1526 erschienene, später auch von großen Humanisten immer wieder neu bearbeitete *Grammatica Latina*, Melanchthons bei Weitem erfolgreichste Publikation überhaupt. Dazu kommen verschiedene Lehrbücher zu den anderen Fächern des Triviums: Rhetorik und Dialektik, ferner zur Psychologie, zur Physik insgesamt, und zwei gewichtige systematische Lehrbücher der Ethik. Eine gewaltige, mit großen Verzichten erkaufte Arbeitsleistung!

Alle Lehrbücher überragt als kurz gefasstes Handbuch *(compendium)* der evangelischen Theologie die schon erwähnte Schrift *Loci communes** *rerum theologicarum* (Allgemeine Grundsätze der Theologie, 1521), die, ganz im Sinne Luthers, mit der Frage des freien Willens beginnt. Melanchthon zieht hier gerade nicht die antiken Philosophen zur Lösung der theologischen Probleme heran, vielmehr meint er, dass das Christentum, mit Ausnahme der biblischen Schriften, von Anfang an durch die Philosophie besonders Platons verwässert worden sei: *Nam perinde atque his posterioribus ecclesiae temporibus Aristotelem pro Christo sumus amplexi, ita statim post ecclesiae auspicia per Platonicam philosophiam Christiana doctrina labefactata est.*[21] – »Denn ebenso wie wir in dieser unserer späteren Kirchengeschichte [seit dem zwölften Jahrhundert] den Aristoteles an der Stelle von Christus hochgeschätzt haben, so wurde sogleich nach den Anfängen der Kirche die christliche Lehre durch die platonische Philosophie ins Wanken gebracht.« So pauschal wagte also ein neugebackener Professor der *Artes* über die ganze alte Kirchengeschichte zu urteilen! Bereits ein solcher Satz zeigt, wie Melanchthon dank historischen Tiefenblicks, nicht nur durch Formulierungskunst,** die Diskussion dieser Probleme bereichert und sogar noch interessanter macht. Im Übrigen könnte das schöne Latein be-

---

* Die aus der Rhetorik stammende Vokabel *locus communis* (»Gemeinplatz«, nicht abwertend) wird von Melanchthon hier in einem etwas anderen Sinn gebraucht.

** Man beachte, wie die leichtere Verderbnis *(labefactata)* durch den Platonismus als ein gewissermaßen von außen kommendes Schicksal dargestellt wird, während die Verderbnis durch Aristoteles etwas Schuldhaft-Willentliches hat *(amplexi!)*.

sonders dieser Schrift Luther dazu bewogen haben, auf seinen Stil mehr Sorgfalt zu verwenden. Man spürt bei ihm in diesen Jahren eine deutliche Entwicklung.

Mindestens ebenso wichtig wie das Verfassen von Lehrbüchern war für Melanchthon die Organisation der Lateinschulen oder, wie wir heute sagen, Gymnasien, die Luther in der zitierten Schrift nicht mehr von der Kirche, sondern vom Staat, zunächst von den Städten, gefordert hatte. Schon im selben Jahr 1524 errichtet man in Eisleben und Nürnberg neue Gymnasien, nach Schulplänen von Melanchthon, wodurch die Grundlagen für das gesamte deutsche Gymnasialwesen bis zum Beginn des neunzehnten Jahrhunderts gelegt werden.

Von den vielen derartigen Plänen ist am bekanntesten geworden die sogenannte Kursächsische Schulordnung von 1528, die wenigstens in Stichworten referiert sei, weil sie, soweit Ordnungen dies überhaupt können, die schulische Realität hinter den humanistischen Programmen zeigt. Es geht hier um eine auch schon den Elementarunterricht umfassende, fast durchweg lateinsprachige und dem Lateinlernen dienende »Gesamt-« und »Ganztagsschule«.

Die Schüler werden in drei große Klassen (Haufen) aufgeteilt, wovon in der ersten Lesen und Schreiben gelernt wird. Übungsstücke sind die einfachen (lateinischen) Grundtexte des Christentums, *Pater noster*, Zehn Gebote, Glaubensbekenntnis usw. Dann kommen der Donat und die sogenannten *Disticha Catonis*, eine spätantike Sammlung moralischer Sprüche und übrigens eines der erfolgreichsten Lateinbücher aller Zeiten. So hat der Schüler zugleich mit Lesen und Schreiben auch schon einfache Grammatikkenntnisse, einen Schatz wichtiger Vokabeln und die Kenntnis einiger sittlicher Grundsätze erworben.

Die zweite Klasse – es handelt sich nicht um Jahrgangsklassen – bringt nun, neben etwas Musik und Religion, die eigentliche Grammatik, gegliedert in Formenlehre, Syntax und Metrik bzw. Prosodie. Die vormittags trainierten Regeln werden nachmittags an Lesestücken eingeübt und vertieft. Deren Auswahl (antike Komödien, *Colloquia* des Erasmus und Ähnliches) zeigt, dass man vor allem die Befähigung zum Lateinsprechen im Auge hat.

In die dritte Klasse schließlich werden nur noch die Geschicktesten aufgenommen. Sie steht im Zeichen von Rhetorik und Dialektik, also dem gehobenen Trivium. Man macht aber neben diesem theoretischen Unterricht vor allem auch Verse, schreibt Prosabriefe, liest Vergil, Ovid und Cicero, *De officiis* (wegen der Moral) und *Ad familiares* (wegen des Briefstils).

Dies ist ein insgesamt wohldurchdachter und realistischer Lehrplan. Melanchthons ursprüngliche Absicht, allen Kindern gleich auch Griechisch und Hebräisch, was an sich die eigentlichsten Bibelsprachen wären, beizubringen, ist von ihm bald aufgegeben worden. Gegen alle curricularen Erwägungen siegt wieder einmal Latein, aller Sprachen Königin *(regina linguarum)*.

KLEINE BLÜTENLESE LATEINISCHER DICHTKUNST

Unsere Behandlung von Reformation und Humanismus beschränkte sich fast ganz auf die drei großen lateinischen Prosaschriftsteller, welche die weltanschaulichen Auseinandersetzungen der Zeit repräsentieren. Würde man daraus aber schließen, die von Rudolf Agricola und Conrad Celtis über die Alpen transportierten Musen hätten im Zeitalter der Glaubenskämpfe keine große Rolle mehr gespielt, so irrte man gewaltig. Gerade in diesen Jahren, von Luthers Thesenanschlag (1517) bis zu Melanchthons Tod (1560), gedeiht die lateinische Poesie in Deutschland und anderen Ländern wie selten. Ich nenne nur weniges.

Der deutsche Dichterfürst Eobanus Hessus aus Nürnberg, wie Hutten ein Lutherfan der ersten Stunde, glänzt als erster Deutscher mit bukolischen Gedichten und fordert in »Christlichen Heroidenbriefen« *(Heroides Christianae)* Ovid in die Schranken. Was ist schon ein Schreiben der Penelope an Odysseus gegen einen Briefwechsel von Maria und Gottvater persönlich (I 1–2)? Ein späterer Elegiendichter, der noch lauter gefeierte Petrus Lotichius Secundus, auch er ein Lutheraner, der bei Melanchthon studiert hat, gilt als ein Tibull vergleichbarer Meister seiner Gattung.

Der hochbegabte Niederländer Gulielmus Gnapheus schreibt im
Geist der lutherischen Gnadenlehre mit seinem *Acolastus* (Der Zügel-
lose) eine Version des Gleichnisses vom verlorenen Sohn, welche sofort
die Schulbühnen Europas erobert und noch heute bei bloßer Lektüre
zu Tränen rührt. Auch andere theologische und historische Themen der
Reformation (wie der Bauernkrieg) kommen auf die Bühne.

Ein anonymer Meister der Satire, wahrscheinlich Willibald Pirck-
heimer, glänzt mit einem gegen Luthers theologischen Hauptgegner
Johannes Eck gerichteten Komödienstück aristophanischen Geistes,
Eckius dedolatus (Der abgehobelte beziehungsweise »entdeckte« Eck).
Satirischen Charakter hat auch das meisterhafte Lehrgedicht des
Friedrich Dedekind *Grobianus: De morum simplicitate* (Über das rohe
Benehmen), ein Anti-Knigge für Flegel und solche, die es werden
wollen.

Mehr Aufsehen als Bewunderung erregt ein gewisser Simon Lemnius, die poetische Skandalnudel von Wittenberg. Er legt sich mit Luther persönlich an und schreibt mit seiner Satire *Monachopornomachia*
(Mönchshurenkrieg, 1540), in der das Sexualleben des Reformators
und seiner Freunde durchgehechelt wird, eines der ödesten Stücke
Pornographie in der lateinischen Literatur. Leider hat kein Geringerer als Lessing diesem vermeintlichen Opfer Luthers zu überflüssigem
Nachruhm verholfen.

Der größte poetische Genius dieser Zeit steht aber außerhalb der
konfessionellen Auseinandersetzungen: Der Niederländer Johannes
Secundus, gestorben 1536 mit nur fünfundzwanzig Jahren, hat eroti-
sche Elegien von einer Glut geschrieben, wie man sie vielleicht seit
Catull und Properz nicht mehr gelesen hatte:

> *Iulia, te teneo: teneant sua gaudia Divi!*
> *te teneo, mea lux; lux mea, te teneo.*[23]

Julia, habe ich dich – dann habt eure Freuden, ihr Götter!
Du bist die meine, mein Licht; du bist mein Licht, du bist mein.

Aber noch weit größere Wirkung ging aus von seiner Gedichtsammlung *Basia* (Küsse). In ihr erweiterte er zwei berühmte Kussgedichte Catulls (5 und 7) zu einem einzigartigen Zyklus, in dem das eine Thema des Küssens in immer neuen – insgesamt neunzehn – Abwandlungen und neun Metren so durchgespielt wurde, dass darüber fast auch die Variationskunst seines Landsmanns Erasmus erblassen musste: vom neckischen Scherz bis zur mystischen Liebestodeskussphantasie. Nur ein paar Verslein, als Beispiel für das Erstere:[*]

Quis te furor, Neaera	Neaera, welch ein Wahnsinn
inepta, quis iubebat	befahl dir, meine Zunge,
sic involare nostram,	du Närrin, so zu kneipen
sic vellicare linguam	und so zu attackieren
ferociente morsu?	mit wüsten, wilden Bissen?
an, quas tot unus abs te	Genügt dir nicht, dass deine
pectus per omne gesto	durchbohrend spitzen Pfeile
penetrabiles sagittas,	in meiner ganzen Brust mir
parum videntur? istis	verstreut sind? Willst du auch noch
ni dentibus protervis,	die frechen Zähne reizen
exerceas nefandum	zu frevelhaftem Frevel?
membrum nefas in illud,	Und das an jenem Gliede,
quo saepe sole primo,	das oft bei Sonnenaufgang,
quo saepe sole sero,	das oft bei Sonnenabgang,
quo per diesque longas,	das oft an langen Tagen,
noctesque amarulentas,	das oft in bittren Nächten
laudes tuas canebam?	zu deinem Ruhme tönte?
24	
...	

Hier wahrlich war der Geist Catulls wiederauferstanden. Und, o Wunder, mitten im Konfessionshader, der noch über hundert Jahre währen sollte, wetteiferten die besten Dichter Europas, und zwar nicht nur die lateinischen, untereinander darin, Johannes Secundus, diesen »großen, heiligen Küsser«, wie ihn noch sein Bewunderer Goethe nannte,

---

[*] Versmaß ist der *Anacreonteus* (= katalektischer jambischer Dimeter).

mit immer neuen Küssen zu übertrumpfen, sodass man geradezu von einer literarischen Kussepidemie sprechen könnte. Ich nenne als Zelebritäten nur Pierre de Ronsard, Joachim Du Bellay, Giambattista Marino, Paul Fleming …

Nur die papstfrommen Jesuiten, mit denen wir uns im nächsten Kapitel beschäftigen wollen, haben nicht mitgeküsst.

FRANGITO BARBITUM!
JESUITEN ZWISCHEN LIEBESGOTT UND GOTTESLIEBE

Es war ein Blitz und Donnerschlag gewesen, der 1505 aus dem einundzwanzigjährigen Jurastudenten Martin Luther den Theologen und künftigen Reformator machte: »Hilff du, Sankt Anna, ich will ein Mönch werden!« Luther trat ein in den Augustinerorden.

Ein ähnliches Bekehrungserlebnis widerfuhr über ein Jahrhundert später, 1624, dem zwanzigjährigen Jurastudenten Jakob Balde, der immerhin Deutschlands berühmtester Dichter in seinem Jahrhundert werden sollte. Er, ein lustiger Elsässer, gedachte in Bayerns Universitätsstadt Ingolstadt die Dame seines Herzens mit einer nächtlichen Serenade zu rühren. Als aber trotz aller Bemühung sich nichts am Fenster der Angesungenen regte und als just in diesem Augenblick der Enttäuschung vom nahen Kloster Psalmengesänge zu ihm herüberdrangen, da habe er, so erzählt der Universitätschronist, erleuchtet von höherem Lichte, seine Laute an der Hauswand zerschellt und die Worte gesprochen, die, wie bei einem Dichter zu erwarten, sogleich einen tadellosen *Asclepiadeus** ergaben: *Cantatum satis est: frangito barbitum!*[1] – »Sei's des Liedes genug: Springe mein Saitenspiel!« Und danach habe er um Aufnahme bei den Jesuiten gebeten: »Helft mir, ich will Jesuit werden.«

Jakob Balde hatte mit dieser Entscheidung für den Jesuitenorden keine schlechte Wahl getroffen. Die Jesuiten, die damals das geistige Leben in fast ganz Bayern beherrschten, verschafften ihrem Pater Balde nicht nur eine Karriere, die ihn immerhin an den Hof von Bayerns größtem Staatsmann, Kurfürst Maximilian I., führte. Sie ließen ihm vor allem auch die Freiräume, die er brauchte, um als lateinischer Dichter, als schließlich weltberühmter *Horatius Germanus* (Deutscher Horaz) ein Werk zu schaffen, das an Umfang, Vielgestaltigkeit und Originalität vielleicht nur noch mit dem Goethes verglichen werden kann.

---

* $-\,-\,-\,\smile\,\smile\,-\,-\,\smile\,\smile\,-\,\smile\,-$

KEINE ANGST VOR PATER FILUZIUS!

Balde also Jesuit! Wenn man nördlich des Mains geboren und, wie ich als schwäbischer Pfarrerssohn,[*] protestantisch erzogen wurde, löst der Name »Jesuit« einen Reflex der Abwehr aus. Ist ein Jesuit nicht jener Pater Filuzius, den Wilhelm Busch in seiner Bildergeschichte gezeichnet hat: ein schleimiger, geldgieriger, am Ende auch noch weibslüsterner Heuchler? Sind Jesuiten nicht berüchtigt für ihre *reservatio mentalis,* den »geistigen Vorbehalt«, der ihnen für jede Lüge ein gutes Gewissen verschafft? Gilt bei ihnen nicht der Grundsatz, dass der Zweck die Mittel heilige *(cum finis est licitus, etiam media sunt licita)?*[**]

Als Historiker des Lateinischen und der Literatur lassen wir solche Ansichten oder Vorurteile unbeachtet und stellen der Wahrheit gemäß fest, dass in dem Jahrhundert nach der Reformation, also in der Zeit etwa vom Augsburger Religionsfrieden, 1555, bis zum Westfälischen Frieden, 1648, niemand in der Welt lateinische Bildung und Literatur so gefördert hat wie die Jesuiten. Sie haben ohne Scheu die Konzeption des protestantischen Gymnasiums aufgegriffen, Religion mit Lateinhumanismus verbunden und dabei vor allem durch ihr einzigartiges Theaterspiel dem Latein eine Bühne verschafft, wie es nie eine größere gehabt hat. Dass durch sie die lateinische Sprache »in die mittelalterlich-scholastische barbaries« zurückgefallen sei (so eine einst bekannte *Geschichte der Pädagogik*[2]), ist eine durch keine Parteilichkeit entschuldbare Fehlbehauptung.

Halten wir ein paar historische Fakten fest. 1540 war die von dem Spanier Ignatius von Loyola gegründete Gesellschaft Jesu, *Societas Jesu* (das übliche Kürzel ist *SJ* hinter dem Eigennamen), durch den Papst anerkannt worden. Ziel war im Gegensatz zu anderen Orden die Ausrichtung auf die intensive Bemühung um das »Heil der Mitmen-

---

[*] Dies hat mich nicht daran gehindert, dem Jesuitendichter Balde einen Großteil meiner Arbeitskraft zu widmen (ein Niederschlag davon sind die *Münchner Baldestudien,* 1999 ff.) und Mitinitiator eines Vereins *Jesuitica e. V.* zu werden.

[**] Über Herkunft und Geschichte beider Wendungen informiert Büchmann[31] (s. Lit S. 348) 582–584; vgl. auch Bartels (s. Lit. S. 348) 145.

schen« *(salus proximorum)*, also die Mission. Diese greift, wie seit Paulus nicht mehr, in ferne Länder aus, bis nach China, Japan, Indien, Paraguay, nimmt sich vor allem aber auch der jeweiligen Mitbürger an. Das heißt, sie sucht sie für die katholische Kirche zu gewinnen oder wiederzugewinnen. Ältere erinnern sich wohl noch an die apostolischen Volkspredigten des Jesuiten Johannes Leppich, der in den fünfziger und sechziger Jahren als »Maschinengewehr Gottes«, durchaus im Sinne seines Ordens, von sich reden machte.

Mittel dieser Mission waren Predigt, Beichte und vor allem Schulerziehung, ließen sich doch im Unterricht der Jugend die Seelen der Menschen am nachhaltigsten ergreifen. So verbinden die Jesuiten, die den Bildungsnotstand des Klerus für die Hauptursache der Reformation halten, von Anfang an ihre Niederlassungen, *Collegia,* mit Gymnasien. Deren Unterricht ist nicht nur für den eigenen Nachwuchs bestimmt, sondern jedermann zugänglich und, im Sinne Jesu, umsonst, ohne Schulgeld: *Gratis accepistis, gratis date* – »Umsonst habt ihr's bekommen, umsonst sollt ihr's geben *(Matthäus* 10,8)«. Das hat zur Folge, dass die Jesuitenschulen zwar großen Zulauf haben, aber auf Sponsoren angewiesen sind.

Schnelleren Erfolg als selbst in Spanien haben die Jesuiten in Deutschland. Von 1552 an bildet ein von Ignatius eingerichtetes *Collegium Germanicum* in Rom deutsche Priester aus. Schon 1555 unterrichten sie an einem Gymnasium in Ingolstadt, 1556 in Köln, 1559 in München, danach in vielen bayerischen Städten.

Vor allem waren es die bayerischen Wittelsbacher, die sich mit Entschiedenheit zu Patronen der alten Kirche gemacht und darum die Jesuiten ins Land geholt haben: zuerst Petrus Canisius SJ, der den Katholiken zum Ersatz für Luthers Katechismus ihre eigene *Summa doctrinae Christianae* (Summe der christlichen Lehre) beziehungsweise ihren *Parvus catechismus catholicorum* (Kleiner katholischer Katechismus) gab. Noch heute ist hierzulande sprichwörtlich: »Kannst schon deinen Canisi?« Besonders Herzog Albrecht V. war ein Fanatiker des katholischen Glaubens wie der humanistischen Bildung. Er liebte »Bücher wie Kinder« (*libros non secus quam liberos*[3]), umgab sich wie ein italienischer Fürst mit Poeten, die ihn bedichteten und dafür beschenkt wurden, und schuf mit dem von sechshundert antiken Büsten geschmückten *Antiquarium* in München den schönsten Renaissanceraum nördlich der Alpen. Kein Münchenbesucher möge dessen Besichtigung versäumen, nicht nur wegen der sinnigen lateinischen Inschriften!

HUMANISMUS UND PRÜDERIE IN DER LATEINSCHULE

Staatsmänner dieses Zuschnitts waren die natürlichen Partner der jesuitischen Patres, die, wie man längst festgestellt hat, trotz dezidierter Rechtgläubigkeit im Religiösen die Lernziele der protestantischen Lateinschule übernahmen. Wenn der Straßburger Johannes Sturm, der nach Melanchthon wichtigste Theoretiker und Organisator dieser Lateinschule, festgelegt hatte: *sapientem atque eloquentem pietatem finem esse studiorum*[*] [4] – »Ziel des Unterrichts soll sein: Frömmigkeit verbunden mit Einsicht und Beredsamkeit« –, so deckte sich das vollkommen mit der Absicht der Jesuiten. Und wenn Luther gemeint hatte, bei Vernachlässigung der alten Sprachen bestehe die Gefahr, dass man in die Finsternis des vergangenen Zeitalters zurückfalle, dann entsprach dieser Gedanke fast bis in die Formulierung hinein dem späteren jesuitischen Programm: *Et nisi hoc insigne ornamentum [sc. linguam Latinam], quo Deus Societatem cohonestare dignatus est, tueri studeamus, verendum est, ne in eam barbariem, quam in aliis probare non solemus, facile dilabamur.*[5] – »Und wenn wir diesen herrlichen Schmuck, die lateinische Sprache, mit dem Gott die Gesellschaft auszuzeichnen geruht hat, nicht eifrig schützen, so ist zu fürchten, dass wir unversehens in dieselbe Barbarei geraten, die wir bei anderen zu missbilligen pflegen.«

Auch der Aufbau des Lateinunterrichts war bei Protestanten und Jesuiten nicht wesentlich verschieden, nur dass bei jenen eher ein ge-

---

[*] Hier haben wir »christlichen Humanismus« *in nuce*: Die Vereinigung von *sapientia* und *eloquentia* ist das große Bildungsziel Ciceros (seit *De inventione*); beiden wird hier übergeordnet die *pietas*.

wisser lutheranischer Wildwuchs herrschte, während diese strikt auf internationale Vereinheitlichung bedacht waren. Die jesuitische *Ratio studiorum,* die nach jahrzehntelanger Ausarbeitung 1599 in endgültiger Fassung vorliegt, regelt detailliert Inhalt und Methode des Unterrichts und ist dabei so gut durchdacht, dass sie bis ins achtzehnte Jahrhundert gültig bleibt. Wie man also überall dieselbe lateinische Messe mit *Kyrie, Gloria* und *Sursum corda* (Erhebet die Herzen) besuchen konnte, so konnte man ebenso, beginnend mit der verbindlichen Schulgrammatik *(Institutiones grammaticae)* des Spaniers Emmanuel Alvarus SJ,* fast überall in der Welt am selben lateinischen Schulunterricht teilnehmen. Welch ein Traumziel wäre das für die unter föderalistischer Zersplitterung stöhnende deutsche Kultusministerkonferenz!

Zentrum der Schulbildung ist natürlich die *eloquentia,* das heißt die aktive Beherrschung des Lateinischen in Wort und Schrift. Auf drei Jahrgangsklassen der *Grammatica* mit den putzigen Namen *infimistae, secundani, syntaxistae* (Unterstufler, Zweitstufler, Syntaxler) folgten in der Regel eine Klasse der *Humanitas,* in der die Schüler, jetzt als *humanistae* oder *poetae* dekoriert, vor allem Dichter lesen und selber Verse drechseln, und zwei Klassen der *Rhetorica,* in der sie als *rhetores* besonders ihrer lateinischen Prosa den letzten Schliff geben.

Einen selbstständigen Sachunterricht gibt es kaum. Die Muttersprache wird nur gelegentlich zu Übersetzungs- und Erläuterungszwecken verwendet. Sprache des Unterrichts und der Schüler untereinander ist wie bei den Protestanten Latein. Dies versteht sich schon aus Nützlichkeitsgründen, da Latein nach wie vor unentbehrliche, prestigeträchtige Weltsprache wie für die Kirche, so für Wissenschaft und Diplomatie ist. Aber man sollte den Jesuiten nicht die schiere humanistische Freude an den lateinischen Klassikern absprechen. Auch bei ihnen verehrt man Cicero als kaum eingeschränktes Vorbild; auch bei ihnen distanziert man sich vom als entartet empfundenen scholastischen Latein; auch bei ihnen folgt man den Regeln der klassi-

---

* Diese in der Regel für mittelmäßig angesehene Grammatik erschien zuletzt mit chinesischer Übersetzung in Shanghai, 1869.

schen, metrischen Verskunst – alles mit dem Ehrgeiz, es noch besser zu können als die konkurrierenden Ketzer.

Prinzipiell liest man auch dieselben Autoren wie die Protestanten – mit einer Einschränkung: Alles, was Sexualität und Erotik betrifft, unterliegt nun einer strengen Zensur der Art, dass auch schon die Erwähnung dieser Dinge, unabhängig von der moralischen Wertung, untersagt wird. So werden die erotischen Komödien des Plautus und Terenz als Schullektüre bald ersatzlos gestrichen. Ebenso fällt fast das gesamte elegische Werk Ovids der Zensur zum Opfer. Von anderen nur partiell bedenklichen Autoren wie Horaz und Martial erscheinen »gereinigte« Ausgaben, in denen Anstößiges entweder beseitigt oder durch Harmloses ersetzt wird. Dabei kann die Prüderie bis ins Lächerliche gehen. Wenn Horaz in der Ode I 9 seinem Adressaten zuruft (V. 15 f.): *nec dulcis amores / sperne puer neque tu choreas* – »und verschmähe nicht süße Liebesdinge, solange du jung bist, und nicht Tänze« –, so wird daraus in einem Dillinger *Horatius expurgatus* die nichtssagende Mahnung: *nec dulcis sodales / sperne puer neque sperne ludos*[6] – »verschmähe nicht die süßen Freunde … und nicht die Spiele«: Fußball statt Tanzstundenküsslein!

Lord Byron erwähnt in seinem humoristischen Epos *Don Juan*[7] eine solche Klassikerausgabe, durch die der junge Juan mit den zum Teil anstößigen Epigrammen Martials bekannt gemacht wird. In ihr waren die deftigeren Stellen aus dem Haupttext entfernt, dafür aber – *o sancta simplicitas!*[*] – in einer gewissenhaften Appendix wieder beigegeben worden, wo sie, einst verstreut, nun aufgereiht standen, *like garden gods – and not so decent either* – wie die Gartengötter,[**] und so wenig anständig wie diese – wie anregend für die Phantasie des künftigen Verführers!

---

[*]   »O heilige Einfalt!« Der Ausspruch wird Johann Hus zugeschrieben, vgl. Büchmann[31] (s. Lit. S. 348) 655.
[**]   Nicht unsere Gartenzwerge beziehungsweise Hummelfiguren sind gemeint, sondern die *Priapi* des römischen Gartens, die mit ihrem mächtig erigierten Glied Diebe abschrecken sollten.

Woher kommt gerade bei den Jesuiten diese unter pädagogischem Gesichtspunkt eher kontraproduktive Bedenklichkeit *in puncto puncti?*[*] Sie ist wohl aus der apologetischen Situation gegenüber den Reformatoren zu verstehen. Vor allem auch die mangelhafte Einhaltung des Zölibats, das darum von Luther ja ganz verworfen wurde, hatte die Kirche in Verruf gebracht. Diese hatte also Grund zu zeigen, dass sie gerade hier keinen Spaß versteht, mit weitreichenden Folgen: Der auf den Beschlüssen des gegenreformatorischen Tridentiner Konzils beruhende *Catechismus Romanus* (zuerst 1566) warnt nicht nur vor der *verborum obscoenitas*[8] (Unanständigkeit des Ausdrucks), sondern er mahnt die Geistlichen sogar, bei der Einschärfung des sechsten Gebots (Du sollst nicht ehebrechen) nicht allzu eindringlich *(late atque copiose nimis)* zu reden, damit nicht etwa Dinge zur Sprache kämen, »aus denen eher ein Stoff zur Erregung der bösen Lust als ein vernünftiger Grund, sie zu ersticken, hervorzugehen pflegt« – *unde excitandae libidinis potius materia quam restinguendae illius ratio emanare solet.*[9] Gut gesagt. Die verbale Vermeidung des tabuisierten Bereichs ist fast wichtiger als die moralische Absicht der Aussage.

Humanistische Ausrichtung im Ganzen und Prüderie im Einzelnen zeigen schön zwei allegorische Schulkomödien mit dem gemeinsamen Obertitel *Regnum Humanitatis*, die der auch als Theologe berühmte Jacobus Gretser SJ 1587 beziehungsweise 1590 in der Jesuitenhochburg Ingolstadt aufgeführt hat. In der ersten hat sich der aus seinem Grab wiedererstandene alte Grammatiker Priscian, Vertreter des klassischen Latein, in eine schwäbische Schule verirrt, wo er von dem dortigen Schulmeister und anderen Vertretern eines barbarischen, mittelalterlichen Latein so übel misshandelt wird, dass er schwer erkrankt und nur durch die als *medica ex machina*[**] erscheinende Frau *Humanitas* geheilt werden kann.

---

[*] »Im Punkte des Punkts«: Mit dieser (heute ungebräuchlicher gewordenen) Umschreibung bezeichnet man euphemistisch den Bereich des Sexuellen.

[**] »Ärztin aus der Maschine«: Als »Gott (Göttin) aus der Maschine« – *deus (dea) ex machina* – bezeichnet man den Gott, der am Ende antiker Tragödien mithilfe eines Bühnenkrans auf die Szene schwebt, um heillos verwickelte Dinge wieder in Ordnung zu bringen; vgl. Bartels (s. Lit. S. 348) 55 und besonders Büchmann[31] (s. Lit. S. 348) 484.

In der zweiten Komödie ist dann der Literaturunterricht im Blick. *Humanitas*, als eine Art Kultusministerin, ernennt den wieder gesundeten Priscian zum Inspektor der süddeutschen Lateinschulen. Kraft dieses Amts schreitet er ein vor allem gegen die *lascivi poetae* (lasziven Dichter): *Illa enim sanctissima religio, quae nunc orbem pervasit, aliquid obscoenum ne nominari quidem sinit* [...] – »Denn jene hochheilige Religion, die jetzt den ganzen Erdkreis durchdrungen hat, lässt es nicht zu, dass man etwas Obszönes auch nur in den Mund nimmt.« Das war keine leere Drohung. Die beiden Komödien Gretsers spiegeln vielfach die Schulordnung seines Landesherrn, Herzog Albrechts V. (1569), wider; als noch zu purgierende Autoren werden dort ausdrücklich genannt (in der Folge, in der sie wohl auch gelesen wurden): *Virgilius, Ovidius, Terentius, Catullus, Horatius, Iuvenalis.*[10] Natürlich dürfte auch diese Proskriptionsliste von Jesuiten inspiriert worden sein.

LATEINISCHES THEATER FÜR JEDERMANN

Wir sind damit zu derjenigen Bühne gekommen, auf der die Jesuiten ihre größten Erfolge feierten: dem berühmten Jesuitentheater. Das ist ausnahmslos ein von Schülern gespieltes lateinisches Schultheater, das zunächst einmal pädagogische Zwecke verfolgt wie sein Vorgänger, das protestantische Schultheater. Wie bei den Protestanten üben sich die Eleven der Jesuiten im öffentlichen Auftreten, im Lateinsprechen und in der Kunst des Vortrags. Wenigstens zweimal im Jahr gibt es regelmäßige Aufführungen: zu Schuljahresbeginn *(in renovatione studiorum)* und an Fasching *(in Bacchanalibus)*; dazu kommen gelegentliche Dramen an hohen Festtagen und bei frohen Ereignissen im jeweiligen Fürstenhaus.

Antike Stücke, die anfangs, wie bei den Protestanten, trotz Bedenken noch gegeben wurden, werden allmählich zurückgedrängt zugunsten biblischer und religiöser Stoffe – besonders gerne solcher aus den Heiligenleben. Alles soll abzielen auf die »Verabscheuung schlechten Verhaltens« *(detestatio malorum morum)*, hinführen »zum größeren Tugendstreben und zur Nachahmung der Heiligen« *(ad studium maius virtutum, ad imitationem Sanctorum)*[11]. Aber ebenso wichtig wie diese moralische oder missionarische Zielsetzung ist die Absicht, vor der Öffentlichkeit den Leistungsstand des Jesuitengymnasiums zu demonstrieren, besonders auch vor den Protestanten, die man gerne einlädt. Deshalb wird auch konfessionelle Polemik zunehmend gemieden.

Gerade die Reaktion der Protestanten wird in den Jesuitenchroniken mit Wohlgefallen notiert: Manchmal sind sie einfach nur neidisch – *bonorum plausu, haereticorum* [...] *invidia*[12] (zum Applaus der Guten, zum Neid der Ketzer) heißt es einmal über eine Aufführung. Oft aber bitten sie auch aus schierer Begeisterung um eine Wiederholung des ganzen Stücks. Gelegentlich gibt es sogar regelrechte Konvertiten, wie bei einem Sensationserfolg, 1609, im vorwiegend protestantischen Augsburg: »Aus Luthers Schweinekoben *(hara)* sind einundfünfzig Personen zu unseren Schafhürden *(ovilia)* übergelaufen.«[13] Manche dieser Bekehrungen grenzen ans Unglaubliche. Als bei der Aufführung eines *Johannes Damascenus* 1622 in Bamberg die dem Titelhelden abgehackte Hand von der Jungfrau Maria wieder angeklebt und geheilt wurde, hielt eine protestantische Magd diesen Bühnentrick für ein echtes Wunder – und wurde katholisch![14]

Aber wie konnten die Menschen das alles verstehen, wenn es doch lateinisch war? Oder sollte etwa, wie ein neuerer Germanist geargwöhnt hat, gerade die Unverständlichkeit beabsichtigt gewesen sein, um den Ungebildeten mit besonders sakralem Nimbus zu imponieren? Zunächst: Wenigstens in der gehobenen Schicht konnten mehr Menschen Latein, und zwar gut Latein, als man gewöhnlich denkt. Sonst hätten zum Beispiel die religiösen Traktate des Erfolgsschriftstellers Jeremias Drexel SJ nicht in lateinischer Fassung noch wesentlich höhere Auflagen erzielt als in deutscher Übersetzung.

Aber man bemüht sich auch um Verständnishilfen für die Nichtlateiner. Von 1597 an verteilt man zumindest in München zu jedem Stück Inhaltsangaben *(periochae)* in deutsch-lateinischer Sprache. Schon vorher gab es gelegentlich, auch für Analphabeten berechnet, deutsche Prologe, sogar zu einzelnen Akten. Erleichternd für das Verständnis ist ferner, dass die Stoffe vor allem aus der Bibel größtenteils bekannt sind. Auch die zahlreichen allegorischen Figuren, durch welche Sünden, Tugenden und vieles andere repräsentiert werden, dürften dem Publikum aus bildlichen Darstellungen ebenso vertraut gewesen sein, wie sie uns heute eher befremden. Und ein bisschen Latein kann schließlich jeder, schon aus der Messe.

Wer verfasst die Dramen? In Deutschland importiert man zunächst Erfolgsstücke von Ordensbrüdern aus Italien, das wieder einmal führend ist. Dann steht bald auch Einheimisches aus Schwaben und Bayern auf dem Programm: Der Augsburger Jacobus Pontanus SJ inszeniert spätestens von 1580 an eigene Dramen, von denen er zwei sogar als Musterstücke in seinen *Poeticae institutiones* veröffentlicht.

Eine solche Publikation von Dramen ist ganz ungewöhnlich. Denn durch nichts setzen sich die deutschen Jesuiten so sichtbar vom säkularen Humanismus italienischen Gepräges ab wie dadurch, dass sie allem individuellen Ruhm entsagen und so ihre Stücke unveröffentlicht, als eine Art Grauliteratur, in den Schulbibliotheken schlummern lassen. *AD MAIOREM DEI GLORIAM* (Zur größeren Ehre Gottes) heißt die überall zu lesende Devise. Oft kennen wir auch von wichtigen Stücken nicht einmal den Verfasser.

Dramendichten ist Handwerksarbeit: Jeder Lehrer der Oberklassen (*Rhetorica* und *Poetica*) ist grundsätzlich gehalten, pro Jahr ein Stück zu verfassen und zu inszenieren. Man stelle sich vor, eine solche Anforderung würde an einen heutigen Deutschlehrer gestellt – vom Lateinlehrer gar nicht zu reden –, der in seinem Germanistikstudium zwar in alle Mysterien der Literaturtheorie initiiert wurde, aber nie auch nur einen Knittelvers hat dichten müssen! Insgesamt dürften allein in deutschsprachigen Landen an die zwanzigtausend Jesuitendramen oder mehr aufgeführt worden sein. Die paar Hundert Texte (fast alle handschriftlich), die wir heute noch lesen können, waren nach Schätzung ihres besten Kenners, Fidel Rädle, nur zwei bis drei Prozent der Gesamtproduktion. Wann gab es je in Deutschland eine so furiose Theaterbegeisterung!

VOM LOTTERBETT DER VENUS
IN DIE HÖLLE

Das erste von Jesuiten präsentierte Erfolgsstück nördlich der Alpen stammte allerdings von keinem Ordensangehörigen, sondern von einem niederländischen Franziskaner, einem gewissen Brecht (lateinisch: Livinus Brechtus), der mit seinem heute berühmteren Namensvetter vor allem das Plakative der Tendenz gemeinsam hat. Titelheld dieser nach klassischem Muster in fünf Akte gegliederten *tragoedia* (uraufgeführt 1548, danach überall in Europa) ist, als Identifikationsfigur für die Scholaren, ein junger Mann namens *Euripus*. Der Inhalt variiert die berühmte Parabel von Hercules am Scheidewege (zwischen Tugend und Laster beziehungsweise Wollust) im Sinne von Matthäus 7,13: *Intrate per angustam portam, quia lata porta et spatiosa via, quae ducit ad perditionem* usw. – »Gehet ein durch die enge Pforte, denn groß ist die Pforte und der Weg ist breit, der ins Verderben führt« usw. Der breite Weg ist, wie die Vorrede sagt, der Weg der »Sinnlichkeit oder des Fleisches« *(sensualitas sive caro),* mit dem engen Weg ist das christliche Leben gemeint. Dort herrscht im Sinne von Paulus und Augustin die Liebe zur Welt, hier die Liebe zu Gott.

Interessanterweise verkörpert sich nun das Weltliche und Böse vor allem in Sexualität und Erotik: Es sind deren Vertreter, die in Person auftretenden antiken Liebesgötter Venus und Cupido, die Euripus abdrängen vom guten Weg und die ihn schließlich in ewige Qualen stürzen. Denn hinter der verführerischen Maske dieser Gottheiten steckt – man ahnt es schon – der Teufel persönlich. Bereits im ersten Akt dekuvriert sich die Höllenbrut, sichtbar für den Zuschauer, unsichtbar, leider, für Euripus, der den Verlockungen zumal durch Venus im dritten Akt erliegt.

Im vierten Akt triumphieren *post coitum* die höllischen Dämonen *Mors* (Tod) und *Pestis* (Pestilenz) und töten Euripus mit ihren Geschossen. Er, vom Liebesrausch erwacht, muss zuerst den Verlust seines zeitlichen Lebens, dann den seines ewigen Heils wahrnehmen – entsetzlich! Noch entsetzlicher ist der fünfte Akt, ein wahrhafter Hexen- und Höllensabbat, der nach der Musik eines Hector Berlioz

zu rufen scheint: *Exultet Orcus et Chaos* (Nun jubiliere Höll' und Tod!),
singt ein Chor von Teufeln.

Was war letztlich schuld an dieser Hinwendung des Euripus zum
Bösen? Die moderne Forschung, die das Jesuitentheater einseitig als
gegenreformatorische Propaganda interpretiert, sieht die Pointe des
Stücks darin, dass sich Euripus, gut lutherisch, allein auf die Gnade
Gottes verlasse und darum den bösen Mächten ausgeliefert sei. In der
Tat kommt dieses Motiv beiläufig vor, aber es dominiert nicht. Wer
die Tragödie unbefangen liest, sieht, dass immer wieder zwei Fehler
des Euripus herausgestrichen werden: 1. Er überschätzt seine eigenen
Kräfte – an sich ein durchaus protestantisches Motiv, 2. er wähnt, er
könne die Zeit seiner Reue und Bekehrung noch aufschieben.

Diese beiden Hauptgedanken ergeben sich keineswegs aus einer
antiprotestantischen Tendenz des Stücks, sondern vor allem daraus,
dass Brecht für die Jugend schreibt und die Jesuiten ihn für die Jugend
aufführen: Der junge Mensch neigt dazu, sich allzu viel zuzutrauen;
und er glaubt, einen Ozean von Zeit vor sich zu haben. Der Katholik
Brecht mahnt ihn, was ein Protestant so vielleicht nicht tun würde: Es
gibt auch einmal ein »Zu spät«. So weit, so gut und christlich.

Sicherlich ist es aber nicht ganz im Sinne Jesu, wenn in diesem
Stück, übrigens höchst theaterwirksam, die Sexualität mit dem
schlechtweg Bösen identifiziert wird. Hier hat Brecht der erosfeind-
lichen Tendenz der späteren Jesuitendichtung vorgearbeitet – obwohl
er selbst nicht prüde zu Werke ging. Eine so saftige Venus hätte auf der
späteren Jesuitenbühne wohl nicht mehr erscheinen dürfen. Überhaupt werden dort Frauenrollen, die ohnehin von männlichen Schülern gespielt werden, zunehmend reduziert, bis die *Ratio studiorum* von
1591 sie ganz verbieten möchte. Insgesamt aber muss man, bei allen
Vorbehalten, zugeben, dass diese Schauertragödie sowohl im Hinblick
auf ihre makellose Verstechnik als auch auf die Dramaturgie, wobei
auch der Einsatz von Musik, Requisiten und Maske zu würdigen
wäre, das Werk eines Könners ist.

TRIUMPHE DES JESUITENTHEATERS

Die Höhepunkte des europäischen Jesuitentheaters, zumindest was die äußere Prächtigkeit angeht, fanden in München statt, dem, wie man damals sagte, »zweiten Rom«. Zur Hochzeit seines Sohns und Nachfolgers sponsert Herzog Albrecht V. 1568 einen aufwendigen *Samson*, bei dem neben dem biblischen Personal auch Musen- und Satyrchöre auftreten, deren Lieder von keinem Geringeren als Albrechts Hofkapellmeister Orlando di Lasso, dem führenden Musiker der Zeit, komponiert werden. Noch aufwändiger wird, sechs Jahre später, ein zweitägiger *Constantinus*, mit tausend Mitwirkenden, großenteils zu Pferde, auf dem Marktplatz der Menge dargeboten. Was bühnen- und pyrotechnische Raffinessen angeht, so scheint das Äußerste der *Triumphus Divi Michaelis* (Triumph des heiligen Michael) geboten zu haben, der 1597 unter Herzog Wilhelm V. aufgeführt wurde: zur Einweihung der Kirche von St. Michael, die, verbunden mit dem Jesuitenkolleg, im Herzen Münchens ein Zentrum der Gegenreformation werden sollte.

Beschirmt von angeblich tausend als Polizei fungierenden Soldaten, wurden die zahllosen, nach drei Ständen gegliederten Besucher in einer Art Revuetheater kreuz und quer durch die Epochen der Kirchengeschichte gejagt: Immer wieder wird Frau *Ecclesia* von dem bösen Drachen, der in verschiedener Gestalt, als Allegorie der Christenverfolgung, der Reformation usw., auftritt, drangsaliert. Immer wieder rettet sie der Namenspatron des neuen Gotteshauses, St. Michael: Sein regelmäßiges Erscheinen, jeweils mit viel Bühnenaktion, sprich *action*, dürfte vom Publikum erwartet und wie im Kasperletheater beklatscht worden sein. Am Schluss traten als Gratulanten für St. Michael neben vielen anderen auch noch Exoten, nämlich waschechte Afrikaner und Japaner, auf, wobei Letztere sogar angeblich japanisch – allerdings ein Phantasie-Japanisch – parlierten, vielleicht zur Erholung des Publikums von dem vielen Latein. Den letzten Vers, den vor Michaels Abschiedsgruß alle Mitwirkenden im Chor sprachen, verstand dann aber jeder: *Bavaria vigeat, floreat, augescat bonis!* Eine Vorahnung der heutigen Bayernhymne: »Gott mit dir, du Land der Bayern«.

Mit diesem und ähnlichen Spektakeln hatte Herzog Wilhelm V. sein Konto überzogen. Um einen Staatsbankrott abzuwenden, musste er alsbald zugunsten seines Sohns, Herzog (später: Kurfürst) Maximilians I., abdanken. Der war sparsamer, auch in Theatersachen, aber er war ein von Jesuiten erzogener, versierter Lateiner; und die Jesuitenbühne konnte weiter gedeihen. Hier dominiert, in München und anderswo, am Anfang des neuen Jahrhunderts die Muse des genialen Schwaben Jacobus Bidermann SJ, der noch heute seine Verehrer hat und dessen *Cenodoxus* (zuerst 1602) immer wieder gespielt wird.[*] Mit Recht.

Schon das Thema dieses Stücks ist ebenso bedeutsam wie ungewöhnlich: der tödliche Mangel an Selbsterkenntnis. Ein berühmter Gelehrter, *Cenodoxus* (der »Aufgeblasene«), hält sich, wie alle Welt ebenso, für einen Ausbund an Weisheit und Tugend. In Wirklichkeit ist er nur ein Spielball in den Händen von *Hypocrisis* (Heuchelei) und *Philautia* (Eigenliebe), die als allegorische Personen auf der Bühne zu sehen sind. Die Zweite *(Philautia)* sorgt dafür, dass ihm die Erste *(Hypocrisis)* gar nicht zu Bewusstsein kommt. Noch auf dem Totenbett salbadert er als vermeintlich vollkommener Mensch teils fromme, teils weise Sprüche, die er dem stoischen Philosophen Seneca abgelernt hat – und ist dann völlig verdutzt, als er vor den Weltenrichter muss und wegen hoffnungsloser Unbußfertigkeit verdammt wird. Wie viel tiefer und wahrer ist dieses Höllenfinale als das von Livin Brechts *Euripus*!

Die damaligen Zuschauer ließen sich von dem Schicksal des gleisnerischen Gelehrten, der bis zum Schluss unfähig ist, die eigene Verworfenheit zu erkennen, so beeindrucken, dass sich etwa nach einer berühmten Münchner Aufführung von 1609 vierzehn Personen sofort jesuitischen Exerzitien unterzogen und der Hauptdarsteller selbst in den Orden eintrat. Das ist, als hätten sich etwa in den frühen fünfziger Jahren nach einer Aufführung von Brechts *Puntila* die Zuschauer scharenweise zu Schulungskursen der KPD angemeldet!

---

[*] Zuletzt m. W. in Augsburg (2003) und Klagenfurt (2004).

JAKOB BALDE, EIN JESUIT
ALS LIEBESDICHTER

Die Chronologie der Jesuitendichtung führt uns zurück zu Deutschlands größtem Barockdichter, Jakob Balde, den wir nach seiner abge-
brochenen Serenade von 1624 aus dem Auge verloren haben. Er hatte
den Konflikt von Liebesgott und Gottesliebe am eigenen Leibe erfahren. Und als ihn sein Orden 1626 als blutjungen Lehrer ans
Münchner Gymnasium (das heutige *Wilhelmsgymnasium*) schickte,
machte er sich, bald schon zum Lehrer der »Poeten« avanciert, daran,
sein eigenes Erlebnis im Rahmen eines Unterrichtsprojekts multime-
dial zu verarbeiten.

Ein im Gymnasium ausgehängter Emblemzyklus,[*] bestehend aus
fünfundsechzig allegorischen Zeichnungen mit erläuternden Gedichten, behandelt das uns schon bekannte Thema *De Dei et mundi amore*
(Über die Liebe zu Gott und zur Welt, Ende 1627):[**] Für jene Liebe
steht die Figur Christi, jeweils mit Heiligengloriole und züchtigem
Röcklein, für diese wieder einmal der Liebesgott Cupido, kniefrei und
mit Pfeil und Bogen bewaffnet.

In den folgenden Werken des jungen Lehrers erscheint das Thema
der Erotik eher beiläufig, behält aber seine Bedeutung. So im Zyklus
Regnum poetarum, einer Schularbeit für München, in der zwölf altrömische Dichter in diversen Metren und Stilarten ihre Kommentare
zum Böhmischen Krieg abgeben – ein echtes Virtuosenstück: Es enthält auch einen verliebten Heroidenbrief des Winterkönigs Friedrich
von der Pfalz, geschrieben an seine durchgebrannte Gattin Elisabeth
von England, die – *cherchez la femme!* – als eigentliche Ursache des
Kriegs diagnostiziert wird. Dieses Motiv kehrt wieder in dem komischen Epos *Batrachomyomachia* (Froschmäusekrieg) von 1635, wo die

---

[*] Die Renaissance und Barock beherrschende Kunstform des Emblems, in seiner
Grundform bestehend aus *inscriptio* (Überschrift), *pictura* (Bild), *subscriptio* (erläuternde
Unterschrift), wurde geschaffen von dem Mediziner Andreas Alciatus (*Emblematum
libellus*, zuerst 1531; zweisprachig 1542; zugänglich im Nachdruck, Darmstadt 1980).
[**] Wie andere unveröffentlichte Werke Baldes vorhanden in einer Sammelhandschrift
der Bayerischen Staatsbibliothek, München (clm 27271).

Verführungskunst einer koketten Fröschin, *Limnocharis* (Teichesreiz), den gar schröcklichen Krieg auslöst.

Ein schieres Kasperletheater bietet dagegen Baldes Innsbrucker Schulkomödie *Iocus serius* (Aus Scherz wird Ernst), jedenfalls in einem Teil der Szenen. In einer davon versucht ein Teufel namens Alaster, verkleidet in die Gestalt der reizenden Hecate – so unterläuft Balde das Frauenverbot –, den heiligen Dunstan, einen wackeren britischen Schmied, in dessen Werkstatt und Arbeitszeit zu verführen. Dieser fromme Mann lässt sich zum Schein auf das Spiel ein, aber nur so lange, bis er den unvorsichtigen Teufel mit der Schmiedezange an der Nase zu fassen bekommt. Der kann es zunächst nicht glauben, dann geht ein Schimpfduell los: *Tu scabiose monache!* (Du räudiger Mönch!) – *Tu miser Diabole!* (Du elender Teufel!) – *O fabrum ferreum!* (O Schmied aus Eisen!) – *O iocum serium!* (O Ernst aus Scherz!) – […] *I medius fla-gra!* (Verbrenn doch mittendurch!) – *I medius crepa!* (Krepier doch mit-tendurch!) – *O carbo, o faex, o pus, o pix!* (O Kohle, o Dreck, o Eiter, o Pech!)[15] Selbst die Mitteufel lachen schadenfroh über die Qualen ih-res gezwackten Kumpels. Und das Tiroler Publikum lernt, dass auch Heilige manchmal schimpfen dürfen und welcher Kraftausdrücke sie sich dabei zu bedienen haben. Erwähnung verdient nebenbei, dass das Latein dieser Komödie so unhumanistisch reich an Germanismen be-ziehungsweise Tirolismen ist,* dass man bisweilen denkt, Balde wolle sich über die Unarten in der Umgangssprache seiner Schüler lustig machen. Spaß gemacht haben muss ihnen dieses Kasperlelatein alle-mal.

In seiner zweiten Münchner Zeit, die ihn, wie schon angedeutet, als Hofprediger und Hofhistoriographen in die unmittelbare Nähe von Maximilian I. führt, gibt Balde dem Thema von Askese und Ent-sagung neue Akzente. Im Anschluss an ein mit sensationellem Erfolg aufgenommenes Gedicht zum Lobe der Magerkeit *(Agathyrsus)* – üblicherweise präferiert ja dieses Rubenszeitalter ein feisteres Ideal –

---

* Etwa in der ersten kurzen Szene (I 1): *Habe patientiam.* (Habe Geduld!) Die schau-derhafte Form *facietur* (»wird gemacht werden«, statt *fiet*) legt er allerdings nur einem Betrunkenen in den Mund (in II 2); und überhaupt ist das Latein umso besser, je se-riöser der Inhalt ist. Was nebenbei zeigt, dass die Patzer natürlich beabsichtigt sind.

gründet er in München einen Magerkeitsverein *(Congregatio macilentorum)*. In diesem werden systematische Hungerkuren zu Abmagerungszwecken durchgeführt – nach heutiger Kenntnis die ersten und einzigen vor dem neunzehnten Jahrhundert.

Dieser asketische Verein ist gut bezeugt und in Details bekannt. Dagegen steht der von Balde darüber hinaus erdachte religiöse »Schlankheitsorden« *(Ordo macilentorum)* nur auf dem Papier – eine nach dem Vorbild des Jesuitenordens ersonnene phantastische Konstruktion, in der ein falsch verstandenes asketisches Ideal *ad absurdum* geführt wird. Während das mit Abnehmen verbundene Fasten im katholischen Sinn der spirituellen Läuterung dienen sollte, heiligt hier der Spaßvogel Balde die Mittel mehr als den Zweck. Er tut so, als käme es ausschließlich auf den Pfundverlust an – zu dessen Messung damals nur Gurte, noch keine Badezimmerwaagen zur Verfügung standen.

Den höchsten Stand der Gnade hat im Sinne seines Ordens derjenige erreicht, bei dem sich Essen und Gewicht umgekehrt proportional verhalten, sodass einer wie Obelix futtert – von Ebern ist sogar explizit die Rede – und wie Asterix schlank bleibt. Es ist anzunehmen, dass die Übersetzung dieser bisher noch unveröffentlichten Ordensregel, vielleicht in der Märzausgabe einer Damenzeitschrift wie *Brigitte* oder *Petra*, dem Dichter und Theologen Balde ein völlig neues Publikum erschließen wird.

In derselben Münchner Zeit erreicht Balde als echter Liebesdichter einen Höhepunkt seines gesamten Schaffens durch die umfangreiche Marienlyrik seiner *Lyrica* und *Sylvae*, die vielfach von den erotischen Oden des Horaz inspiriert ist. Die Töne, in denen er hier zur Gottesmutter spricht, reichen von der demütigsten Anbetung bis zu einer innigen, geradezu schäkernden Vertraulichkeit, wie sie in katholischer Lyrik beispiellos zu sein scheint.

Dann kommt er in einem großen Drama, *Jephtias*, auf die irdische Erotik und sein eigenes Jugenderlebnis zurück. Dieses spiegelt sich hier in doppelter Weise. Der unbeschnittene, feurige Ägypterjüngling Ariphanasso verliebt sich in Menulema, die tugendhafte, aber etwas zickige Tochter des israelischen Generals Jephte, den man aus dem biblischen Buch der Richter kennt. Er konvertiert zum Judentum und schmachtet seine Geliebte, die ihn zu ihrem Ritter geschlagen hat, in einer völlig albernen Serenade am helllichten Tage an. Ende des Lieds: Er wirft, wie einst Balde, seine Laute von sich – *fidibus est lusum satis* (auf Saiten ist genug gespielt) –, um im anstehenden Krieg gegen die Ammoniter zu Ehren seiner Dame große Taten zu tun. Aber das gelingt unserem Helden nicht. Durch tollkühne Tapsigkeit gerät er sogleich in Gefangenschaft und verpasst den Krieg. Nach Kriegsende zurück in Israel, muss er erfahren, dass Menulema inzwischen von ihrem eigenen Vater geopfert, also rituell hingerichtet worden ist. So entsagt er, wiederum wie einst Balde beim Eintritt in den Orden, allen sterblichen Schönheiten *(mortales formae)* dieser Welt und hofft auf ein Wiedersehen mit Menulema im Jenseits:

Nos Sinus Abrami, neptes ac mille nepotes
Complexus, thalami votis felicius olim
Reddet: ubi tuto castas miscebimus umbras.[16]

Einst gibt Abrahams Schoß, der tausend Enklinnen, tausend
Enkel umfasst, uns wieder zurück; und, seliger als im
Ehebett mischen wir dann in Keuschheit die sicheren Schatten.

In eigenartiger Weise mischen sich in diesem letzten, kuriosen Liebesbekenntnis Vorstellungen der römischen Liebeselegie und eines christlichen Platonismus – nur gerade mit dem Alten Testament, dem Balde prinzipiell folgt, haben sie fast nichts zu tun. Sogar den Schoß Abrahams kennt ja erst der Evangelist Lukas (16,22).

Balde hat diese ebenso rührende wie komische Liebesgeschichte erst nachträglich in seine »Tragödie« (Erstfassung: *Jephte*) eingearbeitet, auch um dem Zeitgeschmack Rechnung zu tragen. Seit Corneilles *Polyeucte* war es Mode geworden, selbst religiöse Dramen erotisch anzureichern, wie ja noch bei Friedrich Schiller jeder Karl seine Amalie haben muss. Offensichtlich bemühte sich der Lateiner Balde, auf der internationalen Höhe der Zeit zu sein. Seine herrliche Zehn-Stunden-Tragödie ist trotzdem bis heute nie aufgeführt worden – obwohl es zu den Chor- und Gesangspartien von Balde sogar Noten gäbe!

Balde, der inzwischen auch eine große Zahl von Satiren geschrieben hat – berühmt wurde besonders sein Schmähgedicht auf das Tabakrauchen *(Contra abusum tabaci)* –, krönt sein Lebenswerk durch einen erotisch-christlichen Briefroman in Form von dreißig großen ovidischen Heroidenelegien: *Urania victrix.* Noch einmal finden wir hier die jesuitische Freude an der Allegorie. Hauptheldin der Briefkorrespondenz ist nämlich die menschliche Seele, die *Urania* heißt (von griech. *uranós,* Himmel), weil sie für den Himmel, das heißt ihren himmlischen Bräutigam Christus, bestimmt ist. Um sie bewerben sich als Möchtegernfreier mit schmachtenden Briefen die fünf menschlichen Sinne: *Visus* (Gesicht), *Auditus* (Gehör), *Odoratus* (Geruch), *Gustus* (Geschmack), *Tactus* (Gefühl beziehungsweise Tastsinn). Oft schnippisch, immer witzig, schmettert Urania ihre Bewerber ab, vor allem den letzten, *Tactus,* der, sozusagen als Inbegriff der »Welt«, wieder einmal die Sexualität verkörpert. Hier arbeitet Balde mit fast allen Farben ovidischer Erotik, wenig bekümmert um die von seinem Orden gebotene Prüderie.

Das oft kaum vermittelte Nebeneinander von spiritueller Religiosität und humanistischer Freude an den Klassikern bei Balde ist einzigartig. In seinem letzten Werk hat er noch einmal ein von aller Gegenreformation ungetrübtes Bekenntnis zum italienisch-deutschen Lateinhumanismus abgelegt. In seiner *Expeditio polemico-poetica* (Poetisch-polemischer Feldzug), einem kleinen allegorischen Roman, versuchen die neulateinischen Humanisten unter Führung Petrarcas die Burg der *Ignorantia* (Unwissenheit) – natürlich mit Anspielung auf Petrarcas Werktitel – zu stürmen. Im Klartext: Sie wollen das alte Bildungswesen reformieren, von seiner Unwissenheit befreien. Das gelingt erst dann, als diese Neulateiner die römischen Klassiker, von Lukrez bis Claudian, zu ihren Bundesgenossen machen. Mit deren Hilfe wird die Burg bravourös erobert, wobei nur leider die *Ignorantia* selbst entkommt …

Was Balde mit dieser witzigen Dichterrevue aus Alt- und Neulateinern sagen will, ist eindeutig: Das Anliegen der Bildungsreform war nicht zu verwirklichen ohne die sprachliche Hilfe der Antike. Der Humanismus musste eine Renaissance sein. Um das Überkonfessionelle dieser humanistischen Idee, zu der er sich bekennt, möglichst deutlich zu machen, hat Balde in seine Kampfschar der neulateinischen Dichter viele Italiener, keine Jesuiten, die auch zeitlich nicht passen würden, dafür aber zwei erzprotestantische Deutsche aufgenommen: Eobanus Hessus und den großen Dichterphilologen Joachim Camerarius. Auch diese Keckheit hat ihm sein Orden durchgehen lassen. Ohne den jesuitischen Humanismus wäre die Geschichte des Latein um ein glanzvolles Kapitel ärmer.

O TEMPORA O MORES!
LATEIN KOMMT AUS DER MODE

Tiefer als Renaissance und Reformation hat eine dritte Bewegung in das geistige und politische Leben Europas eingegriffen: die sogenannte Aufklärung, die im siebzehnten Jahrhundert beginnt und seitdem nicht mehr richtig aufgehört hat. Sie bestand und besteht darin, alle Tradition grundsätzlich infrage zu stellen und zu verwerfen, sofern sie sich nicht als vernünftig ausweisen kann: *Ratio vicit, vetustas cessit*[1] – Vernunft siegte, Tradition musste weichen –, formulierte schon am Anfang des siebzehnten Jahrhunderts der Pädagoge und Schulreformer Wolfgang Ratichius (Ratke). Und gut anderthalb Jahrhunderte später, 1783, sagte etwa dasselbe der philosophische »Alleszermalmer« Immanuel Kant mit dem aus Horaz genommenen »Wahlspruch der Aufklärung«: *Sapere aude** – »Habe Mut, dich deines eigenen Verstandes zu bedienen«,[2] gleichviel was dir Pfarrer, Lehrer oder Vorgesetzter erzählen!

Dies traf vor allem die christliche Religion, die, von Humanisten und Reformatoren noch unangefochten, nun allmählich nicht mehr selbstverständlicher Bezugspunkt des Denkens und Handelns war – wodurch eine mit Kaiser Konstantin beginnende Epoche zu Ende ging. Es betraf in ähnlicher Weise das Latein, das in dieser Zeit in die schwerste Krise seiner Geschichte seit der Zeit der Völkerwanderung geriet. Es war nicht länger die verbindliche gemeinsame Sprache des gebildeten Europas. *O tempora o mores!*** War etwa Latein der modernen Weltsicht mit ihren Mikroskopen und Teleskopen nicht mehr gewachsen? Nein, daran lag es nicht.

---

* »Wage es, vernünftig zu sein!«, Horaz, *Epist.* 1,1,40. Gemeint war hier nicht etwa eine kritische Haltung gegenüber Unvernünftigem, vielmehr, dass man sich entschließt, die nötige Arbeit an der eigenen sittlichen Vervollkommnung (gegen die innere Trägheit) sofort in Angriff zu nehmen; *aude* heißt also so viel wie »Bringe es über dich …«.

** »O ihr Zeiten! o ihr Sitten!« So, voller Empörung über den sittlichen Niedergang, Cicero in der ersten Rede gegen Catilina (1,2).

IM RUNDFLUG ÜBER DEM EUROPÄISCHEN HELICON

Es begann auf dem Helicon, dem Berg der lateinischen Musen. Als die Väter des Humanismus, vor allem Petrarca und Boccaccio, der lateinischen Dichtung das im späten Mittelalter verlorene Terrain wiedereroberten, gelang das doch nicht völlig. Denn gerade diese beiden waren Patrioten und Florentiner genug, um auch der Sprache Dantes zu huldigen. Der *Canzoniere* des einen, der *Decamerone* des andern sind zumindest heute bekannter als ihre lateinischen Werke. Ausgerechnet der Ciceronianer Pietro Bembo hat, schon 1525, beide zu italienischen Musterautoren für Poesie und Prosa erklärt. Und so bleibt es bis ins sechzehnte Jahrhundert. Viele berühmte lateinische Dichter waren schon zu Lebzeiten vor allem auch für ihre italienischen Werke bekannt, wie Angelo Poliziano und Jacopo Sannazaro. Bei späteren, wie Ludovico Ariosto und Torquato Tasso, hat man heute fast vergessen, dass sie auch Lateiner waren. Und neben diesen zweisprachigen Autoren standen zunehmend Schriftsteller, die wie Machiavelli fast nur noch italienisch schrieben.

Außerhalb Italiens, wo Latein ja auch immer etwas vom Glanz der eigenen Vergangenheit ausstrahlte, hatten es die lateinischen Musen naturgemäß noch schwerer, auch in der Romania. Die Lateinpoesie des Humanismus kommt früh nach Spanien und Portugal, und der Humanist Juan Luis Vives ist neben anderen Spaniern eine europäische Berühmtheit. Aber die Dichtung in spanischer und portugiesischer Sprache scheint zu dominieren. Man denke an das portugiesische Nationalepos *Os Lusíadas,* 1572, des Luis de Camões und besonders die Berühmtheiten des spanischen *Siglo de Oro:* Cervantes, Calderón usw.

Ähnlich in Frankreich. Der genialste Dichter des fünfzehnten Jahrhunderts, François Villon, schreibt französisch. Im folgenden Jahrhundert sind die französisch dichtenden Clément Marot und die Poeten der Pléiade, unter Führung Ronsards, den Lateinern wie M. Antonius Muretus (Muret), Johannes Auratus (Dorat) zumindest ebenbürtig. Ausgerechnet der brillanteste unter den zweisprachigen Dichtern, Joachim du Bellay (Bellaius), schreibt ein epochemachendes Buch zum Ruhm der Muttersprache *(Deffence et illustration de la langue Francoyse)*. So werden im siebzehnten, goldenen Jahrhundert Ludwigs XIV. auch die vorzüglichsten lateinischen Gedichte von den Werken Racines und Molières in den Schatten gestellt.

Nur eigentlich in England dominiert, wenigstens in der früheren humanistischen Periode, das Latein dank dem großen Thomas Morus, heute berühmt vor allem durch seinen phantastischen Roman *Utopia* (1516), mit dem ein unsterbliches Schlagwort kreiert wurde. Ähnlich brillant war ein Jahrhundert später der politische Schlüsselroman *Argenis* (1621) des Schotten John Barclay, der wie die *Utopia* in viele Sprachen übersetzt wurde. Aber natürlich überstrahlen schon die englischen Meisterwerke des Elisabethanischen Zeitalters, mit Shakespeare und manchen anderen, alles Lateinische.

Wichtiger scheint die lateinische Literatur naturgemäß für die kleineren Nationen, die, weil ihre Sprache im Ausland kaum verstanden wird, auf das Latein geradezu angewiesen sind, um sich Gehör zu verschaffen. So blüht etwa in Polen, Böhmen und Ungarn eine international beachtete lateinische Literatur; auch Dänemark, Norwegen, Island und Schweden finden vom sechzehnten Jahrhundert an den Anschluss an den europäischen Lateinhumanismus. Vollends in den Niederlanden feiert die lateinische Sprachkunst geradezu einsame Triumphe. Von dort stammt der deutsche Frühhumanist Agricola, von dort Erasmus; dort dichten die schon erwähnten, weltweit gespielten Bühnenautoren Gnapheus und Brecht. Dort wirken noch andere Berühmtheiten wie, um wenige zu nennen, der Tragödien schreibende Dichterjurist Hugo Grotius, bekannt als Vater des Völkerrechts, die Dichterphilologen Daniel Heinsius und Joseph Justus Scaliger sowie der überragende, mit seinem revolutionären Prosastil, seiner Satirendichtung und seiner christlich-stoischen Philosophie neue Wege eröffnende Justus Lipsius. Was wären die kleinen Niederlande ohne ihre großen Lateiner!

Überraschenderweise gehört zu diesen »kleinen« Ländern beziehungsweise Literaturen auch Deutschland. Hier war die lateinische Poesie des sechzehnten Jahrhunderts der nationalsprachlichen haushoch überlegen. Nicht Luther mit seinen Chorälen, sondern sein im Ovidstil Elegien dichtender Anhänger Eobanus Hessus galt als Fürst der Poeten. Noch im Barockzeitalter überstrahlte der internationale Glanz eines Jacobus Balde alle deutschen Zeitgenossen wie Gryphius oder Paul Gerhardt. Immerhin hatte mittlerweile die deutsche Muse kräftig aufgeholt. Zwar zuerst noch in Latein *(Aristarchus sive de contemptu linguae Teutonicae)*, bald aber auch in Deutsch *(Wieder die Verachtung Teutscher Sprach)* verteidigt Martin Opitz das Schriftstellern in der deutschen Muttersprache – siebzig Jahre nach du Bellays entsprechender französischer Schrift. Dann schreibt er – nunmehr nur noch in deutscher Sprache – das *Buch von der Deutschen Poeterey* (1624): Durch dessen berühmte Versreform kommt die deutsche Dichtung gewissermaßen zu sich selbst und wird, trotz des Dreißigjährigen Krieges, höchst produktiv.

Freilich, diejenige deutsche Literatur, die wir heute noch als klassisch empfinden und lesen, gehört dann erst in das folgende Jahrhundert (Klopstock, Lessing usw.). In den Augen der Zeitgenossen aber hatte schon vorher die Poesie deutscher Sprache den Anschluss an das internationale Niveau und an das der klassischen Antike gefunden. Stolz dichtet Leibniz bereits 1667:

Was lobt man viel die Griechen,
Sie müßen sich verkriechen
Wenn sich die teutsche Muse regt.
Was sonst die Römer gaben.
Kan man zu hause haben
Nachdem sich Mars bey uns gelegt.

Horaz im Fleming lebet, [*]
im Opiz Naso schwebet, [**]
im Greiff Senezens Trauer-spiel.
... [3]

---

[*] Vielleicht liegt die Vorstellung des Ennius zugrunde, der behauptete, die Seele Homers sei in ihn übergegangen (vgl. S. 41).

[**] Auch hier dürfte Ennius (oder Horaz, vgl. S. 93–95) zugrunde liegen: *volito vivos per ora virum*, »ich schwebe (fliege) lebend durch die Münder der Menschen« (bei Cicero, *Tusc.* 1,34). Nach Ausweis von Grimms Wörterbuch wird *schweben* seit dem Mittelhochdeutschen vorzugsweise auf Vögel angewendet.

Das heißt im Klartext: Die Lyrik des Horaz ist nunmehr vollgültig ersetzt durch die Lieder des Paul Fleming, die elegische Dichtung Ovids durch die Alexandriner des Martin Opitz, die Tragödien Senecas durch die Trauerspiele des Andreas Gryphius. Es ist bezeichnend, dass hier von neulateinischer Dichtung gar nicht mehr die Rede ist. Dabei waren alle drei Genannten, Fleming, Opitz und Gryphius, auch respektable lateinische Dichter gewesen. Aber Leibniz ist stolz auf das deutsche Werk dieser Deutschen.

REIZVOLLE RESTE LATEINISCHER DICHTUNG

Wir sehen also: Was die schöne Literatur angeht, konnte Latein gegenüber den Nationalsprachen – mit Ausnahme vor allem Deutschlands – von Anfang an nirgends völlig dominieren. Dann kam es, in Italien beginnend, in Deutschland endend, zu einer Verschiebung der Gewichte in Richtung auf die Nationalliteraturen, die sich zum Teil sogar quantitativ fassen lässt. Schon 1575 überwog in Frankreich erstmals die Gesamtzahl der publizierten französischen Bücher die der lateinischen; in Deutschland ist das erst 1681 zu konstatieren.

In der zweiten Hälfte des siebzehnten Jahrhunderts, in der Zeit nach dem Westfälischen Frieden (1648), haben die nationalen Musen den Helicon sozusagen von fast allen Seiten erstürmt. Die römischen Camenen sitzen schmollend in einem Winkel ihres alten Reichs, auch wenn sie mit ihrem Latein durchaus noch nicht am Ende sind. Aber wer jetzt noch Latein dichtet, ist, zumal im achtzehnten Jahrhundert, ein fast schon Unzeitgemäßer geworden, einer, der eine Kunst ausübt, mit der man zwar noch in Schule und Universität Eindruck machen kann, die aber unter Männern von Welt leicht als »Schulfuchserei« oder *pédantisme* eher bestaunt als bewundert wird. Der einst so stolze *poeta* der frühen Neuzeit wird nun selber fast zu einem »scholastischen« *vir obscurus* der Post-Renaissance.

Immerhin gibt es einzelne glänzende Ausnahmen, die aber lediglich die Regel bestätigen. Ich nenne nur drei nichtreligiöse Werke: 1. Der satirische Science-Fiction-Roman *Nicolai Klimii Iter subterraneum*

(Die unterirdische Reise des Niels Klim) des für seine dänischen Komödien berühmten Ludvig (Ludovicus) Holberg gilt unter Kennern
als ebenbürtiges Gegenstück zu *Gullivers Reisen* von Jonathan Swift.
2. Die lateinische Lyrik des jung verstorbenen Professors für Eloquenz
Christian(us) Adolph(us) Klotz zeigt noch einmal den Typ des brillanten Dichterphilologen, wie er für die große Zeit des Humanismus
charakteristisch war. 3. Schließlich eröffnet das futurologische Lehrgedicht *Navis aeria* (Luftschiff) des Kroaten Bernardus Zamagna SJ
nicht nur der Poesie neue Bahnen: Der von ihm nach Anregung
durch einen anderen Jesuiten, Francesco Lana, ertüftelte Vorläufer der
Montgolfiere beruht auf luftleeren Kugeln, an denen ein bemanntes
Schiff befestigt ist. An der Realisierbarkeit hat er keinen Zweifel, sondern schwebt bereits als echter Poet – und das ist er – Horaz gleich
empor in die Lüfte seiner Phantasie (2,1–4):

> *Sed me iam Zephyri nemora inter garrula blando*
> *Murmure ludentes invitant ire per altum*
> *Aera. Iam nautae funem convellere gaudent,*
> *insuetamque viam tentare …*[4]

Aber es locken mich schon die Zephyrn, geschwätzige Wälder*
lieblich durchsäuselnd im Spiel, mich empor in die Höhe zu
                                                              heben,
hoch in die Luft! Schon kappen das Tau die begeisterten Schiffer,
wagen den Weg, den noch keiner beschritt …

Wie an die Zukunft seines Luftschiffs, so glaubt Zamagna an eine
ewige Zukunft auch der lateinischen Sprache, die man zu Unrecht tot
(mortua) und elend *(misera)* nenne *(Epist. ad Stajum* 138 ff.): Sie werde
bleiben wie der »römische Vater« *(pater Romanus)*, gemeint wohl der
Papst, auf dem »unverrückbaren Felsen des Capitols« *(Capitoli immo-
bile saxum)*.[5] Aber wie viele Leser konnte er mit diesem schönen Lehr-

---

* Das Schwatzen der Winde macht ihrerseits die Wälder geschwätzig – eine feine, echt
poetische Enallage (Verschiebung). Meisterhaft ist auch das Enjambement *Aera* in V. 3.

gedicht noch erreichen? Immerhin noch mehr, als wenn er kroatisch gedichtet hätte.

WARUM DIE FRAU-MUTTERSPRACHE?

War Latein unfähig geworden, die Empfindungen einer neuen Zeit auszudrücken? Hatten die Dichter, die zur Nationalsprache übergingen, das Gefühl, sich nun erst aussprechen zu können? Diese Vermutungen werden uns durch ein romantisches Vorurteil nahegelegt, das wir immerhin mit dem jungen Johann Gottfried Herder teilen: nur in der Muttersprache könne der Mensch wirklich das Innerste seiner Empfindungen äußern.[*] Dem widerspricht aber bereits die Tatsache, dass große römische Dichter schon der Antike, von Ennius (um 200 v. Chr.) bis zu Claudian (um 400 n. Chr.), Latein als Fremdsprache gelernt haben. Auch hat meines Wissens keiner der neulateinischen Dichter je angedeutet, dass er sich durch die antike Sprache in seinen Ausdrucksmöglichkeiten gehemmt fühle. Keiner gibt auch zu verstehen, dass ihm das lateinische Dichten eine lästige Pflicht wäre – im Gegenteil: Gerade das Dichten in der Nationalsprache wird als eine Aufgabe betrachtet, der man sich pflichtgemäß nicht entziehen dürfe.

So vergleicht zum Beispiel der bedeutendste zweisprachige Dichter Frankreichs, du Bellay, seine französischen Gedichte mit Kindern, die in ehelicher Pflichterfüllung gezeugt seien; seine *Latina* dagegen verdanke er der freien Liebe:

> *Gallica Musa mihi est, fateor, quod nupta marito:*
>   *Pro domina colitur Musa Latina mihi.*
> *Sic igitur, dices, praefertur adultera nuptae?*
>   *Illa quidem bella est, sed magis ista placet.*[6]

Was die Gemahlin dem Mann, das ist mir die gallische Muse,
   doch die lateinische ist mir die geliebte Mätresse.

---

[*] Vgl. S. 259.

Also, fragst du, behagt dir noch mehr als die Gattin die Hure?
Jene gewiss doch ist nett, lieber ist diese jedoch!

Schon die Eleganz dieser Verse bezeugt die Wahrheit seines Liebesbe-
kenntnisses. Er empfindet das Dichten in der eigenen Muttersprache
vor allem als patriotische Verpflichtung: Sie soll es mit der Antike, vor
allem aber mit den europäischen Nachbarsprachen, aufnehmen können.

Damit zusammen hängt ein Zweites. Wer Latein schreibt, erweitert zwar den Radius seiner Leser auf die Gebildeten in allen Ländern.
Er erreicht aber nicht seine mindergebildeten Mitbürger. Darum ging
Hutten, wie wir gesehen haben, von lateinischen Elegien zu deut-
schen Liedern über, als er seine Feder auf die Sache der Reformation
verpflichtete; darum schreibt Luther nur deutsche Choräle; darum ließ
Deutschlands größter Lateindichter, Jakob Balde, dasjenige Werk, mit
dem er Furore zu machen gedachte, sogleich zweisprachig erscheinen:
Seine hundert Strophen *De vanitate mundi* – »Von der Eitelkeit der
Welt« (1636) – waren wohl das erste Gedicht, das sich wie die heutige
Reclamausgabe eines antiken Klassikers – Latein links, Deutsch
rechts – der Welt präsentierte (Str. 1, 1–4):

Fuere Troes, Ilium;	Troia ist hin / ein anders her /
Tros, Ilium fuere	Als wan sie nie wär gwesen.
Fuit, fuit domus inclyta	Verschwunden seynd all *Dardaner.*
Nomenque Dardanorum … *	Schon tausent mal verwesen. …

Seine lieben Bayern und Deutschen haben es ihm gedankt. Das Gedicht wurde buchhändlerisch Baldes größter Erfolg, fast dreimal so oft

---

* Da Baldes »Übersetzung« aberwitzig frei ist, übersetze ich wörtlich: »Vorbei sind die
Troer und Ilion, / der Troer und Ilion sind vorbei [ein Zitat aus Vergil, *Aen.*
2,325]. / Vorbei, vorbei ist das herrliche Haus / und der ruhmreiche Name der Darda-
ner […].« (Hier wie öfter ist Balde noch besser im Deutschen als im Lateinischen.)
Zur Popularität des Werks trug sicherlich auch bei, dass das lateinische Versmaß einer
bekannten deutschen Liedstrophe (Der grimmig Tod mit seinem Pfeil …) nachgebildet war.

nachgedruckt wie seine horazischen *Lyrica,* die ihn doch in Europa berühmt gemacht haben.[*]

Der beabsichtigte Leser entscheidet über die Wahl der Sprache. Wenn also von etwa 1450 bis 1650 europaweit die Dichter vom Latein zur Muttersprache übergingen, lag das vor allem daran, dass diesen nationalstolzen Poeten der nichtlateinische Volksgenosse als Adressat wichtiger wurde als der ausländische Kenner und Kollege und dass sie jenem gegenüber die Herrlichkeit ihrer eigenen »Frau-Muttersprache« ins Licht setzen wollten. Der moderne Nationalismus, einst von großen Lateinhumanisten wie Conrad Celtis geradezu gefördert, ist der Brutus unter den Mördern des Lateinischen. *O tempora o mores!*

Und noch ein Drittes will bedacht sein. Der humanistische Dichter seit Petrarca war beseelt von dem Wunsch des Horaz: *non omnis moriar*[7] (Ich werde nicht gänzlich sterben), von der Sehnsucht nach literarischer Unsterblichkeit durch sein eigenes Werk. Die erwünschte Krönung mit dem nie verwelkenden Dichterlorbeer, durch Petrarca und Celtis in Schwung gekommen, ist ein Symbol dafür. Diesem Verlangen kam die Natur der lateinischen Sprache mit ihrer Unveränderlichkeit und Überzeitlichkeit entgegen. Und so haben der Florentiner Petrarca wie der Nürnberger Eobanus Hessus ihre Briefe an die Nachwelt *(ad Posteritatem)* sinnvollerweise beide auf Lateinisch geschrieben.

Ist nicht zu vermuten, dass den posthumanistischen Dichtern an dieser Unsterblichkeit, die ja auch vom christlichen Standpunkt aus bedenklich war, weniger gelegen hat? Das inflationäre Überhandnehmen der Dichterkrönungen mag dazu beigetragen haben.

Dieser Zusammenhang von Ruhm und Latein wird ausdrücklich thematisiert von dem französischen Jesuiten Johannes Commirius (1625–1702). In einer Ode an seinen Freund Santolius mahnt er diesen, das lateinische Dichten über dem – vom Staat geförderten – französischen nicht zu vernachlässigen. Die Muttersprache zeige täglich ein neues Gesicht; Ronsard, eben noch als »Vater des Französischen«

---

[*] Abgesehen vom Wiederabdruck in den Gesamtausgaben (1660, 1729) wurde *De vanitate mundi* sechzehnmal nachgedruckt (bis 1747, ohne Übersetzungen und Auswahlausgaben), die *Lyrica* sechsmal (bis 1720).

(Franciacae pater linguae) gefeiert, klinge den empfindlichen modernen Ohren bereits barbarisch, ähnlich sogar schon Malherbe – wie anders bei den Lateinern:

> *At certus Latiis honos,*
> *et vani haud metuens taedia saeculi*
> *perstat gratia vatibus!*[8]

> Doch der sichere Reiz und Ruhm,
> der den Launen der Zeit mutigen Blickes trotzt,
> bleibt lateinischem Sängertum!

Latein war ihm eben immer noch, wie Leibniz formulierte, die »universale und zur Nachwelt fortdauernde europäische Sprache« (*lingua Europaea universalis et durabilis ad posteritatem*[9]).

Verallgemeinern wird man das aber wohl nicht dürfen. Der große zweisprachige Dichter Paul Fleming bedankt sich in seiner *Grabschrifft* (1640) ausgerechnet bei den »Deütsche[n] Klarien« (= Musen) für sein dauerndes Fortleben.[10] Umgekehrt entsagt sein Zeitgenosse Jakob Balde zwar aus christlichen Motiven dem poetischen Nachruhm (*tumulerque totus*,[11] »und gänzlich soll man mich begraben«), hört aber nicht auf, lateinisch zu dichten. Die Dinge scheinen hier also nicht ganz eindeutig.

AUCH DIE WISSENSCHAFT FAST AM ENDE IHRES LATEINS

Das Gesagte gilt zum Teil auch für die Prosa, vor allem für die wissenschaftliche Prosa. In ihr hat sich der Übergang vom Lateinischen zur Nationalsprache um einiges später vollzogen, weil der Drang, sich den Laien unter den Mitbürgern mitzuteilen, nicht so groß sein konnte. Auch hier ist zunächst ein beliebtes Vorurteil abzuwehren.

Wer heute zugibt, Latein zu schreiben oder gar zu sprechen, den versucht seine staunende Mitwelt alsbald damit zu konfrontieren, dass die alten Römer doch noch keine Laptops und Handys gekannt hätten und dass man also dergleichen in Latein gar nicht ausdrücken könne. Natürlich kann man es – ich proponiere ohne viel Nachdenken *gremiale* und *manuale:*[*] Aber man konnte so etwas noch hundertmal besser und leichter in einer Zeit, wo sich das lateinische Vokabular zusammen mit dem Fortschritt von Technik und Wissenschaft entwickelte. Nie gab es bis zum Beginn des neunzehnten Jahrhunderts in irgendeiner Disziplin diejenigen Schwierigkeiten mit dem Latein, die wir Berufslateiner heute in der Tat haben, wenn wir etwa einem Biochemiker sein lateinisches Ehrendoktordiplom ausstellen sollen.

Bis ins achtzehnte Jahrhundert hinein ist Latein, wie allgemein bekannt, die gewohnte, durch Tradition geheiligte Sprache der Wissenschaft, ein bequemes Mittel der Gelehrten, um sich auch international auszutauschen. In Latein schreibt der etwas linkisch formulierende Nikolaus Kopernikus *De Revolutionibus Orbium Coelestium* (Über die Bewegungen der Himmelskreise, 1543) und begründet damit unser heutiges Bild einer heliozentrischen Welt. Der humanistisch sattelfestere Lateiner Johannes Kepler korrigiert dessen Vorstellung von den Planetenbewegungen in *Astronomia Nova* (Neue Sternkunde) und *Harmonice Mundi* (Harmonie der Welt). Galileo Galilei, auch er ein respektabler lateinischer Stilist, eröffnet in *Sidereus Nuncius* (Nachricht von den Sternen) die mit seinem neuen Fernrohr gegebenen Ausblicke und erschüttert damit das traditionelle Weltbild. Und schließlich krönt Isaac Newton alle astronomischen (wie physikalischen und mathematischen) Leistungen der frühen Neuzeit durch seine *Philosophiae Naturalis Principia Mathematica* (Die mathematischen Prinzipien der Naturlehre, 1687), in denen die altlateinische *gravitas* (Schwere) zur modernen, Erde wie Kosmos beherrschenden »Gravitation« umfunktioniert wird – übrigens in einem glasklar nüchternen, sogar in der Vorrede völlig unrhetorischen Latein.

Mit dem neuen, achtzehnten Jahrhundert wechselt auch die Wissenschaftssprache. In den englisch geschriebenen *Opticks* legt derselbe

---

[*] *gremiale* = *computatrum gremiale* (Computer im Schoß, nach eng. *lap*, »Schoß«); *manuale* = *telephonum manuale* (Telefon im Handformat).

Newton 1704 seine fast ebenso revolutionäre Theorie des Lichts dar. Von da an werden lateinische Abhandlungen, wie über andere Wissenschaftsgebiete, so auch über Astronomie seltener. Ein letzter, allerdings sehr prominenter Ausläufer ist hier die *Theoria Motus Corporum Coelestium* (Theorie der Bewegung der Himmelskörper, 1809) des Göttingers Carl Friedrich Gauß. Dieser veröffentlicht auch seine epochalen mathematischen Werke, wie die *Disquisitiones Arithmeticae* (Arithmetische Abhandlungen, 1801), in lateinischer Sprache, wie auch vor ihm der nicht minder berühmte Mathematiker Leonhard Euler seine grundlegende *Introductio in Analysin Infinitorum* (Einführung in die Analysis unendlicher Größen, 1748). Doch schreibt der weltmännische Euler daneben auch deutsch und vor allem französisch, wenn er populär sein will.

Seit Ludwig XIV. 1666 die *Académie des Sciences* gegründet hatte, war Französisch als Sprache der Wissenschaft auf dem Vormarsch. Die erste nichtlateinische Gelehrtenzeitschrift war das von dieser Akademie herausgegebene *Journal des Sçavans*. Ihr Sekretär, Bernard le Bovier de Fontenelle, veröffentlicht schon ein Jahr vor Newtons *Principia* die populärastronomischen, einer Dame gewidmeten *Entretiens sur la pluralité des mondes* (1686).

Ganz geht Latein aber auch in den Naturwissenschaften noch nicht unter. Bleibende Werke zum Beispiel auf den Gebieten der Physik (Fahrenheit), der Atomphysik (Boscovich) und der Anatomie (Morgagni) sind noch immer lateinisch. Den durchschlagendsten Erfolg als Lateiner hatte der schwedische Biologe Carl von Linné (Linnaeus): Die in seinem *Systema naturae* (1735) entwickelte Methode, Pflanzen und Tiere hierarchisch zu ordnen und nach Genus und Spezies lateinisch zu klassifizieren (*Canis familiaris* – Haushund; *Canis lupus* – Wolf), hat sich bis heute bewährt und wird prinzipiell bei der Benennung jedes neu entdeckten Lebewesens angewendet.

Der Lateiner wird aber wohl weit mehr Freude haben an der Darstellung der Elektrophysiologie in der noch heute berühmten Schrift von Luigi Galvani, *De Viribus Electricitatis Artificialis in Motu Musculari* (Über die Kräfte künstlicher Elektrizität in der Muskelbewegung, 1791). Während in den meisten der erwähnten Werke der Anspruch auf lateinische Sprachschönheit eher gering ist, bemüht sich Galvani um eine auch stilistisch ansprechende Darstellung seiner Versuche mit Froschschenkeln, »um zumindest das edle Bedürfnis derjenigen Gebildeten zu befriedigen, die bei den Dingen, die etwas Neues in sich bergen, gerade an deren Ursprung und Anfang Vergnügen finden« – *ut* [...] *saltem honesto doctorum hominum desiderio satisfaceremus, qui solent rerum, quae novitatem in se recondunt aliquam, vel origine ipsa principioque delectari.*[12] Selten hat ein moderner Naturwissenschaftler seine Forschungen so anmutig vorgetragen. Dass er es aber in Latein tat, war damals schon eher ungewöhnlich.

WISSENSCHAFTLER LERNEN DEUTSCH

Deutsch als Sprache der Fachwissenschaft debütiert zunächst in populären, für Nichtlateiner bestimmten Schriften des frühen sechzehnten Jahrhunderts. Für deutsche Künstler, Mitkünstler, schreibt Albrecht Dürer neben anderem seine geometrische *Underweysung der messung mit dem Zirckel und richtscheyt*, die aber auch Geometriker so interessiert, dass man sie ins Lateinische übersetzt. Die *Rechnung auff der Linihen* und andere Lehrbücher des sprichwörtlich gewordenen Adam Riese sind für einfache Leute bestimmt, die sich beim Rechnen nicht übertölpeln lassen wollen. Vor allem an deutsche Küfer und Weinvisierer richtet sich später die *Messekunst Archimedis* des großen Johannes Kepler.

Dass man die Wissenschaften *(disciplinae)* grundsätzlich in der Muttersprache als der »treueren Dolmetscherin des Geistes« *(fidelior animi interpres)* treiben solle,[13] ist eine Idee, die ausgerechnet der große Humanist Thomas Morus in seiner lateinischen *Utopia* spielerisch entwickelt. Er selber schreibt seine theologischen Werke je nach Adressat bald in Lateinisch, bald in Englisch. Analog verfährt, in Schriften wie Briefen, Martin Luther, der manche Bücher sofort in zwei Sprachen erscheinen lässt und in seinen kuriosen Tischgesprächen die beiden Sprachen je nach Gegenstand kunterbunt durcheinanderwirft.

Die Idee des Thomas Morus wird für das Deutsche ernsthaft wiederaufgenommen in den neuen, patriotischen Bildungsplan, *Memorial*, den Wolfgang Ratichius schon im Mai 1612 dem zur Kaiserwahl versammelten deutschen Reichstag vorlegte. Darin war unter anderem vorgesehen, die »Künste vnd Fakulteten« an Schulen und Universitäten zuerst und vor allem in der »angebornen Muttersprache« zu lehren, wozu freilich etliche neue *vocabula artium* (Kunstwörter, *termini technici*) zu erfinden wären. Daraus wurde vorläufig nicht viel, obwohl die Ideen des Ratichius größtes Aufsehen erregten. Gegenüber anderen Nationen blieb Deutschland, analog zur Poesie, in der Entwicklung einer eigenen Wissenschaftssprache zurück.

Als Pionierleistung, was die Durchsetzung der Nationalsprachen angeht, gelten wohl mit Recht zwei Publikationen aus der Romania. Galileo Galilei schrieb sein sensationellstes Werk, den *Dialogo sopra i due massimi sistemi* (1623), über das ptolemäische und das kopernikanische Weltsystem, in populärem Italienisch – was dann ja auch zu seinem berühmten Prozess führte. Die lateinische Fassung wurde zwar weiter verbreitet, war aber der Sprache halber weniger anstößig. Und René Descartes, unbestritten der Vater der neuzeitlichen Philosophie, veröffentlichte in Französisch sein erstes und populärstes Werk, den *Discours de la méthode* (1637) – ohne sich damit allerdings auf die Nationalsprache festzulegen: Er selbst redigierte eine lateinische Übersetzung des Werks und schrieb andere Werke ganz auf Latein. Und während wir ihn selbst mit seinem französischen Namen *Descartes*, nicht lateinisch *Cartesius*, nennen, ist sein Kernsatz *Cogito, ergo sum* (Ich denke, also bin ich, aus den *Principia philosophiae*) – wohl der berühmteste philosophische Satz aller Zeiten – in dieser lateinischen, nicht der französischen Form sprichwörtlich geworden.

Auch andere revolutionäre Philosophen dieses Jahrhunderts werden noch heute auf Lateinisch zitiert: *Scientia est potentia* (Wissen ist Macht; Francis Bacon); *homo homini lupus* (Der Mensch ist dem Menschen ein Wolf[*]; Thomas Hobbes); *bellum omnium contra omnes* (Krieg aller gegen alle, als Urzustand der Menschheit; ders.); *sub specie aeter-*

---

[*] Zugrunde liegt ein Vers des Plautus, *Asinaria* 495: *lupus est homo homini, non homo, quom qualis sit non novit.* – »Der Mensch ist dem Menschen ein Wolf, nicht ein Mensch, wenn er nicht weiß, was für ein Mensch er ist.«

nitatis (unter dem Gesichtspunkt der Ewigkeit; Baruch Spinoza). In der Philosophie hält sich trotz Descartes Lateinisch noch lange als die bequeme Hauptsprache. Selbst Gottfried Wilhelm Leibniz, der in Aufsätzen, die aber erst postum erscheinen, für die Wissenschaftssprache Deutsch plädiert, schreibt selber meist lateinisch, gelegentlich französisch.

Einen Durchbruch für die deutsche Sprache in Philosophie und Mathematik schafft sein Schüler Christian Wolff, dem nach Ansicht der Kenner für die deutsche Philosophensprache eine ähnliche Bedeutung zukommt wie einst Cicero für die römisch-lateinische. Noch unsere gebildete Umgangssprache ist geprägt von Wolffs damals kühnen Verdeutschungen. Mit ihm sagen wir »Begriff« für *idea*, »Eigenschaft« für *attributum*, »Ausnahme« für *exceptio* usw. Aber, wie Cicero griechisch deklamierte, so schrieb auch Wolff noch gerne im weiterhin üblichen Philosophenlatein. Erst in der nächsten Generation, bei Immanuel Kant, dominiert das Deutsche endgültig, obwohl auch er, gelegentlich, lateinisch publiziert. Spätestens von der *Kritik der reinen Vernunft* an musste jeder europäische Philosoph Deutsch lernen.

Eine ähnliche Bedeutung wie Wolff für die Philosophensprache hatte für die Sprache der Universität im Allgemeinen der deutsche »Vater der Aufklärung«, Christian Thomasius, von Hause aus ein Jurist. Er hatte bereits im Oktober 1687 die Kühnheit, am Schwarzen Brett der Universität Leipzig ein *programma* erscheinen zu lassen, das schon wegen seiner Sprache ein akademisches Kopf- und Perückenschütteln hervorrief: »Christian Thomas eröffnet Der Studirenden Jugend zu Leipzig in einem Discours Welcher Gestalt man denen Frantzosen im gemeinen Leben und Wandel nachahmen solle?«[14]

Zwar hatte schon der berühmte Arzt Paracelsus gelegentlich an der Basler Universität die deutsche Sprache einfließen lassen – »*Si vis curari, noli* sprützen *aquam* in die Fistell«.[15] Thomasius aber hatte, wie auch das Thema zeigte, zweifellos einen Affront beabsichtigt: keine *Ethica* nach Aristoteles auf Latein, sondern weltmännische Moral *à la française* in deutscher Sprache! Es sei zu fürchten gewesen, schreibt er später, »dasz man nicht gar *sollemni processione* das löbliche schwartze Bret mit Weyhwasser besprengte«.[16] Als Thomasius kurz darauf den ersten Teil seiner *Vernunftlehre* der Fakultät zur Begutachtung einreiche, erhielt er das Skript ungelesen zurück: Dieselbige lehne es per Decretum ab, über eine Schrift zu urteilen, in der philosophische Materien auf Deutsch traktieret würden.

Aber dieser Protest der Fakultät gegen ihr *Enfant terrible* hatte nur aufschiebende Wirkung. Thomasius, später ein hoch angesehener Professor an der Reformuniversität Halle, durfte es (1717) noch erleben, dass in Deutschland überall, zumindest an protestantischen Universitäten, auch deutschsprachige Vorlesungen gehalten wurden. Und hundert Jahre nach seinem Attentat auf die akademischen Sitten war die deutsche Muttersprache im Universitätsbetrieb, mit Ausnahme wohl der Theologen, Juristen und Altphilologen, die übliche geworden.

Immerhin haben wenigstens die Institutionen und Titel der deutschen *Universität* (aus *universitas*) bis vor Kurzem ihre alten lateinischen Namen, wenn auch in eingemeindeter Form, behalten: *Rektor* (anzureden mit »Magnifizenz«), *Prorektor* (nach lat. *proconsul*), *Dekan* (»Spektabilis«), *Fakultät, Doktor, Magister, Student, Examen, Disputation*; aus neuerer Zeit: *Seminar, Dozent, Promotion, Habilitation*; uneingedeutscht blieben: *Numerus clausus, cum tempore (c. t.), Venia (legendi)*. Erst in den allerletzten Jahren beginnt man sich hier, wohl um den Anschein einer Universitätsreform zu erwecken, mit importierten Anglizismen zu schmücken: Dem *Department* ist der *Master (of Arts)*, statt *Magister artium*, und der *Bachelor*, statt *Baccalaureus*, gefolgt. *O tempora o mores?* Nein, das wäre so weit noch nicht so schlimm.

Verheerend ist dagegen, dass sich Englisch in den letzten Jahrzehnten als allgemeine Wissenschaftssprache fast durchgesetzt hat – nach den Worten von Maggie Thatcher, die es wissen musste, wäre diese Sprache überhaupt das »Latein der Gegenwart« (1979) – und dass es nun auch, naturgemäß, die übliche Sprache aller Universitätslehre zu werden beginnt.

Während dies bei den Naturwissenschaften mit ihrer stark normierten Ausdrucksweise leichter zu ertragen ist, drohen die auf nuancierte Formulierung und Sprachbeherrschung angewiesenen Geisteswissenschaften hier ernsten Schaden zu nehmen. Der Zwang, sich englisch auszudrücken, verschafft den *native speakers* dieser Sprache einen Vorteil, der kaum auszugleichen und meines Erachtens nicht zu rechtfertigen ist. Latein, das niemandes Muttersprache war und an dem doch alle teilhatten, hatte sich seinen Status als Weltsprache durch die in der Antike einzigartigen geistigen Leistungen der Römer verdient. Bei allem hohen Respekt vor Shakespeare, Newton und Agatha Christie kann man doch nicht recht sehen, dass englische Kultur und Wissenschaft je in der Welt einen vergleichbar überragenden Rang gehabt hätten.

Als Galilei zuerst in seiner Muttersprache statt auf Lateinisch publizierte, protestierte der Deutsche Kepler, der kein Italienisch verstand, und sprach, in unvergleichlicher doppeldeutiger Formulierung, von einem *crimen laesae humanitatis*,[17] einem Verbrechen sowohl gegen die »Mitmenschlichkeit« als auch gegen die »Bildung«. Wir sollten das Überhandnehmen der Wissenschaftssprache Englisch nicht kampflos hinnehmen, sondern zumindest auf eine Pluralität der Sprachen drängen. Dass nach Französisch nun gerade Englisch an die Stelle des alten Latein gerückt ist, war jedenfalls ein echter Rückschritt.

FRISCHER WIND IM LATEINISCHEN KLASSENZIMMER?

Latein hatte im achtzehnten Jahrhundert auch als Sprache der internationalen Diplomatie seine Vormachtstellung verloren. Der Westfälische Friede war noch lateinisch geschlossen worden, inzwischen herrschte hier wie weithin in der Wissenschaft längst die Sprache des übermächtigen Frankreich. Damit hatte Latein nun unversehens keinen richtigen Sitz im Leben mehr. Es war zu einer Angelegenheit fast nur noch der Schule und der Universität geworden, wo immerhin noch Professoren der Eloquenz die akademische Jugend für lateinische Stilübungen und Deklamationen zu begeistern suchten. Aber die hatten meist nur ihre Fachstudien im Kopf: *Ius ius et nihil plus!*[18] (Recht, Recht und nichts weiter!), klagte schon Professor Christoph Cellarius (gest. 1707) in Halle. Müsste sich da nicht vor allem der lateinische Schulunterricht den neuen Gegebenheiten anpassen? Das hieße: dem alten humanistischen Ideal der perfekten Sprachbeherrschung *(eloquentia)* und eines damit verbundenen umfassenden Klassikerstudiums zu entsagen und Latein, nur noch so weit als nötig, dafür aber so effektiv wie möglich, den Kindern beizubringen?

Zwei große Didaktiker hatten längst in diese Richtung gedacht. Der schon erwähnte Wolfgang Ratichius (1571–1635) entwarf einen Lehrplan, in dem Lesen und Schreiben in den ersten drei Schulklassen nur an der deutschen Sprache gelernt werden – damals eine Sensation. Die lateinische Sprache sollte der Schüler dann, wie die Muttersprache, weniger mithilfe der Grammatikregeln als anhand eines Autors (bei Ratichius: Terenz) erlernen.

Ähnlich dachte der vielgereiste, vielsprachige Mähre Johann Amos Comenius (1592–1670), den noch heute manche für den größten Pädagogen sämtlicher Zeiten halten und der allen Erziehern den herrlichen Wahlspruch gedichtet hat: *Omnia sponte fluant,*[*] *absit violentia rebus!* – »Alles fließe von selbst: Gewalt sei fern von den Dingen!«

Er erkennt, dass der lateinische Sprachunterricht je verschieden in Bezug auf die jeweilige Muttersprache einzurichten ist. Mit diesem Gedanken hat er zumindest in Deutschland späten, aber durchschlagenden Erfolg. Zuerst in den Schulen des pietistischen Bildungsreformers August Hermann Francke, dann auch sonst, verwendet man die in deutscher Sprache verfasste *Hallische Grammatik* des Joachim Lange. Sie erscheint von 1703 bis 1809 in etwa sechzig Auflagen, dürfte also überall die älteren, lateinisch verfassten Lateingrammatiken ersetzt haben.

Im Übrigen setzte Comenius, wie die älteren Humanisten, auf ein frühes Lateinsprechen der Kinder, die dabei zunächst ruhig ein wenig patzen durften. Jedem Lateinlehrer sei Folgendes ins Merkheft geschrieben: *Discamus primo Latine balbutire, tum loqui; tandem Ciceronem, ut nobis dicendi quoque commonstret artificia, adibimus.*[19] – »Lernen wir zuerst, lateinisch zu stammeln, dann zu reden; am Ende dann wollen wir uns zu Cicero wenden, dass er uns auch die Kunstmittel der Rhe-

---

[*] Die Formulierung geht zurück auf einen Vers Ovids, in dem er seine schwangere Geliebte, Corinna, bittet, das Kindchen nicht abzutreiben *(Amores* 2,14,25): *sponte fluant matura sua* – »Was reif ist, fließe von selbst«.

torik zeige.« – Denn es sei doch kein Zustand, dass alle Küchenjungen und Trossknechte bei Erledigung niedrigster Arbeiten mühelos fremde Sprachen lernen, während der Lateiner fünfzehn oder zwanzig Jahre brauche, um lateinische Brocken von sich zu geben … *et ne illa quidem sine haesitantia et titubatione* – »und auch das nicht ohne Zögern und Schwanken«.[20] Schon Luther (1524) hatte über den Notstand des ewig langen Lateinlernens geklagt, vom damaligen humanistischen Unterricht aber schlagartige Besserung erwartet! Nun glaubte Comenius die immer noch krankende Lateindidaktik heilen zu können durch einen Unterricht, in dem entschieden die Praxis *(usus)* der Theorie *(praecepta)* vorangehen sollte.

Comenius' wirkungsreichster Gedanke war die Forderung, Sprach- und Sachkunde zu vereinen. Ihr diente vor allem, nach anderen Lehrwerken, sein *Orbis sensualium pictus** – *Die sichtbare Welt* ein zweisprachiges lateinisch-deutsches Bilderbuch. Das Buch, 1658 in Nürnberg gedruckt, eroberte von dort aus die Welt und wurde mit über zweihundertfünfzig Ausgaben das wohl erfolgreichste Lehrbuch der Neuzeit überhaupt. Es enthält die gesamte Welt in etwa dreitausend Lemmata auf nur zweihundertsiebenundachtzig Seiten. Kaum ein Profilateiner von heute wird auf Anhieb all die Laute kennen, die ihm Comenius schon auf Seite vier, zur Veranschaulichung des Alphabets, bietet: *Cornix cornicatur* – *die Krähe krechzet: á á (Aa). Agnus balat* – *das Schaf blöcket: bé é é (Bb). Cicada stridet* – *der Heuschreck zitschert: cí cí (Cc). Upupa, dicit* – *der Widhöpf, ruft:*** *du du (Dd).* Usw.

Kann man kindgemäßer das lateinische Alphabet unterrichten? Mit Schmerzen füge ich hinzu, dass fast keine dieser Vokabeln heute mehr gelernt werden darf, jedenfalls nicht in Bayern, dem Dorado der alten Sprachen. Warum? Sie kommen zu selten vor bei den Schulklassikern Caesar und Cicero, auf deren Lektüre sich, sagt das Ministerium, aller Unterricht auszurichten hat. Darum soll der Schüler jetzt

---

* Der Titel *Orbis pictus* wurde geradezu zu einer Gattungsbezeichnung; ich nenne nur Jacob Eberhard Gailer, *Neuer Orbis pictus für die Jugend*, Reutlingen ³1835, und Koller, *Orbis pictus Latinus.*

** Hier fehlt im Lateinischen wie im Deutschen die spezifische Bezeichnung des Tierlauts; darum das Komma vor *dicit* beziehungsweise *ruft.*

zum Beispiel auch nicht mehr erfahren, dass *medicus* der Arzt ist. Goodbye Comenius.

Die Forderung des Comenius, Latein vor allem durch Lateinsprechen zu lernen – ein gut humanistisches Erbstück –, war gerade zu seiner Zeit nicht mehr unumstritten. Der spanische Sprachwissenschaftler Franciscus Sanctius (Sanchez), hatte im Anhang seiner *Minerva seu de causis linguae Latinae* (1587, oft nachgedruckt) zum ersten Mal alles Lateinsprechen verworfen, nur noch das Lateinschreiben erlaubt. Wieso? Aus Sorge um die Reinheit der Sprache, da man sich durch deren unbedachten mündlichen Gebrauch allerlei Falsches aneigne – was nicht einmal ganz verkehrt ist, wie man bei Lateinkongressen noch heute feststellen kann: *Qui Latine garriunt, corrumpunt ipsam Latinitatem.*[21] – »Leute, die Latein schwatzen, verderben das echte Latein«. Er hatte als Erster auch die Idee, man könnte Latein nur der historischen Bildung halber betreiben – ein geistiger Großvater des zwanzigsten Jahrhunderts.

Vorläufig war es aber gerade die auf Gemeinnützigkeit und lustvollen Unterricht ausgerichtete Reformpädagogik der Aufklärung, die im Lateinsprechen den besten Weg zum immer noch unumgänglichen Lateinlernen erkannte. Ihr prominentester deutscher Vertreter, der von Comenius und vor allem Rousseau beeinflusste »Philanthropinist« Johannes Bernhard Basedow, ein prominenter Feind der Rute, legte dem Lateinunterricht in seiner Laborschule *Philanthropin* (zu Dessau) den *Orbis pictus* zugrunde und ergänzte ihn durch ein mehrsprachiges, bebildertes *Elementarwerk* (1774). Seine Sprechmethode hatte ihren größten Erfolg bei der eigenen Tochter Emilie: Sie konnte angeblich Latein als Drittsprache, nach Deutsch und Französisch, schon mit fünf Jahren sprechen und wurde vom stolzen Vater bei einer philanthropinischen Werbeveranstaltung als polyglottes Wunderkind vorgeführt.

Den Grundsatz des Lateinlernens durch Sprechen hat, sehr zum Nutzen der deutschen Literatur, auch der Vater Johann Wolfgang von Goethes befolgt: Dieser lernte Latein »nur aus dem Gebrauch, ohne Regel und ohne Begriff«,[22] vor allem anhand von kleinen, adretten *Colloquia*, die uns noch erhalten sind, und durch die frühzeitige Lektüre von Ovids *Metamorphosen*. So inspirierte ihn Lateinisches, sogar Neulateinisches, sein Leben lang. Übrigens hatte er schon mit sechzehn Jahren den erklärten Berufswunsch, Lateinprofessor zu werden. Schade eigentlich, dass daraus nichts geworden ist.

Was für den begeisterten Goethe galt, konnte so leider für die zweite Hälfte des achtzehnten Jahrhunderts im Allgemeinen nicht gelten. Bei allem didaktischen Bemühen einzelner Reformer: Latein war, ohne seine früheren Verankerungen im Leben, fast zum Überbleibsel einer vergangenen Epoche geworden. Und damit war viel von der Freude an der Sprache verloren gegangen. Weder reizte es noch sonderlich, lateinische *Carmina* oder *Declamationes* auszuarbeiten, noch konnten die großen antiken Klassiker, aus denen sich ja gerade die fortschrittsstolzen Reformpädagogen nicht viel machten, inhaltlich so begeistern, wie sie das in den Tagen der Humanisten getan hatten. Hatte man nicht schon seit dem Ende des sechzehnten Jahrhunderts, seit Kopernikus und Francis Bacon, das Gefühl, weit über das Altertum hinausgekommen zu sein, wie in technischen Erfindungen, so vielleicht auch in der Ethik? War Ciceros *Pflichtenlehre* nicht ebenso antiquiert wie die *Naturgeschichte* des Plinius und das Weltbild des Ptolemaeus? Es musste scheinen, als seien auch an den Schulen die Tage des Lateinischen gezählt. Aber dann kam es doch etwas anders.

NON VITAE SED SCHOLAE?
LATEINISCHE TANZSTUNDEN IM INDUSTRIEZEITALTER

Nullo tempore magis a studiis optimarum artium Romani abhorruere,
quam aetate ante bella Punica,
> *eruditione minime aestimata,*
>> *cum in agriculturam summi illarum aetatum homines praecipue*
>> *studium operamque collocarent,*
> *eloquentia supervacua,*
>> *cum paucis verbis de rebus agendis dicerent*
>> *neque orationis elegantiam, sed sententiarum vim peterent,*
> *historia vero eloquentiae non egente,*
>> *cum res gestas tantum referret*
>> *solumque in Annalium confectione consisteret.*[1]

Zu keiner Zeit waren die Römer weiter entfernt von den
besten Künsten und Wissenschaften als im Zeitalter vor den
Punischen Kriegen,
> als man Bildung nur sehr wenig schätzte,
>> da die hervorragendsten Männer jener Zeiten ihr
>> Hauptinteresse und ihre Tätigkeit der Landwirtschaft
>> zuwandten,
> als Redekunst überflüssig war,
>> da sie mit wenigen Worten über das sprachen, was zu tun war,
>> und dabei nicht auf die Feinheit des Ausdrucks,
>> sondern nur auf die Kraft der Gedanken abzielten,
> als vollends die Geschichtsschreibung überhaupt keine
> Redekunst brauchte,
>> da sie nur Tatsachen berichtete
>> und allein in der Abfassung von Jahrbüchern bestand.

Bravo! So liebt man lateinische Perioden. Der einfache Gedanke, dass sich die Römer vor den Punischen Kriegen um Rhetorik nicht gekümmert haben, wird kunstgerecht in drei Teile zerlegt, deren jeder von einem Ablativ beziehungsweise *ablativus absolutus* eingeleitet wird, dem dann jeweils in einem kausalen *cum*-Satz seine Begründung nachfolgt: 1. *eruditio* (Bildung) gilt wenig, wenn man nur Landwirtschaft treibt; 2. *eloquentia* (Redekunst) ist unnötig, wenn es nur auf den Inhalt ankommt; 3. die *historia* (Geschichtsschreibung) braucht sie schon gar nicht, wenn man nur dürre Chroniken schreibt.

KARL MARX UND DER LATEINBETRIEB
IM BIEDERMEIER

Von wem stammt dieser – nicht gerade tiefschürfende, aber kundige und insgesamt adrett formulierte Satz? Von einem jungen Mann, der dreizehn Jahre später, 1848, mit einem anderen, weniger adretten Satz die Welt bewegen sollte: »Ein Gespenst geht um in Europa – das Gespenst des Kommunismus.«

Im Jahre 1835 hatte der siebzehnjährige Trierer Abiturient Karl Marx wie alle Absolventen preußischer Gymnasien einen lateinischen Aufsatz zu schreiben – aus ihm haben wir zitiert –, durchaus zur Anerkennung seiner Lehrer, die ihm, trotz einiger Flüchtigkeitsfehler, Gediegenheit in der Darstellung *(argumenti tractatio)*, geschichtliches Wissen *(historiae cognitio)* und vor allem Streben nach schönem Latein *(Latinitatis studium)* attestierten und nur von der schauderhaften Handschrift entsetzt waren: *Verum quam turpis littera!* Schließlich hatten die Lehrer des Collège de Trèves – unter dem Direktorat des hochkarätigen Philologen Vitus Loers – ja auch einiges dafür getan, aus dem Knaben Karl einen tüchtigen Lateiner zu machen: Latein, das nach dem preußischen Lehrplan von 1816 vom dritten bis zum zehnten Gymnasialschuljahr, in jeweils acht Wochenstunden gelehrt wurde, hatte den Löwenanteil am Unterricht. Ihm folgten in gemessenem Abstand Mathematik und Griechisch, dann erst Deutsch und – etwas abgeschlagen – Geschichte und Geographie, Naturwissenschaften,

Religion, Zeichnen. Von Französisch oder Englisch war keine Rede, dafür immerhin von fakultativem Hebräisch – für zukünftige Theologen.

Und dieser Lateinlastigkeit der Ausbildung entsprach die der Abiturientenprüfung nach dem Reglement von 1834: Zwei der sechs schriftlichen Prüfungsarbeiten waren lateinisch (Aufsatz und »Extemporale«, das heißt Übersetzung ins Lateinische). Dazu kam für angehende Theologen noch eine Übersetzung aus dem Hebräischen ins Lateinische. Die eigentlich lateinischen Arbeiten sollten keine Grammatikfehler oder grobe Germanismen enthalten, sonst war das Examen nicht bestanden. Außerdem hatte der Abiturient auch noch in der mündlichen Prüfung die Aufgabe, seine Fertigkeit in zusammenhängender lateinischer Rede zu zeigen. Waren die Preußen hier übereifrig? Nein, solche Anforderungen wurden auch anderswo, vor allem etwa in Bayern, dem zweitgrößten deutschen Staat, gestellt.

IST LATEIN WIEDER MODE GEWORDEN?

Seien wir ehrlich! Kaum einer unserer Studenten, die heute in Deutschland ihr Staatsexamen ablegen, um als Lateinlehrer ans Gymnasium zu gehen, hätte die Chance, auf der Schulbank zusammen mit Karl Marx auch nur das Abitur zu bestehen. Natürlich wüsste ein solcher zeitlich zurückversetzter Student in vielem mehr als der damalige Schulabgänger. Aber zumindest eine aktive, geradezu schöpferische Sprachbeherrschung, wie sie aus dem angeführten Zitat spricht, ist heute selbst bei Lateinlehrern durchaus nicht selbstverständlich.

Ich sage das ohne Klage, vielmehr mit der gebührenden Verwunderung: War denn Latein damals nicht schon längst auf dem absteigenden Ast? Hatte es nicht in Poesie, Wissenschaft und Diplomatie größtenteils abgedankt? Oder hatte sich das mittlerweile alles wieder geändert? War Lateinschreiben und -sprechen *extra muros,* außerhalb der Schulmauern, wieder attraktiv und wichtig geworden? Durchaus nicht. Zwar ermahnte die preußische Regierung seit den zwanziger Jahren regelmäßig die medizinischen und juristischen Fakultäten, in der Staatsprüfung auf die Geläufigkeit im Lateinsprechen zu achten. Aber, wie man sieht, blieb auch dieser bescheidene Lateinbetrieb, auf den Karl Marx im Gymnasium vorbereitet wurde, ganz im Bereich der Bildungsinstitutionen, also *intra muros.*

Sehen wir dagegen über diese Mauern hinaus ins außerakademische Leben, so hatte Latein seit dem Ende des achtzehnten Jahrhunderts, wie zu erwarten, an Bedeutung weiterhin verloren. Ich orientiere mich an Werner Steins trefflichem *Kulturfahrplan* (zuerst 1947 erschienen) und notiere zum Jahr von Marxens Abituraufsatz: 1835 prägt Victor Cousin in französischer Sprache das Schlagwort *L'art pour l'art,* aus dem erst hundert Jahre später Metro Goldwyn Mayer ein pseudolateinisches *ARS GRATIA ARTIS*[*] macht. In deutscher, nicht lateinischer Sprache erscheint das verstörende, bibelkritische Werk des schwäbischen Theologen David Friedrich Strauß *Das Leben Jesu.* Ebenso deutsch ist der Text des bibeltreuen, tiefreligiösen Oratoriums *Paulus,* komponiert von Felix Mendelssohn-Bartholdy (der immerhin im Abiturientenalter bereits eine ganze lateinische Terenz-Komödie metrisch ins Deutsche übersetzt hat). In englischer Sprache veröffentlicht Michael Faraday seine in diesem Jahr angestellten Experimente mit selbstinduzierenden Drahtspulen (*Experimental Researches in Electricity,* 1831–1838).

Gerade die bedeutendsten Werke der Naturwissenschaft werden nur noch selten lateinisch publiziert. Das nützliche Sammelwerk *Bücher, die die Welt verändern*[2] gibt als letzten lateinischen Eintrag zum Jahr 1828 eine Schrift des Vaters der modernen Embryologie, Karl Ernst von Baer, an: *De Ovi Mammalium et Hominis Genesi* (Über die Entstehung des Eis der Säugetiere und des Menschen), 1827. Spätere gelegentlich Latein schreibende Wissenschaftler wie der Soziologe Émile Durkheim oder der sozialistische Philosoph Jean Jaurès haben jedenfalls mit diesen Werken die Welt nicht verändert.

Denn selbst Berufslatinisten gebrauchen mittlerweile die Nationalsprache, sofern sie ein größeres Publikum erreichen wollen. Der be-

---

[*] Richtig wäre allenfalls *Ars artis gratia*, aber man wollte offenbar der französischen Wortstellung folgen.

rühmteste Lateiner des Jahrhunderts, der Historiker und Jurist Theodor Mommsen, hätte für seine unverwüstlich frische, in zahllose Sprachen übersetzte *Römische Geschichte* (zuerst 1854–1856) schwerlich, 1902, den Nobelpreis bekommen, wenn er sie auf Lateinisch veröffentlicht hätte, obschon er auch diese Sprache meisterlich beherrschte. Der brillante Philologe Karl Lachmann dagegen kommentierte seinen wissenschaftlich mindestens ebenso bedeutenden »Lukrez« (*In T. Lucretii Cari De Rerum Natura Libros Commentarius,* 1850) in lateinischer Sprache, denn er wollte (und konnte) nur von Fachkollegen verstanden werden.

In diesem Punkt hatte sich immerhin seit dem Ende des neunzehnten Jahrhunderts ein bezeichnender Wandel vollzogen. Die lateinischen *Prolegomena ad Homerum* (Vorbemerkungen zu Homer), die Friedrich August Wolf, der Begründer der modernen Altertumswissenschaft, 1795 publizierte und in denen der eine Homer in eine Vielzahl von Dichtern zerlegt wurde, hatten damals das gebildete Deutschland und Europa mindestens ebenso sehr erregt, wenn nicht schockiert, wie sechzig Jahre später Mommsens respektloses Geschichtswerk. So war nun, in der Mitte des neunzehnten Jahrhunderts, Latein zu einer Barriere auch für viele Gebildete geworden. Die Welt war schon fast lateinlos geworden.

Also warum musste dann Karl Marx einen lateinischen Abituraufsatz schreiben? Woher die exzessiven Lateinstudien an deutschen und europäischen Gymnasien? Denn wenn wir nach Frankreich, England, Italien, ja auch nach Amerika und Russland blicken, ergibt sich kein wesentlich anderes Bild. Gilt hier noch das alte Prinzip: *Non scholae sed vitae discimus* (Nicht für die Schule, sondern für das Leben lernen wir)[*], oder hat sich dieses in gespenstischer Weise umgekehrt? Um das zu verstehen, müssen wir noch einmal in das achtzehnte Jahrhundert zurückgehen und dabei, ohne Ungeduld, einige überraschende Schnörkel der Geistesgeschichte nachvollziehen.

---

[*] Diese vor allem in Festansprachen beliebte Antithese stammt von Seneca, der allerdings selbst schon in ironischer Umkehrung formulierte (*Epistulae* 106,12): *non vitae sed scholae discimus.*

BILDUNG ODER LATEINISCHE FACHIDIOTIE?

Die erstaunliche Nachblüte des Lateinischen im neunzehnten Jahrhundert hat ihren letzten Grund in einem neuen, unvorhersehbaren
Interesse, das man ausgerechnet im Zeitalter von Dampfmaschine und
Französischer Revolution an der klassischen Antike nahm. Es wurde
früh schon bemerkbar im lateinischen Klassenzimmer.

Der große Philologe Johannes Matthias Gesner, als Rektor der
Leipziger Thomasschule (1730–1734) Vorgesetzter und Bewunderer
des Kantors Johann Sebastian Bach und Großvater des »Neuhumanismus«, war unzufrieden mit dem Lateinbetrieb seiner Zeit. Dieser
schien ihm einseitig darauf ausgerichtet, die Schüler zur Herstellung
lateinischer Reden und Gedichte zu befähigen, also zu Dingen, die *extra muros* der Schule immer weniger gefragt waren. In der Tat wurden
ja seit der Renaissance die klassischen Autoren vor allem zum Zweck
der Nachahmung *(imitatio)* gelesen. Man denke, dass noch auf der Universität die Lateinprofessoren *professores eloquentiae* (Professoren der Redekunst) hießen. Wer etwa als Schüler eine Rede Ciceros studierte, war
vor allem gehalten, aus dem gelesenen Text seinen Schatz an Phrasen
und »Stilblüten« *(flosculi)* zu vermehren, um damit die eigenen lateinischen Elaborate auszieren zu können. Diese Phrasenjägerei, das heißt
die Konzentration nur auf das Sprachlich-Stilistische im engsten Sinne,
bezeichneten Gesner und sein gleichgesinnter Nachfolger als Thomas-
rektor, Johann August Ernesti, als *stupor paedagogicus* (pädagogisches
Fachidiotentum). Damit würden, so meinten sie, die herrlichen Schriftsteller des Altertums, »die vortrefflichsten Leute ihrer Zeit«, unter Wert
verkauft. Auf etwas anderes komme es an (*Braunschweig-Lüneburgische
Schulordnung* 1737): »Wer […] ihre [sc. der antiken Autoren] Schriften
lieset und verstehet, der genießet des Umgangs der größten Leute und
edelsten Seelen, die jemals gewesen, und nimmt dadurch auch selbst,
wie es bei aller Konversation geschiehet, schöne Gedanken und nach-
drückliche Worte an.«[3] Bei Letzterem war gerade nicht mehr nur an
das Lateinische gedacht, sondern an eine viel umfänglichere Bildung
von Geist und Geschmack, die sich natürlich auch in anderen Sprachen und im ganzen Leben bemerkbar machen sollte.

Das war eine stille Revolution der Didaktik, die sowohl dem Bedürfnis der Welt als auch einer neuen Antikenbegeisterung entsprach. Dabei galt diese Begeisterung besonders der griechischen Antike, die im bisherigen Unterricht gegenüber der römischen hatte zurücktreten müssen: Meist war man es zufrieden gewesen, wenn der Schüler leidlich das Neue Testament bewältigte. Gesner also als Bewunderer der »edelsten Seelen, die jemals gewesen«, sann auf Wege, den großen griechischen Autoren ihren Platz in der Schule zu sichern, und erreichte dies vor allem durch eine mit viel Beifall aufgenommene Blütenlese aus der gesamten griechischen Literatur (*Chrestomathia Graeca,* 1731).

THE TYRANNY OF GREECE OVER GERMANY[*]

Aber der eigentliche Urvater der deutschen Griechenbegeisterung, des Philhellenismus, wurde nicht er, sondern ein Berühmterer, der Mann, nach dem Goethe das ganze Zeitalter benennen wollte: *Winckelmann und sein Jahrhundert* (1805). Johann Joachim Winckelmann, Sohn eines Flickschusters, mit fünfundzwanzig Jahren Konrektor einer Lateinschule, kam nach umfänglichen philologischen Studien 1755 nach Rom. Dort verfasste er noch im selben Jahr eine kleine Abhandlung, die die Welt in Bann schlug: *Gedanken über die Nachahmung der griechischen Werke in der Malerei und Bildhauerkunst.*[4] Darin stand der unerhörte Satz: »Der einzige Weg für uns, groß, ja wenn es möglich ist, unnachahmlich zu werden, ist die Nachahmung der Alten […].«

Wie schon der Titel zeigt, war hierbei an die bildende Kunst der Griechen gedacht, aber die Literatur war für den Schullehrer Winckelmann mit im Blick: »Die edle Einfalt und stille Größe der griechischen Statuen ist sogleich das wahre Kennzeichen der griechischen Schriften aus den besten Zeiten […].« »Edle Einfalt, stille Größe«, diese einst vielzitierte, heute (von Ignoranten) oft belächelte Formel

---

[*] Dies ist der Titel eines kuriosen Buchs von E. M. Butler, mir bekannt in deutscher Bearbeitung: *Deutsche im Banne Griechenlands,* 1948.

bezog sich zunächst auf die bekannte Statue des von Schlangen umwundenen Laokoon, dessen »große und gesetzte Seele« es laut Winckelmann nicht zulasse, dass sich der größte körperliche Schmerz auch in seinem Gesicht äußere. Die dichterische Paralleldarstellung beim Römer Vergil, wo Laokoon ein »schreckliches Geschrei«[5] erhebt, musste gegen diese stille Seelengröße abfallen.

Ob Winckelmann mit seiner Deutung des Laokoon recht hatte oder nicht, von Anfang an war seine Bewunderung der Griechen mit einer gewissen Abwertung der Römer verbunden, wie in der Kunst, so gerade auch in der Literatur: »Eine Bildsäule von einer alten römischen Hand wird sich gegen ein griechisches Urbild allemal verhalten, wie Virgils Dido, in ihrem Gefolge mit der Diana unter ihren Oreaden verglichen, sich gegen Homers Nausicaa verhält,[6] welche jener nachzuahmen gesucht hat.« Nachdem beim Vergleich zwischen Vergil und seinem Vorbild Homer traditionellerweise der gesittetere Römer den Preis erhalten hatte, wird nun die Rangfolge zugunsten des urwüchsigeren Griechen umgekehrt.

Unabhängig von Winckelmanns *Gedanken über die Nachahmung* schrieb ein Jahr später (1756) Friedrich Gottlieb Klopstock, Vater der modernen deutschen Dichtung, eine Abhandlung *Von der Nachahmung des griechischen Sylbenmaßes im Deutschen,* worin es hieß: »Homers Vers ist vielleicht der vollkommenste, der erfunden werden kann.«[7] Und in seinem berühmtesten Werk, dem Epos *Messias,* zeigte er eben am Beispiel des Hexameters, wie man griechisches Versmaß auch im Deutschen nachbilden könne:[*]

Sing', unsterbliche Seele, der sündigen Menschen Erlösung,
Die der Messias auf Erden in seiner Menschheit vollendet ...

Voss, Goethe und Schiller, später besonders Hölderlin folgten ihm nach (noch Brecht hat nach dieser Methode das *Kommunistische Ma-*

---

[*] Die früheren entsprechenden Versuche der deutschen Renaissance« waren fehlgeschlagen. Klopstocks neues Prinzip bestand darin, an den Stellen, wo man in der deutschen Schultradition die griechisch-lateinischen Verse betonte (iktierte), eine deutsche betonte Silbe zu setzen.

nifest bearbeitet). So konnte der Gedanke aufkommen, dass überhaupt eine tiefere Wesensverwandtschaft zwischen Griechen und Deutschen bestehe. Der schon erwähnte Friedrich August Wolf formulierte ihn ein halbes Jahrhundert später in seiner *Darstellung der Alterthums-Wissenschaft* (1807), gerichtet an Goethe: »Wo auch der Grund zu suchen sei, in der Natur unserer Sprache, oder in Verwandtschaft eines unserer Urstämme mit dem hellenischen, oder wo sonst etwa: wir Deutschen nach so manchen Verbildungen stimmen am willigsten unter den Neuern in die Weisen des griechischen Gesanges und Vortrages […].«[8]

Das war im Hauptpunkt sogar richtig: Die Engländer und Russen haben diese Technik, im griechischen Metrum zu dichten, erst von den Deutschen gelernt. Die Italiener tun sich damit bis heute schwer, und die Franzosen haben es schlauerweise gar nicht erst ausprobiert. Welch eine Möglichkeit also, dem kulturell überlegenen Frankreich, als dem Repräsentanten der Romania und des *génie latin*[*] – gerade die Französische Revolution brachte eine neue Mode des Römerkults –, ein geballtes Griechen- und Germanentum entgegenzusetzen. Nicht allen deutschen Griechenliebhabern war bei solchen Kraftakten ganz wohl: Sogar Friedrich Schiller sprach vom hitzigen Fieber der »Gräkomanie«, das die »Gallomanie« abgelöst habe.

HERDER, EIN HUMANITÄTSAPOSTEL

Aber mit Wolf, Goethe und Schiller haben wir der Zeitfolge schon weit vorausgegriffen. Der nach Winckelmann nächste Griechenverehrer war Goethes Freund Johann Gottfried Herder. Schon in seinen jugendlich-genialischen *Fragmente(n) zur Deutschen Literatur* (1767)[9] feiert er die Griechen als die »Lieblinge der Minerva«: Da »das Ideal ihrer Werke und die schöne Natur selbst beinahe ein Bild ausmachen«,[10] gelte es, einzig sie nachzuahmen. Anders freilich sei bisher die deutsche Litera-

---

[*] Diese Formel wurde allerdings erst 1913 durch einen Buchtitel von Anatole France eingebürgert.

tur- und Kulturgeschichte verlaufen:[11] Erst musste »der feine Griechische Geschmack [...] unter dem Römischen Himmel halb verbleichen, und seinen Duft verhauchen; Wahrheit und Schönheit, halb verwelkt, trauren wie eine sinkende Blume – und nun kommen Nordische Horden, diese Blume ganz zu zertreten.«* Leider eben nicht an den Griechen selbst hätten sich die »alten Deutschen« gebildet, sondern an der Sprache des Volks, »das zum Herrschen über die Welt geboren zu seyn glaubte«, obwohl sie, die Deutschen, diese für »eine barbarische, fürchterliche und hochmüthige Sprache« hielten, »das unglückliche Werkzeug, das freien Nationen despotische Gesetze gab«.

Wie anders als bisher sonst wird hier die Romanisierung, Latinisierung der Alten Welt dargestellt! Mit der Begeisterung für die Griechen vermischt sich bei Herder der altlutherische Hass des jungen Theologen auf die römische Kirche. So findet auch Karl der Große mit seiner Bildungsreform ebenso wenig Gnade vor seinen Augen wie diejenige der Renaissance. Herder sieht es so: Unter Karls Ägide führten »Mönche und fränkische Priesterhorden [...] das Schwert in der einen und das Kreuz in der andern Hand, den Götzendienst des Papstes, die schlechtesten Trümmer der Römischen Wissenschaften und den niedrigsten Gassen- und Kloster Dialekt der Römischen Sprache in Deutschland ein«.[12] Auch noch an der Renaissance beklagt er, »daß die Wissenschaften [...] sich sogleich in eine neurömische Kleidung einhüllten, und in dieser Gestalt den Völkern erschienen [...]: die Bildung im Ganzen ward Römisch – und ist es noch«.[13] Mehr als andere Völker Europas habe Deutschland unter diesem Joch gelitten, bis heute.

Kein Lateinmuffel unter den Aufklärungspädagogen hat je so vernichtend über das Lateinische geurteilt wie dieser von griechischen Musen begeisterte, grünschnäbelige Herder. Hier wurde in einem überschwänglichen Augenblick erstmals die gesamte lateinische Bildungstradition Europas und vor allem Deutschlands infrage gestellt. Sie habe, meinte Herder, die Deutschen geradezu daran gehindert,

---

* Gemeint ist damit offenbar zunächst die Rezeption der griechischen Literatur durch die römische (vgl. S. 27 ff., 32 ff.), dann die Zeit der Völkerwanderung (S. 137 ff.).

ihre Kultur eigenständig zu entfalten und sich – hier bleibt Herder etwas unklar – an den unübertrefflichen Griechen zu bilden.

In diesem Zusammenhang bestritt Herder sogar grundsätzlich die Existenzberechtigung einer neulateinischen Poesie, da ein wahrer dichterischer Ausdruck nur in der Muttersprache möglich sei. Latein dürfe zwar die Sprache der Gelehrten bleiben: »Aber die eigentliche Sprache des Geschmacks, der Künste, der Schönheit muß sie nicht werden; [...] nicht die Ehre sich anmaßen, auf dem Throne der Dichtkunst zu thronen [...].«[14] Damit wäre Latein wieder auf den Status reduziert, den es als Wissenschaftssprache am Ende des Mittelalters hatte,[*] die Revolution der Renaissance hätte sich als Irrweg erwiesen.

Herder, der als rechter Römerfeind sogar den jungen Goethe in Straßburg von dessen Begeisterung für Ovid, als einem »Überculti-virten«, kurieren wollte,[15] hat solche Gedanken zum Glück nicht konsequent beibehalten oder weiterverfolgt. Und in späteren Jahren entwarf er, vor allem in seinen *Briefe(n) zu Beförderung der Humanität* (1793–1797) eine Griechen- und Römertum umfassende Bildungsidee,[**] die bald mächtige Wirkung haben sollte.

Das Zauberwort *Humanität*, zunächst übernommen von den Wortführern der Französischen Revolution, ging auf Cicero zurück. Schon die Renaissance hatte daraus eine Parole der Bildungsreform gemacht:[***] Mit *studia humanitatis* (später auch *humaniora*) bezeichnete man damals die neue, vor allem auf Rhetorik und ein erneuertes Latein gegründete Bildung. Das griff Herder auf, vertiefte es aber im erneuten Rückblick auf Cicero:[16] »Humanität« war für ihn die Natur des Menschen, »der Charakter unsres Geschlechts«, der diesem aber »nur in Anlagen angeboren« sei und ihm »eigentlich angebildet« werden müsse, wenn es nicht »zur rohen Thierheit, zur Brutalität zurück« sinken wolle (24. Brief). Der Kern der Humanität bestand im »erbarmenden Mitgefühl«, in der »Pflicht [...], den Schwächen unse-

---

[*] Vgl. S. 161, 164.

[**] Für Herders Humanitätsdenken berücksichtigte man auch seine *Ideen zur Geschichte der Menschheit, 3. Theil* (1787) und die *Ideen zur Geschichte und Kritik der Poesie und der bildenden Künste* (1794–1796).

[***] Vgl. S. 155 f.

rer Nebengeschöpfe beizuspringen« (25. Brief). Die Erziehung zu einer solchen Humanität sei Anliegen schon der alten Dichter und Gesetzgeber, dann der Philosophen Griechenlands gewesen. Aber erst bei den »Römern [...], denen das Wort Humanität eigentlich gehört, fand der Begriff Anlaß genug, sich bestimmter auszubilden«. Diese, ein hartes Volk, hätten nämlich die Feststellung gemacht, dass »das Studium und die Liebe der griechischen Weltweisheit« dazu beitrug, »den rauhen, strengen Römer nachgebend, sanft, gefällig, billigdenkend«, also »human« zu machen. Konnte also »den bildenden Wissenschaften ein schönerer Name gegeben werden, als daß man sie menschliche Wissenschaften nannte«? Auch wenn das Wort noch nicht existiert: Hier entsteht der moderne Begriff des »Humanismus«, in dem sich geistige und moralische Bildung vereinen und in dem Griechen wie Römer, je auf ihre Weise, Vorbilder sind.

HUMBOLDTS BILDUNGSREFORM

Zur selben Zeit wie Herder sinnierte ein anderer Freund Goethes, Wilhelm von Humboldt, über die Probleme von Griechentum und Menschenbildung. In der kleinen, nicht immer leicht zu verstehenden Schrift *Über das Studium des Alterthums und des griechischen insbesondere* (1793)[17] nannte auch er »höchste Menschlichkeit« als ein Bildungsziel, verstand darunter aber, etwas anders als Herder, das Ideal einer »proportionirlichsten Ausbildung des Menschen«. Vor allem um ihretwillen schien es ihm wichtig, die Griechen zu studieren, da sie die »grosse Tendenz« hätten, »den Menschen in der möglichsten Vielseitigkeit und Einheit auszubilden«. Gerade in einer Zeit, wo »die Aufmerksamkeit [...] mehr auf äussren Werth und Nuzen, als auf innere Schönheit und Genuss gerichtet« sei, müsse es »heilsam sein, auf Nationen zurückzublikken, bei welchen diess alles beinah gerade umgekehrt war«. Darum (an anderer Stelle): »Die Griechen sind uns nicht bloss ein nützlich historisch zu kennendes Volk, sondern ein Ideal.«

Man würde gerade von solchen Gedanken Humboldts, der vor allem ein genialer Sprachforscher war, wohl nicht mehr großes Aufhebens machen, hätte dieser Mann nicht an einer Epochenschwelle der deutschen Bildungsgeschichte entscheidende Weichen gestellt.

Als Preußen, von Napoleon geschlagen, am Boden lag und, wie man sagte, durch Kräfte des Geistes ersetzen wollte, was ihm an physischen fehlte, wurde Humboldt 1809 zum Direktor der Sektion für Unterricht und Kultus am Berliner Innenministerium, also, nach heutiger Vorstellung, zum preußischen Kultusminister berufen. Auf Humboldts Ideen beruht die moderne deutsche, zuerst in Berlin von 1810 an verwirklichte Universität mit ihren Prinzipien der Einheit von Forschung und Lehre, der schöpferischen Einsamkeit und Freiheit (»Freiheit, und hülfereich Einsamkeit«) des Gelehrten, vor allem aber mit ihrer zentralen Stellung der klassischen Philologie beziehungsweise Altertumswissenschaft. Diese, angesiedelt in der aus der Artistenfakultät hervorgegangenen philosophischen Fakultät, die den übrigen Fakultäten nunmehr gleichberechtigt war, übernahm vor allem die Lehrerbildung und entzog diese damit der Theologie.

Schon die ersten Jahre der Fakultät wurden geprägt von glänzenden Namen wie dem gräzistischen Sprachwissenschaftler Philipp Buttmann, dem Vater der modernen Geschichtswissenschaft, Barthold Georg Niebuhr, dem grandiosen Wissenschaftsorganisator August Boeckh, dem genialen Textkritiker Immanuel Bekker und anderen Zelebritäten; hinter ihnen wirkte mit einzelnen Vorlesungen, als graue Eminenz der älteren Generation, Friedrich August Wolf, der die klassische Philologie als umfassende »Altertumswissenschaft« neu konzipiert hatte.

Ebenso wichtig war Humboldts Schöpfung des modernen Gymnasiums, das nun die alte Lateinschule ablösen sollte. Seine Vorstellungen, die nach seinem vorzeitigen Weggehen von Berlin nur unvollständig verwirklicht wurden, werden am deutlichsten aus einem von ihm entworfenen *Königsberger* und einem *Litauischen Schulplan.*[*][18] Grundlegend ist der Gedanke, dass es auf »eine vollständige Menschenbildung«, das heißt auf eine »allgemeine Uebung der Hauptkräfte des Geistes« ankommen solle, nicht auf eine »Abrichtung« mit dem

---

[*] Im folgenden Abriss trenne ich nicht zwischen diesen beiden Plänen, in denen, bei gleicher Grundkonzeption, natürlich verschiedene Akzente gesetzt werden.

Erwerb bloßer »Kenntnisse« oder »Fertigkeiten« für ein »einzelnes Gewerbe«, wovon Humboldt mit ziemlicher Verachtung spricht. Darum dürfe die gelehrte Schule keine »blos lateinische« sein, sondern neben den Sprachen müsse »der historische und mathematische Unterricht gleich gut und sorgfältig« stehen.

Beim Sprachunterricht kommt es darauf an, »dass die Form einer Sprache, als Form, sichtbar werden muss, was besser an einer todten, schon durch ihre Fremdheit frappirenden, als an der lebendigen Muttersprache geschieht«. Also nicht um Cicero oder Erasmus verstehen zu können, lernt man Latein, nicht wegen des Neuen Testaments Griechisch, sondern um durch die Erfassung der »Form« einer möglichst exotischen Sprache den Geist zu trainieren. Dazu wäre besonders auch Hebräisch nützlich! Von anderen, lebenden, dringend notwendigen Sprachen ist hier natürlich überhaupt keine Rede.

Was für eine esoterische, von einem Aristokraten des reinen Geistes für wenige Privilegierte ersonnene Bildung! So möchte man ausrufen. Aber Humboldt selbst sieht sich als Radikaldemokraten: Es müsse, sagt er, »der gemeinste Tagelöhner und der am feinsten Ausgebildete […] in seinem Gemüth ursprünglich gleich gestimmt werden« – und dann kommt ein Satz, den man sich schon auf der Zungenspitze zergehen lassen muss: »Auch Griechisch gelernt zu haben könnte auf diese Weise dem Tischler ebenso wenig unnütz seyn, als Tische zu machen dem Gelehrten.« Ich würde einiges dafür geben, ein von Humboldt getischlertes Möbelstück zu erwerben.

Man lache nicht über die Weltfremdheit solcher Gedanken, die in der Tat von einem Mann stammten, der, von Privatlehrern erzogen, vor seinem Amtsantritt, 1809, noch nie eine Schule von innen gesehen hatte. Sie haben, in dieser und ähnlicher Form vorgetragen, das deutsche und nicht nur das deutsche Gymnasium hundert Jahre lang bestimmt. Und sie sind, weil sie einen wahren Kern und ein zutiefst wichtiges Anliegen enthalten, bis heute wirksam und fruchtbar.

Wer immer, wie jetzt etwa der gewesene Bundesstaatsminister Julian Nida-Rümelin – Zögling des alten humanistischen Münchner Jesuitengymnasiums –, die Idee einer allgemeinen Bildung gegen die Anhänger einer nur berufsbezogenen Ausbildung ausspielt,[19] der ist

ein Schüler Humboldts und seiner »neuhumanistischen« Gesinnungsgenossen. Denn wie Aristoteles erkannt hat, arbeitet der Mensch nicht
um der Arbeit willen, sondern um Freizeit zu haben.[20] Und, wer sich
nur für die Arbeit gebildet hat, verpasst das Beste, sich selbst. Im Übrigen aber war Humboldt immerhin Realist genug, um zu sehen, dass
das griechische Ideal der Menschenbildung ohne die Sklaverei damals
nicht möglich gewesen wäre.

DAS GRIECHISCHE PREIST MAN,
LATEIN TREIBT MAN

Überraschend ist nur, dass bei der praktischen Ausführung des hum-
boldtschen Konzepts gerade die Griechen, in denen der »Character
der Menschheit« (Humboldt) sich am reinsten ausdrücken sollte, nicht
die überragende Rolle spielen, die ihnen theoretisch zugekommen
wäre. In der Realität der Schule lief doch das meiste wieder auf die
Sprache der offiziell so geringgeschätzten Römer hinaus. Selbst in
dem noch extrem auf das Griechische ausgerichteten preußischen
Lehrplan von 1816 hat doch das Lateinische gegenüber dem Griechischen eine Wochenstundenzahl von insgesamt sechsundsiebzig zu
fünfzig – letztere Zahl wurde im Übrigen nie mehr erreicht –; und,
natürlich, gab es wie seit je den lateinischen Aufsatz im Abitur.

Über die Zumutung, in diesem Examen auch aktiv Latein sprechen zu sollen, spottete kein Geringerer als der berühmte, schon öfter erwähnte Friedrich August Wolf (nach seiner Selbsteinschätzung
einer, »der die Welt kennt, wie sie ist«): »Lateinreden auch? Das können ja auf den berühmtesten Universitäten nicht drei Gelehrte, oft
nicht der Professor eloquentiae, von Lehrern auf Schulen kaum sechs
unter hundert.«[21] Wobei der bissige Wolf freilich die hohe Messlatte
seiner eigenen Sprachkompetenz anlegte und von der segensreichen
Wirkung eines auch auf bescheidenerem Niveau geübten Sprechens
absah. Niemand kam dagegen ernstlich auf die Idee, einen griechischen Aufsatz schreiben oder gar Griechisch sprechen zu wollen – es
sei denn Neugriechisch, um als echter Philhellene am Befreiungs-
kampf gegen die Türken vor Ort teilnehmen zu können.*

Trotz aller philologischen Lippenbekenntnisse zum einzigartigen Hellenentum, dem »Tempel und Hain der schönen Natur« (Herder), triumphiert in der Schule wieder, wie wir schon am Beispiel des Trierer Gymnasiums von Karl Marx gesehen haben, die altbeliebte »Königin der Sprachen« *(regina linguarum)*, das Lateinische, nicht nur in Preußen. Humboldts Konzept einer am Griechentum orientierten allgemeinen Menschenbildung, die vor allem über die Sprache erfolgen sollte, kam letzten Endes einem weithin noch traditionellen Lateinbetrieb zugute. So blieb es zum Beispiel bis zur Mitte des neunzehnten Jahrhunderts – das Revolutionsjahr 1848 bildet auch hier eine gewisse Zäsur – fast unbestritten, dass der Schüler auch lateinische Verse in den wichtigsten Metren zu schreiben habe.

Wenn wir also einen weithin dem Herkömmlichen verpflichteten Lateinunterricht im neunzehnten Jahrhundert konstatieren, so heißt das aber nicht, dass dieses immer auch aktiv geübte Latein nur als traditioneller Ballast aus dem Erbe der alten Lateinschule Melanchthons und der Jesuiten weitergeschleppt worden wäre. Vielmehr erleben wir, zumindest in Deutschland, eine fast dem Renaissancehumanismus vergleichbare Freude am klassischen, immer wieder neu an Cicero ausgerichteten Latein. Mithilfe neuer *Antibarbari* versucht man, wie einst im fünfzehnten, sechzehnten Jahrhundert, die Sprache von den Schlacken des Wissenschaftslatein zu reinigen. Tiefer als je zuvor dringen Lateinmatadore wie der Erlanger Karl Friedrich von Nägelsbach und der Berliner Moritz Seyffert in die Geheimnisse der lateinischen Semantik, des Periodenbaus und der Textlinguistik ein. Man beginnt, vorsichtig, die Lateinaussprache nach sprachhistorischer Erkenntnis zu reformieren. Man exzelliert auch in lateinischen Gedichten und Reden, wie sie vor allem in der Universität zu festlichen Anlässen nötig sind. Der klassische Philologe ist dort auch noch lange Zeit *profes-*

---

* Hier denke ich besonders an Friedrich Wilhelm Thiersch, den »Humboldt des Südens« und ersten Vorstand des Philologischen Seminars an der Universität München. Als Leitartikler seit 1821 für Griechenland tätig, begeisterte er den gräkomanen König Ludwig I. dafür, 1826 bayerische Soldaten nach Griechenland zu senden und 1832 seinen (Ludwigs) Sohn Otto zum ersten König Griechenlands zu machen. Sein Werk *Über gelehrte Schulen*, 1826–1830, ist die ausführlichste und gediegenste Darstellung der neuhumanistischen Schulidee.

sor eloquentiae, der seinem Namen gerecht wird. Berühmt sind die lateinischen Reden der beiden Wissenschaftsantipoden Gottfried Hermann (Leipzig) und August Boeckh (Berlin). Seit Melanchthons Zeiten ist kein so prächtiges Latein mehr gesprochen worden!

Um zu sehen, wie die Reform des Unterrichts dem Latein insgesamt zugutegekommen ist, mag man irgendeine lateinische Schrift des größten deutschen Philosophen, Immanuel Kant, mit dem Abriss ebender kantschen Erkenntnistheorie in Arthur Schopenhauers *Theoria colorum physiologica* (Physiologische Theorie der Farben, 1830) vergleichen. Kant schreibt zwar fehlerfrei, aber abstrakt, trocken und mit den eingebürgerten Kunstwörtern der Schulphilosophie, zum Beispiel am Beginn der *Physischen Monadenlehre* (*Monadologia physica* [1756] I 1): *Substantia simplex, monas dicta, est, quae non constat pluralitate partium, quarum una absque aliis separatim exsistere potest.*[*22] – »Eine einfache Substanz, genannt Monade, ist eine solche, die nicht aus einer Pluralität von Teilen besteht, von denen eine ohne die anderen getrennt existieren kann.«

Auch Schopenhauer verzichtet nicht immer auf bequeme Termini, bemüht sich aber viel mehr um bildliche Anschaulichkeit und rhetorischen Nachdruck: *Kantii igitur beneficio scimus, tempus atque spatium prius mentis quam rerum esse proprietates illiusque veluti formas, i. e. modos ac rationes, quibus necessario percipit quodcumque percipere nata est* [...].[23] – »Durch Kants Verdienst wissen wir, dass Zeit und Raum früher Eigenschaften des Geistes als Eigenschaften der Dinge und gewissermaßen dessen Formen sind, d. h. die Art und Weise, mit der er notwendigerweise das wahrnimmt, was er von Natur aus wahrnehmen kann.«

Nicht ohne Grund war Schopenhauer ein Anhänger des Wissenschaftslateins, dessen fast völlige Abschaffung er leidenschaftlich beklagte. Und schriebe er selbst nicht so herrliches Deutsch, müsste man ihm sogar zustimmen.

---

* *Substantia*, seit Seneca im philosophischen Sprachgebrauch, ist hier im Sinne von Leibniz gebraucht, der so seine *monade* (= *monas*) definiert (1714): »substance simple [...] c'est à dire, sans parties«; *pluralitas* ist ein schon spätlateinisches Kunstwort (Augustin, Boethius), aus dem christlichen Spätlatein stammt auch die Verwendung von *exsistere* im Sinne von »existieren«. Unschön in Kants Satz sind die Stellung von *est* und der Indikativ *potest*, wo, da der Nebensatz sinngemäß verneint ist, *possit* deutlicher wäre.

DIE TANZSTUNDEN DER FORMALEN BILDUNG

Wir wiederholen aber unsere schon einmal gestellte Frage: *Scholae an vitae?* War der Lateinbetrieb des neunzehnten Jahrhunderts nicht ein Lernen nur noch für die Schule? In der Tat gab es Didaktiker, die von der hehren Idee einer reinen, von allen Bedürfnissen des Lebens absehenden Bildung so erfüllt waren, dass sie bereit waren, dem *Non scholae sed vitae* explizit abzuschwören und der Schule das Leben zu opfern: Als »Tochter und Priesterin« der Vernunft, so orakelt der Direktor des Berliner Conradinums[24] (1811), müsse die Schule »ihren stillen Tempel erbaue(n) und in dessen Heiligtume, geschützt vor dem verpestenden Hauche des Weltgeistes, die zarten Keime der Menschheit [= Humanität] entwickel(n)«. Und, kaum zu glauben: »Nur d i e Schule, […] die nicht ihren Zweck von der Welt entlehnt, sondern im Gegenteil sich selbst als Zweck der Welt ansieht […], nur diese Schule ist eine wahre Pflanzschule der Menschheit.« Nur auf eine so verwegene Theorie gestützt, hätte das »neuhumanistische« Gymnasium, mangels Schüleranmeldungen, sicherlich kein Jahrzehnt überstehen können. Zum Glück gab es aber noch eine andere Möglichkeit, dem Zeitalter der industriellen Revolution das Lateinlernen schmackhaft zu machen. Es entstand nämlich die Theorie der formalen Bildung.

Jeder kennt sie. Als vor gut zwanzig Jahren (1984) Stefan Klein, Korrespondent der *Süddeutschen Zeitung*, das Eliteinternat *Kamuzu Academy* in der südafrikanischen Republik Malawi[*] heimsuchte und, völlig überrascht vom dortigen intensiven Latein- und Griechischbetrieb, eine der ausschließlich schwarzen Schülerinnen fragte, wozu sie denn das alles lerne, antwortete diese, ebenso überrascht, dass er das nicht wisse: »Oh, Latein diszipliniert das Denken.«[25] Wer einen Schüler des hiesigen, in anderem Sinne »schwarzen« Freisinger Domgymnasiums dasselbe fragen würde, der würde wohl etwa die nämliche Antwort erhalten.

---

[*] Es wurde begründet und finanziert von dem Mediziner und Staatsmann Dr. Kamuzu Banda, der mein persönlicher Freund und Förderer war. Weil er, ein glühender Antikommunist und, trotz des Spotts von Maggie Thatcher und anderen, überzeugter Anhänger altsprachlicher Bildung, sein Land sehr monarchisch regierte, ließen ihn

Gewitztere werden ausführen, anhand der lateinischen Grammatik lerne man am besten die Operationen und Kategorien des Verstandes kennen, der eben dadurch geschult werde. Schlichteren Gemütern genügt der Satz: Latein lehre einen das logische Denken. Auch Humboldts provokante Äußerung über den Tischler, dem »Griechisch gelernt zu haben« nicht »unnütz« sei, beruht ja letztlich auf dieser Theorie – ein kleines Zugeständnis an die sonst von Humboldt verachtete Nützlichkeit.

So selbstverständlich sind uns heute diese Gedanken, dass wir uns kaum mehr vorstellen können, wie Jahrhunderte der Lateinpädagogik ohne sie ausgekommen sind: Gerade nur einen punktuellen Ansatz dazu konnten wir bei Melanchthon finden.[**] Sonst war dieses Argument in Zeiten, wo Latein selbstverständliches Medium des geistigen Austauschs war – zwar nicht falsch, aber überflüssig. Es kam auf erst im achtzehnten Jahrhundert, als der Lateinunterricht in Rechtfertigungsschwierigkeiten geriet.

Wir haben Ansätze dazu bei den fortschrittlichen Philologieprofessoren Gesner und Christian Gottlob Heyne (gestorben 1812). Zum eigentlichen Theoretiker der formalen Bildung wurde aber ein preußischer Schulmann, Friedrich Gedike, der (1802) das Studium – zunächst besonders des Griechischen – auch für den rechtfertigte, der es später nicht mehr brauchen würde: »Wolltest du darum deine Tanzstunde bereuen, weil du früh genug aufhören wirst zu tanzen? und du wolltest nichts auf die körperliche Gewandtheit und Geschmeidigkeit rechnen, die diese Kunst dir gab? Nun so sei auch versichert, daß im Falle du einst dein Griechisch und selbst dein Latein vergissest, dennoch der Vorteil dir bleibt [...].«[26] Ein frappantes und durchaus zutreffendes Gleichnis – das aber auch ältere Humanisten nicht unbedingt vom Tanzen abhalten sollte.

---

nach der Beseitigung des Eisernen Vorhangs die plötzlich streng demokratischen Amerikaner fallen: Er wurde, weit über neunzig Jahre alt, wegen Mordes vor ein einheimisches Gericht gestellt – und wegen erwiesener Unschuld freigesprochen. Sein Gymnasium ist unter allen, die ich kenne, schon architektonisch das schönste der Welt.
** Vgl. S. 200.

Der Gedanke wurde vertieft durch Friedrich August Wolf, der wohl als Erster (1805) entdeckte oder aussprach, dass die modernen Sprachen durch eine Art »Neu-Europäismus«[27] großenteils so miteinander verbunden sind, dass die Begriffe fast gleich und nur die Wörter dafür verschieden sind, sodass sie sich mühelos austauschen lassen. Dahingegen gehe es in den alten Sprachen um eine völlig neue Begriffswelt, die dazu zwinge, den Gegenständen der Rede auf den Grund zu gehen.

Um es mit einem einfachen Beispiel von heute zu erklären: »Internationale Beziehungen« sind im Englischen *international relations*, im Italienischen *relazioni internazionali*, im Französischen *relations internationales* usw. Das gilt prinzipiell auch für nicht-indogermanische Sprachen, sofern sie an der heutigen globalen Kultur teilhaben. Im Lateinischen darf man nun aber ja nicht durch Rückübersetzung etwa von *relationes internationales* sprechen. Es gibt für das Gemeinte überhaupt keinen schlechtweg gültigen Ausdruck. Am ehesten noch: *commercium inter gentes*, wozu aber ein Verbum treten sollte. Man muss je nach Zusammenhang die Sache selber zu treffen suchen, etwa: »Für die internationalen Beziehungen ist der Außenminister zuständig« – *Minister rerum exterarum ea curat quae ad peregrinas nationes pertinent*. Oder: »Hier lasse ich wohl am besten meine internationalen Beziehungen spielen« – *Hic ego malim apud exteras gentes homines qui mihi amici sint excitare*.

Es gibt natürlich auch prominente Ansichten, die darin keinen Vorzug erkennen wollen, zum Beispiel die des griesgrämigen Pädagogen Herbart: »Mögen die Philologen ihre alte bekannte Ausrede von der formal bildenden Kraft des Sprachstudiums in die neuesten Phrasen kleiden; das sind leere Worte, wodurch niemand überzeugt werden wird, der die weit größeren bildenden Kräfte anderer Beschäftigungen kennt [...].«[28] Wer Latein gelernt hat, weiß, dass das durchaus keine leeren Worte sind, dass vielmehr Humboldt, um nur auch noch diesen wichtigen Punkt zu erwähnen, zu Recht behauptet hat, die Kenntnis der alten Sprachen befähige dazu, sich in jede gegebene Sprache leicht und schnell »hineinzustudieren«. Freilich, ob man allein deswegen Latein lernen soll, bleibt immer noch eine Frage, über die man zu reden hat.

VON DER HUMANITÄT ZUM HUMANISMUS

So hat der im neunzehnten Jahrhundert blühende Lateinunterricht in seinem Verhältnis zur außerschulischen Wirklichkeit ein doppeltes Gesicht. Auf der einen Seite verspricht er dienstfertig, kraft formaler Bildung für alle weltlichen Berufe, Tischler wie Diplomaten, tüchtig zu machen; auf der anderen verschmäht er es, sich der Welt anzudienern, will vielmehr, als eine bessere, geistigere Welt der Jugend – natürlich im Verein mit dem Griechischunterricht – »durch den stillen Tempel der großen alten Zeiten und Menschen den Durchgang zu dem Jahrmarkte des Lebens« eröffnen (Jean Paul, zitiert bei Wolf[29]).

Vor allem auf diese zweite, dem Rang nach erste Bedeutung zielt ein neues Schlagwort, das bald die Diskussion beherrscht: »Humanismus«. Es stammt – und damit kommen wir endlich von Berlin nach München – von einem Beamten im Innenministerium des jungen Königreichs Bayern. Schon ein Jahr vor Humboldts Amtsantritt veröffentlichte Friedrich Immanuel Niethammer eine Schrift mit dem Titel *Der Streit des Philanthropinismus und Humanismus in der Theorie des Erziehungs-Unterrichts unserer Zeit* (1808). Anhänger des sogenannten »Philanthropinismus« waren für Niethammer die Vertreter des am Beruf orientierten pädagogischen Nützlichkeitsprinzips, das nach Niethammers (platonischer) Ansicht vom Menschen dessen tierischer Natur entspreche. Älter war nach seiner Darstellung die Pädagogik, »deren Grundcharakter es immer war, mehr für die H u m a n i t ä t als für die A n i m a l i t ä t des Zöglings zu sorgen«: Sie nannte er mit einer, Lateinisches und Griechisches mengenden, Zwitterbildung »Humanismus«.* Damit hatte das humboldtsche Konzept einen aus Herders »Humanität« abgeleiteten griffigen Namen bekommen, einen Namen, den überdies immer noch der alte Zauber von Ciceros *studia humanitatis* umschwebte, obwohl mittlerweile etwas recht anderes gemeint war. So dröge Niethammers Schrift war, so zündend seine Wortschöpfung.

---

* *humanus* ist lateinisch, die Endung *-ismus* (wie in den korrekten Bildungen *Hellenismus, Katechismus*) dagegen griechisch. Auch die meisten modernen *-ismen* (wie *Sozialismus, Liberalismus* usw.) sind solche Zwitter.

Die rasche Karriere der Vokabel »Humanismus«, die ja zunächst vor allem dem altsprachlichen Unterricht ein glanzvolles Firmenschild verschaffen sollte, zeigt sich schon etwa beim älteren Goethe, der plötzlich statt von »Humanität«, von »Humanismus«, etwa im Strafvollzug, spricht. Diese Verwechslung ist ja auch heute ganz üblich und trägt zur Popularität von »Humanismus« bei. Bald macht man durch Rückübertragung auf die Zeit der Renaissance »Humanismus« zur Epochenbezeichnung und spricht dann, wie auch wir es öfter getan haben, durch erneute Übertragung von der Zeit Winckelmanns und Goethes als »Neuhumanismus«.

Ganz neuen Sinn geben der Vokabel die sogenannten Junghegelianer, zu denen der dem Christentum feindliche Philosoph Ludwig Feuerbach rechnet; wohl aus diesem Grund heißt *humanism* heute im angelsächsischen Sprachraum fast so viel wie Atheismus. Und auch in Deutschland tendieren manche »humanistisch« genannten Parteien und Organisationen in diese Richtung. Eine späte Blüte hatte dieser unchristliche »Humanismus« vor allem in der alten DDR, wo er im Sinne eines sozialistischen Gutmenschentums ein so vereinnahmendes Schlagwort war – »Wir sind doch alle Humanisten« –, dass viele Ossis noch heute vor dem Wort zurückschrecken.

Wenn »Humanismus« dort eine solche Rolle spielte und auch in der neueren philosophischen Diskussion (Heidegger, Sartre, Marcuse, zuletzt Sloterdijk) aktuell und unentbehrlich bleibt, verdankt er das aber nicht dem Münchner Niethammer, sondern vor allem jenem Trierer Gymnasiasten, der 1835 seinen uns mittlerweile bekannten lateinischen Aufsatz zu schreiben hatte. Karl Marx hat, wie man im zwanzigsten Jahrhundert wiederentdeckte, in seinen frühen Schriften die für sein Denken zentrale Aufhebung der »Entfremdung« mit dem damaligen Modewort als »Humanismus« bezeichnet, freilich nicht für lange. Das Gespenst, das er durch Europa schickte, war nicht der bayerische Humanismus, sondern der französische Kommunismus – vielleicht hatte Marx Angst, ein *Humanistisches Manifest* wieder in Lateinisch schreiben zu müssen.

ROMANI AN GERMANI?
LATEIN IM KAISERREICH UND DANACH

»Wer selber auf dem Gymnasium gewesen ist und hinter die Coulissen gesehen hat, der weiß, wo es fehlt. Und da fehlt es vor allem an der nationalen Basis. Wir müssen als Grundlage für das Gymnasium das Deutsche nehmen; wir sollen nationale junge Deutsche erziehen und nicht junge Griechen und Römer. Wir müssen von der Basis abgehen, die Jahrhunderte lang bestanden hat, von der alten klösterlichen Erziehung, wo das Lateinische maßgebend war und ein Bischen Griechisch dazu. Das ist nicht mehr maßgebend.«[1]

So schneidig sprach, am 4. Dezember 1890 zur Eröffnung der Preußischen Schulkonferenz, Seine Majestät, der junge Kaiser Wilhelm II.: Offenbar war er gewillt, ein gutes Jahrtausend lateinischer Schulbildung wegzupusten, um auch dadurch, wie er jüngst formuliert hatte, sein Land »herrlichen Tagen entgegen« zu führen. Ein herber Schlag war das für die in Berlin versammelten Schulmänner, zum großen Teil Anhänger des traditionellen humanistischen Gymnasiums. Nun wurde ihnen aus allerhöchstem Munde vorgeworfen, die nationale Bildung vernachlässigt und vor allem im Kampf gegen die Sozialdemokratie versagt zu haben.

Angesichts dieser Einschüchterungsrede waren die Ergebnisse der nun folgenden Beratungen für die Lateiner geradezu erträglich. Als zwei Jahre später die dort diskutierten neuen preußischen Lehrpläne in Kraft traten, stand Latein trotz eines Verlusts von insgesamt fünfzehn Wochenstunden im (humanistischen) Gymnasium und elf Wochenstunden im mittlerweile erstarkten Realgymnasium noch immer recht kraftvoll da. Ein schmerzhafterer Einschnitt war wohl, dass der auch von Philologen gelegentlich als »Vampyr« des Gymnasiums beschimpfte lateinische Abituraufsatz endgültig exorziert wurde. Auch sollte in der mündlichen Prüfung kein Latein mehr gesprochen werden. Noch ein kleiner Tod des Lateinischen!

HUMANISTEN – SCHLECHTERE PATRIOTEN?

Der Angriff auf das humanistische Gymnasium gerade aus der Position des deutschen Nationalismus, heute ja nicht mehr vorstellbar, war nicht vereinzelt und nicht ganz grundlos. Gerade die beiden populärsten unter den »Neuhumanisten«, Goethe und Schiller, hatten sich von aller Gleichsetzung des Griechentums mit dem Deutschtum sowie von weiter gehender Deutschtümelei ferngehalten. Und beide hatten in den *Xenien* (1796) das humanistische Ideal dem nationalen geradezu entgegengesetzt:

> Zur Nation euch zu bilden, ihr hoffet es, Deutsche, vergebens;
> Bildet, ihr könnt es, dafür freier zu Menschen euch aus.

Die von Wilhelm II. erhobenen Vorwürfe des mangelnden Patriotismus sollten sich in den folgenden Jahrzehnten noch steigern – ein Höhepunkt war der von »Deutschen Erziehern« erhobene Schlachtruf »Los von Juda, Hellas, Rom!« – bis sie erst mit dem Zusammenbruch des »Dritten Reichs« verstummten, dann zum Glück völlig. Im Jahr 1890 dagegen bedurfte es einiger Anstrengungen, um die vaterländische Gesinnung des humanistischen Gymnasiums nachzuweisen.

Leichter fiel es den Humanisten, sich der real existierenden Monarchie anzupassen. Die ein Weltreich beherrschenden Monarchen Alexander und Augustus wurden nun vielfach über den früher gern verherrlichten Demokraten Demosthenes und den Republikaner Cicero gestellt. Und als man zur Jahrhundertwende zur Rekonstruktion der römischen Saalburg den Grundstein legte – noch heute ein Glanzstück lebendigster Archäologie –, gaben die Lateiner ihrem Kaiser die Möglichkeit, sich als Nachfahr der römischen Cäsaren darzustellen. Er widmete seinem »Kollegen« Antoninus Pius (zweites Jahrhundert n. Chr.) quasi auf Augenhöhe eine Inschrift: *Imperatori Romanorum* [...] *Imperator Germanorum* (Dem römischen Kaiser ... der deutsche Kaiser).[2] Und bei der pompösen »römischen« Einweihungsfeier am 11. Oktober 1900[3] durften sich die klassischen Philologen geradezu austoben. Professor Mommsen persönlich hatte die brillante Gründungsinschrift formuliert, und Gymnasialdirektor Schulze aus Homburg begrüßte das Kaiserpaar nach Durchschreiten der *porta praetoria* (Tor zum Hauptquartier) mit einer salbungsvollen lateinischen Rede in der Rolle des *praefectus castrorum* (Lagerkommandanten). Und noch bevor der Kaiser, umringt von römischen Kriegern und Germanen in Bärenfellen, die feierliche Einweihung vollzog, sang ein Chor aus zwei-hundertzehn Mündern lateinische Reimverse, also beginnend:

> *Salve, salve, Imperator.*
> *Liberalis suscitator*
> *Antiquorum operum!*
> *Laeti undique clamores*
> *Surgunt, adfluunt odores*
> *Arborum Taunensium.*

In der Originalübersetzung:

> Heil dir, Kaiser, Heil und Stärke,
> Dessen Wort der Vorzeit Werke
> Auf zu neuem Leben ruft!
> Jubellieder hörst Du schallen.
> Durch des Taunuswaldes Hallen
> Zieht Dir zu der Bäume Duft.

Hier konnte also der »Medienkaiser« Wilhelm II. wahrlich keine Ge-sinnungsmängel der deutschen Humanisten beklagen, hatten ihm doch sogar die auf der römischen Saalburg sonst etwas deplatzierten Gräzisten ein Zuckerl zugedacht. Nach den Gründungsworten und den zweimal drei Hammerschlägen des Kaisers und der Kaiserin in-tonierte der Chor nämlich auch noch einen delphischen Hymnus an den leibhaftigen Apollon. Was sich wohl die Vertreter der Kirche zu diesem Stück Polytheismus gedacht haben?[*]

---

[*] Dies frage ich aus eigener Erfahrung. Als ich 1992 die Einweihungsfeierlichkeiten zum Römermuseum in Rottweil zu gestalten hatte, plante ich, woran man bei der Saalburg nicht gedacht hatte, eine altrömische *dedicatio* (Weihung) an die Musen und den vergöttlichten Kaiser Vespasian – natürlich mit entsprechenden (unblutigen) Opfern. Einbezogen war als weihender Magistrat der amtierende baden-württem-gische Ministerpräsident Teufel. Nachdem zwei Tage zuvor die Presse über den Plan

HUMANISTEN – SCHLECHTERE CHRISTEN?

Zwar nur zeitweise, aber umso intensiver wurden im neunzehnten Jahrhundert die Gymnasialhumanisten auch vonseiten verärgerter Christen attackiert. Als 1892 der eben entlassene Reichskanzler Otto von Bismarck, bekennender Protestant und Monarchist, gefragt wurde, ob er es bereue, auf einem humanistischen Gymnasium gewesen zu sein, sagte er bitter: »Ja, ich habe es als Republikaner und Atheist verlassen; wir glaubten an Platon.«[4]

Platon statt Jesus! Der Vorwurf war nicht völlig unberechtigt. Die Humanitätsidee mit ihrem konstitutiven Glauben an das Gute im Menschen war in der Tat schwer verträglich mit der seit Paulus für das Christentum fundamentalen Lehre von der Erbsünde. So musste von den Gründervätern des »Neuhumanismus« schon Herder, immerhin protestantischer Superintendent in Weimar, in den Verdacht der Ketzerei geraten. Er hatte ja sogar den auch von Schiller verherrlichten anthropomorphen Polytheismus der Griechen bedenkenlos in seine Humanitätsidee integriert: »Andere Nationen erniedrigten die Idee Gottes zu Ungeheuern; sie [die Griechen] huben das Göttliche im Menschen zum Gott empor.«

Wolf und Humboldt waren mehr oder minder erklärte Heiden; und nachdem das »Weltkind« Goethe aus seiner Abneigung gegen das Christentum kein Hehl machte, war das Neuheidentum vollends salonfähig geworden. Der Schmerz darüber saß tief bei vielen, zumal man ja den Theologen im Zuge der Neugestaltung von Universität und Schule das gymnasiale Lehramt genommen hatte, mit sehr greifbaren Folgen: Kaum wurde noch das Neue Testament an den Gym-

berichtete, empörten sich beide Kirchen über dieses Stück Heidentum und drohten damit, den vorgesehenen ökumenischen Festgottesdienst platzen zu lassen. Der betont christliche Teufel, der gerade im Wahlkampf stand, gab nach und überließ seinen Part dem minder anstößigen Museumsdirektor. Zum Glück informierten die Medien sogleich auch über dieses Skandälchen, sodass dann aus ganz Württemberg gegen zehntausend Besucher zuströmten. Ich eröffnete die Feier mit einer kurzen (deutschen) Rede folgenden Sinns: »Sowenig mein Freund Marcus Junkelmann mit seinen römischen Legionären die Bundeswehr ersetzen möchte, so wenig beabsichtige auch ich, die altrömische Religion wieder einzuführen, schon gar nicht in Württemberg.«

nasien gelesen, noch weniger die christliche lateinische Literatur der Antike. Dabei blieb allerdings das katholische Süddeutschland immer etwas konservativer.

Der seit einem halben Jahrhundert angestaute Ärger durfte sich unter staatlichem Segen Luft machen, nachdem in Preußen der dezidiert fromme König Friedrich Wilhelm IV. die Regierung angetreten hatte. 1843 erschien in der *Literarischen Zeitung* ein nicht witzloser anonymer Artikel »Über das religiös-sittliche Bewußtsein der Philologen«, als dessen Verfasser man einen prominenten Beamten im Unterrichtsministerium vermutete. In diesem wurde nach scharfen Attacken gegen die heidnische »Humanität« behauptet, im vaterländischen Befreiungskrieg gegen Napoleon hätten »Theologen und Philosophen, (die) im Freiheitskampfe erglühten«, aber »nicht die Humanitätsstudien, […] nicht der Enthusiasmus für Hellas und Rom das Vaterland aus Noth und Knechtschaft« gerettet. Der Schluss des Artikels verkündete schon mit der Posaune eines vorletzten Gerichts, dass die »Philologie«, gemeint: der Humanismus, am Ende sei. Sie sei, hieß es triumphierend, »nicht mehr im Bunde der Mächte, die unserem Leben und unserer Bildung imponieren; der Stolz und Ruhm der classischen Studien, Gemeingut aller Gebildeten zu sein, ist dahin«.[5]

Auch wenn das noch mehr Wunsch als Tatsache war: Die Philologen mussten sich bedroht fühlen. Sie wehrten sich vor allem, indem sie, an moderne Geschichtsdeutungen, aber auch an Martin Luther anknüpfend, den Gegensatz von heidnischer Antike und Christentum dadurch aufhoben, dass sie jene zur Vorbedingung für dieses erklärten und beide in der Gegenwart »zu einer inneren Einheit innigst verschmolzen« sein ließen (August Boeckh).[6] Obwohl die Angriffe weitergingen – vor allem auch die vom antiliberalen Kurs des Papstes Pius IX. befeuerten Katholiken schlossen sich an –, blieben solche Friedensbemühungen doch nicht ganz ohne himmlischen Lohn. Auf der Schulkonferenz von 1890 schlugen sich just die Kirchenvertreter auf die Seite der attackierten Humanisten. Wie hätten sich darüber Erasmus und Melanchthon gefreut!

Andere, uns heute viel begreiflichere Vorwürfe gegen einen exzessiven altsprachlichen Unterricht kamen das ganze Jahrhundert hindurch natürlich von der Seite der Wirtschaft, die immer wieder eine stärkere Behandlung der »Realien«, besonders der Naturwissenschaften, und der neueren Sprachen reklamierte. Kein Geringerer als der Münchner Starprofessor Justus Liebig, weltberühmt nicht nur als Erfinder des Fleischextrakts, nannte die Verteidigungsbemühungen der Altsprachler einen Kampf der »Seifensieder gegen das Gaslicht«.[7] Aber auch er hätte zugeben müssen, dass das von Seifensiedern beherrschte Bildungswesen Deutschlands führender Rolle im technischen Fortschritt nicht zu schaden schien.

PHILOLOGIE UND BILDUNG –
VOM UNIVERSITÄTSKATHEDER AUS GESEHEN

Eines der interessantesten Ergebnisse der Schulkonferenz von 1890 und der reformierten Lehrpläne war die Reaktion des deutschen Gräzisten Ulrich von Wilamowitz-Moellendorff, unbestritten einer der größten Philologen aller Zeiten. Hätte man nicht von ihm als Erstem erwarten müssen, dass er, wenn schon nicht gerade die alten Klosterschulen, dann doch das neuhumanistische Gymnasium gegen Kaiser und Reform verteidigen würde? Keine Rede davon.

In einer ausgefeilten Festrede über *Philologie und Schulreform* (1892)[8] überraschte der Meister mit einer kleinen Philippika auf das Gymnasium, das schon jetzt längst nicht mehr in der Lage sei, seine Schüler mit den für ein Philologiestudium nötigen Sprachkenntnissen auszurüsten, dieses vielmehr der Universität überlasse. Und sollte dereinst einmal der Tag kommen, wo das Griechische in den Schulen ganz abgeschafft und das Lateinische »auf einen elementaren Sprachunterricht« reduziert würde – »Mir schwebt der Wunsch auf der Lippe: möge dieser Tag bald kommen [!]« –, dann solle die Welt sehen, wie sie damit fertigwerde, die Philologen würden als Wissenschaftler wie bisher ihre Pflicht tun: »Hängt unser Leben und unsere Existenzberechtigung etwa an der Ausbildung der Lehrer?«

Das war eine Kapitulation. Zwar stellte sich Wilamowitz noch mit einem vagen Lippenbekenntnis an die Seite derer, die »den schweren

Kampf für das Ideal, das mir heilig ist wie ihnen, als Lehrer an der ver-
wüsteten Schule kämpfen« – aber er wagte es nicht einmal mehr, dieses Ideal, das ja das Humanitätsideal der deutschen Klassik hätte sein
müssen, beim Namen zu nennen. Wenn er sich auf Friedrich August
Wolf und dessen Idee der Philologie berief, so dachte er nur an den
universalen Charakter der Altertumswissenschaft, die »die Partikel ἄν«
genauso untersucht wie »die Thermen Caracallas« und »die Kegel-
schnitte des Apollonios«. Er dachte nicht mehr an die doch auch für
Wolf zentrale Aufgabe der Jugendbildung durch das Vorbild der »al-
terthümlichen Menschheit«. »Philologie und Schulreform«, das lief
für Wilamowitz hinaus auf: reine Wissenschaft ohne lästige Bildung,
denn […] »daß die Philologie nicht an der Schule hängt, steht doch
wohl außer Frage«.

Schon zwanzig Jahre zuvor hatte sein berühmter Antipode, der
Basler Gräzist Friedrich Nietzsche, die Probleme von Bildung und
Wissenschaft radikal anders gelöst. Er kritisierte in seinen noch immer hinreißenden Vorträgen *Über die Zukunft unserer Bildungs-Anstal-
ten* (1872)[9] das zeitgenössische Gymnasium wegen eines Zuviels an
Wissenschaft, eines Zuwenigs an Bildung, besonders auch sprachlicher Bildung, und konstatierte, dass es sich vor allem damit von den
Idealen Wolfs und der Goethezeit entfernt habe. In diesem Zusammenhang rühmte er die mit größtem Ernst zu betreibenden lateinischen Stilübungen, in denen es eben nicht auf Wissen (also Wissenschaft), sondern auf Können (also Bildung) ankomme! Nietzsche
selbst schrieb übrigens gut und gerne Latein.

Wenn allerdings Nietzsche glaubte, gerade er sei der Mann dafür,
zu den alten Bildungsidealen zurückzurufen, irrte er: Die geistigen
Väter des modernen Gymnasiums, Herder, Humboldt, Wolf, hatten
grundsätzlich eine Humanitätsbildung für alle angestrebt (und even-
tuell sogar den Tischler mit Griechisch beglücken wollen[*]); Friedrich
Nietzsche, der zukünftige Prophet des »Übermenschen«, dachte jetzt
schon elitärer: »Also, nicht Bildung der Masse kann unser Ziel sein:
sondern Bildung des einzelnen ausgelesenen, für große und bleibende

---

[*] Vgl. S. 262.

Werke ausgerüsteten Menschen.«[10] So löste sich der zunehmend vereinsamte Nietzsche von den Kollegen in der klassischen Philologie, in der er bisher erfolgreich tätig war, und huldigte seiner eigenen ausgelesenen Persönlichkeit. Die Zukunft gehörte zunächst seinem plebejischeren Gegner Wilamowitz.

Diesen hatte man mittlerweile, vor allem wegen seiner Beredsamkeit, nach Berlin berufen. Und als im Jahr 1900 schon wieder eine Schulkonferenz anstand, wurde er, neben anderen, um eine *Stellungnahme zu Fragen des höheren Unterrichts*[11] gebeten. Und wieder wartete der Meister mit einer Überraschung auf: Aus dem Saulus der reinen Wissenschaft war ein Paulus der Didaktik geworden, ein Prediger, der es sich »mit erneuter Liebe« zur Aufgabe machte, »direkt für die Schulbedürfnisse zu sorgen«. Was soll und kann ein moderner Latein- und Griechischunterricht leisten? Wilamowitz sagte sich los vom Humanitätsideal des alten Wolf, dem er kurz zuvor noch scheinbar, wenn nicht scheinheilig, gehuldigt hatte, und sprach mutig aus, was er dachte: Der vor hundert Jahren herrschende Glaube an die Vorbildlichkeit des Altertums habe sich als *Irrtum* erwiesen: »Die Antike als Einheit und Ideal ist dahin; die Wissenschaft selbst hat diesen Glauben zerstört.« Dieser Satz wird heute oft als tiefe historische Wahrheit nachgesprochen. Er ist aber nicht völlig richtig. An eine *Einheit* der griechisch-römischen Antike hatte im strengen Sinn keiner der großen »Neuhumanisten« geglaubt. Richtig war allerdings, dass sie an der Antike das ästhetisch Ideale hervorgehoben hatten, während mittlerweile gerade fortschrittliche Wissenschaftler wie Wilamowitz sozusagen flächendeckend alles Antike gleichmäßig der Erforschung für würdig hielten.

Als Gegenentwurf hatte Wilamowitz eine radikale Historisierung der einstmals humanistischen Bildung anzubieten: Es gehe auch in der Schule um das historische Verständnis einer anderthalbtausendjährigen Periode griechischer Weltkultur – er dachte an 1200 v. Chr. bis 300 n. Chr. –, welche die Grundlage der modernen Kultur bilde: »das ganze Römertum ist nur eine integrierende Provinz derselben«. Für die Latinisten hieß das: »das Latein darf außer der Sprache gar nichts spezifisch Römisches treiben, sondern was zur antiken Weltkultur gehört, wie Cicero (der trotz Mommsen dort den Mittelpunkt bilden muß) und Horaz.« Klar, dass sich diese ganz auf das Griechische zentrierte Manie im Lateinunterricht nicht durchsetzen konnte. Aber der Gedanke, dass es vor allem gelte, das Altertum mit der Kultur der Gegenwart zu verknüpfen, war in gewisser Weise auch hier fruchtbar. So kam man, wenn auch eigentlich gegen die Absicht von Wilamowitz, in den folgenden Jahrzehnten immer mehr dazu, auch lateinische Texte der christlichen Spätantike, des Mittelalters und der Neuzeit in den Unterricht einzubeziehen.

Im Übrigen waren die Ergebnisse dieser Schulkonferenz gravierend. Die für die Lateiner gute Nachricht zuerst: Im Gymnasium und im (griechischlosen) Realgymnasium wurden die Lateinstunden noch einmal erhöht. Das gab dem Letzteren Prestige und unterstrich seinen Anspruch auf Allgemeinbildung. Die schlechte: Das Realgymnasium und die Oberrealschule hatten ihren Schulabgängern die volle Zulassung zum Universitätsstudium erstritten, das humanistische Gymnasium mithin sein Monopol verloren. Damit begann der Niedergang des Griechischunterrichts an den deutschen Gymnasien.

LATEIN ZWISCHEN DEN KRIEGEN

Der mächtige Einschnitt, den das Ende des Ersten Weltkriegs für das geistige und politische Leben bedeutete, war am Lateinunterricht zunächst noch weniger zu spüren – mit Ausnahme Russlands. Die Bolschewiken liquidierten nach der Oktoberrevolution, trotz Lenins humanistischer Bildung und Interesse an der Antike, die Sprache des Klassenfeinds an den Schulen restlos und gönnten ihr nur als Universitätsfach ein schattenhaftes Dasein. Erst im Zuge der »Perestroika« begann man Ende 1989, Latein an den Schulen wieder zuzulassen. Und so wird heute auch in Moskau, dem »dritten Rom«, und ganz Russland wieder nach neuen Lehrbüchern Latein gelernt, wenn auch vorerst nur an etwa zwei Prozent der Gymnasien.[12]

Von den zwanziger Jahren an ließen sich dann auch die Amerikaner vom Lateinunterricht weithin abbringen. Sie waren, wie die Russen, erst im achtzehnten Jahrhundert zu den Lateinnationen gestoßen, und das Antikenstudium ihres späteren Präsidenten Thomas Jefferson hatte sich schon in der Unabhängigkeitserklärung *(Declaration of Independence)* von 1776 niedergeschlagen. Ausschlaggebend für die Abkehr von der lateinischen Schulbildung waren, neben der »pragmatischen« Philosophie John Deweys, offenbar vor allem die experimentellen Untersuchungen des pädagogischen Psychologen E. L. Thorndike (1923/24) zur angeblichen Transferleistung des Lateinischen (logisches Denken!). So lernt man in Amerika heute Latein in der Regel erst auf der Universität, dort zum Teil aber mit vorzüglichen Ergebnissen.

Nur die Lateiner in Italien profitierten, nicht zur Freude aller, eine Weile von der nationalen Zeitstimmung. Benito Mussolini, der mit dem Namen *Duce* einen halboffiziellen Titel des Augustus *(dux)*, mit *fascismo* ein römisches Machtsymbol[*] und mit dem »römischen Gruß« eine vermeintlich antike Geste erneuerte,[**] war im Sinne der von ihm propagierten *Romanità* der lateinischen Literatur und Schulbildung wohlgesinnt.[***] Er sorgte als »Augustus im Schwarzhemd« (F. Scriba) dafür, dass nicht erst 1937 im *Bimillenario Augusteo* der Geburtstag seines persönlichen Idols, sondern auch schon 1930 derjenige Vergils prächtig gefeiert wurde.

In Deutschland führte zur Zeit der Weimarer Republik die partielle Regierungsbeteiligung von SPD und KPD, trotz deren Einsatz für eine »Einheitsschule«, nicht zu den befürchteten großen Einbrüchen im Bildungswesen. Erst das »Dritte Reich« brachte wie das humanistische Gymnasium, so auch den Lateinunterricht in eine gewisse Bedrängnis. Allerdings hatte Adolf Hitler in *Mein Kampf*, das nach 1933 für zwölf Jahre zur Bibel auch der Pädagogik wurde, bestimmt, die »allgemeine Bildung« der Nation solle »mehr den humanistischen

---

[*]   *fasces* heißen die mit Beilen versehenen Rutenbündel, welche die Liktoren im Gefolge des Oberbeamten, Consul oder Praetor, als Zeichen von dessen Amtsgewalt tragen.

[**]   Zwar gibt es einige Römerstatuen mit erhobener rechter Hand, aber eine übliche Grußgebärde war das nie. Mussolini übernahm sie aus der Römerdarstellung in italienischen Stummfilmen; Hitler machte daraus den »Hitlergruß«.

[***]   Leider wird diese Epoche von den Geschichtsschreibern des italienischen Lateinunterrichts, soweit ich sehe, durchweg übergangen.

Fächern entsprechen«, als auf Mathematik und Naturwissenschaften ausgerichtet sein.[13] Aber trotz beiläufiger Erwähnung der »Schulung des scharfen logischen Denkens« durch das Lateinische[14] betraf Hitlers Interesse an der Antike nicht die alten Sprachen, sondern ausschließlich einen rassisch orientierten Geschichtsunterricht: »Römische Geschichte, in ganz großen Linien richtig aufgefaßt« und »das hellenische Kulturideal […] in seiner vorbildlichen Schönheit« sollten dem gegenwärtigen Kampf dienen, in dem es um die Erhaltung einer Kultur gehe, »die Jahrtausende in sich verbindet und Griechen- und Germanentum gemeinsam umschließt«.[15] Klar, gegen wen sich dieser Kampf richtete. Manche Lateiner, besonders auch Mittellateiner, waren bereit, sich der nun geforderten völkischen beziehungsweise rassistischen Erziehung zur Verfügung zu stellen. Ein sogleich, 1933, erschienenes, achtzig Seiten starkes Heft *Humanistische Bildung im nationalsozialistischen Staate* dokumentiert eine Liste der besonders Eifrigen. Half nichts. Schon 1934 gab der berüchtigte Scharfmacher Julius Streicher bekannt: »Nicht der Lateiner hat zu reden im Dritten Reich, nicht der vergangene Grieche, sondern der Deutsche.«[16]

Auch angesichts der Schulreformen besonders der Jahre 1937/38 musste sich die Begeisterung der Lateiner in Grenzen halten: Die Zahl der »Gymnasien« mit reduziertem Latein und Griechisch wurde auf annähernd ein Viertel verringert. An der nunmehr normalen »Oberschule« wurden ab dem siebten Schuljahr nur noch vier, zum Teil nur zwei Wochenstunden Latein unterrichtet, weniger als je bisher, dafür jedoch als Pflichtfach für alle. Die Lektüreauswahl, von Caesars *Bellum Gallicum* bis Tacitus' *Germania*, stand unter strikten ideologischen Vorgaben. Man denke: Latein ohne den jugendfreundlichen Ovid!

Aber nicht alle ließen sich »gleichschalten«. Parteimitglieder waren unter den Latein- und Griechischlehrern etwa dreißig Prozent. Auf der Ebene des Unterrichts gab es Möglichkeiten, unerwünschte Texte, etwa des Horaz, dessen patriotische Römeroden immerhin geschätzt waren, einzuschmuggeln. Auch in der geistigen Auseinandersetzung versuchten traditionelle Humanisten die herrschende Ideologie zu unterlaufen, indem sie zum Beispiel in stillschweigender Opposition Platons Vorstellungen vom »Führer« in den Vordergrund rückten.

Leichter als den Schullehrern fiel es naturgemäß den prestigeträchtigen Universitätsphilologen, ihr Fach vom herrschenden Ungeist freizuhalten, und einem Forscher wie dem bekannten Latinisten Friedrich Klingner gelang es, die ganzen zwölf Jahre lang ohne Konzessionen, freilich auch ohne artikulierte Opposition gegen die Machthaber, auf hohem Niveau seine Wissenschaft fortzutreiben – nicht ohne Folgen für den Unterricht der von ihm ausgebildeten Lehrer. In der akademischen Stellenpolitik freilich waren die Konservativen gegen den Staat fast ohne Chance. Etwa in München, der »Hauptstadt der Bewegung«, waren schon fünf Jahre nach der Machtergreifung beide Ordinariate mit linientreuen (sonst nicht untüchtigen) Professoren besetzt, zwei andere Professoren vertrieben worden. Auch für die Wissenschaft war es schmerzlich, dass große Latinisten, wie Eduard Norden und Eduard Fraenkel – ich übergehe die zahlreicheren Gräzisten[*] –, wegen ihrer jüdischen Herkunft oder sonstiger Missliebigkeit ihres Amts enthoben beziehungsweise aus Deutschland gejagt wurden. Ein sarkastischer Beobachter notierte nach dem Krieg, Adolf Hitler sei der größte Förderer der klassischen Philologie in England und Amerika gewesen. Leider war das so.

UND WAS MACHEN DIE UNIVERSITÄTSLATEINER?

Während das Schulfach seit 1890 in Deutschland um seine Existenz kämpfte, hatte sich Latein als Wissenschaftsdisziplin an der Universität neu orientiert. Was heißt das? Ist Latein überhaupt ein Wissenschaftsfach? Viele Leute können sich das nicht so recht vorstellen: Während Naturwissenschaftler seit Langem laufend Neues entdecken – vom Blutkreislauf bis zu den schwarzen Löchern –, sei die Literatur der römischen Antike, meinen sie, doch eine abgeschlossene Sache. Nicht so ganz!

---

[*] Genannt sei *honoris causa* wenigstens einer: Kurt von Fritz, der 1934 als einziger deutscher Professor (außer dem Schweizer Karl Barth) den Eid auf Hitler verweigerte, wurde 1935 von seinem (Rostocker) Lehramt suspendiert und emigrierte nach Oxford, dann nach New York. Er war einer der wenigen, die nach dem Krieg zurückkehrten, ein gefeierter Universitätslehrer, zuletzt in München.

Ständig werden zum Beispiel neue römische Inschriften gefunden und registriert. Man gräbt auch Papyrushandschriften mit unbekannten Texten aus. Erst kürzlich wurde, kaum zu glauben, ein Autograph der berühmten Kleopatra entdeckt; und soeben will ein prominenter Archäologe in einer längst bekannten Statue ein Nacktporträt ebendieser für Rom so fatalen Dame entdeckt haben. Was dann ein neues Licht auf Caesars Ermordung und damit auch auf viele Texte werfen würde …

Aber etwas anderes ist noch wichtiger. Die großen römischen Schriftsteller der Antike müssen immer wieder neu behandelt werden, weil jede Zeit andere Interessen hat und andere Fragen stellt. Blicken wir noch einmal zurück!

Im Renaissancejahrhundert von Petrarca bis Poggio ging es darum, mittelalterliche Handschriften der wichtigsten Autoren überhaupt erst aufzufinden. Dann mussten aus den vielfach untereinander abweichenden Handschriften korrekte Ausgaben hergestellt und dabei die Identität der Autoren und die Frage der Echtheit vieler Werke geklärt werden: Wie viele *Senecas* gibt es? Kann etwa der Philosoph Seneca die Tragödie *Octavia* geschrieben haben, in der er selbst auftritt? Dann brauchte man Kommentare zum sachlichen, aber auch sprachlichen Verständnis der bedeutendsten Schriftsteller, die ja meist auch Vorbilder für die eigene literarische Produktion waren. Dazu mussten Sprache und Metrik genau erforscht werden, mit oft überraschenden Resultaten. So zeigte etwa der scharfsinnige Richard Bentley, dass der einhellig überlieferte Text des Horaz an vielen Hunderten von Stellen nicht in Ordnung sein kann. Sein Satz *Nobis et ratio et res ipsa centum codicibus potiores sunt*[17] (Die Vernunft und die Sache selbst sind mir mehr wert als hundert Handschriften) war für viele ein beflügelnder Leitspruch.

Nachdem im achtzehnten Jahrhundert Friedrich August Wolf die Idee einer umfassenden *Alterthumswissenschaft* aufgebracht hatte, hießen die Universitätslatinisten meist nicht mehr *professores eloquentiae* (Professoren der Beredsamkeit), sondern »Philologen«, ihre Wissenschaft »(klassische) Philologie«. Dem Geist des neunzehnten Jahrhunderts entsprechend ging es ihnen vor allem um historische Erkenntnis. Man erforschte die Geschichte der lateinischen Sprache in ihrem Verhältnis zur damals neu erschlossenen indogermanischen Ursprache, aber auch zu den späteren romanischen Sprachen. Man untersuchte das Altlatein, besonders von Plautus und Terenz, und entdeckte jetzt erst viele fundamentale sprachliche und metrische Gesetze. Hier war der große Meister Friedrich Ritschl, der Lehrer Nietzsches. Noch wichtiger war Karl Lachmann: Er entwickelte eine für alle Philologien maßgebliche Methode, die Abhängigkeit von Handschriften beziehungsweise Textzeugen zu klären.

Das Zeitalter der industriellen Arbeitsteilung motivierte dann auch in der Philologie zu Großunternehmen. Nachdem der Historiker Mommsen mit seinem *Corpus Inscriptionum Latinarum* (Corpus lateinischer Inschriften) den Weg gewiesen hatte und auch schon ein Corpus der lateinischen Kirchenschriftsteller auf dem Weg war, schuf der Sprachhistoriker Eduard Woelfflin in Zusammenarbeit mit Friedrich Leo, einem überragenden Latinisten, das bisher wohl größte Lexikonunternehmen der Wissenschaftsgeschichte überhaupt, den *Thesaurus linguae Latinae*. Auf Millionen von Zetteln ist dort (in München) die gesamte lateinische Literatur der klassischen Antike, in Auszügen auch der Spätantike, archiviert. Die aus diesen bisher, von 1900 bis 2006, erstellten Bände beziehungsweise Faszikel gehen immerhin vom Buchstaben *A* bis in die Mitte von *P (pubertas)*, und in spätestens fünfzig Jahren hofft man, wenn die Götter wollen, fertig zu sein. Dabei sind sämtliche Artikel nach denselben Grundsätzen gearbeitet – ein Wunder im Zeitalter wechselnder Wissenschaftsmoden! Entstanden ist immerhin *the most scholarly dictionary in the world*, urteilt die *Encyclopaedia Britannica*.[18]

Ein Unternehmen wie dieses stärkte das Selbstvertrauen der Latinisten, die seit den Tagen des Neuhumanismus unter der Zurücksetzung ihrer Literatur hinter die der wahrhaft »humanen« Griechen zu leiden hatten. Und es befruchtete das Verständnis des Römertums selbst. Vor allem die altbekannten Römertugenden, die man jetzt vorsichtig »Wertbegriffe« nannte, wurden im zwanzigsten Jahrhundert der Reihe nach unter die linguistische Lupe genommen und versuchsweise in ein System gebracht. Peinlich, dass sich manche Lateiner allzu sehr für das angeblich urrömische Ideal der Unterordnung unter das Staatsganze begeisterten und so leichte Beute der nazistischen Diktatur wurden.

Und man entdeckte auch eine zwar nicht absolute, aber doch relative Selbstständigkeit der römischen Literatur. Felix Jacoby, sonst als Gräzist ausgewiesen, bewies 1905 in seinem Aufsatz *Zur Entstehung der römischen Elegie*, dass die Liebeselegie des Tibull, Properz und Ovid eine römische Originalzüchtung war, keine aus dem Griechischen importierte Treibhauspflanze, wie man gemeint hatte. Und der größte deutsche Latinist des Jahrhunderts, Richard Heinze, interpretierte in einem bahnbrechenden Buch, *Virgils epische Technik* (1903), das seit langem abgewertete Nationalepos der Römer als ein bei aller Abhängigkeit von Homer doch auch ganz römisch geprägtes, eigenständiges und packendes Werk.

Ganz neue Arbeitsgebiete kamen hinzu. Die riesige lateinische Literatur des Mittelalters war lange Zeit von klassischen Philologen, Historikern und Neuphilologen sozusagen nebenberuflich mitbetreut worden. Nun gab es auch dafür Spezialisten wie den genialen Berliner Ludwig Traube, der 1902 (in München) erster ordentlicher Professor für lateinische Philologie des Mittelalters wurde. Nach dem Zweiten Weltkrieg konstituierte sich dann auch die für das Schrifttum der Neuzeit zuständige Neulateinische Philologie. Sie wurde entscheidend gefördert von dem Belgier Jozef IJsewijn und seiner Schule: ein unendliches, fruchtbares Arbeitsgebiet. Latein ist eben nicht an die Antike gebunden! Aber kehren wir zu unserem Hauptthema zurück.

LATEIN IM NACHKRIEGSDEUTSCHLAND

Als man in der Nachkriegszeit im westlichen Deutschland wieder an einigermaßen intakte Traditionen anzuknüpfen versuchte, war die Stunde wie der christlichen Kirchen so der humanistischen Gymnasien gekommen. Gediegene Bildungsbürger wie Bundespräsident Theodor Heuss gaben die Richtung an: »Es gibt drei Hügel, von denen das Abendland seinen Ausgang genommen hat: Golgatha, die

Akropolis in Athen, das Capitol in Rom.«[19] So konnte gegen den ursprünglichen Widerstand besonders der amerikanischen Besatzungsmacht in der jungen Bundesrepublik vor allem der Lateinunterricht wieder aufblühen. Auch die Skepsis moderner Pädagogen wie Theodor Litt, der in seinem Buch *Das Bildungsideal der deutschen Klassik und die moderne Arbeitswelt* (1955) die neuhumanistische Idee fundamental zu kritisieren versuchte, war zunächst nicht bestimmend für die öffentliche Meinung. In absoluten Zahlen gerechnet hatten noch nie so viele Schüler in Deutschland Latein gelernt wie in den fünfziger Jahren.

Erst die geistige Revolution des folgenden Jahrzehnts brachte auch hier einen Umschwung. Zum einen hielt man im Zeichen der ja nun erst einsetzenden Vergangenheitsbewältigung den Humanisten vor, dass gerade sie vor dem Nationalsozialismus nicht hätten versagen dürfen. Zum anderen schien den jungen Marxisten der Studentenbewegung die humanistische Bildung etwas evident Reaktionäres. Es gelte, sie zu überwinden durch den »realen Humanismus […], wie ihn der Sozialismus in seinen Grunddokumenten entwirft« (Hans-Jochen Gamm).[20]

Hierbei spielte auch eine Rolle, dass Latein als Barriere des Aufstiegs galt in einer Schule, in der man zunehmend weniger einen Ort der Bildung als eine »Zuteilungsapparatur für Lebenschancen« (Helmut Schelsky) sah. Das galt im Zeichen der *égalité* erst recht links vom Rhein. 1968 erklärte der französische Kultusminister, es sei unumstritten, dass Latein die Demokratisierung hemme.[21] Armer Humboldt!

Vor allem aber war es der unverhüllte Materialismus (lateinisch: *avaritia*), der nun als lateinfeindliche Macht die Bildungsdiskussion beherrschte. Ausgerechnet ein klassischer Philologe, Georg Picht, rief 1964 die von ihm erfundene »Bildungskatastrophe« aus und prophezeite, dass Deutschland infolge zu niedriger Abiturientenzahlen demnächst seine Stellung auf dem Weltmarkt verlieren werde. Sollte da ausgerechnet Latein helfen? In einer damals ungemein einflussreichen Schrift über *Bildungsreform als Revision des Curriculum* (1967) bezichtigte der Pädagoge Saul B. Robinsohn die Altphilologen einer »kulturpessimistische(n) Gestimmtheit«, die sie »vor den Anforderungen der modernen Welt versagen« lasse.[22]

Seine Aufforderung aber, »durch rationale Begründungen« im Rahmen seiner Curriculumtheorie die Abschaffung des altsprachlichen Unterrichts, falls noch möglich, aufzuhalten,[23] ließen sich die Lateinlehrer nicht zweimal sagen. Der rührige Deutsche Altphilologenverband setzte einen Ausschuss ein, und schon 1971 präsentierte dieser ein Papier, wie es die Geschichte des altsprachlichen Unterrichts noch nicht gesehen hatte. In einer ausgeklügelten Matrix wurden gegen achtzig (!) »kognitive Lernziele« dem Lateinunterricht zugeordnet, von »1.1 Grammatisches Grundinstrumentarium« bis »4.5 Einsicht in die Bedingtheit menschlicher Existenz«.[24] Bald wurden sie auch noch durch ein Bündel »affektiver Lernziele« ergänzt.

Dieser imponierende Katalog enthielt sachlich nichts ganz Revolutionäres. Und so spottete der bekannte Pädagoge Hartmut von Hentig, auch er von Hause aus klassischer Philologe und Lateindidaktiker, in einer satirischen Fußnote, hier werde doch nur alter Wein in neue Schläuche gefüllt beziehungsweise »in wissenschaftliche Curriculum-Façon gebracht«.[25] Dagegen schwärmten allerdings manche lateinischen Fachdidaktiker von einer »kopernikanischen Wende« oder behaupteten gar, nun sei der Lateinunterricht erstmals mit objektiven Kriterien legitimiert worden und somit habe er, »erst an diesem Punkt seiner Geschichte«, seine »Identität« gewonnen und »zu sich selbst gefunden« (Friedrich Maier)![26]

Wenn man diese Selbstüberschätzung abzieht, so imponierte an der neuen Matrix doch immerhin die Vielfalt des Angebots, die den Unterricht gerade nicht mehr auf ein pauschales »humanistisches« Bildungsziel festlegte, sondern ihn nach den verschiedensten Richtungen hin offenhielt. Vor allem aber machte sie den Lateinlehrern Mut und zeigte den Erziehungswissenschaftlern, dass man in deren terminologischem Kauderwelsch mithalten konnte und, überhaupt, dass man sich nicht unterkriegen ließ.

UND HEUTE?

Ob diese Neubegründung der Lernziele entscheidend dafür war, dass sich der deutsche Lateinunterricht seit 1971 fühlbar stabilisiert hat? Und dass er sich zurzeit, wie man hört, geradezu »im Aufwind« befindet? Ein wichtiger Grund war wohl, dass in den vergangenen Jahrzehnten die Antike überhaupt an Interesse gewonnen hat.

Um nur eines anzudeuten: Drängender und bedrohender als einst die deutsche »Bildungskatastrophe« ist heute, wie seit nun schon dreißig Jahren jeder wissen kann, die globale »Umweltkatastrophe« geworden. Und hinter diesem durchaus umstrittenen Schlagwort steckt der Zweifel daran, ob überhaupt der Fortschritt durch die nur technisch-wissenschaftliche Vernunft, durch das die Natur unterwerfende *Scientia est potentia* (Wissen ist Macht) Glück und Überleben der Menschen garantiere. Ein solcher Zweifel öffnet dann aber naturgemäß den Blick auf die ganz andere und uns doch nahe liegende Kultur der Antike, die unsere Fortschrittsidee nicht kannte, für die der Begriff des Maßes im Zentrum der Ethik stand und die vor allem das Glück ganz anders definierte. Cicero und Seneca – der zurzeit (in Übersetzungen) meistgelesene Philosoph – haben dazu vieles zu sagen, und nicht umsonst krönte früher einmal der philosophische Lyriker und Satiriker Horaz den Lateinunterricht. Seine Predigt einer Besinnung auf das, »was genug ist« *(quod satis est)*, steht in völligem Gegensatz zu der heute weithin herrschenden Vorstellung, wonach Wachstum und Mehrhabenwollen *(avaritia)* die unverzichtbaren Motoren des allgemeinen Glücks seien.

Ich bilde mir nicht ein, dass es nur oder vor allem das Verlangen nach ethischer Besinnung ist, das Eltern veranlasst, ihre Kinder in den Lateinunterricht zu schicken. Von Bedeutung ist auch, dass Latein seine Rolle als Schreckgespenst geistiger Disziplinierung und sozialer Selektion verloren hat. Die sprachlichen Anforderungen sind gesenkt worden (was auch seine bedenkliche Seite hat). Man hat sie durch andere, weniger furchtbare, ergänzt.

In der Selbstdarstellung des Fachs werden die natürliche Freude des Kinds an der sinnlichen Schönheit des Lateinischen und die schlichte Faszination durch das ein wenig exotische Römertum ge-schickt berücksichtigt. Wer vor fünfzig, ja noch vor dreißig Jahren eine Werbeveranstaltung für Latein oder humanistische Bildung besuchte, erlebte zumeist einen ergrauten Oberstudiendirektor, der, von Lor-beertöpfen umrahmt, das Erbe des Abendlands beschwor und die Geistesschulung durch Lateingrammatik nicht vergaß, ohne dass in seiner Rede ein einziger lateinischer Satz gefallen wäre. Heute dage-gen veranstaltet zum Beispiel in München alljährlich ein Club begeis-terter Eltern,[27] unter Führung eines prominenten Arztes, einen Erleb-nisnachmittag *Latein zum Anfassen* für Grundschüler und ihre Eltern. Ein Professor in Toga eröffnet ihn in lateinischer Sprache und lässt sogleich ein lateinisches Lied singen. Dann gibt es römische Kostüm- und Waffenkunde mit Möglichkeiten zum Basteln, lateinische Thea-teraufführungen, Probeunterricht, Ratespiele usw. So etwas zieht pro Veranstaltung etwa achthundert Besucher an und motiviert neben den angesprochenen Grundschülern vor allem auch die als Akteure mitwirkenden jüngeren Gymnasiasten. Natürlich kann durch ein sol-ches »Event« längst nicht alles vermittelt werden, was man im Latein-unterricht lernen kann. Wozu aber auch? Das Beste am Latein war immer noch das Latein selber, und das spricht allemal für sich.

Aber davon muss noch in einem eigenen Kapitel die Rede sein.

LOQUAMUR LATINE!
LEBENDIGES LATEIN

Am 23. Oktober des Jahres 1986 geschah im Bayerischen Fernsehen Ungewöhnliches. Der Kultusminister des Freistaats, Prof. Dr. h. c. mult. Hans Maier, gab ein Interview – in lateinischer Sprache. Das sollte nicht gutgehen. Wieso? War der Minister etwa mit der Sprache Ciceros und Petrarcas zu wenig vertraut, um darin über die aktuellen Probleme der Gymnasialbildung Rede und Antwort zu stehen? O nein, er beherrschte sie nur zu gut. Was also geschah?

EIN VERFOLGTER LATEINER

Vier Tage lang feierten wir, Münchens Lateiner, organisiert in einer *Sodalitas,*[*] damals auf dem Freisinger Domberg internationale Festspiele, *LVDI LATINI,* mit viel Gesang, Theater und Tanz, ausnahmslos lateinisch, versteht sich. Zur feierlichen Eröffnung hatten wir, wie es sich gehörte, auch Bayerns berühmtesten Lateiner eingeladen: den Ministerpräsidenten Dr. h. c. Franz Josef Strauß, der uns schon seit einiger Zeit moralisch, mit lateinischen Briefen, und sogar finanziell unterstützte. Leider war ihm, der doch sonst sein Lateinertum gerne ins Licht rückte,[**] an diesem Tag eine Militärflugveranstaltung wichtiger.

---

[*] Vgl. oben Anm. [*] zu S. 177.

[**] Notorisch waren seine in Reden reichlich eingestreuten Lateinzitate (besonders *Pacta sunt servanda,* bezüglich der Ostverträge). Doch ging sein Fanatismus so weit, dass auch die Lebensgefährtin seiner letzten Jahre, Renate Piller, nach Lehrbuch Latein lernen musste, mit schriftlichen Hausaufgaben, die er selbst korrigierte und benotete (*Stern* 13. 7. 1989: »R. P.: Mein Leben mit Franz Josef Strauß«, 3. Teil, mit Faksimile einer Hausarbeit). Ob die formvollendeten Briefe, die er bis zu seinem Tod an uns schrieb, nur von ihm selbst verfasst wurden, wird bezweifelt. Sein Sohn Franz Georg hat mir aber die Authentizität nachdrücklich versichert, und sie scheint glaubhaft: Straußens klassisch-philologischer Mentor an der Münchener Universität, Professor Franz Dirlmeier, erinnerte sich noch in den späten sechziger Jahren daran, unter seinen Studenten nie einen besseren Lateinsprecher gehabt zu haben als den jungen Strauß.

Und so begnügte er sich damit, uns für unser Programmheft ein staatsmännisch formuliertes lateinisches Grußwort zu liefern.

Wir aber luden statt seiner just seinen Stellvertreter im Amte ein, eben den Kultusminister Maier. Der viel gefragte Redner kam überraschend gerne, fügte sich sogar ein in unser Eröffnungsspiel, worin er in der Person des *Iohannes a cultu,* neben Gott *Amor,* dem Schutzpatron der Festspiele, dem heiligen *Corbinianus* als Dombergsvater und dem Freisinger Oberbürgermeister, *Adolphus Opilio* (Adolf Schäfer), zu agieren hatte. Und er hielt dabei eine geistsprühende, echt humanistische Rede, in der er dem unverständlichen »Fachchinesisch« der modernen Philologie *(sermo ille qui linguam Sinensem sapit)* die Schönheit des praktizierten Latein entgegenhielt: *linguae claritatem postulo, ardorem animi flagito, LVDOS LATINOS appello.*[1] – »Ich verlange Klarheit der Sprache, ich fordere Begeisterung des Herzens, ich appelliere an *LVDI LATINI!*«

Der Beifallsjubel bei Publikum und Akteuren motivierte dann das Fernsehen zu dem besagten Lateininterview. Der ihn befragende Journalist bediente sich dabei eines lateinischen Spickzettels, den wir ihm redigiert hatten: Minister Maier aber antwortete spontan in nicht nur korrekter, sondern wohlgesetzter, humorvoller Rede. Die Wirkung war enorm. Als nach Ausstrahlung des Interviews die Nachrichtenmoderatorin wieder ins Bild kam, blieb sie, von dem Eindruck dieses Lateinerlebnisses überwältigt, eine Weile stumm. Dann erst sagte sie, langsam und leise, wie um den Zauber des Augenblicks nicht zu brechen: »Das – war – ein – Kultusminister.«

Mir aber wuchsen im selben Moment prophetische Kräfte zu, und ich rief: *Hoc ei Franciscus Iosephus non ignoscet.* – »Diesen Erfolg wird ihm Franz Josef nie verzeihen.« So kam es denn auch. Zwei Wochen später musste Professor Hans Maier – wobei wohl noch andere Gründe mitspielten – sein Amt aufgeben und auf sein Katheder in der Universität München zurückkehren. FJS war wieder unbestritten der erste Lateiner im Freistaat.

Wir aber besangen sogleich das Schicksal des verfolgten Lateinmärtyrers in einem ambrosianischen Hymnus, in dem es unter anderem mit einem *vaticinium ex eventu* – einer »Weissagung nach dem Ereignis« – hieß:

Multo notatus vulnere,	Du bist mit Narben zwar lädiert,
quod maximo sub principe	vom Landesvater selbst blessiert;
tulisti – at hoc in martyre	doch so der Weg zur Krone führt,
dulce et decorum est cernere.	die man den Märtyrern spendiert.
Si quam meis oraculis	O glaube, was ich prophezei!
praestas fidem, mox e feris	Bald naht der Tag dir, der dich frei
ibis solutus vinculis	von Fesseln macht und dem Geschrei
negotiisque publicis.	der Politik. Dann ist's vorbei.[2]

Genug von Politik! Diese kleine, aus der Erinnerung geschöpfte Anekdote sollte nur zeigen, wo noch heute gesprochenes Latein eine Rolle spielen kann. Ich hoffe sehr, dass ich durch ihr tragikomisches Ende niemanden davon abgehalten habe, es selber mit dem Lateinsprechen zu probieren. Sonst hätte ich mich schwer versündigt. Denn es gehört auch heute noch zu den größten geistigen Freuden, in der Sprache der Römer zu kommunizieren, zu sprechen, zu schreiben – und immer wieder auch zu singen.

LATEINPIONIERE IN DER SPÄTEN NEUZEIT

Seit Petrarca vor siebenhundert Jahren die lange vergessene *dulcedo et sonoritas* der lateinischen Sprache wiederentdeckte, wurde Latein nicht nur zu einem praktischen Mittel internationaler, besonders gelehrter Verständigung, es war stets auch ein Medium des ästhetischen Genusses. Das hatte schon bei den Römern selbst seinen Ursprung.

Sie erbauten sich ja nicht nur am Stampfen der Legionäre und am Keuchen der Gladiatoren, sondern waren immer auch große Ästheten: Welche wunderbaren Foren entwarfen seit Caesar ihre Kaiser! Mit welcher Sorgfalt drapierte man seit je die Toga – das schönste, aber auch unpraktischste Kleidungsstück der Welt! Wie genoss man die Melodie der rhythmisch gestalteten Prosarede und pfiff Schauspieler aus, wenn sie auch nur in einer Silbenquantität patzten!

So verbindet sich mit der Liebe zu den Römern und ihrer Sprache in der Neuzeit immer auch diese römische Liebe zum Schönen. Es galt ja nicht nur, Texte verstehen und sich selbst verständlich machen zu können: Ziel war bis ins achtzehnte Jahrhundert, ja noch im Gymnasium des neunzehnten Jahrhunderts, über die Bedürfnisse der lateinischen Kommunikation hinaus, stets die *eloquentia*, die formvollendete Sprachbeherrschung.

So kam es, dass von dem Augenblick an, wo Latein als dominierende Sprache der Wissenschaft ausgedient hatte, ihm auch *extra muros* der Bildungsinstitutionen immer wieder überraschend neue Verteidiger beziehungsweise Erneuerer erwuchsen. Zwei Jahre nach dem Wiener Kongress, 1817, veröffentlichte ein spanischer Priester, Miguel Maria Olmo, eine vieldiskutierte Schrift: *De lingua Latina colenda et civitate Latina fundanda* – »Über die Pflege der lateinischen Sprache und die Gründung eines lateinischen Staates«.

Mit dieser Idee, im Herzen Europas einen Staat zu gründen, in dem nur lateinisch gesprochen werden sollte – natürlich mit weltweiter Ausstrahlung –, griff Olmo einen Gedanken schon des großen Pädagogen Comenius und anderer auf. Neu war die strikt auf Internationalität gerichtete Organisation des, nach M. Tullius Cicero, *Roma Tullia* getauften Staats, zu dem jeder real existierende Staat mindestens zehn Bürger beizutragen gehabt hätte. Neu war auch die Ernsthaftigkeit, mit der Olmo die Verwirklichung und Finanzierung seiner *civitas Latina* betrieb: Sogar Frankreichs König Ludwig XVIII. ließ sich begeistern – unternahm dann aber doch nichts.

Das war weniger überraschend als die lauwarm ablehnende Aufnahme des Projekts durch die philologische Zunft, die sich vielleicht auch über kleine Grammatikschnitzer des Hobbylateiners Olmo mokierte: Ausgerechnet Professor Heinrich Karl Abraham Eichstädt aus Jena, ein als *orator Europae* berühmter Lateinstilist, verwarf in einer eigens verfassten Schrift[3] das Unternehmen als illusorisch, da Latein nur noch der Gelehrsamkeit zu dienen habe. Hier tut sich zum ersten Mal, wenn ich recht sehe, ein Graben auf zwischen Berufslateinern und nichtphilologischen Lateinsprechern. Mit derselben Herablassung wie damals Eichstädt behandeln noch heute viele Lateinprofessoren, ja auch Studienräte, diejenigen, die das tote Latein als lebendige Spra-

che betreiben – einen beachtlichen Unterschied macht, dass die Spötter von heute selber längst nicht so gut Latein können wie seinerzeit
Eichstädt.

Der erste echte Pionier der heute meist *Latin vivant* oder *Latinitas
viva* (Lebendiges Latein) genannten Bewegung war dann aber der
deutsche Jurist Karl Heinrich Ulrichs. Der bettelarme, verfolgte Mann
hatte sich in seinem Leben zwei ehrgeizige, scheinbar unzeitgemäße
Projekte vorgenommen: Zuerst kämpfte er für die Entkriminalisierung der Homosexualität – womit er wenigstens postum Erfolg
hatte. Dann machte er es sich zum Ziel, Latein wieder in den Rang
einer weltweiten Kommunikationssprache zu erheben. Hier ist sein
Erfolg, wie man zugeben muss, bis heute noch nicht so spektakulär.

Aus dem Abruzzenstädtchen L'Aquila, wohin er aus Deutschland
geflüchtet war, ließ er von 1889 bis zu seinem Tod, 1895, eine lateinische Konversationszeitschrift mit dem jubilierenden Titel *Alaudae*
(Lerchen) in alle Welt flattern. Ihr Motto: *Linguae Latinae mira quaedam
vis inest ad iungendas nationes* – »Die lateinische Sprache besitzt eine
wunderbare Kraft, die Völker zu verbinden«. Diese liebenswerte, ausschließlich vom Herausgeber verfasste Zeitschrift enthielt außer Poesie
– Ulrichs war auch ein beachtlicher Dichter – kleine Novellen, Glossen zu verschiedenen Themen, einen *quasillus ineptiarum* (höherer Blödsinn) und allerlei Nachrichten aus der lateinischen Welt, mit der er korrespondierte. Abonnenten fand sie überraschend viele, in allen fünf
Erdteilen. Sogar der König von Württemberg war mit von der Partie.

LATEINISCHER ALLERWELTSBETRIEB

Dem Ruf der Lerchen folgten sogleich andere Journale *(periodica)*.
Papst Leo XIII., einer der sprachmächtigsten Lateiner auf dem Stuhle
Petri, ließ von 1898 an eine römische *Vox Urbis* (Stimme der Stadt)
ertönen; in Spanien gab es bald eine *Palaestra Latina* (Lateinisches Fitnessstudio); in Deutschland eine *Societas Latina* (Lateinischer Club).

Heute sind, neben vielen anderen, vor allem vier Zeitschriften zu
nennen. Im Vatikan erscheint die seriöse, auch philologisch anspruchs-

volle *Latinitas*. Im Internet *(interrete)* publiziert der Lateinprofessor Terence Tunberg aus Kentucky seinen ebenfalls philologisch orientierten *Retiarius*.* Aus Brüssel fliegt ein die etwas leichter gewichtige *Melissa* (Biene) des umtriebigen Radiologen Guy Licoppe. Deutsche Lateiner publizieren meist in der vielseitigen *Vox Latina* (Lateinische Stimme), die in Saarbrücken der mit seinem Orden in Fehde liegende Benediktinerpater Caelestis Eichenseer, seit Jahrzehnten prominenter Vorkämpfer des lebendigen Latein, herausgibt.

Oft um die Herausgeber solcher Zeitschriften geschart, entstanden im zwanzigsten Jahrhundert zahlreiche Lateinvereine *(sodalitates* oder *collegia)*, die sich im Gegensatz zu traditionelleren »Freunden des humanistischen Gymnasiums« speziell dem Lateinsprechen widmen. Zurzeit sind das vor allem etwa der *Circulus Panormitanus* (Lateinzirkel von Palermo), der *Circulus Latinus Matritensis* (von Madrid), das *Septentrionale Americanum Latinitatis Vivae Institutum* (*SALVI*, Nordamerikanisches Institut für Lebendiges Latein, in Kalifornien); in Deutschland die rührige *L. V. P. A.* = *Latinitati Vivae Provehendae Associatio* (Vereinigung zur Förderung des Lebendigen Latein, in Werne), die *Societas Latina* (Saarbrücken) und der Verein *Europäische Lateinwochen e. V.*, der Lateinsprechen mit römischer Kochkunst *(ars coquinaria)* kombiniert. Von der Münchner *Sodalitas* mit ihren musischen Festivals *(LVDI LATINI)* war schon die Rede.

Die meisten dieser Vereine bieten Lehrveranstaltungen, Seminare oder Sommerkurse *(scholae aestivae)* zum lebendigen Latein an. Am anspruchsvollsten sind die großen Kongresse der römischen, auf dem Aventin ansässigen, höchst internationalen *Academia Latinitati Fovendae* (*ALF*, Akademie zur Pflege des Lebendigen Latein). Diese haben früher auch schon einmal in Dakar unter dem Vorsitz des unvergessenen Staatspräsidenten von Senegal, Leopold Senghor, stattgefunden.

Wer nicht bei Veranstaltungen dieser Art dabei war, wird nicht glauben können, mit welcher Liebe und Leichtigkeit heute Latein getrieben werden kann. Und wie unter Menschen vieler Nationen

---

* Unter *retiarius* versteht man eigentlich einen Gladiatorentyp, der mit Netz *(rete)* und Dreizack ausgerüstet ist.

die Freude am gemeinsamen Menschsein, *humanitas*, gesteigert wird durch die gemeinsam betriebenen *studia humanitatis*. Das gilt, obschon in geringerem Maße, wohl auch für die im letzten Jahrzehnt im Internet entstandenen lateinischen Chatclubs *(garrulorum greges)*, die inzwischen bereits Gegenstand einer seriösen Dissertation im Fach der Kommunikationswissenschaft geworden sind.[*]

WIE SAG ICH'S AUF LATEINISCH?

Aber wie soll man, vorausgesetzt, man will es, sich über die Dinge des heutigen Lebens *(res cottidianae)* lateinisch unterhalten? Das ist in der Tat schwieriger geworden, seitdem am Beginn des neunzehnten Jahrhunderts die Tradition des Lateingebrauchs auch im Alltag abgerissen ist. Aber es gibt Hilfen.

Vieles findet man in deutsch-lateinischen Lexika des achtzehnten Jahrhunderts oder in einem neuerdings entstandenen *Lexicon auxiliare* (Hilfslexikon), das das Latein der älteren Wissenschaftstradition seit dem sechzehnten Jahrhundert mobilisiert. Für neueste Ansprüche gibt es zahlreiche Wörterbücher vor allem der Saarbrücker *Societas Latina*, ganz besonders aber das vom früheren Vatikanlateiner Karl Egger herausgegebene *Lexicon recentis Latinitatis*, das jetzt auch in deutscher Bearbeitung, als *Neues Lateinlexikon*, existiert.[**]

Dort findet man längst eingebürgerte Latinisierungen wie *autocinetum* (für Auto), *radiophonum* (für Radio), *aeroplanum* beziehungsweise *aeronavis* (für Flugzeug). Manches fehlt noch, vor allem natürlich aus dem EDV-Bereich, wie *sedes electronica* für »E-Mail-Adresse«, *Tela Totius Terrae* für »World Wide Web« usw.

Oft hat man es auch versäumt, für kurze Begriffe handliche Äquivalente neu zu schaffen: Wer hat Lust, für »Tennis« *manubriati reticuli*

---

[*] Benedetta Schroth, *Bildung, Kommunikations- und Sozialstrukturen internetbasierter Sozialwelten und spezialisierter Teilkulturen am Beispiel der Mailing-Liste »Grex Alter Latine Loquentium«*, Diss. München 2002.

[**] Genaueres in den Literaturhinweisen.

lusus zu sagen (statt *tenniludium* oder einfach *tennis*)? Für »Projektor« *machina imaginibus photographicis proiciendis* (statt *proiectorium**)?

Umgekehrt sind viele Neubildungen unnötig, wie *sodalitas scaenica* (für Theatertruppe), denn Plautus sagt kurz *grex* dafür. Manchmal hätte es sich gelohnt, das Latein der frühen Neuzeit aufzuarbeiten: Dann hätte man etwa erfahren, dass der moderne »Karneval« früher mit den antiken *Bacchanalia* gleichgesetzt wurde, und hätte nicht mit grässlichen *sollemnia antequadragesimalia*** jedem Lateiner die Faschingslaune ausgetrieben.

Zu loben bleibt immerhin, dass in gut ökumenischem Geiste die »Protestanten« nunmehr *protestantes* heißen dürfen und nicht mehr, wie in einem früheren Vatikanlexikon, als *haeretici novatores* (ketzerische Revolutionäre) aus dem Tempel gejagt werden.[4]

Und manchmal lernt auch der Kenner etwas Neues. »Verhütungsmittel« hieß im altbewährten deutsch-lateinischen Lexikon des neunzehnten Jahrhunderts *cautio*. Damit konnte, weil dieses Wort ganz allgemein die »Vorsicht« bezeichnet, keinem gedient sein. Jetzt hat ausgerechnet der Vatikan beim alten Plinius die haarscharf richtige Vokabel entdeckt: Mit *atocium* – wörtlich: »was am Gebären hindert« – ist das zu benennen, was weiterhin jedem Katholiken verboten bleibt. Also trotz allem: ein nützliches Nachschlagewerk.

Am schwersten wiegt eine Beanstandung, die ins Herz der Sache trifft. Lateiner, die nicht durch die strenge Schule der Philologie gegangen sind, neigen dazu, beim Lateinsprechen wie bei modernen Sprachen für jedes in den Sinn kommende Wort ein einziges passendes Äquivalent zu fordern. Das ist richtig und nötig bei Konkretem, wie einst bei Kirsche und Thermen, so jetzt bei Homepage und Software. Neue Dinge brauchen eben neue Wörter, wie bezüglich des Lateinischen schon Horaz launig festgestellt hat:

---

* Nicht korrekt wäre das naheliegende *proiector*, da Gerätschaften als Neutra gebildet werden, wie *aratrum* (Pflug, von *arare*) und *mulctrum* (Melkkübel, von *mulgere*). Für »Computer« ist darum auch richtig *computatrum* (von *computare*), nicht etwa *computator*, wie manche sagen.

** Wörtlich: »Feierlichkeiten vor dem Vierzig-Tage-Fasten«. Das Adjektiv ist eine überflüssige Neubildung; *quadragesimalis* kam immerhin schon bei Papst Leo dem Großen vor.

> *... si forte necesse est*
> *indiciis monstrare recentibus abdita rerum,*
> *dicere cinctutis non exaudita Cethegis*
> *continget dabiturque licentia sumpta pudenter.*[5]

> ... wird einmal es nötig,
> bisher verborgene Dinge durch neue Benennung zu zeigen,
> stehn auch Vokabeln dir frei, die nie die Cethegi in hohen
> Unterhosen[*] vernahmen, sofern du sie mäßig verwendest.

Diese »Freiheit« *(licentia)* kann aber nicht gestattet sein, wenn im Lateinischen zwar eine genau entsprechende Vokabel fehlt, der Begriff aber doch mit den vorhandenen sprachlichen Mitteln lateinisch formuliert werden kann und wurde.

Solche fehlerhaften Neubildungen enthält leider auch das *Neue Lateinlexikon*. Ein Beispiel. Für »Sexualität« wird festgelegt: *sexualitas.* Wie einfach! Nur hätte leider kein Römer die leiseste Ahnung gehabt, was dieses Wort bedeuten soll. Und dabei wusste natürlich auch er, was Sexualität ist. Und er hatte sogar ein Wort für alles, was damit zusammenhing: den Namen seiner Göttin *Venus*, wie etwa im Sprichwort: *Sine Baccho et Cerere friget Venus* – »Ohne Wein und Essen läuft in der Liebe nichts«. Wenn wir also zum Beispiel folgenden Satz wiederzugeben haben: »Sigmund Freud hat als Erster die Bedeutung der Sexualität für die Traumdeutung entdeckt«, dann dürfen wir nichts von *sexualitas* faseln, sondern es muss etwa heißen: *Sigmundus Freud quid Venus* (oder: *libido Veneria) in somniis interpretandis valeret primus cognovit.*

Ein großer Teil des Genusses beim Lateinsprechen und -schreiben beruht eben darauf, unsere Gedanken in die Denkformen einer vergangenen Welt zurückzuübersetzen. Das ist lächerlich bei handfest neuen Dingen wie Tennis und Telefon, notwendig und reizvoll dagegen bei neueren abstrakten Begriffen wie Globalisierung, Kollate-

---

[*] Die *Cethegi* sind genannt als altmodische Vertreter einer Familie aus sehr alter Zeit, in der die Römer unter der Toga noch nicht die Tunica, sondern den *cinctus*, einen unter der Brust gegürteten Lendenschurz, trugen.

ralschaden, Selbstverwirklichung. Hier zwingt uns das Latein, die Bedeutung viel benutzter Wörter neu zu durchdenken und deren begrifflichen Gehalt je nach Kontext anders zu formulieren. Wenn man sich diese Mühe nicht macht, entsteht ein schreckliches Latein wie in vielen neueren Papstenzykliken seit den sechziger Jahren. Aber immerhin ließ die erste Enzyklika von Benedikt XVI. hoffen, dass es auch hier wieder aufwärtsgeht.

Leichter zu erlernen ist der lateinische Small Talk *(sermo cottidianus)*. Wie sagt man Grüß Gott *(salve)*, Bitte *(quaeso* und anderes), Danke *(bene facis* und anderes), Zum Wohl *(bene tibi)* usw.? Zwar gibt es leider noch kein Lehrbuch der lateinischen Umgangssprache, aber das meiste dieser Art kann man schon aus den guten alten lateinischen Schülergesprächen, auch aus Erasmus, lernen. Vieles enthalten auch moderne Konversationsführer wie vor allem das unvergleichlich humorige und sprachkundige Büchlein *Sprechen Sie Lateinisch?* (zuerst 1925) von einem Schulmann, der sich Georg Capellanus nannte. Kein Geringerer als Kurt Tucholsky hat in einer kongenialen Glosse diesen »für Schüler und Humanisten gleich amüsanten Versuch« eines »offenbar wiederauferstandenen Mönchs« gewürdigt.[6] Man lese und lerne: »Hast du keinen Brief bekommen?« *Nullaene tibi sunt redditae litterae?* »Ich habe keinen Brief erhalten.« *Litterarum nihil accepi.* »Der Brief kann meinetwegen bleiben, wo er will, wenn nur das Geld kommt.« *Nihil moror litteras, argentum modo veniat.*[7]

Recht geistreich und gelungen – für italienisch *bravo!* sagt der Römer griechisch *euge!* oder *sophôs!* – ist auch die lateinische Fassung des *Asterix* durch Rubricastellanus (Graf von Rothenburg). Sie übertrifft die zahlreichen anderen lateinischen Comics ebenso wie die vielen, meist eigentlich unnötigen Übersetzungen von Büchern wie *Winnie-the-Pooh (Winnie ille Pu), Bonjour tristesse (Tristitia salve), Grimms Märchen (Apologi Grimmiani)*, zuletzt *Das Parfum (Fragrantia)* und dem unvermeidlichen *Harrius Potter* …

Lichtblicke in dieser eher etwas trüben Landschaft gewähren kleine echtlateinische Romane wie *De Simia Heidelbergensi* (Das Märchen vom Heidelberger Affen) des daselbst ansässigen Lateinprofessors Michael von Albrecht oder die Katzenmemoiren *Tacitus cattus* der

Spanierin Mercedes Gonzales-Haba. Und auch unter den Übersetzungen gibt es gelegentlich Meisterwerke wie den *Pinoculus Latinus
(Pinocchio)* des italienischen Juristen und Dichterphilologen Ugo Enrico Paoli (1962) oder die rhythmisch beschwingte *Kalevala Latina* des
finnischen Latinisten Tuomo Pekkanen (1986).

LATEINISCHE MUSEN DER GEGENWART

Das hebt uns noch einmal in die Sphäre der Literatur. Die Kunst des
lateinischen Dichtens ist im neunzehnten Jahrhundert, trotz einschlä-
giger Schulübungen, insgesamt zwar zurückgegangen, sie hat aber
nicht ganz aufgehört zu bestehen. Besonders gerne haben deutsche
Schulmeister die Gedichte ihrer Klassiker ins Lateinische übersetzt,[*]
Schillers *Glocke* wohl an die zehn, zwanzig Mal, oft formvollendet –
und sogar erfolgreich: Der alte Goethe bekannte, er habe an der lateinischen Version von *Hermann und Dorothea* noch mehr Freude als am
deutschen Original.[8]

Einer der eigenständigsten Originaldichter war der Schweizer Jurist Peter Esseiva, ein Jesuitenzögling, der 1876 zum ersten Mal den
1845 eingerichteten niederländischen Dichterwettbewerb, das *Certamen Hoeufftianum*, mit Goldmedaille gewann. Wenn man sich einmal
mit den rabenschwarz konservativen Ansichten dieses Dichters arrangiert hat, wird man in seinen Satiren einiges zu lachen finden. Etwa
wenn er ein Kränzchen emanzipierter Damen zusammen mit der dar-
winschen Evolutionstheorie verspottet. Ein älteres Fräulein doziert
dort nämlich über die Entstehung der Arten, die sich bis zu den größten Säugetieren entwickeln:

> *Quos inter non mente minus quam corpore velox*
> *cercopithecus adest. Huic eia assurgite, matres:*
> *Humanae stirpis vobis ego trado parentem.*[9]

---

[*] Mit Bewunderung liest man etwa die streng metrischen Verse von Theodorus Ech-
termeyer/Mauritius Seyffert, *Carmina aliquot Goethii et Schilleri Latine reddita*, Halle
1833.

Seht, mit dem Geiste nicht minder geschwind als behänd mit
dem Leibe

hat sich der Affe genaht: Steht auf und erhebt euch, ihr Damen:
Hiermit stell' ich euch vor den Vater des Menschengeschlechtes.

Berühmter als dieser Satiriker ist natürlich der schon erwähnte latein-
enthusiastische Papst Leo XIII., der, soweit ihm seine politische Arbeit Zeit ließ, gern technische Erfindungen wie Eisenbahn und Fo-
tografie in streng klassischen Maßen dargestellt hat.

Sie und andere überragt aber ein Dichter, der zum Fin de Siècle
wie ein aus der italienischen Renaissance zurückgekehrter Geist auf-
taucht: Giovanni Pascoli. Als renommierter Professor für italienische
und lateinische Literatur, zuletzt in Bologna, sowie als Poet in diesen
beiden Sprachen verkörpert er noch einmal den Typus des Dichterphilologen, der heute fast nur noch in den Nationalsprachen existiert.
Seine meist novellenartig erzählenden Gedichte vereinen sprachliche
Klassizität mit einer ganz modernen Süßigkeit und Stimmungsfülle.
Dabei riskiert er auch Formexperimente. So legt er in das hexametri-
sche Gedicht *Thallusa*, in dem eine römische Sklavin ein Kind in den
Schlaf singt, plötzlich als Wiegenlied saturnische Verse ein:

> *Ocelle mi, quid est quod vis apertus esse?*
> *Nihil potes videre, namque iam cubat sol,*
> *nec aureum grabatum luna pigra linquit.*
> *Genis tuis tegaris: plusculum videbis.*
> *Lalla! Lalla! Lalla!*[10]

Mein Äuglein, warum willst du immer offenbleiben?
Du kannst ja nichts mehr sehen. Schlafen ging die Sonne,
und auf der goldnen Pritsche liegt der faule Mond noch.
Deck' zu dich mit den Lidern: Dann gibt's mehr zu sehen.
 Lalla! Lalla! Lalla!

Pascolis Mitbewerber beim jährlich ausgeschriebenen *Certamen
Hoeufftianum* konnten einem leidtun. Erst nach seinem Tod hatten sie

wieder eine Chance. Aber kaum einer hat es später erreicht, dass man nach ihm Straßen und Gymnasien benennt.

Wenigstens eine Brücke über den Neckar in seiner Heimatstadt Rottenburg heißt nach Josef Eberle, der nach dem Zweiten Weltkrieg ein gutes Vierteljahrhundert lang Herausgeber der *Stuttgarter Zeitung* war. Denn er schrieb nebenbei, ohne je ein Abitur gemacht zu haben, lateinische Gedichte, die so brillant waren, dass sie kaum noch von seinen schwäbischen übertroffen wurden. Er hat auch das Verdienst, die jedenfalls bis 1961 wichtigsten lateinischen Dichter des vergangenen Jahrhunderts in einer Blütenlese gesammelt zu haben: *Viva Camena* (Lebendige Muse) hieß sie, mit metrischen und rhythmischen Gedichten von etwa fünfzig Verfassern. Er selbst hat, wie François Villon, sein Testament in Versen verfasst, natürlich auf Lateinisch. Warum dies?

> *Quaeris, cur heredibus*   *Flacci loquar ore?*
> *Ne cohors interpretum*   *careat labore,*
> *quae nil magis diligit,*   *quam certare more*
> *Troico vocabulis*   *contra rem vel pro re.*

> In der Mundart des Horaz   will ich es verbreiten,
> um der Interpretenschar   Freude zu bereiten,
> liebt sie doch mit Wortgewalt   heldenhaft zu streiten,
> wie ein Komma oder Punkt   sinngemäß zu deuten. [*11]

Sicherlich eine der originellsten Begründungen für die Wahl der Sprache Latein. Dabei zeigt schon der letzte Reim *(more – pro re)* etwas von dem heineschen Sprachwitz dieses Journalisten und Poeten. Der blieb nicht ohne Anerkennung. Als wohl einziger deutscher Dichter im vergangenen Jahrhundert wurde Josef Eberle, genannt auch *Iosephus Apellus*, zum *poeta laureatus* gekrönt – 1962, vom Rektor der Universität Tübingen.

---

[*] Die freie Übersetzung stammt von Eberle selbst. Wörtlich: »Du fragst, warum ich zu meinen Erben in der Sprache des (Horatius) Flaccus spreche? Damit die Schar der (philologischen) Interpreten nicht über Mangel an Arbeit zu klagen hat. Sie liebt ja nichts mehr als in der Art des Kampfs um Troia mit Worten gegen und für eine Sache zu streiten.«

Auch einen anderen genialen Dichter zog es in diese Musen- und Humanistenstadt. Harry C. Schnur, ein 1933 aus Deutschland emigrierter jüdischer Jurist, warf sich erst mit vierzig Jahren, zum Trost über den Tod seiner Frau, auf das Lateinische, wurde in New York Lateinprofessor und widmete sich als *C. Arrius Nurus* der Poesie. Seine dankbarsten Leser und Hörer fand er aber am Neckar, wo besonders seine lateinsprachigen Vorlesungen als Novität bejubelt wurden.

Wie Eberle in mittelalterlichen Rhythmen exzellierte, so war Schnur ein Meister des klassischen Epigramms und der Satire. Als das britische Prominenten-Callgirl Christine Keeler wegen seiner Beziehungen sowohl zum russischen Botschafter als auch zu einem Minister Ihrer Majestät eine kleine diplomatische Krise verursachte, dichtete er anzüglich:

> *Gentes Unitae*
> *Omnes iam gentes coierunt* corpus in unum.*
> *Gratia habenda tibi est: est, Amarylli, tuum.* [12]

> Vereinte Nationen
> Sehet, ein einziger Körper vereint schon alle Nationen.
> Dein ist das Werk: Dir sei Dank, Amaryllis, dafür.

Aber er konnte auch ernster sein. Nach einem Besuch der Berliner Mauer schrieb er (1962), leidenschaftlicher Antikommunist, unter anderem folgende Distichen:

> *Conspecto muro complectere mente, viator,*
> *quam sit libertas proxima servitio.*
> *Fallitur, impavida quisquis negat esse tuendam*
> *cura: ni vigilas, haud mora, servus eris.* [13]

---

* *coire* bezeichnet sowohl die gewöhnliche als auch die geschlechtliche Vereinigung; ebenso ist *corpus* zweideutig.

Hast du die Mauer erblickt, so bedenke denn, Wandrer, im Geiste,
    wie der Freiheit so nah immer die Knechtschaft auch wohnt.
Wer um diese nicht wachsamen Sinns und furchtlos besorgt ist,
    täuscht sich: Gibst du nicht acht, bist du ein Sklave im Nu.

Diesen Text, mit weiteren, vertonte ein anderer Kommunistenfeind,
der 1968 aus seiner Heimat vertriebene Tscheche Jan Novák, in einer
Kantate für Männerchor, *Politicon* (1977): Das Werk wurde dank einer
sonderbaren List des Zufalls am 11. September 2001 in München uraufgeführt, fast auf die Minute zeitgleich mit der Attacke auf ein Herz
der freien Welt, das World Trade Center in New York.

LATEIN IN DER NEUEN MUSIK

Er, Jan Novák (1921–1984), muss hier als Letzter der Lateinhumanisten des zwanzigsten Jahrhunderts noch vorgestellt werden – über die
jetzt noch Lebenden haben Spätere zu urteilen. Er wird, obschon auch
er lateinischer Dichter, für alle Zeiten als der *musicus Latinissimus* gelten. Hat er es doch wie keiner vor ihm verstanden, den antiken Ge-
dichtrhythmus in der Tonsprache der eigenen Zeit lebendig werden
zu lassen. Und damit auch wieder einmal zu zeigen, dass lateinische
Musik nicht immer geistlich sein muss.

Die zwei berühmtesten Lateinkomponisten des zwanzigsten Jahrhunderts halten sich mit metrischen Problemen nicht auf. Igor Strawinsky lässt sich für sein grandioses Opernoratorium *Oedipus Rex*
einen Text Cocteaus von einem Jesuitenpater in ein freirhythmisches,
leicht zu vertonendes Latein übertragen: Die von ihm gewünschte ar-
chaisierende K-Aussprache *(Kaedit nos pestis ...)* soll dem Text weitere
verfremdende antike Patina geben. Carl Orff wählt für seine rein
»rhythmischen« *Carmina Burana* Texte, die ihn und andere unmittelbar ansprechen und keine metrischen Schwierigkeiten bieten. In den
rein musikalisch ebenbürtigen *Catulli Carmina* fegt er dann das klassische Originalmetrum mit einer dem eigenen Puls abgelauschten
Rhythmik hinweg. Sie haben nicht denselben Erfolg.

Es blieb Jan Novák vorbehalten, anknüpfend an die alten Humanisten, die rhythmischen Möglichkeiten der neuen Musik zur Behandlung der antiken Metra zu verwenden. Auch eine ganze Schrift, die man in seinem Nachlass fand, hat er dem Problem gewidmet: *Musica poetica Latina* (Lateinische Musikpoetik).

Vor allem aber hat er wie kein Komponist vor ihm die ganze Fülle lateinischer Poesie in mehr als zwei Jahrtausenden vertont, von den Couplets des Plautus über die Oden des Klassikers Horaz, die christlichen Dichter der Spätantike und des Mittelalters bis zu den Autoren der Renaissance und der Gegenwart. Sein letztes Werk ist eines seiner schlichtesten: die fünfzig Lieder aller Zeiten umfassenden *Cantica latina*, in einfachen, einprägsamen Melodien für mittlere Stimme und Klavier. Es gibt wohl kein Werk, das so wie dieses für lateinische Dichtung werben und für ihre Rhythmen begeistern könnte.

LEBENDIGER LATEINUNTERRICHT

Wie seine *Cantica latina*, so schrieb Jan Novák viele seiner Kompositionen für die Schule, für den Musik- und besonders den Lateinunterricht. Ihm selbst hatte sein strenges Jesuitengymnasium die Freude am Lateinischen noch nicht vermitteln können. Erst später fand er auf eigenen Pfaden den Weg zu Horaz und Catull – aber umso mehr lag ihm daran, dass in den Schulen über das lateinische Singen und vor allem auch Sprechen die Sprache einen unmittelbaren Zugang zu Kopf und Herz der Jugend finden sollte.

Denn das ist doch klar: Wenige haben Lust, Latein nur in der Weise zu lernen, wie es als eine Art höherer Mathematik oder besser Chemie vielerorts betrieben wird: Man suche als Kern das Prädikat – *osculatur* (Er küsst) – und erfrage sich dann durch die notwendigen Ergänzungen (Wer küsst? *Catullus*, Wen küsst er? *Lesbiam*) beziehungsweise Angaben (Wo küsst er? Warum küsst er? Wie oft küsst er? usw.) das Satzganze, von links nach rechts, von rechts nach links, zusammen, bis es endlich einen Sinn ergibt. Nie hätte Catull seine Lesbia zum Küssen oder gar zum Lesen seiner Gedichte gebracht, wenn sie so mühselig seine Sätze hätte verstehen müssen. Sollten nicht auch wir wieder versuchen, Latein auf dem natürlichen Weg zu lernen: über Hören, Verstehen und Sprechen?

Für die Renaissancehumanisten war es eine Selbstverständlichkeit, dass man Latein, das ja allgemeine Unterrichtssprache war, vor allem durch Sprechen erlernt. Aber auch später war es, beginnend mit dem großen Comenius, die Ansicht der führenden Didaktiker, dass dem lateinischen Grammatikunterricht die Sprechpraxis zur Seite oder gar vorausgehen solle: So grundverschiedene Pädagogen wie im achtzehnten Jahrhundert der Neuhumanist Gesner und der Realist Basedow waren sich in diesem Punkt einig.

Und auch heute praktizieren viele Schulmeister in aller Welt, trotz aller Vorgaben durch Lehrplan und Lehrbuch, die *méthode directe*. Sie wird ja, ganz selbstverständlich, in allen modernen Fremdsprachen angewandt. Zum Glück gibt es inzwischen auch ein einsprachig lateinisches, sehr kinderfreundliches Lehrbuch von einem dänischen Lehrer. Und sogar schon von einem bayerischen Didaktiker einen vielteiligen rein lateinischen Spielfilm zur Einübung der Grammatik.

Dagegen wendet man ein, erstens: »Aber Latein ist doch eine tote Sprache.« Wer dieses Buch auch nur teilweise gelesen hat, weiß, dass dieser Einwand nicht richtig ist: Latein ist seit zweitausend Jahren »tot« und wurde dennoch zu allen Zeiten wie eine lebendige Sprache gepflegt. Tot oder lebend, Latein ist und bleibt eine Sprache, keine mathematische Disziplin.

Geradezu abwegig scheint mir ein zweiter Einwand: »Für Lateinsprechen haben wir keine Zeit.« Freilich, die Lateinstunden im heutigen Gymnasium sind nicht mehr so üppig bemessen wie in Melanchthons oder Humboldts Jahrhundert. Aber wer mit seinen Schülern Latein spricht, verliert keine Zeit, sondern gewinnt sie. In derselben Zeit, in der ich sage: »Schwatz nicht mit deinem Nachbarn«, sage ich auch *Noli garrire cum vicino* – und schon hat sich meinem Schüler die Vokabel *garrire* eingeprägt und er hat die wichtige Regel repetiert, dass man verneinte Befehle nicht mit dem Imperativ, sondern mit Umschreibung durch *noli* zu bilden hat. Und er hat, völlig unbewusst, notiert, dass in *vicinus* das erste *i* kurz, das zweite lang ist. *Longum iter est* *per praecepta, breve et efficax per exempla* – »Der Weg durch die Theorie ist weit, der Weg durch praktische Beispiele ist kurz und wirksam«.[*]

Ich kam als zwanzigjähriger Praktikant an ein Gymnasium der schwäbischen Industriestadt Göppingen und hatte, bei grundständigem Latein, das siebte Schuljahr zu unterrichten. *Vae mihi* – Weh mir. Als mich der betreuende Studienrat des Kaffeetrinkens halber allein ließ, schienen Mächte der Hölle entbunden. Nicht nur der Lärmpegel schwoll an, auch Papierkugeln und Kreidestücke flogen mir um die Ohren. Wie mich durchsetzen? Es muss ein Gott oder der Genius der Latinität gewesen sein, der mir in diesem Augenblick einflüsterte: *Loquere Latine* – Sprich lateinisch. Ich versuchte es zaghaft, mit einfachsten Sätzen zur Ruhe mahnend – und kaum je hatte ein schwäbisches Klassenzimmer eine vergleichbare Ruhe erlebt. Aller Augen hingen gebannt an meinem Mund, und am Schluss der Stunde fragte mich ein entzückter Bub: »O Herr Stroh, könnet Sie au no an lateinische Dialekt?« Erst hier stieß ich an meine Grenzen.

Wer heute einen lebendigen Lateinunterricht fordert, verlangt zum Glück nichts ganz Neues. Denn viel ist in den vergangenen Jahrzehnten dafür getan worden, freundlichere, lebendigere Lehrbücher zu schaffen, Erkenntnisse der Spracherwerbspsychologie zu verwerten, Musik und Theaterspiel in den Unterricht einzubeziehen – Latein vor allem auch lebendig zu sprechen. Ich bin überzeugt, dass einmal auch die Stunde kommen wird, wo man Latein nicht mehr als eine »tote« Sprache, sondern wieder als die Königin der Fremdsprachen unterrichten wird.

---

[*] Seneca, *Epistulae* 6,5.

EPILOGUS:
VOM ZAUBER DES LATEINISCHEN

Durch mehr als zweieinhalb Jahrtausende haben wir die wechselvolle Geschichte der Weltsprache Latein begleitet. Und wir verstehen nun, wie ein gekrönter Dichter des vergangenen Jahrhunderts, Josef Eberle P. L., unter dem Titel *Lingua mortua* (Tote Sprache) schreiben konnte:

> *O quoties obitum linguae statuere Latinae!*
> *Tot tamen exequiis salva superstes erat.*[1]

> Immer von Neuem sagen sie tot die lateinische Sprache,
> jedes Begräbnis jedoch hat sie gesund überlebt.

In der Tat: Das angeblich tote Latein ist in seiner Geschichte nicht nur einmal gestorben, sondern öfter – freilich um immer wieder aufzuerstehen und sich, wie der getötete Adonis, wunderbar zu verjüngen.

DIE TODE DES LATEINISCHEN

Rekapitulieren wir in den Hauptzügen die Geschichte dieser Tode. Latein stirbt seinen ersten und, linguistisch gesehen, entscheidenden Tod schon um die Zeitenwende, im Zeitalter von Kaiser Augustus. Damals erstarrt es zu einer sich im Kern nicht mehr fortentwickelnden Sprache, die nur noch ihr Vokabular zweitausend Jahre lang den Zeiten anpasst und erneuert.

Dieser Tod war aber keine Folge mangelnder Vitalität, im Gegenteil: Er entsprang dem Erlebnis lebendigster Meisterwerke, besonders von Cicero und Vergil, denen die nunmehr unveränderliche Sprache offenbar ihre Unsterblichkeit sichern sollte. Zugleich mit dieser Erstarrung, einem Tod oder Scheintod in Schönheit, konnte Latein die universale Weltsprache werden, die es zumindest bis ins achtzehnte

Jahrhundert geblieben ist. Es wurde auch die Sprache der abendländischen Christen.

Wiederum kommt Latein in eine nunmehr ganz andere Todesnot, als in den Wirrnissen der Völkerwanderung der Sprachunterricht des *grammaticus,* der die Korrektheit der Hochsprache Latein garantierte, abreißt und sich aus der Vulgärform des Lateinischen rasch die verschiedenen romanischen Sprachen entwickeln. Im Interesse vor allem wohl der Kirche rettete Karl der Große durch Wiederherstellung des Lateinunterrichts Latein als eine Sprache, die von nun an als Zweitsprache von allen Gebildeten, Romanen und Nichtromanen, zusätzlich gelernt wird. Ebendiese Rettung war, weil Latein ja nun niemandes Muttersprache mehr war, der eigentliche, der zweite Tod, ein Tod, der aber Ursache einer wunderbaren literarischen Blüte wurde: der vielfach eigenständigen Prosa und vor allem Poesie des lateinischen Mittelalters.

Den dritten Tod stirbt die Sprache, als sie aus noch unerklärten Gründen gegen Ende des Mittelalters ihre Kraft der poetischen und rhetorischen Gestaltung verliert. Das Latein gerinnt zu einer nur noch der eindeutigen Verständigung dienenden Wissenschaftssprache, die wir als scholastisch benennen und damit meist abwerten. Aus diesem Tod, der jetzt gewissermaßen ganz aus dem Inneren kommt, erretten sie die sogenannten Humanisten der Renaissance: Latein wird vor allem durch das Erlebnis der Sprachkunst Ciceros in seiner Schönheit wieder neu entdeckt und im Zeichen der *eloquentia* in die Sphäre der Kunst zurückgeführt.

Von damals an bis heute gilt, dass man von dem, der Latein spricht und schreibt, erwartet, dass er schön zu sprechen und zu schreiben versucht. Das kann bei ängstlichen Geistern zu einem blutarmen Klassizismus führen. Und dies wiederum könnte dazu beigetragen haben, dass man offenbar im sechzehnten Jahrhundert zum ersten Mal von Latein bisweilen als einer »toten Sprache« *(lingua mortua)* spricht.[*] Aber wer darum gerade diesen Humanisten die Schuld am Tod des Lateinischen zuschreibt, stellt die Dinge auf den Kopf, verwechselt Arzt und Mörder.

---

[*] Vgl. Anm. zu S. 103.

Völlig anderer Art ist der vierte, sich lang hinziehende Tod, den das Lateinische im siebzehnten und vor allem achtzehnten Jahrhundert stirbt. Nun sind es die im Zeichen des zunehmenden Nationalismus vordringenden modernen Sprachen, die das Latein aus seiner Stellung als internationaler Bildungssprache verdrängen, zuerst in der Literatur, dann auch in der Wissenschaft. Die dadurch entstandene Lücke klafft bis heute, obwohl zunächst das Französische, später das Englische sie zu schließen versuchen. Dennoch gelingt es dem Latein noch einmal, wie durch ein Wunder, sich zu behaupten, zwar nicht in seiner vollen universalen Weltgeltung, wohl aber als ein fast konkurrenzloses Mittel der höheren Schulbildung. Wie im Widerstand gegen die moderne, von Naturwissenschaft, Technik und Arbeitsteilung geprägte Welt kultiviert das Gymnasium des neunzehnten Jahrhunderts, nicht nur in Deutschland, noch einmal die Lateinkultur der Renaissance, lässt lateinisch deklamieren, Aufsätze und Verse schreiben – wenn auch gegen einen still wachsenden Widerstand.

Es ist dann zum zweiten Mal der nationale Patriotismus, der am Ende des Jahrhunderts den stärksten, wenn auch noch nicht entscheidenden Schlag gegen die *regina linguarum* führt. Nicht ohne Grund misstrauten diejenigen, die Deutschland, um jetzt nur davon zu sprechen, in zwei Weltkriege trieben, der alten völkerverbindenden Macht einer Sprache, die spätestens seit Karl dem Großen neben den Nationalstaaten immer einen eigenen Staat der Gebildeten, eine *res publica litteraria* oder *litteratorum,* konstituiert hatte. »Wir sagen ab der internationalen Gelehrtenrepublik«, hieß es, als die Nationalsozialisten zur Macht kamen.[2] Vorläufig hat Latein auch diesen kleinen Tod, im Bereich der Schule und damit auch der Universität, einigermaßen glimpflich überstanden. Und die vor allem am Ende der sechziger Jahre ausgesprochene Prophezeiung, dass die Bildung mit ihrem Latein nunmehr endgültig am Ende sei, scheint sich durchaus nicht bewahrheiten zu wollen.

DER ZAUBER DES LATEINISCHEN

Wir kennen die Zukunft nicht, und gerade die Geschichte des Lateinischen zeigt, dass man sie durch Extrapolation der jeweiligen Zeitströmung nicht ermitteln kann. Wer hätte zur Zeit der Völkerwanderung, am Ende des Mittelalters oder des achtzehnten Jahrhunderts ahnen können, welche Zukunft dem Lateinischen noch bevorstand? Wer kann also auch heute wissen, was kommen wird? Vielleicht werden es gar nicht die Mächte von Schule, Wissenschaft und Kirche sein, die dem Lateinischen, wenn es sein soll, eine neue Wiedergeburt verschaffen. Vielleicht sind es einmal mehr die Dichter, vielleicht einmal auch die Musiker. Vorläufig freuen wir uns, dass Latein wenigstens in der Schule wieder einen festen Platz gefunden hat.

Aber wie dem auch sei, eines zeigt die Geschichte wohl deutlich. Die einzigartige Erfolgskarriere der lateinischen Sprache in den vergangenen zwei Jahrtausenden seit Cicero, Vergil und dem Kaiser Augustus lässt sich mit bloßen Nützlichkeitserwägungen nicht erklären. Was sie ihren Tod immer wieder hat überleben lassen, scheint eine fast unerklärliche Macht. Ich nenne sie in Ermangelung eines besseren Namens vorläufig: den Zauber des Lateinischen.

Wir haben diesen Zauber der lateinischen Sprache, der Heldin dieses Buchs, mehr aus ihrer Geschichte kennengelernt als aus ihrer Struktur selbst – wie sie sich aber jedem Lateinschüler bereits nach wenigen Stunden zu erschließen beginnt: ihrer einzigartigen Fähigkeit zur Fülle wie zur Knappheit, zur Gelöstheit wie zur architektonischen Gespanntheit, die sich schon aus der tendenziellen Endstellung des Prädikats als des Aussagekerns und den unendlichen Möglichkeiten der Unter-, Nach- und Vorordnung von Nebensätzen erschließt. Ganz zu schweigen von den Feinheiten der Poesie, dem kunstreichen Wechselspiel der Verse, Kola und Sinneinheiten, den durch die Freiheit der Wortstellung immer überraschenden Sinnbezügen: Keine neuere Sprache konnte meines Wissens bisher etwas Vergleichbares hervorbringen.

Man tut dabei dem Latein unrecht, wenn man ihm vor allem die Fähigkeit zuschreibt, das Denkvermögen zu schulen, weil es besonders logisch sei. Paradoxerweise ist es eher gerade das Unpräzise, Vieldeutige dieser Sprache, das zum Denken zwingt. *Hoc poculo epoto* (Dieser Becher ausgetrunken …) – ein solcher von allen Anfängern gefürchteter Ablativus absolutus besagt für sich nichts weiter, als dass das sozusagen in den Raum gestellte Austrinken eines Bechers in irgendeinem Zusammenhang mit der Haupthandlung des Satzes steht, nämlich dem Einschlafen Caesars: *Hoc poculo epoto Caesar obdormivit* (»… schlief Caesar ein«). Die Art dieses Zusammenhangs aber ist durch die Sprache nicht festgelegt. Caesar könnte nach dem Trunk oder wegen oder trotz des Trunks eingeschlafen sein: Nur der Hörer oder Leser kann durch Mitdenken feststellen, was gemeint ist.

Und so ist es in vielen Dingen. Gerade die beliebtesten einen Nebensatz einleitenden Konjunktionen wie *cum* und *ut* haben diese echt lateinische Unbestimmtheit. Modalwörter wie »können«, »wollen«, »sollen«, »dürfen«, mit denen wir in den modernen Sprachen die Bedeutung einer Verbalhandlung präzisieren – »Er musste sich übergeben«, »Er konnte hoffen« usw. –, fallen im Lateinischen weg *(vomuit, speravit)*. Und je häufiger im Lateinischen eine Vokabel vorkommt, umso mehr tendiert sie zur Vieldeutigkeit. Man blicke ins Lexikon etwa unter *ratio* oder *causa*: Bei der Fülle der dort angegebenen Bedeutungen (*ratio* = Rechnung, Vernunft, Methode, System, Beschaffenheit usw.) pflegt sich der Anfänger zu wundern, dass die Römer ihre eigene Sprache verstanden haben.

In scheinbarem Widerspruch steht dazu etwas anderes, worüber sich alle Lateiner einig sind: Man kann im Lateinischen kaum schwafeln, das heißt hochtrabende, imponierende Reden führen, die doch keinen recht fassbaren Sinn haben. Trotz oder wegen seiner relativen Unbestimmtheit nötigt das Lateinische dazu, den Kern eines Gedankens festzuhalten und ihn mit einer gewissen Schlichtheit auszudrücken. Diese kann dekuvrierend sein. Mancher pompöse Satz, wenn man ihn ins Lateinische übersetzt, steht so ärmlich da wie Andersens Kaiser in seinen neuen Kleidern: *eripitur persona, manet res*[3] – »Die Maske fällt, die Sache bleibt«. Auch darum könnte man bedauern, dass Latein nicht mehr die gemeinsame Wissenschaftssprache ist.

WOZU LATEIN?

Wir sind von der Frage ausgegangen: Soll man heute noch Latein lernen? Die vielen Vorteile, die Latein vordergründig bringt, liegen auf der Hand. Man lernt leichter die romanischen Sprachen und Englisch, wenn man Latein kann. Und da sich die Grammatiken aller modernen Sprachen am Muster der lateinischen ausgerichtet haben, ist deren Kenntnis für alles Sprachenlernen schon darum von Vorteil. Und man findet sich besser zurecht mit Fremdwörtern und vor allem der sich täglich erweiternden Wissenschaftsterminologie, die ja ohne Latein nicht auskommt.

Weniger leicht zu erkennen ist das, was das achtzehnte Jahrhundert als formale Bildung erkannt – und oft auch übertrieben – hat. Das Lateinische nötigt uns durch die ganz andersartige Struktur seiner Begrifflichkeit, den Kern eines Gedankens schärfer zu fassen, und seine relative Unbestimmtheit, von der soeben die Rede war, zwingt in besonderer Weise zum Denken.

Wiederum auf der Hand liegt die Unerlässlichkeit des Lateinischen für die historische Orientierung. Die Wurzeln unserer Kultur liegen in der Antike. Das meiste davon ist griechisch, ist uns aber durch die Römer vermittelt, da von den antiken Völkern nur sie fähig und willens waren, sich die geistigen Errungenschaften der Griechen in der eigenen Sprache anzueignen und schließlich ihre Lehrmeister selbst zu übertreffen. Hierauf beruht, wie wir gesehen haben, eine lateinische Tradition in Literatur und Wissenschaft, Recht und Religion, die über Mittelalter und Renaissance bis ins achtzehnte Jahrhundert reicht, in Ausläufern bis heute. Wer könnte unsere Welt verstehen, der diese Tradition nicht kennt?

Mit diesem Letzten hängt nun ein Weiteres zusammen, das mir fast das Wichtigste scheint. Nur weil Latein gestorben ist, konnte es, wie wir gesehen haben, unsterblich werden: eine, nach Dantes Formulierung, *inalterabilis locutionis identitas* oder, mit Leibniz zu reden, *lingua universalis et durabilis ad posteritatem*, eine Sprache, die die Grenzen des Raums und der Zeit übersteigt. Was den Raum angeht, so haben wir heute vor allem das Englische zur Verfügung – sofern wir nicht, was nur wenige tun, eine lateinische Auslandskorrespondenz führen. Latein aber ermöglicht uns etwas, was keine lebendige Sprache vermag: die Überschreitung der Zeitgrenzen, eine Kommunikation mit den Besten der Vergangenheit, den Eintritt in eine überzeitliche *res publica litterarum.*

Es ist ja dieselbe Sprache, die Cicero, Tacitus und Hieronymus, Einhard, Dante und Petrarca, Erasmus, Kepler und Leibniz gesprochen haben. Sie alle hätten sich über unendliche Zeiträume hinweg untereinander verstanden. Und zu dem, der Latein kann, sprechen sie noch heute in dieser Sprache; und wären sie lebendig, könnten sie ihn sogar verstehen.

Das gilt, obschon es vielleicht sonderbar klingt, analog auch für die Zukunft. Jedes Werk, in einer lebendigen Sprache verfasst, wird mit dieser altern und vergehen – oder nur dank philologischer Betreuung noch verständlich sein. Wer Latein schreibt, die *lingua durabilis ad posteritatem,* erhält sich die Chance, auch noch in ferner Zukunft unmittelbar verstanden zu werden. Darum sagte der Komponist Jan Novák, als man ihn fragte, warum er sich denn als Musiker und Dichter immer mit dem toten Latein befasse: *Nihil est, bone, immortalitatis tantum causa hoc fit.*[4] – »Mein Guter, das ist nichts Besonderes. Das mache ich nur wegen der Unsterblichkeit«. Wir müssen uns allerdings klar darüber sein, dass diese Aussicht im Moment nur wenige Fünftklässler in den Lateinunterricht treiben wird.

Aber dafür eröffnet sich noch ein weiterer Zukunftsprospekt für das Lateinische. Der Jesuit Melchior Inchofer, einer der größten Lateinfanatiker aller Zeiten, hat die Vermutung ausgesprochen, dass sogar im Himmel dereinst die Seligen Latein sprechen würden *(beatos in caelo Latine locuturos).*[5] Das klingt nicht unplausibel, wenn man einmal bedenkt, dass der liebe Gott zuerst Hebräisch gelernt hat, um das Alte Testament zu verfassen, dann Griechisch für das Neue. Seitdem er aber schließlich zum Latein Augustins und Benedikts XVI. übergegangen war, hat er die Sprache, wie man sieht, nicht mehr gewechselt – auch er ist offenbar empfänglich für den Zauber des Lateinischen.

Und auch schon aus Gründen der Fairness dürfte als Umgangssprache im Himmel keine andere als die lateinische infrage kommen.

In Englisch wären uns allen, wie heute *(eheu!)*, die Oxforder überlegen, in Französisch die Pariser, in Hebräisch könnten wir mit den Kindern Israel nicht mithalten. *Fiat iustitia* – Gerechtigkeit muss sein. Kehren wir dort also zurück zu der einen gemeinsamen Sprache Latein. Latein können wir alle nicht.

APPENDIX: *TSÄSAR* ODER *KÄSAR*?
KLEINES LATEINISCHES PHONETICUM
FÜR DEUTSCHE

Wer sich unter gebildeten Deutschen als Lateinspezialist zu erkennen gibt, wird bald mit der offenbar brennendsten aller Fragen zu Latein und Römertum konfrontiert: Spricht man *Caesar* nun eigentlich / *tsäsar*/ oder/ *käsar*/? Meine Antwort lautet dann: Weder noch.[*]

Nach antiker Aussprache sagt man/ *kaisar*/, also ähnlich wie *Kaiser* im Deutschen – ein Wort, das offenbar in früher Zeit von den Germanen aus dem Lateinischen übernommen wurde. Doch darf dabei weder das *k* wie im Deutschen behaucht (aspiriert) werden, noch darf man das *s* stimmhaft sprechen. Ja wie man so etwas denn wissen könne, wundern sich da alle. Und ein besonders Witziger stellt die unvermeidliche Frage: Ob wir etwa Tonbänder aus dem römischen Altertum hätten?

Nein, das haben wir nicht. Aber fast ebenso wertvoll für uns sind die detaillierten Nachrichten, die uns die *grammatici Latini*, die Schulmeister und Sprachwissenschaftler der Römer, über die Aussprache geben. Einer von ihnen, ein Afrikaner, der Latein als Zweitsprache erlernen musste, Terentianus Maurus, hat sogar ein kleines Lehrgedicht über die Aussprache der einzelnen Buchstaben geschrieben *(De litteris)*. Darin gibt er genau an, wie sich Lippen, Zunge und Zähne bei jedem einzelnen Laut zueinander verhalten.

WARUM ES »KAISAR« HEISST

Von Terentianus und vielen anderen erfahren wir also, dass der mit *c* bezeichnete Laut immer eine **Muta** (Verschlusslaut) ist, wie das deutsche *k*, auch wenn er vor den hellen Vokalen *e* oder *i* steht. Für den

---

[*] Der folgende Abriss soll dem deutschen Lateinfreund einige Hinweise geben auf die Punkte, wo die ihm vertraute schulmäßige Aussprache von der klassisch-römischen abweicht. Auf die Verwendung der phonetischen Lautschrift, die für eine völlig exakte Darstellung unentbehrlich wäre, ist mit Absicht verzichtet.

Cicero geschriebenen Namen sagte man also / *kikero* /. *Circus, circi* wurde gesprochen / *kirkus, kirki* /. Erst am Ende des Altertums – die genaue Zeit ist umstritten – begann ein *s*-Laut in die Aussprache des *c* einzudringen. Das hat sich in den modernen Lateinaussprachen gehalten, wenn auch in etwas verschiedener Ausführung. Der Italiener sagt / *tschäsar* /, der Franzose / *sesár* /, der Engländer / *sisa* / usw.

Analoges gilt für das *ae* von *Caesar*. Wiederum stimmen die römischen Grammatiker darin überein, dass es sich hier wie in der Schreibung, so in der Aussprache um einen echten **Diphthong** (Doppellaut) handle, zu sprechen also wie deutsches / *ai* / (in *Rhein*); genauso bei *oe* (sprich / *oi* /), *au, ui, ei, eu*: Hier werden jeweils zwei Vokale ineinander verschmolzen, ohne dass zwei Silben entstünden. Man spricht also / *laido* / für geschr. *laedo* (ich verletze).

Im Fall von *ae* wissen wir aus anderen Zeugnissen, dass man schon zu Ciceros Zeiten auf dem Land das *ae* monophthongisch (mit einfachem Laut) als offenes *e*, das heißt / *ä* /, aussprach. Diese rustikale Aussprache ging dann offenbar ins Vulgärlatein über: Schon auf den Wänden von Pompeji werden oft *e* und *ae* in beiden Richtungen miteinander verwechselt.

Aber für die gute, klassische Aussprache besteht kein Zweifel: Der Diktator Caesar wurde als / *kaisar* / ausgesprochen. Und das bestätigen auch viele andere Indizien, besonders die Umschriften ins Griechische. Wenn zum Beispiel der Grieche Plutarch in seinen Römerbiographien von Caesar und Cicero spricht, so gibt er deren Anfangskonsonant nicht mit *ts* (τσ) oder *z* (ζ) wieder, sondern ausnahmslos mit *k* (κ), also: Καισαρ, Κικερων. Darum gibt es auch über die sogenannte K-Aussprache keinen Streit unter den Sprachwissenschaftlern, sondern nur unter den Didaktikern.

SONSTIGE AUSSPRACHE DER EINZELLAUTE *(LITTERAE)*

Aber wir wissen noch mehr über die Aussprache von *c* und *s*. Dass der *k*-Laut von *c* nicht **behaucht** wurde, ergibt sich schon daraus, dass man im Lateinischen ein eigenes Zeichen für das behauchte *c* hat, nämlich *ch*, üblich in griechischen Fremdwörtern wie *chorus* (Reigen) und *chorda* (Saite); zu sprechen also /k^horus/, /k^horda/. Deswegen sagt man auch richtig /sk^hola/ für *schola* (Schule).

Analoges gilt natürlich auch für *t* und *p*, die wie *c* nicht behaucht werden dürfen, und umgekehrt für *th* und *ph*, die wie *ch* zu behauchen sind. Bei *th* ist das für uns Deutsche kein Problem. In *thynnus* (Thunfisch) spricht jeder Deutsche das *th* richtig. Schwieriger ist *ph*: Das griechische Fremdwort *philosophus* (Philosoph) darf in korrekter Aussprache nicht, wie im deutschen Fremdwort, als /filosofus/ gesprochen werden, sondern als /p^hilosop^hus/ mit doppelter Behauchung. Das wird uns sauer!

Und woher wissen wir, dass das *s* in *Caesar* (sprich /kaisar/) **stimmlos** war? Um es gleich zu sagen: Stimmhaft sind im Lateinischen neben allen Vokalen (*a, e, i, o, u, y*) und Diphthongen (s. oben) die stimmhaften Verschlusslaute *b, d, g*, die Nasale *m, n*, die Liquiden *l*, *r* und der – nur in griechischen Wörtern vorkommende – Reibelaut *z* (sprich /dz/). Dass nun das *s* stimmlos gesprochen wurde, ergibt sich unter anderem aus den Äußerungen der Grammatiker, die hier einen schlangengleichen *sibilus* (Zischlaut) bezeugen, und aus der Tatsache, dass stimmhafte Konsonanten vor *s* stimmlos werden: Zum Beispiel aus *nub-si* (ich heiratete, von *nubo*) wird *nupsi*.

Ist wenigstens sonst unsere deutsche Schulaussprache richtig? Leider noch immer nicht, nicht einmal in den **Einzellauten**. Vor allem zwei Laute machen uns noch Probleme, das konsonantische *u* und das konsonantische *i*. Mit **konsonantischem *u*** ist der Laut gemeint, den wir in lateinischen Schulbüchern mit *v* schreiben,* also etwa in *vas* (Gefäß), *vinum* (Wein), *rivus* (Fluss). Die richtige Aussprache können wir hier ausnahmsweise einmal von den Engländern lernen: Das englische *w* in *wine* oder *wonder* ist der Laut, den der Römer hier produziert hat. Man muss sich dazu klarmachen, dass die Römer in ihrer Schrift zwischen *u* und *v* keinen Unterschied gemacht haben.

Ähnliches gilt für das **konsonantische *i***, das sowohl unserem Vo-

---

* Die graphische Unterscheidung von *u* und *v*, *i* und *j* geht auf den Philosophen Petrus Ramus im sechzehnten Jahrhundert zurück.

kal *i* als auch unserem Konsonanten *j* entspricht. Auch hier differenzieren die Römer in der Schrift nicht: In *ictus* (Schlag) haben wir ein vokalisches *i*, in *iactus* (Wurf) ein konsonantisches *i*. Die Aussprache (/*iktus*/, /*jaktus*/) ist hier in der Regel für Deutsche problemlos. Anders im Folgenden: Wenn ein *i* zwischen zwei Vokalen steht, ist es als doppeltes konsonantisches *i* (also /*jj*/) zu sprechen. Also *peior* (schlechter) ist zu artikulieren als /*pejjor*/ mit deutlich gelängtem /*j*/, ebenso *huius* (dieses) als /*hujjus*/. Ältere Lexika geben hier oft falsche Auskunft.

Und welchen Grund hat es, dass wir heute in lateinischen Schulbüchern zwar graphisch zwischen *u* und *v* differenzieren, nicht aber zwischen *i* und *j*? Das hat überhaupt keinen vernünftigen Grund, sondern hier gilt nur: *Usus tyrannus* – Macht der Gewohnheit!

Wenige Bemerkungen noch. Von den **Liquiden** *l* und *r* war *r* immer ein rollendes Zungen-*r* (wie im Italienischen und Spanischen). Die Nachrichten über die Aussprache des *l* sind nicht völlig eindeutig: Am Worteingang wie in *lectus* (Bett) und bei Konsonantendopplung wie in *ille* (jener) scheint es ungefähr unserem deutschen *l* zu entsprechen. Am Wort- oder Silbenende, *sol* (Sonne), *pul-cher* (schön), soll man es dagegen »voller« (*plenius* oder *pinguius*) sprechen, sagen die antiken Autoritäten; es klang dann wohl wie in englisch *bill*.

Etwas anderes aber wissen wir sicher: In Wörtern mit **gn** im Wortinnern, wie *magnus, dignus* usw., wurde in der Aussprache vor dem *n* der Laut eingeschoben, den wir in *Klang, singen* sprechen. Es heißt also /*ma^{n}gnus*/, /*di^{n}gnus*/. Und ein Letztes: Wie der *k*-Laut in *Caesar*, so muss der **t-Laut** in *natio* oder *gratia* erhalten bleiben. Man spreche also nicht /*nazio*/, sondern, wie man es schreibt, /*natio*/.

DAS WICHTIGSTE: DIE SILBEN *(SYLLABAE)*

Das wäre das Nötigste zu den Einzellauten. Spätestens an dieser Stelle endet in der Regel auch das Interesse des gebildeten Publikums an der lateinischen Aussprache. Dabei steht das Wichtigste noch aus: Wer den echten lateinischen Sprachklang empfinden will, der muss sich vor allem um die Dauer der **Silben** *(syllabae)* kümmern, denn darauf beruht der antike **Sprachrhythmus,** in Prosa wie in Poesie.

Oberste Regel: Jede Silbe ist entweder lang oder kurz. Dabei ist die lange Silbe doppelt so lang wie die kurze. Anders formuliert, die lange Silbe hat zwei Zeiteinheiten, auch genannt: *tempora* oder Moren, die kurze eine Zeiteinheit. Und – völlig anders als im Deutschen: *Tertium non datur.* Es gibt kein Drittes. Nichts ist so entscheidend wichtig für eine korrekte lateinische Aussprache wie die Beachtung dieser Tatsache.

Für die **Silbenlänge** gilt nun folgende einfache Regel: Eine Silbe ist lang, wenn sie entweder einen langen Vokal oder einen Diphthong enthält – die sogenannte »Naturlänge« – oder wenn auf ihren Vokal mehr als ein Konsonant folgt, die sogenannte »Positionslänge«.* Alle anderen Silben sind kurz. Also im Wort *harundo* (Schilf) ist die erste Silbe kurz, weil das ă kurz ist und ihm nur ein Konsonant folgt; die zweite ist lang, weil auf das kurze ŭ zwei Konsonanten *(nd)* folgen; die dritte ist lang, weil das ō lang ist. Und woher weiß man, welche Vokale lang beziehungsweise kurz sind? Indem man im Lexikon nachschlägt, sooft man unsicher ist. Und vor allem, indem man sich sogleich beim Lernen der Vokabeln die richtigen Vokalquantitäten einprägt.

Beim Sprechen kommt es nun vor allem darauf an, dass man nicht nur die Vokalquantitäten beachtet, also richtig *rŏsa* (Rose) statt falsch *rōsa* sagt, sondern auch die **positionslangen Silben** als echte Längen spricht, ohne dabei natürlich den Vokal zu dehnen – falsch wäre *harūndo.* Aber wie spricht man eine positionslange Silbe? Sofern man keinen Ungarn oder Finnen unter seinen Bekannten hat, kann man hier viel auch von den Italienern lernen. Wenn diese das Wort *tanto* mit Nachdruck sprechen, so dehnen sie in der ersten Silbe nicht das *a*, sondern das silbenschließende *n*, sodass es klingt wie / *tannto* /. Genauso können wir *tantus* sprechen und die weitaus meisten positions-

---

* Zu beachten ist hier, dass die Verbindung einer Muta (Verschlusslaut) mit einer der Liquiden *l* und *r* als nur ein Konsonant empfunden und artikuliert wird. Kurz sind also die vorletzten Silben etwa von *tenebrae* und *quadruplex.* Die Dichter verfahren hier gelegentlich anders.

langen Silben: *altus* (hoch) als /*alltus*/, *arbor* (Baum) als /*arrbor*/. Und selbstverständlich sind Doppelkonsonanten mit deutlicher Längung zu artikulieren: *pel-lis* (Haut), nicht wie deutsch *Pelle*, wo die Doppelkonsonanz nur graphisch ist, nicht gesprochen wird.

Das funktioniert so weit gut bei den Konsonanten, die dehnungsfähig sind und deren Buchstabenname darum mit *e* beginnt (*F = Ef, L = El, M = Em* usw.). Es geht nicht ebenso bei den Muten (Verschlusslauten) wie *b, c, d* (*Be, Ce, De* usw.). Aber auch hier geben uns die Italiener Hilfe. Wenn sie etwa *bocca* oder *grappa* sprechen, so lassen sie zwischen der Herstellung und der Öffnung des Verschlusses (zwischen Implosion und Explosion, sagen die Spezialisten) von *c* beziehungsweise *p* eine kleine Pause eintreten *(boc-ca, grap-pa)*, durch die die erste Silbe gelängt wird. Genauso lassen sich lat. *bucca* (Mund) und *lippus* (triefäugig) sprechen; und das Verfahren lässt sich dann auch auf Fälle wie *lectus* (Bett) und *aptus* (geeignet), die im Italienischen nicht vorkommen, übertragen.

Schwierig für uns Deutsche und viele andere ist es nicht, die Positionslänge als solche zu sprechen, vielmehr die Positionslänge und überhaupt jede Silbenlänge dann festzuhalten, wenn sie auf eine unbetonte Silbe fällt. So ist es in *harúndo* leicht, die zweite Silbe lang zu sprechen, weil sie den Akzent hat. Dagegen werden die meisten Sprecher in *harundínibus* die zweite Silbe unwillkürlich kürzer artikulieren, weil im Deutschen unbetonte Silben in der Regel nicht lang sind. Dasselbe gilt für die Vokallängen: *labóro* mit langem *ō* in der zweiten Silbe zu sprechen ist kein Problem; bei *laborámus* dagegen wird dieses *o* meist fälschlich gekürzt, weil es nicht mehr den Akzent hat. Das kommt auch daher, weil im Deutschen die akzentuierte Silbe meist die vom Sinn her wichtigste ist – anders als im Latein, wie wir sogleich sehen werden.

WORT *(VOX)*, AKZENT *(ACCENTUS)* UND
KOLON *(MEMBRUM)*

Jedes Wort, zumindest jedes mehr als einsilbige Wort, hat einen **Akzent** *(accentus)*, den die alten Grammatiker sehr schön als die »Seele des Worts« *(anima vocis)* bezeichnen. Wie wichtig er zum Verständnis ist, sieht man, wenn Franzosen nach ihrer traditionellen Aussprache Latein sprechen. Da sie einen Akzent nur auf das Ende der Sprecheinheit legen, nicht auf die einzelnen Wörter, ist es unmöglich, vom Ohr her die Wörter aus dem Sprechkontinuum auszugrenzen. Aber ebendies ist die Aufgabe des Akzents im Lateinischen. Er geht nämlich immer dem Wortende voraus, kündigt dieses also gewissermaßen an.

Dabei gilt folgende einfache Regel (sog. Paenultimaregel): Ist die vorletzte Silbe lang, so trägt sie den Akzent; wie in *hirúndo* (Schwalbe) so in *hirúdo* (Blutegel). Ist die vorletzte Silbe kurz, so rückt der Akzent auf die drittletzte Silbe, zum Beispiel *prófŭgus*, *Itálĭa*. Dadurch wird sichergestellt, dass der Abstand zwischen Akzent und Wortende ungefähr gleich bleibt.

Zur Beruhigung: Die Nachrichten der antiken Grammatiker über eine Unterscheidung zwischen zwei verschiedenen Akzenten, dem »Hochton« *(acutus)*, zum Beispiel in *Románi*, und dem »Schleifton« *(flexus)*, zum Beispiel in *Românus*, sind unter den heutigen Sprachwissenschaftlern so umstritten, dass wir sie hier nicht diskutieren wollen.

Nun kommt aber etwas für uns Deutsche besonders Wichtiges. Zu achten ist vor allem auf die **Einheit der Kola** *(membra)*, also derjenigen Sprecheinheiten, die etwa einer Atemlänge entsprechen. Innerhalb dieser Kola gilt nämlich, dass die Wörter eng miteinander verknüpft, das heißt als Kontinuum gesprochen werden. Dies zeigt sich vor allem an zwei Dingen:

1. Die Regel der Positionslänge gilt innerhalb des Kolons auch an der **Wortfuge**. Demnach ist die letzte Silbe von *flumĕn* kurz, wenn das nächste Wort vokalisch anlautet *(flumen altum,* tiefer Fluss). Sie ist lang, positionslang, wenn ein Konsonant folgt *(flumen magnum,* großer Fluss). Die Positionsregel gilt allerdings nicht, wenn das erste Wort auf

kurzen Vokal endet, das zweite mit Doppelkonsonanz beginnt *(rosă floret)*: Hier bleibt die Silbe kurz.

2. Wenn ein Wort auf Vokal auslautet, das nächste mit Vokal anlautet, so sind die beiden Vokale so miteinander zu vereinigen, dass eine einzige Silbe entsteht (Synaloiphe, Verschmelzung): Der nachfolgende Vokal dominiert zwar, der erste klingt aber in der Regel noch an. Wie der Italiener etwa in *selva oscura* die Vokale *a* und *o* ineinander verschmilzt, so machte es der Römer in *silv(a) obscura* (dunkler Wald). Im Lateinischen tritt diese »Verschmelzung« auch ein, wenn das vorangehende Wort auf Vokal und *-m* endet[*] – also etwa *silv(am) obscuram*. In diesen Fällen dürfte der durch Verschmelzung entstandene Vokal nasaliert worden sein.

Eine andere Art von Verschmelzung findet statt, wenn ein auslautender Vokal auf *est*, *esto* und dergleichen trifft. Dann wird das nachfolgende *e* restlos elidiert: Aus *bona est* wird *bonast*.

UND WIE KLANGEN DIE VERSE?

Grundsätzlich gilt, dass der Vers der Poesie genauso zu lesen ist wie das Kolon der Prosa, das heißt als ein Kontinuum, das auch an den gliedernden Zäsurstellen in der Regel keine Pause zulässt. Nur am Ende des Verses wurde üblicherweise eine Sprechpause gemacht. Wenn die Gliederung des Verses von der des Gedankens abwich, besonders beim sogenannten Enjambement, musste dies durch die Intonation ausgedrückt werden.

Auch sonst gilt, dass man den Vers grundsätzlich wie Prosa auszusprechen hat. Hier freilich besteht, wie schon Friedrich Nietzsche festgestellt hat, ein geradezu schmerzlicher Gegensatz zwischen dem antiken Sprachklang und der heutigen Schulaussprache. Während sich für den römischen Sprecher der Versrhythmus zwanglos aus dem Verhältnis der Silbenquantitäten ergab, wird er in der heutigen Schule

---

[*] Wir wissen aus Zeugnissen und verschiedenen Indizien, dass *m* am Wortende nur schwach artikuliert wurde.

meist hergestellt durch eine künstliche »Versbetonung«, die den natürlichen Akzent – nicht immer, aber häufig – verletzt. Den Anfang von Lukrez 1 würde man in Prosa so betonen: *Aenéadum génetrix*; schulmäßig jedoch liest man: *Áeneadúm genetríx*. Es gibt aber nirgendwo in der Welt ein Volk, das in seinen Versen andere Betonungsregeln hätte als anderswo.

Diese Weise des Verselesens ist erst von 1600 an aufgekommen, um dem neuzeitlichen Ohr eine Art Ersatz für den durch schlechte Aussprache unhörbar gewordenen Quantitätsrhythmus zu schaffen. Wer von dieser Unart loskommen will, muss sich also zunächst um die korrekten Silbenquantitäten bemühen. Es lohnt sich. Denn er wird dann auch die Kunstprosa der Römer mit anderen Ohren hören.

vor 1200 v. Chr.	Faune und Propheten *(vates)* bewähren sich als erste Lateinsprecher in Latium.
um 1200	Der Sage nach kommt Aeneas, Stammvater der *gens Iulia,* nach Latium, heiratet die Tochter von König Latinus und lernt Latein.
8. Jh.	Homer, erster Schriftsteller in der antiken Schule Hesiod, von Musen zum Dichter geweiht
753	**Gründung Roms** der Sage nach: Romulus erster römischer König
7.–Anfang 5. Jh.	»Lyrisches« Zeitalter der Griechen: Archilochos, Alkaios, Sappho, Anakreon, Pindar
6. Jh.	Früheste erhaltene lateinische Inschriften
um 510/500	**Begründung der *libera res publica*** nach Vertreibung der Könige
5. Jh.	Zeit der großen griechischen Tragiker: Aischylos, Sophokles, Euripides
450	Zwölf Tafeln, Grundlage des römischen Rechts *(ius civile)*
5./4. Jh.	»Attische Redner« (Antiphon bis Demosthenes): Blüte griechischer Prosa
349 od. 348	Tod des Philosophen Platon (geb. 428), Gründer der »Akademie«
323	Tod Alexanders des Großen (geb. 356): Beginn des »Hellenismus«
322	Tod des Philosophen Aristoteles (geb. 384), Gründer des »Peripatos«
Ende 4./3. Jh.	Blütezeit hellenistischer Philosophie (Epikur, Zenon, Chrysipp)
291	Tod des Komödiendichters Menander (geb. 342)
3. Jh.	Blütezeit hellenistischer Dichtung (z. B. Theokrit, Kallimachos)
290	Ende der Samniterkriege: Mittelitalien ist unter römischer Herrschaft.

280	**Beginn der lateinischen Literatur:** Rede des blinden Appius Claudius Caecus gegen Frieden mit König Pyrrhos
272	Eroberung Tarents: Rom herrscht über Süditalien.
264–241	Erster Punischer Krieg, in einem Epos dargestellt von Kriegsteilnehmer Naevius (gest. 201?)
241	Sizilien wird erste römische Provinz.
240	**Beginn der lateinischen Kunstdichtung:** Das erste lateinische Bühnenstück des Livius Andronicus (aus Tarent) wird in Rom aufgeführt.
240–160	Römische Komödiendichtung nach griechischen Vorlagen: Livius, Naevius, Plautus, Caecilius, Terenz u. a.
218–201	Zweiter Punischer Krieg: größte Bedrohung Roms (216 »Hannibal ad portas«)
206/205	Plautus: Komödie *Miles gloriosus,* erstes erhaltenes datierbares Werk der lateinischen Literatur
nach 201	Früheste römische Geschichtsschreibung in griechischer Sprache
200–133	Rom erobert den griechischen Osten (133 Provinz Asia).
184	Tod des Komödiendichters Plautus (geb. um 250 in Umbrien)
169	Tod des Ennius, Verfasser der *Annales* (erstes lateinisches Epos in Hexametern), auch Dramatiker und Prosaiker (geb. 239 in Kalabrien)
169?	**Beginn der lateinischen Philologie** *(grammatica):* Vorlesungen des griechischen Philologen Krates von Mallos in Rom
168	Sieg Roms über Makedonien in der Schlacht bei Pydna: Der Historiker Polybios kommt nach Rom, wird Freund des jüngeren Scipio.
159	Tod des Komödiendichters Terenz (aus Afrika)
155	Athenische Philosophengesandtschaft in Rom: Vorlesung des Karneades stößt auf Missfallen.
149	Tod des älteren Cato, Fachschriftsteller und Begründer der lateinischen Geschichtsschreibung (geb. 234)
146	Zerstörung Karthagos im Dritten Punischen Krieg Zerstörung Korinths

133–31	**Krisenjahre der Römischen Republik** (»römische Revolution«)
129	Tod des jüngeren Scipio, befreundet mit Polybios, Terenz und dem stoischen Philosophen Panaitios
vor 100	Tod des Ritters Lucilius, Begründer der römischen Gattung Satire *(satura)*
92	Die lateinische Rednerschule des Plotius Gallus *(rhetores Latini)* wird vom Zensor missbilligt: Rhetorischer Unterricht bleibt zunächst griechisch.
89	Verleihung des römischen Bürgerrechts an die Bürger Italiens
88	Der akademische Philosoph Philon kommt nach Rom, wird Lehrer Ciceros.
Mitte 86	Tod des Tragikers Accius: vorläufiges Ende der römischen Dramendichtung
83–72	Sertorius in Spanien; gründet eine Lateinschule für den spanischen Adel.
82–79	Gewaltherrschaft Sullas mit Proskriptionen
vor 81	Cicero (106–43): *De inventione* (erster Teil einer geplanten großen lateinischen Rhetorik)
80	Ciceros Debüt als Strafverteidiger mit der Rede *Pro Roscio Amerino*
79–78	Studienaufenthalt Ciceros in Athen, Kleinasien und Rhodos
70	Prozess gegen Verres: Cicero avanciert zum führenden Redner Roms.
66–62	Eroberungen des Pompeius Magnus im östlichen Mittelmeerraum
63	Konsulat Ciceros; Catilinarische Verschwörung; Cicero: Catilinarische Reden und Rede *Pro Murena*
62	Cicero: Rede *Pro Archia poeta* (er hofft, dass der Grieche Archias sein Konsulat verherrlicht).
60	Sogenanntes »Triumvirat« von Pompeius, Caesar und Crassus
58–52	Caesar erobert Gallien (*De bello Gallico*, Bücher 1–7).
56–54	Datierbare Werke Catulls; Zeit seiner Liebe zu »Lesbia«
nach 56	Angriffe der sogenannten *oratores Attici* (Calvus u. a.) auf Ciceros Stil: »Attizismus-Streit«

55	*Theatrum Pompei*, erstes festes Theater in Rom
55–51	Erste philosophische Schaffensperiode Ciceros: Werktrias nach Platons Vorbild *(De oratore, De re publica, De legibus)*
55 (49?)	Lukrez: epikureisches Lehrgedicht *De rerum natura*
49–46	Bürgerkrieg zwischen Caesar und Pompeius bzw. dessen Anhängern
48	Sieg Caesars bei Pharsalus; Pompeius wird getötet.
46–44	Zweite philosophische (und rhetorische) Schaffensperiode Ciceros: lateinische Enzyklopädie der hellenistischen Philosophenschulen
vor 45	C. Cornelius Gallus (um 69–26), Schöpfer der römischen Liebeselegie, beginnt Gedichte *(Amores)* auf »Lycoris« (Cytheris) zu schreiben.
45	Gallus: *Nemus Gryneum* (hexametrisches Sagengedicht)
	Vergil (70–19): *Silenus* (später 6. Ekloge), wird in Anwesenheit Ciceros von Cytheris im Theater gesungen.
44	Cicero: *De officiis*, verfasst zur sittlichen Hebung seines Sohns Marcus
15. März 44	Caesar wird von Brutus, Cassius und anderen getötet.
44–43	Cicero: *Orationes Philippicae* gegen Antonius
ab Dez. 44	Octavian, später Kaiser Augustus, verbündet sich mit der Senatspartei gegen Antonius (Cicero: *Philippicae* III / IV).
ab April 43	Sieg Octavians gegen Antonius bei Mutina; Verständigung zwischen Octavian und Antonius; Konsulat Octavians; Proskriptionen
7. Dezember 43	Ermordung Ciceros
November 42	Octavian siegt über Caesarmörder bei Philippi: Horaz (damals Militärtribun) flieht.
ab 42	Sallust (86–34) verfasst historische Monographien und *Historiae*.
40	Vergil: *Pollio* (4. Ekloge)
um 38	Vergils *Bucolica* (Eklogen) werden als Buch veröffentlicht.
um 35	Horaz (65–8): *Saturae*, Buch 1
31	Sieg Octavians über Antonius und Kleopatra bei Actium: Octavian wird Alleinherrscher; Ägypten wird Provinz mit Gallus als Präfekt.

30	Horaz: *Epodon liber* (Jambenbuch nach Archilochos), *Saturae*, Buch 2
30–28	Der griechische Rhetoriker und Historiker Dionysios von Halikarnass lebt in Rom.
29	Vergils *Georgica* (in Erstfassung?) werden von ihm und Maecenas vor dem siegreichen Octavian rezitiert.
	Varius Rufus: Tragödie *Thyestes*
	Properz: Liebeselegien, Buch 1 (sogenannte *Monobiblos*)
27	**Beginn der römischen Kaiserzeit** Begründung des Prinzipats des »*Augustus*« (16. Januar) Tod des Gelehrten (und Dichters) Varro (geb. 116)
26	Erzwungener Selbstmord des Dichters Gallus
23	Horaz: *Carmina*, Bücher 1–3 (Höhepunkt lateinischer Dichtung)
20	Horaz: *Epistulae* (vorwiegend philosophisch, in Hexametern)
nach 20	Ovid (43 v. Chr. – um 17 n. Chr.): erste Auflage der *Amores* (5 Bücher); *Epistulae* oder *Heroides* (zunächst 3 Bücher)
19	Tod Vergils: Er hinterlässt das Epos *Aeneis* unvollendet.
	Tod Tibulls
18	Ehegesetze des Augustus: Heiratspflicht der oberen Stände; Sanktionen gegen Ehebruch
17	Augustus feiert *Ludi saeculares* zum Abschluss seines Reformwerks; Horaz schreibt die Festkantate *(Carmen saeculare)* und studiert sie ein.
15	Alpenfeldzug der Stiefsöhne des Augustus, Tiberius und Drusus
13	Horaz: *Carmina*, Buch 4
vor 8	Horaz: *De arte poetica* (unsystematisches Regelwerk der Poetik, maßgeblich bis ins 18. Jh.)
4 v. Chr.?	Geburt Jesu
um Zeiten-wende	**Erster »Tod« der lateinischen Sprache / Beginn des Vulgärlatein**
1 n. Chr.	Ovid: *Ars amatoria* (in endgültiger Fassung)
8	Verbannung Ovids; seine *Metamorphoses* werden in einer vorläufigen Fassung verbreitet.
nach 8	Ovid: *Tristia*; *Epistulae ex Ponto*

14	Tod des Augustus; Beginn der »Silbernen Latinität« (Erasmus)
um 40	Tod des älteren Seneca (»Seneca rhetor«)
43–410	Britannia römische Provinz
49	Seneca (4 v. Chr.?– 65 n. Chr.), Philosoph, Redner, Tragödiendichter, wird Erzieher Neros, später engster Berater des Kaisers *(amicus principis)*.
um 56	Römerbrief des Apostels Paulus
nach 62	Seneca: *Epistulae morales*, Vorbilder des moralischen Essays
64–311	Christenverfolgungen im Römischen Reich
um 65	Martyrium der Apostel Petrus und Paulus in Rom
65	Tod des Epikers Lucan *(Bellum civile)*
vor 66	Früheste Zeugnisse für »Vulgärlatein«: Petron, *Satiricon*
24. August 79	Beim Ausbruch des Vesuv stirbt Plinius d. Ä. (geb. 23/24 n. Chr.), Verfasser der *Naturalis historia*.
vor 80	pompejanische Wandinschriften (Vulgärlatein)
95?	Tod des Epikers Statius
98–117	Kaiser Trajan; das Römische Reich erreicht mit Einbeziehung von Dacia (Rumänien) i. J. 101 seine größte Ausdehnung.
um 100	Tod des Rhetoriklehrers Quintilian (Meisterwerk: *Institutio oratoria*)
2. Jh.	**Anfänge der christlichen lateinischen Literatur** Nordafrika: erste Bibelübersetzungen, Märtyrerakten
um 104	Tod des Epigrammatikers Martial
nach 105	Geschichtswerke *(Historiae, Annales)* des Tacitus (um 55–116 od. 120)
111–112?	Plinius d. J. als Provinzstatthalter in Bithynien: Briefwechsel mit Kaiser Trajan über Christenprozesse *(epist.* 10,96/97)
125	Tod des philosophischen Schriftstellers Plutarch (Römerbiographien)
161–180	Kaiser Mark Aurel, philosophischer Schriftsteller in griechischer Sprache
um 180–190	Apuleius (Philosoph und Rhetor): *Metamorphoses (Der goldene Esel)*

197	Tertullian: *Apologeticum*, erstes bedeutendes Werk christlicher lateinischer Kunstprosa
um 200?	Terentianus Maurus: Lehrgedicht *De litteris* (lateinische Phonetik)
um 202/203	Autobiographische Aufzeichnungen der Märtyrerin Vibia Perpetua
1. Hälfte 3. Jh.?	Minucius Felix rechtfertigt in seinem »ciceronischen« Dialog *Octavius* das Christentum.
212	Verleihung des römischen Bürgerrechts an alle Bewohner des Römischen Reichs durch Kaiser Caracalla
Mitte 3. Jh.	»Reichskrise«; Zeit der Soldatenkaiser; Germaneneinfälle
ab 284	**Sogenannte »Spätantike«: neue Blüte der Literatur**
284–305	Kaiser Diokletian: Neuordnung des Reichs (Doppelprinzipat) Letzte, schwere Christenverfolgungen
304–311	Laktanz: *Divinae Institutiones*, philosophisches Lehrbuch des Christentums, später Konstantin gewidmet
312	Sieg Kaiser Konstantins über den Gegenkaiser Maxentius an der Milvischen Brücke
313	Durch das Toleranzedikt von Mailand wird die christliche Religion anerkannt und ihre Entwicklung zur Staatsreligion eingeleitet (abgeschlossen 391).
324–337	Kaiser Konstantin, wichtigster Römer seit Augustus, Alleinherrscher
325	Kaiser Konstantin: christliche Fehlinterpretation von Vergils 4. Ekloge in *Oratio ad sanctorum coetum*
330	Einweihung der neuen Hauptstadt Konstantinopel (bis 1453 Zentrum des christlich-griechischen Ostreichs)
ab 340	Hilarius Bischof von Poitiers, Verfasser lateinischer Hymnen
Mitte 4. Jh.	Donat lehrt in Rom: Durch seine grammatischen Lehrbücher wird »Donat« zum Synonym von Grammatik.
ab 374	Ambrosius (um 339/40–397) Bischof von Mailand: Hymnendichtung, Predigten; *De officiis ministrorum*, christliche Bearbeitung von Cicero, *De officiis* für Kleriker Auseinandersetzung mit der heidnischen Senatsaristokratie in Rom

382–384	Hieronymus (um 347–420), Theologe und Philologe (Schüler des Donat), wird vom Papst beauftragt, eine verbindliche lateinische Bibelübersetzung *(Vulgata)* zu redigieren.
nach 384	*Peregrinatio Egeriae:* Bericht der Nonne Egeria über ihre Pilgerreise
393 od. 394	Tod des Dichters Ausonius *(Mosella,* Gedichte auf *Bissula),* zeitweilig Prinzenerzieher in der Residenzstadt Trier
395	Reichsteilung: Arcadius – Honorius Augustin (354–430): *Psalmus contra Donatistas,* erste lateinische Gesangsdichtung ohne metrische Bindung: Beginn »rhythmischer« Poesie
zw. 396 u. 411	Augustin: *De doctrina Christiana,* christliche Hermeneutik und Rhetorik
um 400	Formvollendete panegyrische und epische Dichtungen Claudians
405	Prudentius, größter christlicher Lyriker (geb. 348), gibt seine Werke heraus.
410	Einnahme Roms durch den Westgoten Alarich
nach 410	Augustin: *De civitate Dei:* christliche Deutung der Weltgeschichte, fortgeschrieben durch Otto von Freising (12. Jh.)
ab 415	In Spanien und der Provence entsteht ein Westgotenreich, danach andere germanische Reiche auf römischem Boden.
417	Rutilius Namatianus: Reisegedicht *De reditu suo* (letztes Bekenntnis eines heidnischen Romglaubens)
430	Tod Augustins, größter christlicher Theologe zwischen Paulus und Luther; seine *Confessiones* sind die meistgelesene Autobiographie der Weltliteratur.
476	**Ende des Weströmischen Reichs:** Odoakar setzt Kaiser Romulus ab.
493–526	Herrschaft Theoderichs des Großen im Ostgotenreich
frühes 6. Jh.	Tod Priscians, Grammatiker in Konstantinopel: größte Lateingrammatik der Antike
ab 6. Jh.	Niedergang des Grammatikunterrichts im Westen (regional und temporal verschieden); Entstehung der romanischen Sprachen

514–521	Ennodius Bischof von Ticinum: schreibt verzwicktestes Latein aller Zeiten.
524	Boethius, der Autor der im Kerker verfassten *Consolatio Philosophiae*, wird auf Befehl Theoderichs des Großen hingerichtet.
529	Benedikt von Nursia gründet das Kloster Montecassino, für das er die bis heute maßgebliche Ordensregel in schlichtestem Latein verfasst.
ab 529	Rechtskodifikation *(Corpus iuris)* durch Kaiser Justinian
536	Besetzung Roms durch den oströmischen Feldherrn Belisar
nach 548	Corippus: *Iohannis*, lateinisches Epos, in Konstantinopel
555	Cassiodor (um 485 – um 580) gründet das Kloster Vivarium: Lehrbuch *Institutiones* unter Einbeziehung der klassisch-römischen *artes*
590–604	Papst Gregor der Große (geb. um 540), schreibt betont schlichtes Latein.
594	Tod Bischof Gregors von Tours (geb. um 539), Verfasser der *Historia Francorum* in etwas verwildertem Latein
612	Der irische Missionar Columban gründet das Kloster Bobbio.
636	Tod Isidors, Bischof von Sevilla, Verfasser der *Etymologiae*
bis 714	Merowingerzeit, berüchtigtes »Merowingerlatein«
714–843	Karolingerzeit
1. Hälfte 8. Jh.	Missionstätigkeit des Bonifatius
kurz nach 768?	Arbeo, Bischof von Freising: *Vita Sancti Corbiniani*, erstes Geschichtswerk eines Deutschen (rohes Latein, später glättend überarbeitet); er regt das erste lateinisch-deutsche Lexikon an.
781	**Beginn des lateinischen Mittelalters** Karl der Große (742?–814) beauftragt Alkuin von York mit einer Bildungsreform.
789	Karl der Große: *Admonitio generalis* zur Einrichtung von Schulen
800	Kaiserkrönung Karls des Großen
813	Kirchenkonzil von Tours: Latein wird hier ausdrücklich von »Romanisch« geschieden.

840	Tod des Schriftstellers und Architekten Einhard (geb. um 770), Verfasser der *Vita Karoli Magni*
2. Hälfte 9. Jh.	Hrotsvitha von Gandersheim, Deutschlands erste Dichterin, schreibt humorvolle christliche Heiligendramen zu Schulzwecken.
10. Jh.– um 1250	»Hochmittelalter«: neue Blüte lateinischer Literatur; in der sogenannten *aetas Ovidiana* (12./13. Jh.) dichten Baudri de Bourgueil u. a. im Stil Ovids.
12. Jh.	Gründung der ersten Universitäten
12./13. Jh.	Gedichte der *Carmina Burana* (Codex aus Benediktbeuern), heute berühmt durch Vertonung Carl Orffs
1158	Tod Ottos von Freising (geb. um 1112), Verfasser der *Historia de duabus civitatibus* (Fortsetzung von Augustins *De civitate Dei*) Beginn des Niedergangs von Freising als führender süddeutscher Lateinstadt
zw. 1159 u. 1164	Dichtungen des genialen Archipoeta, Hofdichter bei Erzbischof Reinald von Dassel
um 1200	Alexander de Villa Dei (um 1170–1250): *Doctrinale*, Grammatik in endlosen Reimhexametern
1224/25 –1274	Thomas von Aquin, *doctor angelicus*, schreibt in trockenstem Latein *Summa contra gentiles* u. v. a.
um 1250– um 1500	Spätmittelalter
14. Jh.	**Beginn von Renaissance und Humanismus durch Petrarca**
nach 1305	Dante Alighieri (1265–1321): *De vulgari eloquentia*, geniale, z. T. richtige Theorie des Lateinischen und der romanischen Sprachen
26. April 1336	Francesco Petrarca (1304–74), Vater auch des Alpinismus, besteigt den Mont Ventoux *(Mons Ventosus)* und sinnt über das Leben nach.
8. April 1341	Petrarca wird auf dem Kapitol in Rom mit Lorbeer zum Dichter *(poeta laureatus)* gekrönt.
1366	Petrarca: Schlussredaktion der *Familiarium rerum libri* (in Buch 24: Briefe an Cicero und andere Klassiker)
1368	Petrarca: *De sui ipsius et multorum ignorantia*, Polemik gegen die Philosophie seiner Zeit

1375	Tod Giovanni Boccaccios (geb. 1313), Verfasser von *Genealogiae deorum*
1401	Leonardo Bruni (1369–1444): *Dialogi*, nennt Petrarca Erneuerer der *studia humanitatis*.
1406	Tod des Coluccio dei Salutati (geb. 1331), Staatskanzler von Florenz, ciceronianischer Humanist und Wiederentdecker klassischer Schriften
1431–47	Konzil von Basel
1440	Lorenzo Valla (1405 od. 1407–57): *Elegantiarum linguae Latinae libri sex*, Bibel des reinen Humanistenlatein Valla: *De falso credita et ementita Constantini Donatione*, spektakuläres Werk historischer Echtheitskritik
1450	Aeneas Sylvius Piccolomini (geb. 1405, 1442 zum Dichter gekrönt, später, 1458–64: Papst Pius II.): *De liberorum educatione*
ab 1451	Poggio Bracciolini (1380–1459) und Valla befehden sich mit Schmähschriften.
1453	Eroberung Konstantinopels durch die Türken
1456	**Beginn des deutschen Humanismus** Peter Luder (um 1415–72) hält die erste humanistische Vorlesung (Schlagwort: *studia humanitatis*) in Deutschland (Heidelberg). Aeneas Sylvius Piccolomini: Buch über *Germania* (gedruckt 1496)
1476	Rudolf Agricola (1444–85) hält an der Universität Ferrara eine Rede *In laudem philosophiae et reliquarum artium*.
1480	Aufführung der Schulkomödie *Stylpho* von Jacob Wimpheling (1450–1528)
1485	Johann Kerckmeister: *Codrus* (Erstdruck der Schulkomödie)
1486	Conrad Celtis (1459–1508), deutscher »Erzhumanist«: *Ars versificandi et carminum*, lateinische Metrik mit humanistischer Programmode
spätestens 1487	Veröffentlichung der Schülergespräche des Paulus Niavis (Schneevogel)
18. April 1487	Celtis wird von Kaiser Friedrich III. auf der Nürnberger Burg zum Dichter gekrönt.

1492	Celtis: Antrittsvorlesung an der Universität Ingolstadt (Celtis dort bis 1497)
1494	Desiderius Erasmus (Erasmus von Rotterdam, 1466 od. 69–1536) beginnt mit der Arbeit an den *Antibarbari*.
ab 1495	Lateinische Tragödienversuche von Jacobus Locher
1497	Heidelberger Uraufführung von Johannes Reuchlins (1455–1522) Komödie *Henno*
1497–1508	Celtis an der Wiener Universität
1500	Erasmus: erste Auflage der Sprichwörtersammlung *Adagia*
1502	Celtis: *Amores* (Liebeselegien), 4 Bücher
1509	Erasmus: *Moriae Encomium (Laus Stultitiae)*, satirisches Meisterwerk
1511	Ulrich von Hutten (1488–1523): *De arte versificatoria*, wirkungsreiches Lehrgedicht
1512	Erasmus: *De verborum ac rerum copia*
1513	Johannes Murmellius: *Pappa puerorum*, beliebtes Schulbuch Celtis' *Odae* (Oden), 4 Bücher, erscheinen postum.
1514	Eobanus Hessus (1488–1540): *Heroides Christianae*, erste Auflage
1515	Hutten: fiktive Gerichtsreden gegen Herzog Ulrich von Württemberg Rudolf Agricola: *De inventione dialectica*, postumer Erstdruck des einflussreichen Lehrbuchs (verfasst vor 1479)
1515/1517	*Epistulae obscurorum virorum*, Meisterwerk sprachlicher Satire
1516	Erasmus: offener Brief an Papst Leo X. Thomas Morus (1478?–1535): *Utopia*, satirischer Reiseroman
1517	**Beginn der Reformation** Martin Luthers (1483–1546) 95 Thesen gegen den Ablass Philipp Melanchthon (1497–1560), später *»praeceptor Germaniae«*: Rede *De septem artibus liberalibus*
1518	Melanchthon: Wittenberger Antrittsvorlesung *De corrigendis adolescentiae studiis* Erasmus: *Colloquia familiaria* (erste Auflage)
25. Okt. 1518	Hutten: Brief an Willibald Pirckheimer *(»O saeculum! o litterae!«)*

1521	Melanchthon: *Loci communes rerum theologicarum*, Dogmatik der Reformationstheologie
1523	Melanchthon: *Encomium eloquentiae*, wichtigste humanistische Programmrede in Deutschland
1524	Luther: *An die Ratsherren aller Städte* (Wichtigkeit altsprachlicher Bildung) Erasmus: *De libero arbitrio*, gegen Luther gerichtet Juan Luis Vives (1492–1540): *De institutione feminae Christianae*
1525	Luther: *De servo arbitrio* (Entgegnung auf Erasmus) Albrecht Dürer (1471–1528) *Underweysung der messung mit dem Zirckel und richtscheyt*, 1532 ins Lateinische übersetzt
1526	Melanchthon: *Grammatica Latina* (grundlegend bis ins 18. Jh.)
1528	Kursächsische Schulordnung Melanchthons Erasmus: Dialog *De recta Latini Graecique sermonis pronuntiatione*, Phonetik der alten Sprachen
1529	Gulielmus Gnapheus (1493–1568): *Acolastus*, viel gespielte protestantische Schulkomödie über den verlorenen Sohn
1530	*Confessio Augustana*, protestantische Bekenntnisschrift, verfasst von Melanchthon
1532	Johannes Calvin (1509–64): Kommentar zu Senecas *De clementia*
1534	Gründung der Gesellschaft Jesu durch Ignatius von Loyola (1491–1556), 1540 vom Papst offiziell anerkannt
1536	Tod des Johannes Secundus (geb. 1511), Dichter der *Basia*
1538	Johannes Sturm: *De litterarum ludis recte aperiendis*, Programmschrift des Straßburger Gymnasiums
1540	Simon Lemnius (1511–50): *Monachopornomachia*, pornographisches Schmähgedicht gegen Luther und seine Freunde
1543	Nikolaus Kopernikus (1473–1543): *De Revolutionibus Orbium Coelestium*
1545–63	**Beginn der katholischen Gegenreformation** Konzil von Trient (Tridentinum)
1548	Livinus Brechtus (1502/03–60): *Euripus*, später meistgespielte Tragödie auf der Jesuitenbühne

1549	Joachim du Bellay (Bellaius): *Deffence et illustration de la langue Francoyse*
1555	Augsburger Religionsfrieden Petrus Canisius SJ (1521–97): *Summa doctrinae Christianae*, katholischer Katechismus
1560	Tod des Elegiendichters Petrus Lotichius Secundus (geb. 1528)
1561	Julius Caesar Scaliger (1484–1558): *Poetices libri septem* (postum), lange Zeit maßgebend
1566	Erster *Catechismus Romanus* (auf der Grundlage des Tridentinum)
1568–98	Blütezeit des Münchner Jesuitentheaters, gefördert von den Herzögen Albrecht V. und Wilhelm V.
1572	Tod des Philologen und Philosophen Petrus Ramus (geb. 1515) Emmanuel Alvarus SJ: *Institutiones grammaticae*, Schulgrammatik der Jesuiten
1574	Tod des Dichterphilologen Joachim Camerarius (geb. 1500)
1578	Nicodemus Frischlin (1547–90): *Priscianus vapulans*, protestantische Schulkomödie
1587	Franciscus Sanctius (Sanchez): *Minerva seu de causis linguae Latinae*, eigenwillige, berühmte Lateingrammatik
1587/1590	Jacobus Gretser SJ (1562–1625): *Regnum Humanitatis*, zwei Schulkomödien, inspiriert von Nicodemus Frischlin
1597	Jacobus Gretser SJ/Matthaeus Rader SJ (?): *Triumphus Divi Michaelis* (Spektakeldrama) und *Trophaea Bavarica* (Festschrift) zur Einweihung der Münchner Jesuitenkirche St. Michael
1597–1651	Regierungszeit Herzog (ab 1623/28 Kurfürst) Maximilians I. von Bayern
1599	*Ratio studiorum*: endgültige Fassung des allgemeinen Lehrplans für Jesuitenschulen und -universitäten
ab Anfang 17. Jh.	**Allmählicher Rückgang des Lateinischen als Sprache der Wissenschaft**
1602	Erstaufführung von Jacobus Bidermanns SJ (1578–1639) *Cenodoxus* in Augsburg, wiederaufgeführt in München 1609

1606	Tod des umstrittenen Klassischen Philologen, Philosophen und Dichters Justus Lipsius (geb. 1547)
1609	Johannes Kepler (1571–1630): *Astronomia Nova*
1610	Galileo Galilei (1564–1642): *Sidereus Nuncius*
1612	Wolfgang Ratichius (Ratke, 1571–1635) formuliert in seinem *Memorial* Ideen zur Bildungsreform und fordert Deutsch als Wissenschaftssprache.
1617	Martin Opitz (1597–1639): *Aristarchus sive de contemptu linguae Teutonicae*
1618–48	Dreißigjähriger Krieg
1619	Kepler: *Harmonice Mundi*
1621	John Barclay (1582–1621): *Argenis*, viel gelesener politischer Schlüsselroman
1624	Jacobus Balde (1604–68): Bekehrungserlebnis und Eintritt in den Jesuitenorden Opitz: *Buch von der Deutschen Poeterey*
Ende 1627	Balde (zusammen mit seinen Schülern am Münchner Jesuitengymnasium): Emblemzyklus *De Dei et mundi amore*
Anfang 1628	Balde: Schulaufführung von *Regnum poetarum* (zwölf altrömische Dichter kommentieren die Anfänge des Dreißigjährigen Kriegs)
1. Okt. 1629	Aufführung von Baldes Komödie *Iocus serius* in Innsbruck
1632	Galilei: *Dialogo sopra i due massimi sistemi*, lateinische Fassung 1635
1636	Balde: *De vanitate mundi*, lateinisch-deutsches Erfolgsgedicht
1637	René Descartes (Cartesius, 1596–1650): *Discours de la méthode*, lateinische Fassung 1644
1638	Tod Jeremias Drexels SJ (geb. 1581), religiöser Erfolgsschriftsteller vor allem in lateinischer Sprache Balde: *Agathyrsus*, Preislied auf die Magerkeit; Balde gründet in München einen Magerkeitsverein *(Congregatio Macilentorum)*.
1643	Balde: *Lyrica* und *Sylvae*, lyrische Dichtung in horazischen Maßen
1644	Descartes: *Principia philosophiae* mit dem Kernsatz *Cogito, ergo sum*

1648	Westfälischer Friede, in lateinischer Sprache geschlossen
1654	Balde: *Jephtias* (Druckbearbeitung der 1637 aufgeführten Tragödie)
1657	Balde: *Contra abusum tabaci*, Satire gegen Nikotinmissbrauch
1658	Johann Amos Comenius (1592–1670): *Orbis sensualium pictus*, erfolgreichstes Lateinbuch der Neuzeit
1663	Balde: *Urania victrix*, elegischer Briefroman im Stil Ovids
1664	Balde: *Expeditio polemico-poetica*, Feldzug der Humanisten, unterstützt von den altrömischen Dichtern, gegen die Burg der *Ignorantia*
1681	In Deutschland erscheinen erstmals mehr deutsche als lateinische Bücher.
1687	Isaac Newton (1643–1727): *Philosophiae Naturalis Principia Mathematica* Christian Thomasius (1655–1728) kündigt an der Universität Leipzig erste Vorlesung in deutscher Sprache an.
1703	Joachim Lange (1670–1744): *Hallische Grammatik*, Lateingrammatik, verfasst in deutscher Sprache
1704	Newton: *Opticks*
1730–34	Johannes Matthias Gesner (1691–1761) Rektor der Leipziger Thomasschule; Freund Johann Sebastian Bachs; »Großvater« des Neuhumanismus
1735	Carl von Linné (1707–78): *Systema naturae*, erste Ausgabe
1741	Ludvig (Ludovicus) Holberg (1684–1754): *Nicolai Klimii Iter subterraneum*, Science-Fiction-Roman
1742	Tod des Philologen Richard Bentley (geb. 1662), überragend als Textkritiker, Metriker, Echtheitskritiker
ab 1745	Publikationen der Preußischen Akademie, Berlin, in französischer Sprache (seit 1710 lateinisch, ab 1788 auch deutsch)
1748	Leonhard Euler (1707–83): *Introductio in Analysin Infinitorum*
1754	Tod Christian Wolffs (geb. 1679), Urheber einer philosophischen Terminologie in deutscher Sprache
1755	**Beginn des Neuhumanismus im Zeichen Griechenlands**

Johann Joachim Winckelmann (1717–68): *Gedanken über die Nachahmung der griechischen Werke*

1756   Friedrich Gottlieb Klopstock (1724–1803): *Von der Nachahmung des griechischen Sylbenmaßes im Deutschen*
Immanuel Kant (1724–1804): *Monadologia physica*

1766   Christian Adolph Klotz (1738–71): *Carmina omnia*, letztes repräsentatives Werk eines lateinischen Dichterphilologen

1767   Johann Gottfried Herder (1744–1803): *Fragmente zur Deutschen Literatur*, jugendlicher Geniestreich, mit Abwertung aller Latinität
Salzburger Uraufführung von Wolfgang Amadeus Mozarts (1756–91) Oper *Apollo et Hyacinthus* nach einem Text von P. Rufinus Widl (13. Mai)

1768   Bernardus Zamagna SJ: *Navis aeria*, Lehrgedicht über die Luftfahrt

1774   Johannes Bernhard Basedow (1724–90), »philanthropischer« Reformpädagoge: *Elementarwerk*, bebildert, auch zur Erlernung des Lateinischen
Johann Wolfgang Goethe (1749–1832): *Die Leiden des jungen Werthers* (wie Goethe schwärmt Werther von Homer im Urtext)

1779   François André Philidor (1726–95): *Carmen saeculare*, Oratorium, größte Vertonung eines antiken Texts in der Neuzeit

1789   Französische Revolution

1791   Luigi Galvani (1737–98): *De Viribus Electricitatis Artificialis*

1793   Wilhelm von Humboldt (1767–1835): *Über das Studium des Alterthums und des griechischen insbesondere*

1793–97   Herder: *Briefe zur Beförderung der Humanität* (wichtig für den später geprägten Begriff des »Humanismus«)

1795   Friedrich August Wolf (1759–1824): *Prolegomena ad Homerum* (revolutionäres Muster moderner kritischer Philologie)

1802   Friedrich Gedike (1754–1803): *Über den Begriff einer gelehrten Schule* (grundlegend für Theorie der formalen Bildung)

1805   Goethe: *Winckelmann und sein Jahrhundert*

1807   F. A. Wolf: *Darstellung der Alterthums-Wissenschaft* (Goethe gewidmet)

1808	Friedrich Immanuel Niethammer (1766–1848): *Der Streit des Philanthropinismus und Humanismus in der Theorie des Erziehungs-Unterrichts unserer Zeit* (prägt das Wort »Humanismus«)
1809	W. v. Humboldt wird Direktor der Sektion für Unterricht und Kultus am Berliner Innenministerium: *Königsberger* und *Litauischer Schulplan* Carl Friedrich Gauß (1777–1855): *Theoria Motus Corporum Coelestium*
1810	Gründung der Berliner Universität (heute Humboldt-Universität)
1811	Reinhold Bernhard Jachmann (1767–1843): *Über das Verhältnis der Schule zur Welt* (extreme Zuspitzung der neuhumanistischen Bildungsidee)
1816	**Latein dominiert wieder im deutschen Gymnasium** Preußischer Lehrplan (weithin nach den Ideen Humboldts, mit hoher Stundenzahl auch für Griechisch)
1817	Miguel Maria Olmo: *De lingua Latina colenda et civitate Latina fundanda,* Plan eines Latein sprechenden Staates (datiert 1816)
1826–30	Friedrich Thiersch (1784–1860), »Humboldt des Südens«: *Über gelehrte Schulen, mit besonderer Rücksicht auf Bayern*
1830	Arthur Schopenhauer (1788–1860): *Theoria colorum physiologica* Jacob Grimm (1785–1863): *De desiderio patriae,* Göttinger Antrittsrede zum Lob der neueren deutschen Literatur
1835	Karl Marx (1818–83): lateinischer Abituraufsatz
bis 1848	In Ungarn dient Latein als Parlaments- und Verwaltungssprache.
1850	Karl Lachmann (1793–1851): *In Lucretii De Rerum Natura Libros Commentarius,* Muster moderner lateinischer Philologie
1854–56	Theodor Mommsen (1817–1903): *Römische Geschichte* (erste Auflage in drei Bänden), für die er 1902 den Nobelpreis für Literatur erhält
1859	Georg Voigt (1827–91): *Die Wiederbelebung des classischen Alterthums* (macht »Humanismus« zum Epochenbegriff)
ab 1863	Das von Mommsen, dem fruchtbarsten Latinisten der Neuzeit, konzipierte *Corpus Inscriptionum Latinarum* wird

	als erstes arbeitsteiliges Großunternehmen auf dem Gebiet der lateinischen Philologie begründet.
1871	Gründung des Deutschen Reichs
1872	Friedrich Nietzsche (1844–1900): Vorträge *Über die Zukunft unserer Bildungs-Anstalten* (Kritik am Rückgang des humanistischen Ideals) Beginn des »Kulturkampfs«; Wilhelm Busch (1832–1908): *Pater Filuzius* (verhöhnt Jesuiten)
1876	Peter Esseiva (1823–99) gewinnt den lateinischen Dichterwettbewerb *Certamen Hoeufftianum*.
1889–95	**Beginn der Latin-vivant-Bewegung (Latinitas viva)** Der Jurist Karl Heinrich Ulrichs (1825–95) gibt die lateinische Zeitschrift *Alaudae* heraus.
1890	**Beginn des Lateinabbaus am Gymnasium** Antihumanistische Rede Kaiser Wilhelms II. zur Eröffnung der Preußischen Schulkonferenz (4. Dezember)
1892	Neue preußische Lehrpläne Ulrich von Wilamowitz-Moellendorff (1848–1931), größter Gräzist der Neuzeit, hält eine Festrede über *Philologie und Schulreform*, in der er den Rückzug der wissenschaftlichen Philologie vom Gymnasium begründet.
ab 1898	Papst Leo XIII. (1878–1903), Meister lateinischer Prosa und Poesie, gibt die Zeitschrift *Vox Urbis* heraus.
1900	Erster Faszikel des *Thesaurus linguae Latinae* in München (durch Zusammenarbeit der Latinisten Eduard Woelfflin und Friedrich Leo) Einweihung der rekonstruierten römischen Saalburg mit Wilhelm II. Neue Preußische Schulkonferenz; mit Stellungnahme von Wilamowitz-Moellendorff, in der er eine Neuorientierung des altsprachlichen Unterrichts als historischer Bildung unter Aufgabe des humanistischen Ideals fordert Das Realgymnasium erstreitet für seine Absolventen den Zugang zur Universität.
1902	Ludwig Traube (1861–1907) erhält in München den ersten Lehrstuhl für lateinische Philologie des Mittelalters.
1903	Richard Heinze (1867–1929): *Virgils epische Technik* (eröffnet neue Sicht auf den Eigenwert der römischen Literatur)

1905	Felix Jacoby (1876–1959): *Zur Entstehung der römischen Elegie* (erweist römischen Ursprung einer für hellenistisch gehaltenen Gattung)
1911	Giovanni Pascoli (1855–1912): *Thallusa*, letztes Meisterwerk christlich-romantischer Kleinepik des italienisch-lateinischen Dichterphilologen
1914–18	Erster Weltkrieg
1917	Oktoberrevolution: Ende des Lateinunterrichts in Russland (bis 1989)
1922	Benito Mussolinis (1883–1945) Marsch auf Rom und Machtergreifung: Bekenntnis zur »Romanità«
1925	Georg Capellanus: *Sprechen Sie Lateinisch?* (erste Auflage), Meisterwerk eines modernen lateinischen Konversationsführers
1925–26	Adolf Hitler (1889–1945): *Mein Kampf*, 2 Bde., mit lauwarmem Bekenntnis zu humanistischer Bildung und Latein
1927	Igor Strawinsky (1882–1971): Opernoratorium *Oedipus Rex* in lateinischer Sprache
1933	Machtergreifung der Nationalsozialisten in Deutschland: Amtsenthebung und Vertreibung jüdischer oder missliebiger Lateinprofessoren
1937	Carl Orff (1895–1982): *Carmina Burana*, wird in den fünfziger Jahren zum Welterfolg. Mussolini lässt am 23. September den Geburtstag des Augustus *(Bimillenario Augusteo)* feiern.
1937–38	Im Zuge der nationalsozialistischen Schulreformen in Deutschland wird die (für Oberschulen verbindliche) Lateinbildung reduziert.
1939–45	Zweiter Weltkrieg
1943	Orff: *Catulli Carmina* (extrem eigenwilliger Umgang mit lateinischem Sprachrhythmus)
1955	Theodor Litt: *Das Bildungsideal der deutschen Klassik und die moderne Arbeitswelt* (scharfe Kritik am Neuhumanismus) Hans H. Ørberg: *Lingua Latina per se illustrata* (erste Fassung), lateinisches Lehrbuch nur in Latein
1956	Internationaler Kongress in Avignon *Pour le Latin vivant*, gegen 200 Teilnehmer

1959	Mit Einführung der *Polytechnischen Oberschule* in der DDR wird der Lateinunterricht extrem reduziert.
1961	Josef Eberle (1901–86), Dichter und Journalist, gibt *Viva Camena*, eine Anthologie der lateinischen Dichtung des 20. Jahrhunderts, heraus.
1962	Josef Eberle wird vom Rektor der Universität Tübingen zum Dichter (P. L.) gekrönt. Harry C. Schnur (C. Arrius Nurus, 1907–79): *Vallum Berolinense*, menippeische Satire über einen Besuch der Berliner Mauer
1962–65	2. Vatikanisches Konzil: In der Folge wird eine Reduktion der lateinischen Messe beschlossen.
1964	Der Altphilologe Georg Picht ruft die »Bildungskatastrophe« aus: Dies führt zur Explosion der deutschen Gymnasialbildung. Gründung der *Academia Latinitati Fovendae* in Rom, veranstaltet seit 1966 regelmäßig internationale lateinische Kongresse.
1965	Erstausgabe der *Vox Latina*, beliebteste Lateinzeitschrift Deutschlands
1967	Saul B. Robinsohn (1916–72): *Bildungsreform als Revision des Curriculum*, humanismuskritische Schrift, alarmiert die deutschen Lateindidaktiker.
1968	Tod Friedrich Klingners (geb. 1894), führender Latinist der Nachkriegszeit (*Römische Geisteswelt*, zuerst 1943) Papst Paul VI.: *Humanae vitae* (»Pillenenzyklika«), z. T. in fragwürdigem Latein Studentenrevolution: führt zu radikaler Reduktion des als »antidemokratisch« erklärten Latein in Frankreich.
1971	Der Deutsche Altphilologenverband erstellt (in Reaktion auf Robinsohn 1967) einen *Katalog von Fachleistungen Latein*: z. T. als »kopernikanische Wende« der Lateindidaktik gefeiert.
1977	4. Kongress der *Academia Latinitati Fovendae* in Dakar unter dem Vorsitz des senegalesischen Staatspräsidenten (1960–80) Léopold Senghor, Dichter und Latinist Jozef IJsewijn (1932–98): *Companion to Neo-Latin Studies* (erste Ausgabe), Hauptwerk des »Vaters« der neulateinischen Philologie
1983–93	Musikalisch-lateinische Festspiele *LVDI LATINI* in

	Ellwangen (1983), Augsburg (1985 zur Zweitausendjahrfeier), Freising (1986), München (1993 als *Ludi Horatiani*); in den Jahren 1988–90 als *Scholae Frisingenses*, mit eingeschränktem Öffentlichkeitsprogramm
1984	Tod Jan Nováks (geb. 1921) in Neu-Ulm, größter Lateinkomponist wahrscheinlich seit Ende des Altertums (Betreuung seines Werks durch die Münchner *Sodalitas LVDIS LATINIS faciundis* e. V., gegr. 1984)
	Nicholas Lens (geb. 1957): *Flamma flamma*, Oratorium, als erster Teil eines dreiteiligen lateinischen Werks (macht den Komponisten weltberühmt)
1985	Novák: *Cantica Latina* (postum), 50 Liedtexte von Plautus bis zur Gegenwart
1986	Tuomo Pekkanen: *Kalevala Latina*, Übersetzung des Nationalepos (im Staatsauftrag)
26. Okt. 1986	Lateinisches Interview mit Kultusminister Hans Maier im Bayerischen Fernsehen
1988	Tod des bayerischen Ministerpräsidenten Franz Josef Strauß (geb. 1915), studierter Altphilologe und bekennender Lateinenthusiast
seit 1989	In Russland wird im Zuge der »Perestroika« wieder Lateinunterricht an den Schulen zugelassen.
	Lateinische Nachrichten *(nuntii Latini)* des finnischen Rundfunks
seit 1990	Wiederherstellung des Lateinunterrichts in den Ländern der ehemaligen DDR, erschwert durch Mangel an Lehrern
1992	Altrömische Einweihung *(dedicatio)* des Römermuseums Rottweil mit antiker Opferzeremonie, führt zu kirchlichen Protesten.
	Karl Egger (Vatikan): *Lexicon recentis Latinitatis*, Bd. 1 (Bd. 2: 1997)
2001	Isidor von Sevilla wird Schutzpatron des Internets.
11. Sept. 2001	Uraufführung von Nováks *Politicon* in München, zeitgleich mit Terrorangriff auf das World Trade Center in New York
2005	Papst Benedikt XVI.: Enzyklika *Deus est caritas*
	Wilhelm Pfaffel: *Armilla*, internationaler lateinischer Sprachlehrfilm
2006	11. Kongress der *Academia Latinitati Fovendae* in Spanien
	Wöchentlicher lateinischer Newsletter der finnischen Regierung (erstmals schon 1999)

CATALOGUS LIBRORUM
LITERATURHINWEISE

Diese Hinweise sind grundsätzlich nicht für den philologisch-historischen Fachmann, sondern für den interessierten Laien bestimmt. So sind hier keine wissenschaftlichen Textausgaben und Kommentare, sondern fast durchweg zweisprachige, meist lateinisch-deutsche Textausgaben verzeichnet worden. Deutschen Titeln ist gegenüber fremdsprachigen der Vorzug gegeben. Aus Raumgründen sind die bibliographischen Angaben auf das Notwendigste beschränkt; so werden Untertitel nur aufgenommen, wenn sie zum Verständnis des Obertitels unentbehrlich sind.

INTROITUS: WOZU LATEIN? WOZU DIESES BUCH?

Eine gut verständliche, mitreißende **Einführung** gibt immer noch Jules Marouzeau, *Das Latein: Gestalt und Geschichte einer Weltsprache* (zuerst franz. 1941), München (dtv) 1969 (mit ausgezeichneter, wenn auch veralteter Bibliographie); nüchterner und sehr elementar jetzt Tore Janson, *Latein: Die Erfolgsgeschichte einer Sprache* (zuerst schwed. 2002), Hamburg 2006; eigenwillig, unsystematisch: Joseph Farrell, *Latin Language and Latin Culture: From Ancient to Modern Times*, Cambridge 2001. Vgl. auch Karl Büchner (Hg.): *Latein und Europa: Traditionen und Renaissancen*, Stuttgart 1978. Kennern sei empfohlen: Io. Georgius Walchius, *Historia critica Latinae linguae*, Leipzig [2]1729.

Zur **Gesamtgeschichte** speziell der Sprache: Johannes Kramer, »Geschichte der lateinischen Sprache«, in: Fritz Graf (Hg.), *Einleitung in die lateinische Philologie*, Stuttgart/Leipzig 1997, 113–162 (verzeichnet die wichtigsten Grammatiken und wissenschaftlichen Standardwerke, die hier nicht angeführt werden); Oswald Szemerényi, »Latein in Europa«, in: Büchner (wie oben), 26–46; Heiner Eichner u. a., »Geschichte der lateinischen Sprache von den Anfängen bis in die Gegenwart«, in: Stowasser, *Lat.-dt. Schulwörterbuch*, neu bearb. v. A. Christ u. a., München 1994, VII-XXXXII (knapp und gediegen).

Ein hilfreiches **Lexikon** für alle lateinischen Texte ist (neben dem *Thesaurus* natürlich, vgl. S. 284) Karl Ernst Georges, *Ausführliches lateinisch-deut-*

sches Handwörterbuch, Hannover/Leipzig [8]1913 (Ndr.), wo aber nur die Sprache des Altertums aufgearbeitet ist. Nur bis etwa 200 n. Chr. gehen die Belege in dem sehr übersichtlichen *Oxford Latin Dictionary*, Oxford 1968–82. Für bescheidene Bedürfnisse (besonders auf Reisen) empfiehlt sich *Langenscheidts Großes Schulwörterbuch Lateinisch-Deutsch*, Berlin u. a. [5]2006 (berücksichtigt auch Mittel- und Neulateinisches).

Zum Fortleben der **Sprache in der Neuzeit**: Horst Haider Munske/Alan Kirkness (Hg.), *Eurolatein: Das griechische und lateinische Erbe in den europäischen Sprachen*, Tübingen 1996. Speziell zum Deutschen: Bernhard Kytzler/Lutz Redemund: *Unser tägliches Latein: Lexikon des lateinischen Spracherbes*, Mainz [5]1997; Karl-Wilhelm Weeber, *Romdeutsch: Warum wir alle Lateinisch reden, ohne es zu wissen*, Frankfurt/M. 2006 (mit Lit.). Zur Wissenschaftssprache: Gerhard Ahrens, *Naturwissenschaftliches und medizinisches Latein*, Leipzig [5]1975. Populärer, amüsanter Gesamtüberblick: Carl Vossen, *Mutter Latein und ihre Töchter: Europas Sprachen und ihre Herkunft*, Düsseldorf [14]1999 (nützlich zu den romanischen Sprachen).

Lateinische Redensarten werden erläutert im Standardwerk von Georg Büchmann, *Geflügelte Worte*, das man aber in ungekürzten Auflagen heranziehen sollte; mir vorliegend die gute Bearbeitung von Alfred Grunow, Berlin [31]1964 (mir unbekannt etwa: München [42]2001). Vgl. jetzt in neuester Bearbeitung Klaus Bartels, *Veni vidi vici*, Mainz [11]2006 (zuerst 1966). Vergleichbare Sammlungen sind Legion (vgl. Bartels, a. a. O., 203 ff.). Unübertroffen (mit 10 000 Einträgen und detaillierten Nachweisen) bleibt Renzo Tosi, *Dizionario delle sentenze latine e greche*, Mailand [15]2003. Nur für die Neuzeit (15.–20. Jahrhundert): Christian Helfer, *Crater dictorum*, Saarbrücken [2]1995. Für wissenschaftliche Zwecke: A. Otto, *Die Sprichwörter und sprichwörtlichen Redensarten der Römer*, Leipzig 1890 (Ndr. 1965). Immer noch lesenswert sind die *Adagia* des Erasmus, vgl. S. 190f.

Die gängigen Argumente für den **Lateinunterricht** referiert eindringlich Karl-Wilhelm Weeber, *Mit dem Latein am Ende?*, Göttingen 1998 (mit etwas einseitiger Hervorhebung des formalbildenden Werts). Literatur findet man in: Andreas Müller/Markus Schauer, *Bibliographie für den Lateinunterricht: Clavis Didactica Latina*, Bamberg 1994, 28–60; Dieter Gerstmann, *Bibliographie: Lateinunterricht, Didaktik* […], Paderborn 1997, 141ff., 146f. Vgl. die Hinweise S. 375.

AB OVO! – LATEIN AUS DEM EI GEPELLT

Als Einführungen in die Geschichte der **antiken lateinischen Sprache** sind neben dem Abriss von Johannes Kramer (s. oben S. 347) immer noch zu empfehlen: Leonard R. Palmer, *Die lateinische Sprache*, Hamburg 1990 (zuerst engl. 1954), Paperbackausg. 2000, und Giacomo Devoto, *Geschichte der Sprache Roms*, Heidelberg 1968 (zuerst ital. 1939). Anspruchsvoll und nicht sehr übersichtlich ist jetzt Paolo Poccetti/Diego Poli/Carlo Santini, *Eine Geschichte der lateinischen Sprache*, Tübingen/Basel 2005 (zuerst ital. 1999). Wissenschaftliche Grammatiken zu nennen, ist hier nicht der Ort. Das bewährte deutsche Schulbuch ist Hans Rubenbauer/J. B. Hofmann/Rolf Heine, *Lateinische Grammatik*, Bamberg u. a. (1975) [11]1989; weiterführend für Studierende: Hermann Menge, *Lehrbuch der lateinischen Syntax und Semantik*, völlig neu bearbeitet von Thorsten Burkard und Markus Schauer, Darmstadt 2000. Umfassende Literaturangaben: Fabio Cupaiuolo, *Bibliografia della lingua latina (1949–1991)*, Neapel 1993.

Zur **Eigenart** der Sprache: Nicht ersetzt (obwohl in manchem anfechtbar) ist F. Oskar Weise, *Charakteristik der lateinischen Sprache*, Berlin/Leipzig [4]1909. Vgl. besonders Otto Seel, *Römertum und Latinität*, Stuttgart 1964, 416–585.

Gegen die Echtheit der *fibula Praenestina* vgl. etwa Raimund Pfister, »Zur gefälschten Maniosinschrift«, in: *Glotta* 61, 1983, 105–118. Zu den *Fauni* als ältesten Lateinsprechern: Wilfried Stroh, »Vom Faunus zum Faun: Theologische Beiträge von Horaz und Ovid«, in: Werner Schubert (Hg.), *Ovid: Werk und Wirkung* (Festgabe M. v. Albrecht), Frankfurt/M. 1999, 559–612.

Zur Geschichte der **römischen Expansion** ist zu vergleichen die immer noch klassische Gesamtdarstellung von Alfred Heuß, *Römische Geschichte* ([2]1964), Paderborn [6]1998 (= [8]2001); zum römischen Imperialismus: Heinz Haffter, *Römische Politik und römische Politiker*, Heidelberg 1967, 1 ff., 39 ff.; Ernst Badian, *Römischer Imperialismus* (zuerst engl. 1968), Stuttgart 1980. Instruktiv zu den einzelnen Provinzen: Tilmann Bechert, *Die Provinzen des Römischen Reiches*, Mainz 1999.

Das Verhältnis der Römer zur **griechischen Sprache** wird material- und gedankenreich behandelt von Thorsten Fögen, *Patrii sermonis egestas: Einstellungen lateinischer Autoren zu ihrer Muttersprache*, München/Leipzig 2000.

Wertvoll bleibt Wilhelm Kroll, »Römer und Griechen«, in: W. K., *Studien zum Verständnis der römischen Literatur*, Stuttgart 1924 (Ndr. 1964), 1–23.

LITTERAE LATINAE – LATEIN WIRD LITERARISCH

Wichtige **Texte** bis zum Ende der Antike erschließt zweisprachig: Michael von Albrecht (Hg.), *Die römische Literatur in Text und Darstellung*, 5 Bde., Stuttgart (Reclam) 1985–91; darin vorzüglich: Hubert u. Astrid Petersmann (Hg.), *Republikanische Zeit I: Poesie*, 1991 (auch Vorliterarisches); Anton D. Leeman, *Republikanische Zeit II: Prosa*, 1985. Eine immer noch wertvolle, kommentierte Auswahl vor allem für Studenten bieten Ludwig Voit / Hans Bengl (Hg.), *Römisches Erbe*, 2 Bde., München 1961. Zum **Außerliterarischen**: Arthur E. Gordon, *Illustrated Introduction to Latin Epigraphy*, Berkeley u. a. 1983; Leonhard Schumacher (Hg.), *Römische Inschriften, Lateinisch / Deutsch*, Stuttgart (Reclam) 1988; Rudolf Wachter, *Altlateinische Inschriften*, Bern u. a. 1987 (bis 150 v. Chr.); Alf Önnerfors, *Antike Zaubersprüche – zweisprachig*, Stuttgart (Reclam) 1991.

Eine zweisprachige Gesamtausgabe des **Plautus** in 6 Bänden (übers. u. komm. v. Peter Rau) wurde im Herbst 2006 angekündigt von der Wissenschaftlichen Buchgesellschaft Darmstadt. Sonst ist man fürs Deutsche angewiesen auf Einzelausgaben (vor allem bei Reclam) und die Gesamtübersetzung (Plautus und **Terenz**) von Walther Ludwig (Hg.), *Antike Komödien*, Darmstadt 1978 u. ö. (nach Übersetzungen von Wilhelm Binder, 1864 ff. und J. J. C. Donner, 1864).

An umfassenden neueren **römischen Literaturgeschichten** in deutscher Sprache sind, neben den älteren wissenschaftlichen Handbüchern, die hier nicht aufgeführt werden (vgl. aber S. 356), zu nennen: Manfred Fuhrmann, *Geschichte der römischen Literatur*, Stuttgart 1999, leicht aktualisierte Taschenbuchausg. 2005 (ohne Spätantike); Michael von Albrecht, *Geschichte der römischen Literatur*, 2 Bde., München u. a. (1990) [2]1994 (auch als Taschenbuch, eigenwillig, geistreich); E. J. Kenney (Hg.), *The Cambridge History of Classical Literature*, Bd. 2: *Latin Literature*, Cambridge u. a. 1982. Knapp, aber gediegen: Ludwig Bieler, *Geschichte der römischen Literatur*, 2 Bde., Berlin / NewYork (1960) [4]1980; trotz Einseitigkeit wertvoll: Eduard Norden, *Die römische Literatur* (1910), Stuttgart / Leipzig [7]1998 (= [3]1927, bibliographisch ergänzt von B. Kytzler). Lesenswert sind immer noch die geistsprühenden literaturgeschichtlichen Exkurse in Mommsens *Römischer Geschichte* (s. oben S. 253). Zur **Prosa** (hochgelehrt, aber einseitig): Eduard Norden, *Die antike Kunstprosa vom VI. Jahrhundert v. Chr. bis in die Zeit der Renaissance,* (zuerst 1898) Stuttgart [10]1995, dort S. 156–343 (römische Antike bis Tacitus). Umfassend informativ: Kroll, *Studien* (s. S. 350). Populär, aber tiefdringend: Friedrich Klingner, *Römische Geisteswelt*, München [5]1965, Ndr. 1979 (Einzelaufsätze).

Die **ältere Literatur** erschließt jetzt grundlegend Werner Suerbaum (Hg.), *Die archaische Literatur: Von den Anfängen bis Sullas Tod*, München 2002; ein Meisterwerk bleibt Friedrich Leo, *Geschichte der römischen Literatur*, Bd. 1: *Die archaische Literatur*, Berlin 1913 (Ndr. 1967, mehr nicht erschienen). Zur Frühgeschichte: Gregor Vogt-Spira (Hg.), *Studien zur vorliterarischen Periode im frühen Rom*, Tübingen 1989.

Informativ zum älteren römischen **Drama** sind besonders William Beare, *The Roman Stage* (1950), London [3]1964 (Ndr.), und Eckard Lefèvre (Hg.), *Das römische Drama*, 1978 (mit wertvollen Beiträgen bes. von Jürgen Blänsdorf). Die von Lefèvre und seinen Schülern in zahlreichen Arbeiten (s. etwa Lore Benz u. a. [Hg.], *Plautus und die Tradition des Stegreifspiels*, Tübingen 1995) vertretene Ansicht, dass Plautus, beeinflusst durch ein Improvisationstheater der Römer, sehr frei mit seinen griechischen Quellen umgehe, ist höchst umstritten. Ausgangspunkt für dieses Verständnis von Plautus war Eduard Fraenkel, *Plautinisches im Plautus*, Berlin 1922; fundiert zum Problem: Konrad Gaiser, »Zur Eigenart der römischen Komödie: Plautus und Terenz gegenüber ihren griechischen Vorbildern«, in: *Aufstieg und Niedergang der römischen Welt* I 2, 1972, 1027–1113. Neue Wege des Verständnisses wies der Verfasser der berühmten *Love Story*: Erich Segal, *Roman Laughter: The Comedy of Plautus*, Cambridge 1968, New York 1971 ([2]1987). Leider fast vergessen ist: Josef L. Klein, *Geschichte des griechischen und römischen Drama's*, Bd. 2, Leipzig 1874. Umfassend zu den **Spielen** der Römer: Eckart Köhne / Cornelia Ewigleben (Hg.), *Caesaren und Gladiatoren: Die Macht der Unterhaltung im antiken Rom*, Mainz 2000.

NON HOMINIS NOMEN – DAS WUNDER CICERO

Zu Cicero, der wohl am besten bekannten Persönlichkeit der heidnischen Antike, gibt es keine ganz umfassende **Monographie**, die ihrem Gegenstand gerecht würde, aber zwei vorzügliche, schon ältere Einführungen: Th(addaeus) Zielinski, *Cicero im Wandel der Jahrhunderte*, Leipzig/Berlin [4]1929 (Ndr. 1973 = [3]1912), erschließt vor allem den Philosophen und Redner Cicero von seiner Wirkungsgeschichte her; Otto Plasberg, *Cicero in seinen Werken und Briefen*, Leipzig 1926 (Ndr. 1962), bringt Cicero als Menschen nahe. Neuere Gesamtdarstellungen stammen von Manfred Fuhrmann, *Cicero und die römische Republik*, München/Zürich 1989 (versch. Taschenbuchausgaben, zuletzt Düsseldorf 2005); Marion Giebel, *Marcus Tullius Cicero*, Reinbek (1977) [15]2004 (rowohlts monographien), mit Lit. Vor allem die Briefe sind ausgewertet in der Biographie von D. R. Shackleton Bailey, *Cicero*, London 1971. Cicero als Politiker ist grundlegend behandelt von Matthias Gelzer, *Cicero: Ein biographischer Versuch*, Wiesbaden 1969; weitergeführt und korrigiert von Christian Habicht, *Cicero der Politiker*, München 1990. Knapp, aber wertvoll ist Jürgen Graff, *Ciceros Selbstauffassung*, Heidelberg 1963. Cicero wurde gelegentlich auch Romanheld, zuletzt in dem Bestseller von Robert Harris, *Imperium*, München 2006 (engl. 2006).

Ciceros **Reden** liegen vor in der deutschen Gesamtübersetzung von Manfred Fuhrmann, 7 Bde., Zürich/München 1970–82 (z. T. in 2. Aufl., 1982–85); einige davon zweisprachig in: *Meisterreden*, a. a. O., 1983. Viele zweisprachige Ausgaben enthält sonst vor allem die Reclam-Bibliothek. Statt einer umfassenden Würdigung des Redners Cicero, die in neuerer Zeit niemand mehr versucht hat, gibt es jetzt den Sammelband von Jonathan Powell/Jeremy Paterson, *Cicero the Advocate*, Oxford 2004 (mit vorzüglicher Einleitung); vgl. auch Walther Ludwig (Hg.), *Éloquence et rhétorique chez Cicéron*, Vandœuvres 1982. Eine allgemeine Einführung: Wilfried Stroh, »Worauf beruht die Wirkung ciceronischer Reden?« (zuerst 1992), in: W. St., *Apocrypha: Entlegene Schriften*, Stuttgart 2000, 43–63. Ausgewählte Reden sind interpretiert bei: Christoff Neumeister, *Grundsätze der forensischen Rhetorik*, München 1964; Wilfried Stroh, *Taxis und Taktik*, 1974 (dort S. 55–79 zu *Pro Roscio Amerino*); Carl Joachim Classen, *Recht – Rhetorik – Politik*, Darmstadt 1985; Claude Loutsch, *L'exorde dans les discours de Cicéron*, Brüssel 1994. Umfassend zu Ciceros Sprachstil: Michael von Albrecht, *Cicero's Style*, Leiden/ Boston 2003.

Die **philosophischen** und **rhetorischen Schriften** sowie die **Briefe** sind alle in zweisprachigen Ausgaben zugänglich in der SammlungTusculum, vieles auch bei Reclam. Zweisprachig auch: Otto Seel (Hg.), *Vox humana: Ein Lesebuch aus Cicero*, Stuttgart 1949 (645 Partien aus dem Gesamtwerk). Überragend bleibt die kommentierte Übersetzung der Briefe von Christoph Martin Wieland, 5 Bde., Stuttgart 1814. Die grundlegende Darstellung der philosophischen Schriftstellerei Ciceros stammt von Günter Gawlick/Woldemar Görler, »Cicero«, in: Hellmut Flashar (Hg.), *Die Philosophie der Antike*, Bd. 4: *Die hellenistische Philosophie*, Basel 1994, 991–1168. Populär, aber vorzüglich ist Wilhelm Süß, *Cicero, eine Einführung in seine philosophischen Schriften*, Mainz 1965. Neuere Diskussionen erschließen Jonathan G. F. Powell (Hg.), *Cicero the Philosopher: Twelve papers*, Oxford 1995, und Jürgen Leonhardt, *Ciceros Kritik der Philosophenschulen*, München 1999. – Besonders wichtig zu den rhetorischen Schriften: Karl Barwick, *Das rednerische Bildungsideal Ciceros*, Berlin 1963; den allgemeinen Hintergrund erschließt bequem Manfred Fuhrmann, *Die antike Rhetorik* (1984), Düsseldorf ⁵2003.

SPES ALTERA ROMAE – DER ZAUBER VERGILS

Unsere Informationen über **Vergils Leben** beruhen größtenteils auf einer Biographie des Sueton, die Donat erhalten hat. Sie ist zweisprachig bequem zugänglich in: Johannes u. Maria Götte (Hg.), *Vergil, Landleben: Bucolica, Georgica, Catalepton* [auch diese Teile sind zweisprachig]; Karl Bayer (Hg.): *Vergil-Viten*, Neuausg. (Tusculum) ⁵1987.

Eigenwillig, aber reizvoll ist die **Übersetzung** von Rudolf Alexander Schröder, *Vergil: Hirtengedichte – Vom Landbau*, Leipzig 1939. Schröder hat auch die *Aeneis* übersetzt (in: *Gesammelte Werke*, Bd. 5, 1952; einzeln auch als Taschenbuch, 1963, mit wertvollem Nachwort von Ernst Zinn); nüchterner ist die Übersetzung von Emil Staiger, Zürich/München 1981. An Prosaübersetzern seien genannt: Michael von Albrecht, *Bucolica*, Stuttgart 2001 (Reclam, zweispr.); Manfred Erren, *Georgica*, Heidelberg 1985 (zweispr., mit Einl.); Edith und Gerhard Binder, *Aeneis*, Stuttgart 1994–2005 (Reclam, zweispr.).

Zur **Einführung** geeignet ist Marion Giebel, *Vergil*, Reinbek 1986 (rowohlts monographien). Umfassend informiert das gigantische Sammelwerk von Francesco della Corte (Hg.), *Enciclopedia Virgiliana*, 6 Bde., Rom 1984–91. Knappe Einführung in die neuere Forschung: Philip Hardie, *Virgil*, Oxford 1998. Neueste Monographie: Niklas Holzberg, *Vergil: Der Dichter und sein Werk*, München 2006. Für die **Bucolica** bleibt wertvoll H. J. Rose: *The Eclogues of Virgil*, 1942. Interessant, aber einseitig: Ernst A. Schmidt, *Poetische Reflexion: Vergils Bukolik*, München 1972. Die oben angedeutete Interpretation der 4. Ekloge wird näher begründet bei Wilfried Stroh, »Horaz und Vergil in ihren prophetischen Gedichten«, in: *Gymnasium* 100, 1993, 289–322. In Friedrich Klingners Vergilbuch (*Virgil*, Zürich / Stuttgart 1967) ist vor allem der (schon früher, 1953, veröffentlichte) Abschnitt über die **Georgica** (S. 175 ff.) interessant. Eine gut lesbare Einführung gibt immer noch L. P. Wilkinson, *The Georgics of Virgil*, Cambridge 1969. Umfassende Diskussion: Monica R. Gale, *Virgil on the Nature of Things*, Cambridge 2000.

Für das Verständnis der **Aeneis** war bahnbrechend (vgl. S. 285) Richard Heinze, *Virgils epische Technik*, Leipzig (1903) [3]1915 u. ö.; wirkungsreich (auch in engl. Übersetzung) Viktor Pöschl, *Die Dichtkunst Virgils*, Berlin (1950) [3]1977. Seit einem Aufsatz von Adam M. Parry (zuerst in *Arion* 2, 1963,66–80) bemühen sich vor allem amerikanische Forscher, das Verhalten des Aeneas moralisch zu problematisieren. Dagegen: Antonie Wlosok, »Der Held als Ärgernis«, in: *Würzburger Jahrbücher für die Altertumswissenschaft* 8, 1982, 9–21. Gediegene Einführung in alle Probleme: Werner Suerbaum, *Vergils Aeneis*, Stuttgart 1999.

SAECULUM AUGUSTUM –

ROMS DICHTER IM BANNKREIS DES MÄCHTIGEN

Eine Gesamtdarstellung der **Augusteischen Kultur** und besonders Literatur gibt Karl Galinsky, *Augustan Culture*, Princeton, N. J. 1996; lesenswert bleibt Richard Heinze, *Die Augusteische Kultur*, Leipzig [2]1933 (Ndr. 1983). Von Biographien besonders materialreich: Dietmar Kienast, *Augustus*, Darmstadt (1982) [3]1999; knapp: Marion Giebel, *Augustus*, Reinbek 1984 (rowohlts monographien); am knappsten: Werner Eck, *Augustus und seine Zeit*, München (2000) [3]2003. Wertvolle Sammelbände: Gerhard Binder (Hg.), *Saeculum*

Augustum, 3 Bde., Darmstadt 1987–91, Bd. 2 (1988) zu »Religion und Literatur«. Auch für die Literatur aufschlussreich ist das Buch des Archäologen
Paul Zanker, *Augustus und die Macht der Bilder*, München 1987.

Zweisprachige **Textauswahl**: Michael von Albrecht (Hg.), *Augusteische
Zeit*, Stuttgart (Reclam) 1987 (= *Die römische Literatur in Text und Darstellung*,
Bd. 3). Zweisprachige Gesamtausgaben des **Horaz**: Hans Färber, 1957 (Tusculum); Bernhard Kytzler, Stuttgart (Reclam) 1992, Neuausg. 2006. Übersetzung der Oden und Epoden: Rudolf Alexander Schröder, *Die Gedichte des
Horaz*, Wien 1935. Berühmt ist die kommentierte Übersetzung der Satiren
(1787) und Episteln (²1801) von Christoph Martin Wieland (viele Neuausgaben). – Als klassisches Horazbuch gilt Eduard Fraenkel, *Horaz* (zuerst engl.
1957), Darmstadt 1967. Zur Einführung: Bernhard Kytzler, *Horaz*, Mün-
chen/Zürich 1985; Eckard Lefèvre, *Horaz*, München 1993. Wertvoller Sammelband: Walther Ludwig (Hg.), *Horace, l' œuvre et les imitations*, Vandœuvres
1993. Zum Nachleben: Helmut Krasser/Ernst A. Schmidt (Hg.), *Zeitgenosse
Horaz*, Tübingen 1996. Umfassendste Information: Scevola Mariotti (Hg.),
Enciclopedia Oraziana, 3 Bde., Rom 1996–98.

Einführend zu den **Liebeselegikern**: Georg Luck, *Die römische Liebeselegie* (zuerst engl. 1959), Heidelberg 1961; Niklas Holzberg, *Die römische Liebeselegie*, Darmstadt 1990 (eigenwilliger ist die 2. Aufl., 2001). Zum Charakter der Gattung: Wilfried Stroh, »Die Ursprünge der römischen Liebeselegie«,
in: *Poetica* 15, 1983, 205–246. – Zweisprachige Ausgaben: Georg Luck, *Properz – Tibull*, Tusculum (1964) ²1996 (Prosaübers.). Einführend zu **Tibull**:
Christoff Neumeister, *Tibull*, Heidelberg 1986. Gesamtinterpretation: Fritz-
Heiner Mutschler, *Die poetische Kunst Tibulls*, Frankfurt/M. 1985. Zur Entwicklung des **Properz**: Wilfried Stroh, *Die römische Liebeselegie als werbende
Dichtung*, Amsterdam 1971; Karin Neumeister, *Die Überwindung der elegischen
Liebe bei Properz (Buch I-III)*, Frankfurt/M. u. a. 1983. Allgemein: John P. Sul-
livan, *Propertius*, Cambridge 1976.

Sämtliche Werke **Ovids** sind in zweisprachigen Ausgaben vorhanden in
der Sammlung Tusculum (die meisten auch bei Reclam); eine Teilüberset-
zung: Viktor von Marnitz, *Die erotischen Dichtungen*, Stuttgart ³2001 (mit Einleitung von W. Stroh). – Überragend zu Ovid sind vor allem zwei Bücher:
Hermann Fränkel, *Ovid, ein Dichter zwischen zwei Welten* (zuerst engl. 1945),
Darmstadt 1970; Howard Jacobson, *Ovid's Heroides*, Princeton, N. J. 1974. Ein-

führungen: Marion Giebel, *Ovid*, Reinbek 1991 (rowohlts monographien); Siegmar Döpp, *Werke Ovids*, München (dtv) 1992; Michael von Albrecht, *Ovid*, Stuttgart 2003 (Reclam). Speziell zu *Amores* und *Ars amatoria*: Wilfried Stroh, »Ovids Liebeskunst und die Ehegesetze des Augustus«, in: *Gymnasium* 86, 1979, 323–352; Jula Wildberger, *Ovids Schule der »elegischen« Liebe*, Frankfurt/M. u. a.1998. Zu den sonstigen Werken: G. Karl Galinsky, *Ovid's Metamorphoses*, Berkeley/Los Angeles 1975; Hartmut Froesch, *Ovid als Dichter des Exils*, Bonn 1976. Einzigartig zur Nachwirkung Ovids (Heroidenbriefe): Heinrich Dörrie, *Der heroische Brief: Bestandsaufnahme, Geschichte, Kritik einer humanistisch-barocken Literaturgattung*, Berlin 1968.

URBI ET ORBI – LATEIN WIRD WELTSPRACHE

Zur **Expansion des Lateinischen** ist außer den allgemeinen Sprachgeschichten (s. S. 349) immer noch wichtig: Alexander Budinszky, *Die Ausbreitung der lateinischen Sprache über Italien und die Provinzen des römischen Reiches*, Berlin 1881; vgl. Günter Neumann/Jürgen Untermann (Hg.), *Die Sprachen im römischen Reich der Kaiserzeit*, Köln/Bonn 1980. Detaillierte Beiträge zum Latein in den einzelnen Reichsteilen in: *Aufstieg und Niedergang der römischen Welt* II 29, 2, 1983; speziell zu Spanien: Antonio García y Bellido, in: *Aufstieg und Niedergang* I 1, 1972, 462–500. Über Latein im Ostreich unterrichtet vorzüglich Bruno Rochette, *Le latin dans le monde grec*, Brüssel 1997.

Die lateinische **Literaturgeschichte der Kaiserzeit**, die hier nur gestreift werden konnte, wird, außer in den allgemeinen Literaturgeschichten (s. S. 350 f.), behandelt in den wissenschaftlichen Handbüchern (alle im *Handbuch der Altertumswissenschaft*) von: Martin Schanz/Carl Hosius, *Geschichte der römischen Literatur [...] in der Zeit der Monarchie bis auf Hadrian*, München [4]1935 (Ndr.); Klaus Sallmann (Hg.), *Die Literatur des Umbruchs von der römischen zur christlichen Literatur, 117–284 n. Chr.*, München 1997; Reinhart Herzog (Hg.), *Restauration und Erneuerung: Die lateinische Literatur von 284 bis 374 n. Chr.*, München 1989; Martin Schanz/Carl Hosius/Gustav Krüger, *Geschichte der römischen Literatur [...] von Constantin bis zum Gesetzgebungswerk Justinians*, 1. Hälfte: München [2]1914 (Ndr.); 2. Hälfte: München 1920 (Ndr.). – Populärer ist Albrecht Dihle, *Die griechische und lateinische Literatur der Kaiserzeit: Von Augustus bis Iustinian*, München 1989. Zweisprachige Textauswahl für die frühere Kaiserzeit: Walter Kißel (Hg.), *Kaiserzeit I*, Stuttgart (Reclam) 1985 (= *Die römische Literatur in Text und Darstellung*, Bd. 4). Zur spätantiken Literatur s. auch S. 358–360.

Höchst lesbar und informativ auch zur Literatur: Manfred Fuhrmann, *Rom in der **Spätantike**: Porträt einer Epoche*, Zürich 1994, Reinbek (TB) 1996; zur Epochenabgrenzung wichtig: ders., »Die lateinische Literatur der Spätantike: Ein Beitrag zum Kontinuitätsproblem« (zuerst 1967), in: M. F., *Brechungen*, Stuttgart 1982, 47–74, 206–214. Einen willkommenen Überblick gibt Siegmar Döpp, »Die Blütezeit lateinischer Literatur in der Spätantike (350–430 n. Chr.)«, in: *Philologus* 132, 1988, 19–52. Zum geschichtlichen Hintergrund ist fundamental Alexander Demandt, *Die Spätantike*, München 1989 (²2007 in Vorbereitung); knappste Information gibt Hartwin Brandt, *Das Ende der Antike*, München 2001. Zu **Ausonius**: Manfred Joachim Lossau (Hg.): *Ausonius*, Darmstadt 1991. Zweisprachig: Paul Dräger (Hg.), *Ausonius: Mosella* [u. a.], Düsseldorf/Zürich (Tusculum) 2002. – Vgl. auch die Literaturhinweise zum folgenden Kapitel.

MORS IMMORTALIS –
LATEIN WIRD DURCH SEINEN TOD UNSTERBLICH

Zum hier gestreiften Problem der **Sprachnormierung** durch Cicero und Caesar: Günter Neumann, »Die Normierung des Lateinischen«, in: *Gymnasium* 84, 1977, 199–212 (mit älterer Lit.), mit Korreferat von Jürgen Untermann, a. a. O., 279–283; vgl. jetzt Diego Poli, »Das Lateinische zwischen Formalisierung und Pluralität«, in: Poccetti/Poli/Santini (s. S. 349), 389–444 (z. T. problematisch).

Zum »**Tod**« **des Lateinischen** zuletzt: Paolo Poccetti, »Welches Latein, welche Geschichte?«, in: Poccetti/Poli/Santini (s. S. 349), 9–33 (mit nützlichen Literaturhinweisen auf S. 13 ff.); wichtig auch Stotz, *Handbuch* (s. S. 360), Bd. 1, 29–35. Umfassend zum Problem: Helmut Lüdtke, »Tote Sprachen«, in Martin Haspelmann u. a. (Hg.), *Language Typology and Language Universals*, Bd. 2, Berlin/New York 2001, 1678–1691 (mit Lit.); in: sprachvergleichender Sicht: Peter Schrijver/Peter-Arnold Mumm (Hg.), *Sprachtod und Sprachgeburt*, Bremen 2004.

Zum (vorklassischen) **Altlatein**: Texte bei Petersmann (s. S. 350); Gesamtdarstellung: Gerhard Radke, *Archaisches Latein*, Darmstadt 1981 (umstritten); zuletzt Paolo Poccetti, »Latein und das alte Italien«, in: Poccetti/Polo/Santini, *Geschichte* (s. S. 349), 62–90. Zu den Zwölf Tafeln: Dieter Flach, *Das Zwölftafelgesetz*, Darmstadt 2004, mit Übers. u. Komm. (Deutungen z. T. umstritten).

Standardwerk zum **Vulgärlatein** (dessen Begriff nicht unumstritten ist): Veikko Väänänen, *Introduction au latin vulgaire*, Paris (1963) ³1981. Vulgärlateinische Textproben bieten (in weitherziger Auswahl) R. A. Haadsma/J. Nuchelmans, *Précis de latin vulgaire*, Groningen ²1966. Umfassendste deutschsprachige Darstellung: Günter Reichenkron, *Historische Latein-Altromanische Grammatik*, 1. Teil: *Einleitung: Das sogenannte Vulgärlatein und das Wesen der Romanisierung*, Wiesbaden 1965. Weniger sprachlich als kulturgeschichtlich interessant ist Werner Krenkel, *Pompejanische Inschriften*, Leipzig ²1963; vgl. Hieronymus Geist (Hg.), *Pompeianische Wandinschriften*, München (Heimeran) ²1960. Sonstige Hinweise s. S. 361 (Entstehung der romanischen Sprachen).

Die Gestalt des *grammaticus* behandelt grundlegend: Robert A. Kaster, *Guardians of Language: The Grammarian and Society in Late Antiquity*, Berkeley u. a. 1988; ders., »Geschichte der Philologie in Rom«, in: Graf (Hg.), *Einleitung* (s. S. 347), 1–16; ders. (Hg.), *Suetonius: De grammaticis et rhetoribus*, Oxford 1995 (Kommentar zur wichtigsten Quellenschrift). Vorzüglich: Ilsetraut Hadot, »Geschichte der Bildung; artes liberales«, in: Graf (Hg.), *Einleitung* (s. S. 347), 17–34. Das Standardwerk zur Geschichte der Schulgrammatik ist Louis Holtz, *Donat et la tradition de l'enseignement grammatical*, Paris 1981. Zu Donat und Priscian finden sich jetzt nützliche Artikel (von Louis Holtz und Marc Baratin) in dem instruktiven Sammelband von Wolfram Ax (Hg.), *Lateinische Lehrer Europas*, Köln u. a. 2005; sie erschließen auch die neuere Literatur. Eine Geschichte der lateinischen Philologie ist leider noch nicht geschrieben.

CICERONIANUS, NON CHRISTIANUS –
AUCH DIE CHRISTEN LERNEN LATEIN

Wichtige christlich-lateinische **Texte** vom dritten bis sechsten Jahrhundert gibt zweisprachig Hans Armin Gärtner (Hg.), *Kaiserzeit II*, Stuttgart (Reclam) 1988 (= *Die römische Literatur in Text und Darstellung*, Bd. 5), mit Bibliographie. Eine wertvolle, kommentierte Auswahl (ohne Übers.) von 87 Texten (auch des Mittelalters) bei Kurt Smolak (Hg.), *Christentum und römische Welt*, 2 Bde., München 1994. Texte bes. zur Christenverfolgung gibt Antonie Wlosok, *Rom und die Christen*, Stuttgart 1970. Ohne lateinisch-griechische Originaltexte ist die wertvolle Sammlung von Otto Bardenhewer u. a. (Hg.), *Bibliothek der Kirchenväter*, 62 Bde., Kempten / München (1869–88) [2]1914–1931. Zweisprachige Ausgaben der wichtigsten Werke (vieles bei Reclam und Tusculum, *Fontes Christiani, Sources Chrétiennes*) erschließt man aus Siegmar Döpp / Wilhelm Geerlings (Hg.), *Lexikon der antiken christlichen Literatur*, Freiburg / Br. (1998) [3]2002. Älteres bei Berthold Altaner / Alfred Stuiber, *Patrologie*, Freiburg / Br.[9]1980. An Einzelausgaben zu empfehlen: Carl Becker (Hg.), ***Tertullian****: Apologeticum*, München (1952) [3]1984; Bernhard Kytzler (Hg.), **Minucius Felix**, München 1965 (Darmstadt 1991); Joseph Bernhart (Hg.), **Augustinus***: Confessiones*, München (1955) [3]1966; Wilhelm Thimme (Hg.), *Augustinus: Vom Gottesstaat*, 2 Bde., München (dtv) 1977 / 78 (nur Übers.); Ernst Gegenschatz / Olof Gigon (Hg.), **Boethius***: Consolatio philosophiae*, Darmstadt 1990 (zugleich Tusculum).

Die **Sprache** der antiken Christen wird umfassend behandelt von Christine Mohrmann, *Études sur le latin des chrétiens*, 4 Bde., Rom (1958) [2]1961–77. Vgl. auch Einar Löfstedt, *Late Latin*, Oslo 1959; Diego Poli, »Christentum und neue Kommunikation«, in: Poccetti / Poli / Santini (s. S. 349), 422–429. Zum Prosastil: Norden, *Kunstprosa* (s. S. 351), 573–656; nützliche Einzelbemerkungen bei v. Albrecht, *Röm. Lit.* (s. S. 350), 1209–1377. Zur späteren Tradition (populär): Heinz-Lothar Barth (Hg.), *Latein: Sprache der katholischen Kirche und des Abendlandes*, Jaidhof 2000.

Zur christlich-lateinischen **Prosaliteratur**: Hans von Campenhausen, *Lateinische Kirchenväter*, Stuttgart u. a. (1960) [7]1995 (ohne Lit.); Heinrich Kraft, *Einführung in die Patrologie*, Darmstadt 1991 (ohne Lit.). Auch zur **Poesie** ist empfehlenswert Manfred Fuhrmann, *Rom in der Spätantike* (s. S. 357). Vgl. auch dessen Sammelband: Manfred Fuhrmann (Hg.), *Christianisme et formes littéraires de l'antiquité tardive en occident*, Vandœuvres 1977. Eine sehr lesenswerte Einführung in die Hymnendichtung gibt Walther Bulst (Hg.), *Hymni Latini antiquissimi LXXV – Psalmi III*, Heidelberg 1956, 7–25. Als Gesamtdarstellung noch nicht ganz ersetzt ist Otto Bardenhewer, *Geschichte der altkirchlichen Literatur*, 5 Bde., Freiburg / Br. 1913–32 (z. T. 2. Aufl.), Ndr. Darmstadt 1962. Vgl. auch Döpp, »Die Blütezeit« (s. S. 357).

Zu den **Anfängen** der christlichen Literatur: Peter L. Schmidt/Antonie Wlosok/Klaus Zelzer, in: Klaus Sallmann (Hg.), *Die Literatur des Umbruchs* […] *117–284 n. Chr.*, München 1997, 343–435; dort zu **Tertullian**: Hermann Tränkle, 438–511; zu **Minucius Felix**: Eberhard Heck, 512–519. Zu **Laktanz**: Antonie Wlosok, in: Reinhart Herzog (Hg.), *Restauration und Erneuerung* […] *von 284–374 n.Chr.*, München 1989, 375–404. Sonst zu wichtigen Einzelautoren: Henri Marrou, *Augustinus in Selbstzeugnissen und Bilddokumenten*, Reinbek 1958 (rowohlts monographien); Peter Brown, *Der heilige Augustinus* (zuerst engl. 1967), München 1973; J. N. D. Kelly, *Jerome: His Life, Writings, and Controversies*, London 1975; Manfred Fuhrmann/Joachim Gruber (Hg.), *Boethius*, Darmstadt 1984. – Immer zu vergleichen sind die Artikel der *Theologischen Realenzyklopädie*, Berlin/New York 1977 ff. und besonders des *Reallexikons für Antike und Christentum*, Stuttgart 1950 ff. (dort auch Artikel wie »Afrika«, »Gallia«, »Italia«).

MEDIUM AEVUM –
WIE FINSTER WAR DAS LATEINISCHE MITTELALTER?

Als knappste **Einführung** noch immer lesenswert: Walther Bulst, *Über die mittlere Latinität des Abendlandes*, Heidelberg 1946; zu empfehlen auch die Vorrede zu Peter Stotz, *Handbuch zur lateinischen Sprache des Mittelalters*, Bd. 1 (von insgesamt 5 Bänden), München 2002, 3–167. Umfassende Bibliographie: www.unizh.ch/mls/files/Roelli-Einfuehrung.pdf.

Bes. für Studierende sind geeignet: Kurt Langosch, *Lateinisches Mittelalter*, Darmstadt (1963), [5]1988; Udo Kindermann, *Einführung in die lateinische Literatur des mittelalterlichen Europas*, Turnhout 1998. Gesamtdarstellung: F. A. C. Mantello/A. G. Rigg (Hg.), *Medieval Latin: An Introduction and Bibliographical Guide*, Washington, D. C. 1996.

Unvollständig sind folgende **Literaturgeschichten**: Max Manitius, *Geschichte der lateinischen Literatur des Mittelalters*, 3 Bde., München 1911–31 (bis 1200); Franz Brunhölzl, *Geschichte der lateinischen Literatur des Mittelalters*, 2 Bde., München 1975/1992 (bis Mitte 11. Jhdt.); Karl Langosch, *Mittellatein und Europa*, Darmstadt [2]1997 (bis 1200). Einzige Gesamtskizze: Gustav Gröber, *Übersicht über die lateinische Literatur von der Mitte des VI. Jahrhunderts bis zur Mitte des XIV. Jahrhunderts*, Straßburg 1902 (Neuausg. v. Walther Bulst, München o. J.). Knappster, empfehlenswerter Überblick: Bernhard Bischoff, »Die mittellateinische Literatur«, in: *Kindlers Neues Literaturlexikon*, Bd. 19, 1988, 1001–1007. Eigenwillig, anregend: Jan Ziolkowski, »Die mittellateinische Literatur«, in: Graf, *Einleitung* (s. S. 347), 297–322. Populär: Kurt Langosch, *Profile des lateinischen Mittelalters*, Darmstadt 1965. Umfassende, bes. historische Information gibt das *Lexikon des Mittelalters*, 9 Bde., München (dtv) 2003 (1999, zuerst 1977 ff.). – Zu Cassiodor, Isidor und Alexander de Villa Dei sind jetzt förderlich die einschlägigen Artikel von Georg Jenal, Udo Kindermann und Reinhold F. Glei in: Wolfram Ax (Hg.), *Lateinische Lehrer Europas*, Köln u. a. 2005 (mit Lit.). Zu *artes liberales*: Hadot (s. S. 358).

Umfassend zur spätantiken **Sprachgeschichte**: Michel Banniard, *VIVA VOCE: Communication écrite et communication orale du IVe au IXe siècle en Occident latin*, Paris 1992. Vgl. Erich Auerbach, *Literatursprache und Publikum in der lateinischen Spätantike und im Mittelalter*, Bern 1958 (von Augustinus bis Dante). Zur Entstehung der **romanischen Sprachen** zu empfehlen (wegen der kommentierten vulgärlateinischen Proben): Gerhard Rohlfs, *Vom Vulgärlatein zum Altfranzösischen*, Tübingen ³1968; vgl. Reinhold Kontzi (Hg.), *Zur Entstehung der romanischen Sprachen*, Darmstadt 1978 (mit guter Einleitung und Lit.), und jetzt (am knappsten) Rainer Schlösser, *Die romanischen Sprachen*, München 2001. Wertvolles Hilfsmittel: W. Meyer-Lübke, *Romanisches etymologisches Wörterbuch*, Heidelberg ⁵1972 (geht aus von den lateinischen Vokabeln). Für Lateinlehrer: Werner Nagel, *Latein und romanische Sprachen*, Bamberg 2003 (mit Lit.); Barbara Verwiebe, »Von Rom zur Romania – romanische Sprachen im Lateinunterricht«, in: *Der altsprachliche Unterricht* 48, Heft 4 (= *Latein & romanische Sprachen*), 2005, 2–12. Viel bietet auch Vossen, *Mutter Latein* (s. S. 348), 83 ff. Vgl. oben die Hinweise S. 358.

Die oben gegebene Interpretation der karolingischen **Bildungsreform** ist besonders verpflichtet der Darstellung von Manfred Fuhrmann, *Latein und Europa: Geschichte des gelehrten Unterrichts in Deutschland*, Köln 2001, 11 ff. Zum mittelalterlichen Bildungswesen: Josef Dolch, *Lehrplan des Abendlandes*, Ratingen ²1965, 99–155; vgl. auch Martin Kintzinger, *Wissen wird Macht: Bildung im Mittelalter*, Ostfildern 2003. Allgemein zur karolingischen Renaissance: Paul Leo Butzer u. a. (Hg.), *Karl der Große und sein Nachwirken*, Bd. 1, Turnhout 1997.

Zur mittelalterlichen **Metrik** immer noch maßgebend: Dag Norberg, *In-*

troduction à la versification latine médiévale, Stockholm 1958 (Ndr. 1984, engl. 2004); im Grundsätzlichen problematisch: Paul Klopsch, *Einführung in die mittellateinische Verslehre*, Darmstadt 1972. Fundamental: Jürgen Leonhardt, *Dimensio syllabarum: Studien zur lateinischen Prosodie- und Verslehre von der Spätantike bis zur frühen Renaissance*, Göttingen 1989.

Zweisprachige Textsammlungen: Paul Klopsch, *Lateinische Lyrik des Mittelalters*, Stuttgart (Reclam)1985; Harry C. Schnur, *Lateinische Fabeln des Mittelalters*, München (Tusculum) 1979; Kurt Langosch, *Geistliche Spiele*, Darmstadt 1957; Ders., *Hymnen und Vagantenlieder*, Darmstadt (1954) [2]1958. Konrad Benedikt Vollmann (Hg.), *Waltharius, Ecbasis captivi, Ruodlieb*, in: Walter Haug (Hg.), *Bibliothek des Mittelalters*, Bd. 1, Frankfurt/M. 1991, 163–551, 1169–1406 (kommentiert). Kommentierte Textsammlungen (ohne Übers.): Pascale Bourgain (Hg.), *Le Latin médiéval*, Turnhout 2005; Keith Sidwell (Hg.), *Reading Medieval Latin*, Cambridge 1995.

Einzelausgaben: Hubert Glaser u. a., *Vita Corbiniani: Bischof Arbeo von Freising und die Lebensgeschichte des hl. Korbinian*, München/Zürich 1983; Peter Godman, *Poetry of the Carolingian Renaissance*, London 1985 (Auswahl); Evelyn Scherabon Coleman (Hg.), *Einhard: Vita Caroli Magni*, Stuttgart (Reclam) 1971. Otto Schönberger (Hg.), *Walahfrid Strabo: De cultu hortorum*, Stuttgart (Reclam) 2002 (9. Jh.); H. Homeyer, *Hrotsvithae opera*, Paderborn 1970 (Deutschlands erste Dichterin, 10. Jh.); Walther Bulst (Hg.), *Carmina Burana*, Heidelberg [5]1974 (Auswahl, mit Übers. von Ludwig Laistner); *Carmina Burana: Gesamtausgabe der mittelalterlichen Melodien* [in moderner Notation], München 1979. Als Beispiel scholastischen Lateins: Ruedi Imbach (Hg.), *Wilhelm von Ockam: Texte zur Theorie der Erkenntnis und Wissenschaft*, Stuttgart (Reclam) 1984.

STUDIA HUMANITATIS RENATA –
DIE NEUZEIT BEGINNT IM ZEICHEN CICEROS

Für die heutige Vorstellung von **Renaissance** bzw. Humanismus waren prägend zwei Bücher, die, trotz Einseitigkeiten, Klassiker geblieben sind: Georg Voigt, *Die Wiederbelebung des classischen Alterthums oder das erste Jahrhundert des Humanismus*, 2 Bde., Berlin (1859) [2]1880/81; Jacob Burckhardt, *Die Kultur der Renaissance in Italien: ein Versuch*, Basel (1860) [11]1988. Klärend waren vor allem die Untersuchungen von Paul Kristeller, zusammengestellt in: *Huma-*

nismus und Renaissance, Bd. 1, München 1974 (utb); Bd. 2, München 1976; vgl. auch August Buck (Hg.), *Zu Begriff und Problem der Renaissance*, Darmstadt 1969. Umfassend jetzt Albert Rabil, jr., *Renaissance humanism*, 3 Bde., Philadephia 1988. Zur **Sprache**: Remigio Sabbadini, *Storia del ciceronianismo* […], Turin 1885 (grundlegend); vgl. jetzt F. Tateo, »Ciceronianismus«, in: *Historisches Wörterbuch der Rhetorik* 2 (1994) 225–247; Norden, *Kunstprosa* (s. S. 351), 732–747, 763–807 (einflussreich!); Rudolf Pfeiffer, »Küchenlatein« (zuerst 1931), in: R. Pf., *Ausgewählte Schriften*, München 1960, 183–187. Bes. zu empfehlen: Jozef IJsewijn, »Mittelalterliches Latein und Humanistenlatein«, in: August Buck (Hg.), *Die Rezeption der Antike*, Hamburg 1981, 71–83.

Zu Begriff und Geschichte von »**Humanismus**« (bzw. *studia humanitatis*) materialreich (nicht immer klärend): August Buck, *Humanismus: Seine europäische Entwicklung in Dokumenten und Darstellungen*, Freiburg/Br./München 1987; streng begriffsgeschichtlich: C. Menze u. a., »Humanismus, Humanität«, in: *Historisches Wörterbuch der Philosophie* Bd. 3 (1974), 1217–1232. Wichtig zur Begriffsgeschichte waren die Untersuchungen von Walter Rüegg, vgl. bes. »Die Humanismusdiskussion« (zuerst 1954), in: Hans Oppermann (Hg.), *Humanismus*, Darmstadt 1970, 310–321; vgl. zuletzt »Die Funktion des Humanismus für die Bildung politischer Eliten«, in: Huber-Rebenich/Ludwig, *Humanismus in Erfurt* (s. S. 365), 13–32, dort 18 ff. (mit Hinweisen). Vgl. auch die oben (in Anm. 1 zu S. 152) zitierte Arbeit von Lefèvre.

Zu *humanitas*: Seit Richard Reitzenstein, *Werden und Wesen der Humanität im Altertum*, Straßburg 1907, versucht man umsonst, griechische Ursprünge des römischen (ciceronischen) Begriffs nachzuweisen; vgl. dagegen bes. Friedrich Klingner, »Humanität und humanitas«, in: *Römische Geisteswelt* (s. S. 351), 704–746, und jetzt Otto Hiltbrunner, »Humanitas (*philanthropia*)«, in: *Reallexikon für Antike und Christentum*, Bd. 16, 1994, 711–752 (mit Lit.). Jüngste Diskussion (ohne Kenntnis Hiltbrunners): Johannes Christes, »Cicero und der römische Humanismus«, in: *Humanismus in Europa*, Heidelberg 1998, 45–73 (auch als separater Druck, Berlin 1995).

Die mit Petrarca beginnende **Neulateinische Literatur** erschließt das Pionierwerk von Jozef IJsewijn (/Dirk Sacré), *Companion to Neo-Latin Studies*, Bd. 1, Löwen ²1990 (Überblick nach Ländern); Bd. 2, ²1998 (nach literarischen Gattungen). Umfassende Anthologien (beide nur lateinisch): J. IJsewijn, *Companion* […], ¹1977, 312–354 (weggefallen in der 2. Aufl.); Aemilius

Springhetti S. J. (Hg.), *Selecta Latinitatis scripta auctorum recentium (saec. XV-XX)*, Rom 1951 (nur Prosa; auch hist., jurist., naturwiss. Schrifttum). Knappster historischer Überblick: Walther Ludwig, »Die neuzeitliche lateinische Literatur seit der Renaissance«, in: Graf, *Einführung* (s. S. 347), 323–356 (mit Literaturangaben, bes. S. 354).

Lateinisch-italienische **Textsammlungen** zur Renaissance: Eugenio Garin (Hg.), *Prosatori latini del quattrocento*, Mailand / Neapel 1952 (22 Autoren); Francesco Arnaldi u. a. (Hg.), *Poeti latini del quattrocento*, Mailand / Neapel 1964 (14 Dichter). Nur lat.: Alessandro Perosa / John Sparrow (Hg.), *Renaissance Latin Verse*, London 1979 (Dichter aus ganz Europa). Lat.-engl.: Fred J. Nichols (Hg.), *An Anthology of Neo-Latin Poetry*, New Haven / London 1979 (26 Dichter, Petrarca bis Milton). Lat.-franz.: Pierre Laurens, *Musae reduces*, 2 Bde., Leiden 1975 (64 Dichter aus ganz Europa).

Die letzte Gesamtausgabe von **Petrarca**: *Opera quae extant omnia*, 3 Bde., Basel 1554 (!), Ndr. 1965. Lat.-ital. Teilausgaben: Antonietta Bufano (Hg.), *Opere latine*, Turin 1975, Ndr. 1977; Guido Martellotti u. a. (Hg.), *Prose*, Mailand / Neapel 1955: Ferdinando Neri u. a. (Hg.), *Rime, Trionfi e prose latine*, Mailand / Neapel 1951; Ugo Dotti (Hg.), *Epistole*, Turin 1978. Von neueren **lateinisch-deutschen Ausgaben** sind zu empfehlen: Rudolf Schottlaender (Hg.), *De remediis utriusque fortunae*, München 1975 (Auswahl); Klaus Kubusch (Hg.), *De sui ipsius et multorum ignorantia*, Hamburg 1993; Florian Neumann (Hg.), *Epistolae familiares XXIV*, Mainz 1999; Gerhard Regn / Bernhard Huss, *Secretum meum*, Mainz 2004 (Petrarcas wichtigste philos. Schrift); Otto u. Eva Schönberger (Hg.), *Epistulae metricae*, Würzburg 2004. Mehr bei Neumann und Stierle (s. unten).

Zur Einführung: Florian Neumann, *Francesco Petrarca*, Reinbek 1998 (rowohlts monographien), mit Bibliographie. Überragende Gesamtdarstellung: Karlheinz Stierle, *Francesco Petrarca: Ein Intellektueller im Europa des 14. Jahrhunderts*, München / Wien 2003 (lateinische Texte auch im Original). Über Petrarcas Verhältnis zu Cicero: Walter Rüegg, *Cicero und der Humanismus*, Zürich 1946; Friedrich Klingner, »Cicero und Petrarca: vom Ursprung des humanistischen Geistes«, in: *Römische Geisteswelt* (s. S. 351), 684–703; zuletzt Jürgen Leonhardt, »Petrarcas Liebe zu Cicero oder: Latein und die Sünde der Lust«, in: Ulrike Auhagen u. a. (Hg.), *Petrarca und die römische Literatur*, Tübingen 2005, 35–54 (zum Jugenderlebnis, etwas einseitig).

Zur **Philologie** der italienischen Renaissance: Rudolf Pfeiffer, *Die Klassische Philologie von Petrarca bis Mommsen* (zuerst engl. 1976), München 1982, 17–90; Anthony Grafton, *Defenders of the Text: The Traditions of Scholarship in an Age of Science 1450–1800*, Cambridge, Mass. 1991; Wolfram Ax (Hg.), *Von Eleganz und Barbarei: Lateinische Grammatik und Stilistik in Renaissance und Barock*, Wiesbaden 2001 (von ca. 1300 bis 1700); Frank Bezner, »Lorenzo Valla (1407–1457)«, in: Ax (Hg.), *Lateinische Lehrer Europas* (s. S. 361), 353–389.

Neuere lat.-deutsche Ausgaben anderer **italienischer Humanisten**: Irene Erfen/Peter Schmitt (Hg.), *Boccaccio: De claris mulieribus*, Stuttgart (Reclam) 2003; Herbert Rädle (Hg.), *Enea Silvio Piccolomini: Euryalus und Lucretia*, Stuttgart (Reclam) 1993; Eckhart Kessler (Hg.), *Laurentius Valla: De libero arbitrio*, München 1987; Gerd von der Gönna (Hg.), *G. Pico della Mirandola: Oratio de hominis dignitate*, Stuttgart (Reclam) 1997; Johann J. I. Hoffmann/Walther Ludwig (Hg.), *Marcus Hieronymus Vida: Schachspiel der Götter*, Zürich/München 1979; Georg Wöhrle (Hg.), *Girolamo Fracastoro: Lehrgedicht über die Syphilis*, Bamberg 1988; Otto Schönberger (Hg.), *Angelo Poliziano: Rusticus*, Würzburg 1992.

O SAECULUM! O LITTERAE! – DIE MUSEN KOMMEN ÜBER DIE ALPEN

Eine vorzüglich lesbare Gesamtdarstellung des **deutschen Renaissancehumanismus** gibt Heinz Otto Burger, *Renaissance – Humanismus – Reformation: Deutsche Literatur im europäischen Kontext*, Bad Homburg u. a. 1969 (geht nur bis 1521); wertvoll daneben: *L'humanisme allemand (1480–1540) – XIIIᵉ Colloque international de Tours*, München/Paris 1979. Vgl. Pfeiffer, *Klassische Philologie* (s. oben), 95–178 (16.–18. Jhdt., gesamteuropäisch). Wertvolles Handbuch: Hans Rupprich/Hedwig Heger, *Die deutsche Literatur vom späten Mittelalter bis zum Barock*, 1. Teil: *Das ausgehende Mittelalter, Humanismus und Renaissance 1370–1520*, München (1970) ²1994. Zusammenfassend: Dieter Mertens, »Deutscher Renaissance-Humanismus«, in: Stiftung »Humanismus heute« (Hg.), *Humanismus in Europa*, Heidelberg 1998, 187–210. Wertvoll jetzt: Gerlinde Huber-Rebenich/Walther Ludwig (Hg.), *Humanismus in Erfurt*, Rudolstadt/Jena 2002. Gesamtüberblick über die neulateinische Literatur in Deutschland: IJsewijn, *Companion* I (s. S. 363 f.), 177–205 (vgl. S. 148–163 zu den Niederlanden).

Zu einzelnen **Gattungen**: Johannes Maassen, *Drama und Theater der Humanistenschulen in Deutschland*, Augsburg 1929; Georg Ellinger, *Geschichte der neulateinischen Literatur Deutschlands im sechzehnten Jahrhundert*, 3 Bde., Berlin/Leipzig 1929–33; Günter Hess, *Deutsch-lateinische Narrenzunft: Studien zum Verhältnis von Volkssprache und Latinität in der satirischen Literatur des 16. Jahrhunderts*, München 1971 (wertvoll!).

Zum **Lateinunterricht**: A. Bömer, *Die lateinischen Schülergespräche der Humanisten*, 2 Teile, 1897/99 (Ndr. 1966; mit Ausgabe der Texte); Helmut Puff, *»Von dem schlüssel aller Künsten/nemblich der Grammatica«: Deutsch im lateinischen Grammatikunterricht 1480–1560*, Tübingen/Basel 1995 (mit Quellenrepertorium). Klassische Darstellung: Friedrich Paulsen, *Geschichte des gelehrten Unterrichts auf den deutschen Schulen und Universitäten* [...], Bd. 1, Leipzig (1885) [3]1919, 7–176 (von 1450 bis 1520). Vgl. auch Josef Dolch, *Lehrplan des Abendlandes*, Ratingen [2]1965, 181–235 (zum 16. Jhdt. insgesamt); Fuhrmann, *Latein und Europa* (s. S. 361), 34–46.

Zur **Sprache**: Die Wissenschaftssprache behandelt Franz Blatt, »Die letzte Phase der lateinischen Sprache«, in: *Archivium Latinitatis Medii Aevi* 40, 1975/76, 65–75. Bis zur deutschen Gegenwart gehen die Referate in Eckhard Keßler/Heinrich C. Kuhn (Hg.), *Germania Latina – Latinitas teutonica: Politik, Wissenschaft, humanistische Kultur vom späten Mittelalter bis in unsere Zeit*, 2 Bde., München 2003; dort zusammenfassend: Laetitia Boehm, »Latinitas – Ferment europäischer Kultur [...]«, 21–70 (z. T. problematisch); bes. wertvoll: Walther Ludwig, »Latein im Leben: Funktionen der lateinischen Sprache in der frühen Neuzeit«, 73–106; Beiträge zum 15./16. Jahrhundert: 221–562. Kennern sei empfohlen: Jacob Burckhardt: *De Linguae Latinae quibus in Germania per XVII saecula amplius usa ea est fatis* (zuerst 1713), Wolfenbüttel [2]1721.

Einzeldarstellungen deutscher Humanisten in: Stephan Füssel (Hg.), *Deutsche Dichter der frühen Neuzeit (1450–1600)*, Berlin 1993 (36 Biographien); und Paul G. Schmidt, *Humanismus im deutschen Südwesten: Biographische Profile*, Stuttgart (1993) [2]2000 (12 Biographien von Luder bis Frischlin). Zu **Luder**: Rudolf Kettemann, in: P. G. Schmidt a. a. O., 13–34. Zu **Agricola**: Wilhelm Kühlmann (Hg.), *Rudolf Agricola 1444–1485*, Bern u. a. 1994 (mit Beitrag von Hermann Wiegand zur Dichtung, 261–291). Zu **Celtis**:

Eckart Schäfer, *Deutscher Horaz: Conrad Celtis – Georg Fabricius – Paul Melissus – Jacob Balde*, Wiesbaden 1976, 1–38 (zur Lyrik); Dieter Wuttke, in: Füssel a. a. O., 173–199; Ulrike Auhagen u. a. (Hg.), *Horaz und Celtis*, Tübingen 2000; Claudia Wiener (Hg.), *Amor als Topograph: 500 Jahre Amores des Conrad Celtis*, Schweinfurt 2002 (Lit.!). Zu **Reuchlin** grundlegend: Ludwig Geiger, *Johann Reuchlin*, Leipzig 1871 (Ndr. 1964); Stefan Rhein, in: P. G. Schmidt a. a. O., 59–76; besonders interessant: Max Brod, *Johannes Reuchlin und sein Kampf*, (1965) Wiesbaden 1988. Zu Hutten klassisch: David Friedrich Strauß, *Ulrich von Hutten*, 3 Teile, Leipzig 1858–60 (viele Neuausgaben); Eckhard Bernstein, *Ulrich von Hutten*, Reinbek 1988 (rowohlts monographien).

Zweisprachige Gedichtsammlungen: Wilhelm Kühlmann u. a. (Hg.), *Humanistische Lyrik des 16. Jahrhunderts*, Frankfurt/M. 1997 (20 Dichter mit Prosaübersetzungen, Kommentar und Bibliographie: überragend!); Harry C. Schnur (Hg.), *Lateinische Gedichte deutscher Humanisten*, (Reclam) Stuttgart (1967) [2]1978 (auch 17. Jhdt. einbezogen, mit witzigen Versübersetzungen); Ders./Rainer Kössling (Hg.), *Galle und Honig: Humanistenepigramme*, (Reclam Leipzig) 1982 (auch nichtdeutsche Dichter); Wilhelm Kühlmann/Hermann Wiegand, *Parnassus Palatinus: Humanistische Dichtung in Heidelberg und der alten Kurpfalz*, Heidelberg 1989 (auch 17. Jhdt.); Thomas Haye (Hg.), *Humanismus in Schleswig und Holstein*, Kiel 2001 (auch 17. Jhdt.).

Zweisprachige Einzelausgaben: Lothar Mundt, *Rudolf Agricola: De inventione dialectica*, Tübingen 1992 (mit Komm.); Leonard Forster (Hg.), *Selections from Conrad Celtis*, Cambridge 1948 (lat.-engl.); Kurt Adel (Hg.), *Konrad Celtis: Poeta laureatus*, Graz/Wien 1960; Gerhard Fink (Hg.), *Konrad Celtis »Norimberga«*, Nürnberg 2000; Gernot Michael Müller, *Die »Germania generalis« des Conrad Celtis*, Tübingen 2001 (mit Komm.); Joachim Gruber (Hg.), *C. Celtis Pr. Panegyris ad duces Bavariae*, Wiesbaden 2003; Harry C. Schnur (Hg.), *Jakob Wimpheling: Stylpho*, Stuttgart (Reclam) 1971; ders., *Reuchlin: Henno*, Stuttgart (Reclam) 1970; Wilfried Barner (Hg.), *Heinrich Bebel: Comoedia de optimo studio iuvenum*, Stuttgart (Reclam) 1982 (Prosakomödie); Marcel Angres (Hg.), *Triumphus Veneris: Ein allegorisches Epos von Heinrich Bebel*, Münster u. a. 2003.

RES ET VERBA – REFORMATION UND LATEINHUMANISMUS

Die wichtigste Literatur zum Latein der Reformationszeit ist schon oben
S. 365 f. angegeben. Hervorgehoben sei außerdem Hans Rupprich, *Die deutsche Literatur vom späten Mittelalter bis zum Barock*, 2. Teil: *Das Zeitalter der Reformation 1520–1570*, München 1973; Walther Ludwig (Hg.), *Die Musen im Reformationszeitalter*, Leipzig 2001. Zur protestantischen Schulreform: Julius
Lattmann, *Geschichte der Methodik des Lateinischen Elementarunterrichts seit der
Reformation*, Göttingen 1896, 1–40; Paulsen, *Geschichte* (s. S. 366), 179–387
(meisterlich); Fuhrmann, *Latein und Europa* (s. S. 361), 46–59.

Eine hinreißende theologische Würdigung **Luthers** gibt Heiko A. Oberman, *Luther – Mensch zwischen Tod und Teufel*, Berlin 1981 (Ndr. (dtv) 1986).
Nützlich wegen der Selbstzeugnisse: Heinrich Fausel, *D. Martin Luther*, 2
Bde., München/Hamburg 1966. Unersetzt scheint Oswald Gottlob Schmidt,
Luther's Bekanntschaft mit den alten Classikern, Leipzig 1883. Klassisch zu **Erasmus**: Johann Huizinga, *Erasmus* (zuerst niederl.), Basel 1928; Stefan Zweig,
Triumph und Tragik des Erasmus von Rotterdam, Wien 1934 (Ndr.). Bes. sorgfältig: Cornelius Augustijn, *Erasmus von Rotterdam, Leben – Werk – Wirkung* (zuerst niederl.), München 1986. Guter Überblick: Heinz Holeczek, in: P. G.
Schmidt, *Humanismus* (s. S. 366), 125–149 (mit Lit.); vgl. Pfeiffer, *Klassische
Philologie* (s. S. 365), 95–107. Zum Humanisten **Melanchthon** ist immer
noch grundlegend Karl Hartfelder, *Philipp Melanchthon als Praeceptor Germaniae*, Berlin 1889 (Ndr. 1972). Am umfassendsten: Heinz Scheible, *Melanchthon: Eine Biographie*, München 1997; ders. in: P. G. Schmidt, *Humanismus*
(s. S. 366), 221–238. Einen guten Überblick gibt Barbara Bauer, in: Füssel,
Deutsche Dichter (s. S. 366), 428–463. Bes. wertvoll ist Jürgen Leonhardt (Hg.),
Melanchthon und das Lehrbuch des 16. Jahrhunderts, Rostock 1997. Eine vorzügliche Bibliographie gibt Hermann Wiegand (Hg.), »Melanchthon«, in: *Der
altsprachliche Unterricht* 40, Heft 5, 1997, 6–9. – Zur sonstigen Dichtung der
Zeit: Ulrike Auhagen/Eckart Schäfer (Hg.), *Lotichius und die römische Elegie*,
Tübingen 2001. Werk und Wirkung von **Johannes Secundus** werden erschlossen durch Eckart Schäfer (Hg.), *Johannes Secundus und die römische Liebeslyrik*, Tübingen 2004.

Zweisprachige Ausgaben: Werner Welzig (Hg.), *D. Erasmus: Ausgewählte Schriften*, 8 Bde., Darmstadt (1968) 1995 (gute, repräsentative Auswahl, mit kurzen Erläuterungen); daneben: Hajo u. Annemarie Holborn (Hg.), *D. Erasmus Roterodamus: Ausgewählte Werke*, München 1933, Ndr. 1964 (zu Ethik und Theologie). Eine Schulauswahl: Heinz Martius, *Erasmus von Rotterdam und seine Welt*, Bamberg (Buchner) [2]1977, 2 Bde. Eine Auswahl wichtiger Texte gibt Günter R. Schmidt (Hg.), *Philipp Melanchthon: Glaube und Bildung*, Stuttgart (Reclam) 1989; dazu jetzt Joachim Knape, *Philipp Melanchthons »Rhetorik«*, Tübingen 1993 (mit Text u. Übers.). Von Luther sind wenigstens die lateinischen Gedichte gesammelt, übersetzt und kommentiert von Udo Frings, *Martinus Lutherus – Poeta Latinus*, o. O., o. J. (1983). – Zu den zitierten Dichtern: Niklas Holzberg (Hg.), *Willibald **Pirckheimer**: Eckius dedolatus*, Stuttgart (Reclam) 1983; Barbara Könneker (Hg.), *Friedrich **Dedekind**: Grobianus*, Darmstadt 1979 (mit deutscher Fassung von Caspar Scheidt). Von Johannes Secundus sind die *Basia* soeben erschienen in einer ausführlich kommentierten Schulausgabe, besorgt von Norbert Schulz, *Vivarium*, Bd. 1 *(Series neolatina)*, 2006 (dort ältere Ausg. und Lit.). Zur Dichtung der Zeit sei nochmals verwiesen auf die Sammlung von Kühlmann u. a. (s. S. 367). Vgl. auch Hans-Gert Roloff (Hg.), *Thomas Naogeorg: Sämtliche Werke*, Bd. 1–3/1,2, Berlin/NewYork 1975–83 (der wichtigste reformatorische Dramatiker, mit zeitgenössischen Übersetzungen).

FRANGITO BARBITUM! –
JESUITEN ZWISCHEN LIEBESGOTT UND GOTTESLIEBE

Zur Einführung in den **Jesuitenorden** empfiehlt sich als immer noch mit Genuss zu lesender Reißer: René Fülöp-Miller, *Macht und Geheimnis der Jesuiten*, Leipzig u. a. 1929 (viele Nachdrucke); umfassend informativ für Deutschland ist Bernhard Duhr, *Geschichte der Jesuiten in den Ländern deutscher Zunge*, 4 Bde., Freiburg/Br. 1907–28. Eine moderne, knappe Darstellung gibt Peter C. Hartmann, *Die Jesuiten*, München 2001. Reiches Bildmaterial in: *Die Jesuiten in Bayern 1549–1773*, Katalog zu Ausstellung in München, Weißenhorn 1991; Reinhold Baumstark (Hg.), *Rom in Bayern: Kunst und Spiritualität der ersten Jesuiten*, München 1997.

Den humanistischen Grundcharakter des **Jesuitengymnasiums** betont zu Recht der Protestant Paulsen, *Geschichte* (s. S. 366), 387–443; dazu jetzt wichtig Barbara Bauer, *Jesuitische »ars rhetorica« im Zeitalter der Glaubenskämpfe*,

Frankfurt/M. u. a. 1986. Vgl. auch Fuhrmann, *Latein und Europa* (s. S. 361), 59–64. Die neuere Literatur erschließt Hermann Wiegand, »Das Heidelberger Jesuitenkolleg: Gymnasiale Bildung im Zeitalter der katholischen Reform«, in: Ders., *Der zweigipflige Musenberg. Studien zum Humanismus in der Kurpfalz*, Ubstadt-Weiher 2000, 167–209, dort bes. S. 203 f., Anm. 43.

Die wohl beste Einführung in das (deutsche) **Jesuitentheater** bieten zwei Aufsätze von Fidel Rädle: »Das Jesuitentheater in der Pflicht der Gegenreformation«, in: *Daphnis* 8, Heft 3/4, 1979, 167–199; »Lateinisches Theater fürs Volk: Zum Problem des frühen Jesuitendramas«, in: Wolfgang Raible (Hg.), *Zwischen Festtag und Alltag*, Tübingen 1991, 133–147. Vgl. sonst bes. Jean-Marie Valentin: *Les jésuites et le théâtre (1554–1680)*, Paris 2001 (fasst ältere Arbeiten zusammen). Speziell zu München: Karl von Reinhardstöttner, »Zur Geschichte des Jesuitendramas in München«, in: *Jahrbuch für Münchener Geschichte* 3, 1889, 53–176; vgl. Wilfried Stroh, »Lateinstadt München«, in: *Gymnasium* 113, 2006, 117–150. Sehr aufschlussreich ist jetzt Adrian Hsia/Ruprecht Wimmer (Hg.), *Mission und Theater: China und Japan auf den deutschen Bühnen der Gesellschaft Jesu*, Regensburg 2005. Sonstige Literatur (auch zum außerdeutschen Theater) nennt Wiegand, »Heidelberger Jesuitenkolleg«, a. a. O., bes. S. 208, Anm. 76.

Gretsers *Regnum Humanitatis* ist gewürdigt bei Bauer, *Ars rhetorica,* a. a. O., 1–15, und in einem Aufsatz von Fidel Rädle, »Kampf der Grammatik […]«, in: *Festschrift für Paul Klopsch*, Göppingen 1988, 424–444, dort 434 ff. Die Literatur zu **Bidermann** erschließt der reichhaltige Sammelband von Helmut Gier (Hg.), *Jakob Bidermann und sein »Cenodoxus«*, Regensburg 2005. Zu **Jakob Balde** bleibt grundlegend: Georg Westermayer, *Jacobus Balde, sein Leben und seine Werke*, München 1868 (Ndr. Amsterdam/Maarssen 1998). Kürzere neue Gesamtdarstellungen: Wilhelm Kühlmann/Hermann Wiegand, »Einleitung«, in: Nachdr. von Baldes *Opera poetica omnia* (1729), Frankfurt/M. 1990, Bd. 1, 5–48; Wilfried Stroh, »Plan und Zufall in Jacob Baldes dichterischem Lebenswerk«, in: Thorsten Burkard u. a. (Hg.), *Jacob Balde im kulturellen Kontext seiner Epoche*, Regensburg 2006, 198–244 (dieser Sammelband erschließt neuere Literatur). Die Lyrik behandelt grundlegend Eckart Schäfer, *Deutscher Horaz* (s. S. 367), 109–260. Zum dramatischen Werk: Wilfried Stroh, »Balde auf der Bühne […]«, in: Ders., *Baldeana*, München 2004, 241–308. Zur satirischen Dichtung: Gérard Freyburger/Eckard Lefèvre

(Hg.), *Balde und die römische Satire*, Tübingen 2005. Zu Baldes Magerkeits-ideal: Wilfried Stroh, »Iss dich schlank mit Pater Balde! [...]« (zuerst 1993, in: *Baldeana*, a. a. O., 209–240. Vollständige Bibliographie (ständig erneuert): www.klassphil.uni-muenchen.de/~stroh/balde-bib.htm.

Zweisprachige Ausgaben (meist kommentiert): James J. Mertz SJ u. a., *Jesuit Latin Poets of the 17th and 18th Centuries*, Wauconda, Illinois 1989 (67 Gedichte von 19 Dichtern, kurze Kommentare); Hans Pörnbacher (Hg.), *Die Literatur des Barock* (= *Bayerische Bibliothek*, Bd. 2), München 1986 (Texte von Pontanus, Rader, Bidermann, Balde u. v. a.); Hubert Filser/Stephan Leim-gruber (Hg.), *Petrus* **Canisius**, *Der Große Katechismus – Summa doctrinae christianae (1555)*, Regensburg 2003; Livinus **Brechtus**, *Euripus*, in: Fidel Rädle (Hg.), *Lateinische Ordensdramen des 16. Jahrhunderts*, Berlin/New York 1979 (mit Dramen von Jacobus Pontanus SJ und Gretser SJ); Sonja Fielitz (Hg.), *Jakob* **Gretser**: *Timon*, München 1994; Dorothea Weber (Hg.), *Augustinus conversus: Ein Drama von J. Gretser*, Wien 2000; Barbara Bauer/Jürgen Leonhardt (Hg.), *Triumphus Divi Michaelis Archangeli Bavarici*, Regensburg 2000 (mit Komm.); Günter Hess u. a. (Hg.), *Trophaea Bavarica*, München 1997 (Festschrift zur Einweihung von St. Michael, 1597); Max Wehrli (Hg.), *Jacob* **Bidermann**: *Philemon martyr*, Köln/Olten 1960. Werke von **Balde**: Veronika Lukas/Stephanie Haberer (Hg.), *Panegyricus equestris (1628)*, Augsburg 2002 (mit Komm.); V. Lukas (Hg.), *Batrachomyomachia*, München 2001 (Buch 1, mit Komm.); Andreas Heider (Hg.), *Spolia vetustatis*, München 1999 (Ausg. von *Parthenia* = *Sylvae* II 3, mit Komm.: wichtig zur Marienerotik); Johannes Neubig (Hg.), *Medizinische Satyren*, 2 Bde., München 1833 (= *Medicinae gloria*, mit Komm.); Thorsten Burkard (Hg.), *Dissertatio de studio poetico*, München 2004 (mit Komm.); Wolfgang Beitinger (Hg.), *Die Neuburger Musen in Festesfreude*, Neuburg a. d. Donau 1992 (Übersetzung von *Musae Neoburgicae*); Lutz Claren u. a. (Hg.), *Urania Victrix, liber I-II*, Tübingen 2003 (mit Komm.); Max Wehrli (Hg.), *Dichtungen*, Köln/Olten 1963 (vorwiegend Lyrik).

O TEMPORA O MORES! – LATEIN KOMMT AUS DER MODE

Der allmähliche Schwund des Lateinischen, vor allem im Bereich des **Bildungswesens**, ist meisterhaft beschrieben von Paulsen, *Geschichte* (s. S. 366), 465–624 (Zeit von 1600 bis 1740); vgl. Lattmann (s. S. 368), 41–196. Viel Material (gegliedert nach: Schule, Kirche, Wissenschaft) bei Françoise Waquet, *Le latin ou l'empire d' un signe: XVIᵉ – XXᵉ siècle*, Paris 1998, 15–143 (in diesem wichtigen Buch ist leider die neulateinische Literatur kaum berücksichtigt). Eine umfassende Darstellung der **neulateinischen Literatur** im Verhältnis zu den nationalsprachigen Literaturen ist mir nicht bekannt; viele Details findet man bei IJsewijn, *Companion* (s. S. 363 f.), vgl. bes. dort die Literaturangaben, Bd. 1, 51 ff. Verstreutes bei: Richard Newald, *Die deutsche Literatur vom Späthumanismus zur Empfindsamkeit 1570–1750*, München ⁶1967. Originell und tiefschürfend bes. zur Wissenschaftsgeschichte: Günter Hess, »Deutsche Literaturgeschichte und neulateinische Literatur: Aspekte einer gestörten Rezeption«, in: P. Tuynman u. a. (Hg.), *Acta conventus Neo-Latini Amsteldamensis* (1973), München 1979, 493–538. Die Bedeutung des Latein für die Literaturen kleiner Völker beleuchtet beispielhaft: Minna Skafte Jensen, *A History of Nordic Neo-Latin Literature*, Odense 1995.

Die Geschichte des **Wissenschaftslatein** und seines Schwindens ist relativ wenig erforscht. Wertvoll hier besonders: Leonardo Olschki, *Geschichte der neusprachlichen wissenschaftlichen Literatur*, 3 Bde. (versch. Druckorte), 1919–27 (bis zur Zeit Galileis); Uwe Pörksen, »Der Übergang vom Gelehrtenlatein zur deutschen Wissenschaftssprache«, in: *Zeitschrift für Literaturwissenschaft und Linguistik* 51/52, 1983, 227–258 (mit älterer Literatur); vgl. auch den Aufsatz von Blatt (s. S. 366). Manches Einschlägige enthält der Sammelband von Munske/Kirkness, *Eurolatein* (s. S. 348), interessant dort bes. der Beitrag von Jürgen Schiewe (zur Universitätssprache), 47–64. Viele Hinweise und Literaturangaben bei IJsewijn, *Companion* (s. S. 363 f.), Bd. 2, 258–361, bes. 324 ff. (zu Naturwissenschaften). Sehr wertvoll: Wilhelm Kühlmann, *Gelehrtenrepublik und Fürstenstaat: Entwicklung und Kritik des deutschen Späthumanismus in der Literatur des Barockzeitalters*, Tübingen 1982 (zur Verspottung des »Pedanten«; auch zur Stildiskussion). – Über Latein als Mittel internationaler Verständigung: Peter Burke, *Küchenlatein: Sprache und Umgangssprache in der frühen Neuzeit* (zuerst engl. 1987), Berlin 1989.

Zweisprachige Ausgaben von belletristischen lateinischen Werken des 18. Jahrhunderts sind selten. Zu nennen: Diane Bitzel, *Bernardo Zamagna: Navis Aëria*, Frankfurt/M. 1997 (mit Text und Übers.). Besonders zu empfehlen: Johann Amos Comenius, *Orbis sensualium pictus* (1658), Nachdr. Dortmund (1978) ²1979 (Die bibliophilen Taschenbücher 30).

NON VITAE SED SCHOLAE? –
LATEINISCHE TANZSTUNDEN IM INDUSTRIEZEITALTER

Auch die Geschichte des »**neuen Humanismus**« hat Friedrich Paulsen, *Geschichte* (s. S. 366), Bd. 2, [3]1921, selber Anhänger des Realgymnasiums, mit historischem Weitblick und Humor meisterhaft beschrieben. Ebenbürtig neben seine Darstellung tritt Manfred Landfester, *Humanismus und Gesellschaft im 19. Jahrhundert*, Darmstadt 1988 (gut gegliedert, reich dokumentiert, selbständig im Urteil). Daneben immer zu vergleichen Buck, *Humanismus* (s. S. 363), 343–417; Fuhrmann, *Latein* (s. S. 361), 113–216 (mit Lit.); vgl. auch dessen klärenden Aufsatz: »Die ›Querelle des Anciens et des Modernes‹, der Nationalismus und die Deutsche Klassik«, in: R. R. Bolgar (Hg.), *Classical Influences on Western Thought A. D. 1650–1870*, Cambridge u. a. 1979, 107–129 (öfter nachgedruckt). Immer noch lesenswert zum geistigen Hintergrund: Walther Rehm, *Griechentum und Goethezeit: Geschichte eines Glaubens*, Bern/München (o. J.) [4]1968. Vgl. auch das oben (in Anm. S. 255) genannte Buch von Butler und die Kampfschrift von Paul Nerrlich, *Das Dogma vom klassischen Altertum in seiner geschichtlichen Entwicklung*, Leipzig 1894, 222 ff. Speziell zu Bayern: Reinhard Heydenreuter u. a. (Hg.), *Die erträumte Nation: Griechenlands Wiedergeburt im 19. Jahrhundert*, München 1993. Zu den antiken Metra im Deutschen: Wilfried Stroh, »Der deutsche Vers und die Lateinschule«, in: *Antike und Abendland* 25, 1979, 1–19.

Wichtige »humanistische« **Texte zur Pädagogik** von Humboldt (1790) bis Dilthey (1900) vermittelt Karl Müller (Hg.), *Gymnasiale Bildung*, Heidelberg 1968 (mit Lit.), 48–138; sonst schwer Zugängliches (Ast, Jacobs, Evers, Jachmann) bei Rudolf Joerden, *Dokumente des Neuhumanismus I*, Weinheim [2]1962. Humboldts einschlägige Schriften liest man bequem in Bd. 2 und 4 der *Werke*, hg. von Andreas Flitner und Klaus Giel, Darmstadt 1961; vgl. auch die (unfreundliche) Biographie von Peter Berglar, *Wilhelm von Humboldt*, Reinbek 1970 (rowohlts monographien). Zu Herder jetzt: Michael Zaremba, *Herder: Prediger der Humanität*, Köln 2002.

Die neue **Lateinbegeisterung** des 19. Jahrhunderts wird deutlich aus Redensammlungen wie Frid(ericus) Traug(ottus) Friedemann (Hg.), *Scriptorum Latinorum saeculi XIX delectus*, pars I/II, Leipzig 1840 (mit Reden auch von Hegel und Schleiermacher); Augusti Boeckhii, *Orationes*, Leipzig 1858.

Das Niveau der Stilübungen bezeugen etwa: Johann Philipp Krebs, *Antibarbarus der lateinischen Sprache*, 1832 ([7]1905, nachgedr. bis 1962); Karl Friedrich von Naegelsbach, *Lateinische Stilistik*, Nürnberg 1846 (Meisterwerk, [9]1905, nachgedr. bis 1967). Die Realität des Lateinbetriebs wird am deutlichsten aus Fr(iedrich) Aug(gust) Eckstein, *Lateinischer und griechischer Unterricht,* Leipzig 1887 (postum).

Zur »**formalen Bildung**«: Wilhelm Luther, »Die neuhumanistische Theorie der ›formalen Bildung‹ und ihre Bedeutung für den lateinischen Sprachunterricht der Gegenwart«, *Der altsprachliche Unterricht* 5, Heft 2, 1961, 5–31.

Zur Begriffsgeschichte von »**Humanismus**« s. Literaturhinweise S. 363. Über die neuere Begriffsgeschichte informiert vor allem das *Historische Wörterbuch der Philosophie*; die jüngste Debatte wurde ausgelöst durch eine provokante Rede von Peter Sloterdijk, »Regeln für den Menschenpark«, *Die Zeit* 16. 9. 1999, 15, 17–21.

ROMANI AN GERMANI? –
LATEIN IM KAISERREICH UND DANACH

Auch für Latein im deutschen **Gymnasium** am Ausgang des neunzehnten Jahrhunderts sind überragend die Bücher von Paulsen (s. S. 366) und Landfester (s. S. 373). Die spätere Schulgeschichte ist hingebungsvoll aufgearbeitet in dem Buch von Hans Jürgen Apel / Stefan Bittner: *Humanistische Schulbildung 1890–1945*, Köln 1994. Von Apel stammen auch die einschlägigen Artikel »Humanistisches Gymnasium«, in: *Der Neue Pauly* 14 (2000), 563–567, und »Altsprachlicher Unterricht. I. Deutschland«, in: *Der Neue Pauly* 13 (1999), 113–119, welch Letzterer ergänzt wird durch Artikel von David Antony Raeburn, »II. Großbritannien«, a. a. O., 120 ff. und Sotera Fornaro, »III. Italien«, a. a. O., 122–127; vgl. dort auch den wertvollen Artikel von Françoise Waquet, »Frankreich. V. Geschichte des Lateinunterrichts«, *Der Neue Pauly* 14 (2000), 54–61 (zu ihrem Buch *Le Latin* vgl. S. 371 f.). Noch nicht zugänglich war mir das offenbar soeben erschienene Buch von Stefan Kipf, *Altsprachlicher Unterricht in der Bundesrepublik Deutschland*, Bamberg 2006. Auf die Jahre von 1902 bis 1965 bezieht sich Barbara Olschewski, *Humanistische Bildung und Gesellschaft in England*, Frankfurt / M. u. a. 1990. Einen köstlichen

Eindruck von der Realität des altsprachlichen Unterrichts im 19./20. Jahrhundert geben die belletristischen Zeugnisse (Heinrich u. Thomas Mann, Maupassant, Joyce usw.) in Klaus Westphalen (Hg.), *Professor Unrat und seine Kollegen*, Bamberg 1986. Lesenswert auch die Urteile ehemaliger Gymnasiasten über die Schule des 19. Jhdts. bei Fritz Blättner, *Das Gymnasium*, Heidelberg 1960, 170–182.

Die »Ideologie« des **gegenwärtigen Lateinunterrichts** findet man etwa bei dem Didaktiker Friedrich Maier, *Lateinunterricht zwischen Tradition und Fortschritt*, 3 Bde., Bamberg 1979–85 und in der Werbeschrift von Karl-Wilhelm Weeber, *Mit dem Latein am Ende* (s. S. 348). Gedankenreich, wenn auch etwas einseitig, sind besonders die Arbeiten von Klaus Westphalen, z. B.: *Basissprache Latein*, Bamberg 1992.

Ergiebig zur jüngeren wissenschaftlichen **Latinistik**: Peter Lebrecht Schmidt, »Zwischen Anpassungsdruck und Autonomiestreben: Die deutsche Latinistik vom Beginn bis in die 20er Jahre des 20. Jahrhunderts«, in: Hellmut Flashar (Hg.), *Altertumswissenschaft in den 20er Jahren*, Stuttgart 1995, 115–182 (mit Lit.); ders., »Philologie II. Lateinisch«, in: *Der Neue Pauly* 15/2 (2002), 278–327 (vom Mittelalter bis zur Gegenwart). Zur früheren Geschichte des Fachs neben Pfeiffer, *Geschichte* (s. S. 365): Conrad Bursian, *Geschichte der classischen Philologie in Deutschland von den Anfängen bis zur Gegenwart*, 2 Bde., München/Leipzig 1883. Katalogartiger Überblick: Alfred Gudeman, *Grundriss der Geschichte der klassischen Philologie*, Leipzig/Berlin [2]1909. Essayhafter Abriss: Antony Grafton/Glenn W. Most, »Philologie und Bildung seit der Renaissance«, in: Graf, *Einleitung* (s. S. 347), 35–48 (mit Lit.).

Zu Einzelnem: **Wilamowitz** als Schulpolitiker wird (z. T. eigenwillig) behandelt von Luciano Canfora, *Politische Philologie: Altertumswissenschaften und moderne Staatsideologien* (zuerst ital. 1989), Stuttgart 1995. Umfassend: William Calder III u. a. (Hg.), *Wilamowitz nach 50 Jahren*. Darmstadt 1985. Zu **Nietzsche**: Hubert Cancik/Hildegard Cancik-Lindemaier, *Philolog und Kultfigur: Friedrich Nietzsche und seine Antike in Deutschland*, Stuttgart/Weimar 1999 (mit Lit.). Zur Entdeckung der römischen »**Wertbegriffe**«: Harald Fuchs: »Rückschau und Ausblick im Arbeitsbereich der lateinischen Philologie«, in: *Museum Helveticum* 4, 1947, 147–198 (z. T. abgedruckt bei Hans Oppermann [Hg.], *Römische Wertbegriffe*, Darmstadt 1967).

Zur **nationalsozialistischen** Universitätspolitik beispielhaft: Maximi-

lian Schreiber, »Altertumswissenschaften im Nationalsozialismus: Die Klassische Philologie an der Ludwig-Maximilians-Universität«, in: Elisabeth Kraus
(Hg.), *Die Universität München im Dritten Reich – Aufsätze,* Teil 1, München
2006, 181–248 (mit Lit.). Umfassend informiert: Beat Näf (Hg.), *Antike und
Altertumswissenschaft in der Zeit von Faschismus und Nationalsozialismus,* Man-
delbachtal / Cambridge 2001.

LOQUAMUR LATINE! – LEBENDIGES LATEIN

Einen Gesamtüberblick gibt Wilfried Stroh, »**Lebendiges Latein**«, in: *Der
Neue Pauly* 15 (2001), 92–99; vgl. auch bei Waquet (s. S. 371 f.), S. 310–315.
Neuestes findet man in der jährlichen Bibliographie der Zeitschrift *Humanis-
tica Lovaniensia* unter »Latinitas novissima«. Zur Geschichte des Begriffs:
Andreas Fritsch, »Was heißt heute ›lebendiges‹ Latein«?, in: Siegfried Pio-
trowski / Helmar Frank (Hg.), *Europas Sprachlosigkeit,* München 2002, 203–214.

Pioniere des lebendigen Latein: Zu Olmos Projekt eines lateinischen
Staats s. Jozef IJsewijn / Dirk Sacré: »The Ultimate Efforts to Save Latin as the
Means of International Communication«, in: *History of European Ideas* 16,
1993, 51–66 (wertvoll!). Die *Alaudae* von Ulrichs sind nachgedruckt (mit lat.
Vorwort von Wilfried Stroh), Hamburg 2004; mehr zu ihm in: Wolfram Setz
(Hg.), *Karl Heinrich Ulrichs zu Ehren,* Berlin 2000. Eine Neubelebung dieser
Zeitschrift versucht die Dichterin Anna Elissa Radke (Hg.), *Alaudae epheme-
ridis nova series: Fasciculus primus,* Hildesheim u. a. 2005 (auch mit neusprach-
lichen Beiträgen).

Die existierenden **Zeitschriften** bespricht Dirk Sacré, »Le Latin vivant:
les périodiques latins«, in: *Les Études Classiques* 56, 1988, 91–104; mit Ergänzungen in: Wilfried Stroh (Hg.), »Latein sprechen«, in: *Der Altsprachliche Unterricht* 37, H. 5, 1994, 72–75. In diesem Heft auch von W. Stroh eine ausführlich kommentierte Bibliographie: »Hilfen zum Lateinsprechen« (76–95).
Der dort gegebene Überblick über **Lateinvereine** und -veranstaltungen
ist inzwischen leicht veraltet. Zu Vereinen vgl. jetzt die Zusammenstellung
der *L. V. P. A.*: www.pagina.de / lvpa; über aktuelle Veranstaltungen informiert besonders *Vox Latina,* Saarbrücken. Einschlägige Bücher, Broschüren,
CDs und vieles andere werden vertrieben von *Antike zum Be-Greifen* (Dr.
Gabriele Nick, Niddastr. 7, D-65239 Hochheim; www.antike-zum-begrei-

fen.de). Zu den Veröffentlichungen der *Societas Latina*: www.voxlatina.uni-saarland.de /.

Lexika zum Gegenwartslatein: Christian Helfer, *Lexicon auxiliare*, Saarbrücken [3]1991; Carolus Egger (Hg.), *Lexicon recentis Latinitatis*, 2 Bde., Vatikanstadt 1992/97; deutsche Bearbeitung durch Carmen Grau u. a., *Neues Lateinlexikon*, Darmstadt (WBG) 1998. Älter: Caelestis Eichenseer, *Latinitas viva: pars lexicalis*, Saarbrücken 1981 (mit sprachgeschichtlichen Begründungen). Wertvoll, aber fast nur mit antiker Begrifflichkeit: Hermann Koller, *Orbis pictus Latinus*, Zürich / München 1976.

Auch **Texte des zwanzigsten Jahrhunderts** enthält die Sammlung von Springhetti (s. S. 364). Eine Schulauswahl bei Joseph Borucki (Hg.), *Latein im 20. Jahrhundert*, Münster 1974; vor allem päpstliche Texte sind kommentiert bei Fritz Anders (Hg.), *Lebendiges Neulatein*, Münster [2]1955. Ehrendoktorurkunden sammelt Alfons Fitzek (Hg.), *Latein in unserer Zeit*, Würzburg 1990. Ein Meisterwerk britischen Humors: John G. Griffith, *Oratiunculae Oxonienses selectae*, Oxford 1985 (64 Reden zu Ehrendoktorverleihungen, u. a. an Fischer-Dieskau, Karajan, Helmut Schmidt). Ein deutsches Kabinettstück: Gerhard Fink: *Laetare Latine – Spaß mit Latein*, München 1976.

Lateinische Dichter seit dem 19. Jahrhundert behandeln: Hermann Wiegand, »Icarus hinc absit … Das Technikmotiv in der neulateinischen Dichtung«, in: *Jahresbericht Karl-Friedrich-Gymnasium 1983–1984,* Mannheim 1984, 35–45 (u. a. zu Esseiva); Vito R. Giustiniani, *Neulateinische Dichtung in Italien 1850–1950,* Tübingen 1979 (Lit., wertvoll!); Alfonso Traina, *Il latino del Pascoli*, Florenz 1971; Stadt Rottenburg am Neckar (Hg.), *Josef Eberle: Poet und Publizist*, Stuttgart / München 2001; Gilbertus Tournoy / Theodoricus Sacré (Hg.), *Pegasus devocatus: Studia in honorem C. Arri Nuri sive Harry C. Schnur*, Löwen 1992; Uwe Dubielzig, »Die neue Königin der Elegien: Hermann Wellers Gedicht ›Y‹«, in: Keßler / Kuhn (Hg.), *Germania latina* (s. S. 366), 855–878 (zum »Horaz des 20. Jahrhunderts«). Umfassende, vorzügliche Information: Theodoricus Sacré, *Musa superstes: De poesi saeculi XX[i] Latina schediasma*, Rom 2001.

Neuere **Anthologien**: Rainardus Brune (Hg.), *Carmina Latina recentiora*, Leichlingen [2]1975; Theodoricus Sacré (Hg.), *»Carmina nunc quoque Romanis resonantia chordis«*, Kortrijk 2001. Ausgewählte neuere **Gedichtpublikationen**: Giuseppe Morabito, *Latina fides*, Mailand 1979 (zweisprachig); Ioannes

Wieland, *Paegnia*, München 1984; Michael von Albrecht, *Scripta Latina*, Frankfurt/M. 1989 (auch Prosa); Fidelis Rädle, *De condicione bestiali vel humana*, Sigmaringen 1993 (zweisprachig); Anna Elissa Radke, *Ars paedagogica*, Würzburg 1998 (zweisprachig); Tuomo Pekkanen, *Carmina viatoris*, Löwen 2005.

   Zu **Latein in der neueren Musik**: Joachim Draheim, *Vertonungen antiker Texte vom Barock bis zur Gegenwart (mit einer Bibliographie der Vertonungen von 1700–1978)*, Amsterdam 1981 (leider nicht weitergeführt); Stefan Kunze, *Die Antike in der Musik des 20. Jahrhunderts*, Bamberg 1987; Werner Schubert, *Die Antike in der neueren Musik*, Frankfurt/M. u. a. 2005 (behandelt neben Strawinsky, Orff, Novák auch lateinische Texte bei Dallapiccola, Penderecki, Pärt). Zu **Orff**: Werner Thomas, »Latein und Lateinisches im Musiktheater Carl Orffs«, in: *Der altsprachliche Unterricht* 23, H. 5, 1980, 29–52. Die Werke **Jan Nováks** werden erschlossen (mit Lit.) durch www.sodalitas.de; vgl. Wilfried Stroh, »Jan Novák: Moderner Komponist antiker Texte«, in: Inken Jensen/Alfried Wieczorek (Hg.), *Dino, Zeus und Asterix*, Mannheim/Weißbach (zuerst 2002), 249–263 (mit Verzeichnis der Lateinvertonungen). Nováks *Cantica latina* sind erhältlich über *Antike zum Be-Greifen* (s. oben S. 376 f.), dort auch die CD *Schola cantans* (und andere CDs). Von den meisten Sammlungen lateinischer Lieder muss eher abgeraten werden.

   Zu **Latine loqui** im Unterricht grundlegend: Andreas Fritsch, *Lateinsprechen im Unterricht*, Bamberg 1990. Mehr bei Müller/Schauer, *Bibliographie* (s. S. 348), 127 ff.; Gerstmann, *Bibliographie* (s. S. 348), 145 f. Viele, auch praktische Beiträge zum Thema in Wilfried Stroh (Hg.), *Latein sprechen*, a.a.O., S. 376; dort auch die Stimme eines Skeptikers: Hans-Joachim Glücklich, »Das gegenwärtige Begründungsdefizit der Lateinsprechmethode«, 16–21, vgl. Peter Wülfing, »Loquerisne Latine?« (zuerst 1999), in: P. W., *Vorträge und Schriften*, Trier 2001, 377–381. Wertvolle Hilfe bietet das Lehrwerk von Hans H. Ørberg, *Lingua Latina per se illustrata*, 2 Bde., Kopenhagen (1990) [2]1991, (mit zusätzlichen Übungsmaterialien); erhältlich über *Antike zum Be-Greifen* (s. oben). Als DVD im Buchhandel erhältlich ist der lateinische Lehrfilm *Armilla*, 2005, von Wilhelm Pfaffel (Buchner-Verlag, Bamberg). Zu prominenten lateinsprachigen Didaktikern: A. Stille, »Latin Fanatic: A Profile of Reginald Foster«, in: *The American Scholar*, aut. 1994, 497–526; Rebecca Mead: »Latin Lover«, in: *The New Yorker*, Sept. 17, 2001, 107–117 (Luigi Miraglia).

APPENDIX: TSÄSAR ODER *KÄSAR?* – KLEINES LATEINISCHES PHONETICUM FÜR DEUTSCHE

Die bahnbrechende, immer noch lesenswerte Schrift von Erasmus, *De recta Latini Graecique sermonis pronuntiatione dialogus*, Basel (1528) [2]1529 wurde mit Übersetzung neu herausgegeben von Johannes Kramer, Meisenheim/Gl. 1978. Heute gilt als Standardwerk W. S. Allen, *Vox Latina*, Cambridge (1965) [2]1978; wertvoll daneben auch E. H. Sturtevant, *The pronunciation of Greek and Latin*, 1940 (= Chicago [2]1975), und Alfonso Traina, *L' alfabeto e la pronunzia del latino*, Bologna (1957) [4]1973. Eine kundige Zusammenfassung der Forschung (mit originellen Beiträgen zur Aussprachegeschichte) gibt die Sängerin Vera U. G. Scherr, *Aufführungspraxis Vokalmusik: Handbuch der lateinischen Aussprache; klassisch – italienisch – deutsch*, Kassel 1991. Elementare Informationen bieten natürlich auch die meisten Schulgrammatiken, mehr die hier nicht aufzuführenden historischen Darstellungen der lateinischen Lautlehre. Gut zum didaktischen Problem: Max Mangold, »Phonetik und Phonologie des Lateinischen in der Schulgrammatik«, in: Klaus Strunk (Hg.), *Probleme der lateinischen Grammatik*, Darmstadt 1973, 59–71; vgl. dazu auch Helmut Rix, »Latein – wie wurde es ausgesprochen?«, in: Gregor Vogt-Spira (Hg.), *Beiträge zur mündlichen Kultur der Römer*, Tübingen 1993, 3–17.

Zu Spezialproblemen: W. S. Allen, *Accent and Rhythm: Prosodic Features of Latin and Greek*, Cambridge 1973 (eigenwillig zu Fragen der Silbe und des Akzents); Jean Soubiran, *L'élision dans la poésie latine*, Paris 1966 (fundamental zur »Verschmelzung«); Anton Marx, *Hülfsbüchlein für die Aussprache der lateinischen Vokale in positionslangen Silben*, Berlin [2]1889 (unersetzt!).

Zum **Versiktus**: Wilfried Stroh, »Arsis und Thesis – oder: wie hat man lateinische Verse gesprochen?« (zuerst 1990), in: Ders., *Apocrypha*, Stuttgart 2000, 193–216 (mit Lit.); J. Luque Moreno, *Arsis, Thesis, Ictus*, Granada 1994. Zur Geschichte des Verselesens: Wilfried Stroh, »Der deutsche Vers« (s. S. 373).

Zur Didaktik des Verselesens: Franz Doll, »Didaktisches zur Einübung horazischer Metrik«, in: Walter Wimmel (Hg.), *Forschungen zur römischen Literatur*, Wiesbaden 1970, 66–87 (traditionell); Wilfried Stroh, »Kann man es lernen, lateinische Verse zu sprechen?« (zuerst 1981), in: *Apocrypha*, a. a. O., 245–261; Franz Peter Waiblinger, »Zur Einführung in das Lesen lateinischer Verse«, in: *Anregung* 37, 1991, 379–386.

Wichtigere **Tonaufnahmen** (soweit erhältlich): Eine Einführung gibt der stimmgewaltige Stephen G. Daitz, *The Pronunciation and Reading of Classical Latin*, 1984, 2 Tonkassetten (auch zum Vers); erhältlich: www.ecampus.com/book/1579700977. Ebenso zu empfehlen: Robert P. Sonkowsky, *Selections from Cicero Read in Classical Latin*, 1984, 2 Tonkassetten (diese und andere Kassetten Sonkowskys bei Bolzachy-Carducci Publishers, Inc.: www.bolchazy.com/prod.php?cat=latin&id=23835). Speziell zum Verselesen: Wilfried Stroh, *Proben lateinischer Verskunst*, München 1981, Kassette mit Textheft, Anfang 2007 als Doppel-CD, erhältlich über *Antike zum Begreifen* (s. S. 376f.); ders.: *Vergil, Aeneis IV*, CD. Mir noch unbekannt sind die von Hans H. Ørberg zu seinem lateinischen Lehrwerk (s. S. 378) gesprochenen Texte (6 CDs bzw. CD-ROMs), erhältlich über *Antike zum Begreifen* (s. oben). Julia Hansen und Michael Jackenkroll (Deutsches Theater in Göttingen) sprechen temperamentvoll, mit kleinen Schönheitsfehlern, die Übungsbuch-Texte von: *Litora audio* und *Lumina audio*, 2 CDs, Göttingen 2005 (bei Vandenhoeck & Ruprecht). – Auf den von der *Societas Latina* (s. S. 377) herausgegebenen zahlreichen Tonkassetten werden Silbenquantität und Prosarhythmus vernachlässigt.

NOTULAE –
ANMERKUNGEN

INTROITUS –
WOZU LATEIN? WOZU DIESES BUCH?

1. Sprichwörtlich nach Plautus, *Persa* 729
2. Sprichwörtlich nach Plautus, *Poenulus* 332. Die Bedeutung von »Öl« wird dabei verschieden interpretiert.
3. Vergil, *Aeneis* 2,65 f. Eigentlich: »Lerne am Beispiel des einen (Betrugs) alle [Griechen in ihrer Verlogenheit] kennen.«
4. Horaz, *Carmina* 3,1,1

AB OVO! –
LATEIN AUS DEM EI GEPELLT

1. Horaz, *De arte poetica* 147 f.; vgl. Bartels (s. Lit. S. 348) 32, 86
2. fr. 268 Funaioli
3. Dion. Hal. 1,90,1
4. *Aeneis* 12, 834–837
5. *Annales* 214 Vahlen
6. Gordon (s. Lit. S. 350) Nr. 1, S. 75 f.
7. Liv. 23,16,2; Genaueres bei Bartels (s. Lit. S. 348) 80
8. Cicero, *De re publ.* 3,21 = Laktanz, *inst.* 5,16,4
9. Liv. 40, 43,1
10. bei Gellius 17,17,1
11. bei Gellius 1,24,2 (Morel/Blänsdorf p. 73)
12. Val. Max. 2,2,2
13. Cic. *Arch.* 23
15. Lucr. 4,1160–1169

LITTERAE LATINAE –
LATEIN WIRD LITERARISCH

1. August Boeckh, *Encyklopädie und Methodologie der philologischen Wissenschaften* [Vorlesungen gehalten 1809–1865] hg. v. E. Bratuschek, Leipzig 1877, 287

2. Martin Schanz, *Geschichte der römischen Litteratur,* 1. Teil, 1. Hälfte, München [3]1907, 11

3. Friedrich Leo, *Geschichte der römischen Literatur,* Bd. 1, Berlin 1913 (Ndr. 1967), 2

4. Friedrich August Wolf, *Darstellung der Alterthumswissenschaft nach Begriff, Umfang, Zweck und Wert,* Berlin 1807 (Ndr. 1986), 94

5. *Zur Geschichte der Religion und Philosophie in Deutschland,* 2. Buch (1834, [2]1852); nach: *Historisch-krit.* Gesamtausgabe, hg. v. Manfred Windfuhr, Bd. 8,1, Hamburg 1979, 63

6. *Aeneis* 6, 851–853

7. *ars* 330–332

8. *Epistulae* 2,1,156 f.

9. *ars* 268 f.

10. *agr.* 141,2 f.

11. *epist.* 2,1,158

12. *agr.* 160

13. Ovid, *Pont.* 4,8,51

14. fr. 3 Morel/Blänsdorf (p. 13) = Sallust, *epist.* 1,1,2

15. *Annales* 202 f. Vahlen

16. fr. 1 Morel/Blänsdorf (p. 21) = Gellius 18,9,5

17. Plautus, *Most.* 1–3

18. *Most.* 6

19. *Most.* 71

20. *Most.* 1178–1180

21. Kommentar zu *Eunuchus* 57

22. *ann.* 1 Vahlen

23. *Institutio oratoria* 10,1,93

24. *Ad Marcum filium* fr. 15 Jordan

NON HOMINIS NOMEN – DAS WUNDER CICERO

1. *Institutio oratoria* 10,1,112
2. Cicero, *Pro S. Roscio Amerino* 1
3. *S. Rosc.* 6
4. *S. Rosc.* 13
5. *inst.* 10,1,112 *regnare in iudiciis dictus est*
6. *Politeia* 5, 473 C-E
7. *inv.* 1,4 f.
8. Plutarch, *Cicero* 4,7. Der Gedanke wird auch von Späteren oft ausgesprochen.
9. *rep.* 1,42
10. Bes. *de or.* 3,143
11. *Tusc.* 5,1
12. *Tusc.* 5,3–5
13. *Ev. Marc.* 9,24
14. *nat. deor.* 3,5 f. (im Munde des Cotta)
15. *off.* 1,106 *quae sit in natura <nostra> excellentia et dignitas;* vgl. Viktor Pöschl, *Der Begriff der Würde im antiken Rom und später,* Heidelberg 1989.
16. *De la littérature allemande* (Berlin 1780); Ndr. Stuttgart 1883, 26
17. »Über die Philosophie des Cicero« (zuerst 1811), *Sämmtliche Werke* 12, Leipzig 1852, 167–183 (lesenswert!), dort S. 172
18. Aufidius Bassus zitiert bei Seneca, *Suasoriae* 6,18
19. *Phil.* 3,35
20. *De consulatu suo* fr. VII Soubiran
21. *Römische Geschichte,* Bd. 3, Berlin [8]1889, 619
22. *Naturalis historia* 7,117
23. *Brutus* 185–189, bes. 188

SPES ALTERA ROMAE – DER ZAUBER VERGILS

1. Servius ad ecl. 6,11. In Übersetzung: »Sie [sc. die 6. Ekloge] soll von Vergil mit großem Beifall rezitiert worden sein. Ja, als sie später von der Hetäre Cytheris im Theater gesungen wurde – es handelt sich um die, die er am Ende [sc. in der 10. Ekloge] Lycoris nennt – fragte Cicero verblüfft,

von wem das Lied stamme. Und als er ihn dann endlich einmal zu Gesicht bekommen hatte, soll er, um sich und ihn zu ehren, gesagt haben: »Roms zweite große Hoffnung«.

2. Vergil, *ecl.* 6,27 f.

3. *ecl.* 6,52–55

4. *ecl.* 1,1 f.

5. Donat, *vita Verg.* 28, p. 220 Bayer

6. *Catalepton* 5, 8–10

7. Isaia 7,14 ff.; 9,6 f.; 11,1 ff.

8. Spezialausg. d. griech. Texts v. Andries Bolhuis (Hg.), *Vergilius' vierte Ecloga* [...], Diss. Amsterdam 1950

9. *georg.* 1,498–501

10. *georg.* 1,505–514

11. *georg.* 2,458–540

12. *georg.* 1,118–146

13. Sen. *epist.* 86,15

14. Prop. 2,65 f.

15. *Aen.* 1,1–3

16. *Aen.* 1,92–101

17. *Aen.* 6,755–892

18. *Aen.* 4,630–705

19. *Aen.* 12,435 f.

20. *Aen.* 1,279 f.

21. Donat, *vita Verg.* 39–41, p. 225 f. Bayer

SAECULUM AUGUSTUM – ROMS DICHTER IM BANNKREIS DES MÄCHTIGEN

1. *sat.* 1,5

2. *epod.* 9,12

3. *carm.* 1,37, 1 f.

4. *carm.* 1,14

5. *carm.* 1,34

6. *Götzendämmerung: Was ich den Alten verdanke* (F. Nietzsche, *Werke*, hg. von K. Schlechta, München 1966, Bd. 2, 1027)

7. *carm.* 1,9,21–24

8. *carm.* 3,1,4

9. *carm. saec.* 17–20

10. *carm. saec.* 9–12

11. Zitiert nach: Heinz Schmitz, »Brecht und Horaz«, *Gymnasium* 83, 1976, 404–415

12. Bei Schmitz a.a.O.: mündlich überliefert durch Lion Feuchtwanger, der dazu bemerkte, Brecht habe sich eines noch drastischeren Ausdrucks bedient.

13. *carm.* 4,4; 14

14. *epist.* 2,1,50 ff.

15. *ars* 148; 333

16. *Dichtung und Wahrheit* VII

17. *ars* 309; 295 ff.; 453 ff.

18. Besonders Prop. 1,6

19. Prop. 1,21; 22

20. Prop. 2,34,61 ff.; 2,10

21. 2,7,13 f.

22. Prop. 4,6; 11

23. Nr. 7 Morel (p. 111)

24. *am.* 3,4,37–40

25. *ars* 2,155–158

26. *Remedia amoris* 395 f.

27. *met.* 1,4

28. *Römische Geschichte*, Bd. 5, Berlin 1885, 190

URBI ET ORBI –
LATEIN WIRD WELTSPRACHE

1. *Cat.*1,9

2. *Fasti* 2,683 f.

3. *De reditu suo* 63–66

4. *Geist des römischen Rechts auf den verschiedenen Stufen seiner Entwicklung*, 1. Teil, Leipzig [5]1891, 1–3

5. *Aeneis* 9,446–449

6. *carm.* 3,30

7. carm. 2,20,13–20

8. *Epistulae* 1,20,13

9. *De arte poetica* 345

10. *Amores* 1,3,25 f.

11. *Amores* 1,15,29 f.

12. *Ars amatoria* 3,537

13. *met.* 15,877 f.

13. *ex Ponto* 4,13,19–22

15. *civ.* 19,7

16. *nat.* 3,39

17. *Orationes* 26,63

18. *Platonicae quaestiones* 10,3 (1010 D), mit allerdings nicht ganz eindeutiger Textüberlieferung

18. *Bissula* 4,1 f. (p. 116 Peiper)

MORS IMMORTALIS –
LATEIN WIRD DURCH SEINEN TOD UNSTERBLICH

1. in: Poli/Poccetti/Santini (s. Lit. S. 349) 12

2. Zuletzt herausgegeben von Flach (s. Lit. S. 358) S. 37 (dort *en* statt *em*)

3. Quintilian, *inst.* 1,6,40

4. Polyb. 3,22,3

5. *epist.* 1,1

6. *epist.* 1,1

7. bei Gellius 1,10,4

8. *Controversiae* praef. 1,6 f.

9. Stat. *Theb.* 12, 816 f.

10. Vell. Pat. 2,36

11. *ad Atticum* 1,8,3

12. Petron. 42,1

13. *Italienische Reise*, Neapel, 13. März 1787

14. *CIL* IV 5092

15. *de mus.* 2,1 *totam illam scientiam quae grammatica* […] *nominatur historiae custodiam profiteri*

16. Johann Glandorp, *Disticha* (1553); zitiert nach der Mannheimer Online-Publikation *Camena* (www.uni-mannheim.de/mateo/camena)
17. *Grammatici Latini* IV 193–204

CICERONIANUS, NON CHRISTIANUS –
AUCH DIE CHRISTEN LERNEN LATEIN

1. *Ev. Ioh.* 19,20 *et erat scriptum Hebraice, Latine Graece.*
2. Belege unten S. 133
3. bei Plinius, *epist.* 10,97,2
4. *apol.* 2,8
5. *Oct.* 40,1
6. Allerdings auf Griechisch: Eusebius, *Vita Constantini* 1,28; vgl. Bartels (s. Lit. S. 348) 81
7. *inst.* 1,13;16 (ed. Eberhard Heck/Antonie Wlosok, 2005, p.4)
8. *Ev. Luc.* 2,8 f.
9. *inst.* 1,1,10
10. Hier epist. 22,30
11. *Enarratio in psalmos* 138,20
12. *Enarratio in psalmos* 36, s. 3,6
13. *epist.* 10,96,7
14. *Ephes.* 5,19; *Col.* 3,16
15. *confess.* 9,6 f.
17. Bulst, *Hymni Latini* (s. Lit. S. 359), S. 39

MEDIUM AEVUM –
WIE FINSTER WAR DAS LATEINISCHE MITTELALTER?

1. *Peregr. Aeth.* 3,1
2. Wolfram Ax (Hg.), *Lateinische Lehrer Europas*, Köln u. a. 2005, 217–246
3. zitiert nach Haadsma/Nuchelmans, *Précis* (s. Lit. S. 358) 115
4. a. a. O.
5. *Moralia in Iob, praef.* 5 (ed. M. Adriaen p. 7)
6. Bened. reg. 48,1; der lat. Text zitiert nach P. Basilius Steidle (Hg.), *Die Benediktusregel*, lat.-dt., Beuron [4]1980, 144

7. *Monumenta Germaniae Historica: Epistolae Merowingici et Karolingi aevi*, Bd. 1, Berlin (1892) Ndr. 1957, S. 336 (ed. Dümmler)

8. *Concilia aevi Karolini* A 38,17; zitiert nach Stotz, *Handbuch* (s. Lit. S. 360), Bd. 1, 17

9. Modoin, ecl. 1,27; nach: Dietmar Korzeniewski (Hg.), *Hirtengedichte aus spätrömischer und karolingischer Zeit*, Darmstadt 1976, S. 78

10. *Einhardi Vita Karoli Magni*, rec. G. H. Pertz / G. Waitz / O. Holder-Egger, Hannover / Leipzig 1911

11. *Genesis* 1,4

12. *Carm. Bur.* Nr. 17; anders ist interpungiert in der Ausgabe von Alfons Hilka / Otto Schumann, Bd. 1, Heidelberg 1930, 35

13. *Retractationes* 1,19,1

14. Bulst, *Hymni Latini* (s. Lit. S. 359), S. 139

15. Bulst, *Carmina Burana* (s. Lit. S. 362), 32 f.

16. Vers 1975 f.

STUDIA HUMANITATIS RENATA – DIE NEUZEIT BEGINNT IM ZEICHEN CICEROS

1. *Rerum memorandarum* 1,19,4

2. *Epistulae metr.* 3,33,4–6; anders interpungieren und übersetzen O. u. E. Schönberger (s. Lit. S. 364) 322.

3. *Epist. posteritati*, zitiert nach *Prose* (s. Lit. S. 364), p. 6

4. *Opera* (1554) p. 1199

5. *Rerum senilium* 17,2, nach *Prose* (s. Lit. S. 364) p. 1144

6. Leonardo Bruni, *Dialogi ad Petrum Paulum Histrum*, hg. v. St. U. Baldassarri, Florenz 1994, 271 f.

7. *Pro Murena* 61

8. *Arch.* 2–4

9. *Rerum senilium* 16,1

10. p. 104–108 ed. Kubusch

11. p. 74 Kubusch

12. p. 14 Kubusch

13. p. 124 Kubusch

14. *Poetice* 6,4 (1561, Ndr. 1987), p. 297

15. *Qui auctores legendi sint nouitijs ad comparandam eloquentiam* […], 1499, fol. B.ij

16. *De vulg. el.* 1,1,2–3

17. 1,1,4

18. *Summa c. g.* 1,8

19. *epist. fam.* 24,3 (p. 52–56 ed. Neumann)

20. Wolfram Setz (Hg.), *Lorenzo Valla: De falso credita et ementita Constantini donatione*, Weimar 1976, 134

21. *Opera* (Basel 1540, Ndr. 1962), p. 253–389

22. Sabbadini, *Storia* (s. Lit. S. 363) 52

23. *epist.* 8,16; *Angeli Politiani, et aliorum virorum illustrium, Epistolarum libri duodecim*, Basel 1522, 304 (dort fälschlich *ne* statt *me*)

24. *Opera* (1540), p. 4

O SAECULUM! O LITTERAE! – DIE MUSEN KOMMEN ÜBER DIE ALPEN

1. Helmut Heiber (Hg.), *Goebbels-Reden*, Bd. 1, Düsseldorf 1971, 111

2. *Opera* ed. E. Boecking, Leipzig 1859–1861 (Ndr. 1963), Bd. 1, 217 (der ganze Brief: S. 193–217)

3. *Aeneae Sylvii Piccolomini* […] *opera quae extant omnia*, Basel o. J. (1571), 981 (dort fälschlich *lasciua* statt *lasciuia*)

4. Hg. von Ludwig Bertalot, *Studien zum italienischen und deutschen Humanismus*, Bd. 1, Rom 1975, 222

5. Bertalot (s. oben) 1, 226

6. Zitiert nach Hermann Wiegand in: Kühlmann, *Agricola* (s. Lit. S. 367) 264

7. Zitiert nach der Erstausgabe (ohne Paginierung), wie stets unter Normalisierung der (hier besonders eigenwilligen) Rechtschreibung

8. A. Bömer (Hg.), *Die lateinischen Schülergespräche der Humanisten*, 2 Teile, 1897 / 1899 (Ndr. 1966), S. 40

9. act. II, v. 194 (p. 20 ed. Holstein)

10. I 9 (p. 19, ed. Bömer)

11. I 37 (p. 65, ed. Bömer)

12. *Nemo* V. 35 f., zitiert nach Kühlmann (Hg.), *Humanistische Lyrik* (s. Lit. S. 367) p. 166

13. I 10,33; Bd. 3,44 ed. Boecking (s. oben Anm. 2)

14. I 10,37

15. Bd. 4, 180 ed. Boecking

16. Hutten, *Deutsche Dichtungen*, hg. von G. Balke, S. 232; zitiert nach Hess, *Narrenzunft* (s. Lit. S. 366), 152

17. *Clag und vormanung gegen dem übermässigen vnchristlichen gewalt des Bapsts* [...], 1520, v. 1577 f. (Bd. 3, 526 ed. Boecking)

RES ET VERBA –
REFORMATION UND LATEINHUMANISMUS

1. *Tischreden* Januar 1532; zitiert nach Fausel, *Luther* (s. Lit. S. 368) I 24

2. Brief vom 8. 2. 1517; nach Fausel, *Luther* (s. Lit. S. 368) 76

3. Belege bei Schmidt, *Luther's Bekanntschaft* (s. Lit. S. 368)

4. Bei Schmidt, *Luther's Bekanntschaft* (s. Lit. S. 368) 3

5. *Epistulae obscurorum virorum* II 38; Ausg. von Aloys Bömer, Heidelberg 1924, 155

6. Zitiert nach Ausg. Göttingen 1690, 106; die folgenden Zitate auf S. 107–123

7. Zitiert nach *Colloquia familiaria et Encomium Moriae*, Leipzig (O. Holtze) o. J., Bd. 1, 1 f.

8. *Amores* 3,9

9. *Coll. fam.* (wie oben) Bd. 1, 269–274

10. Otto Clemen (Hg.), *Luthers Werke*, Bd. 3, Bonn 1935, 292

11. Ia11; zitiert nach: Johannes von Walter (Hg.), *De libero arbitrio DIATRIBH sive collatio per D. Erasmum Rot.*, Leipzig 1910, S. 11

12. Zitate nach der Ausgabe von Clemen (wie oben) Bd. 3, 95

13. Clemen (wie oben) 3, 103

14. Clemen (wie oben) 3, 293

15. Cicero, *Philippicae* 2,30

16. Zitiert nach *Ausgewählte Schriften* (s. Lit. S. 368), Bd. 7, 352

17. Ovid, *ex Ponto* 2,9,47 f.

18. Karl Hartfelder (Hg.), *Ph. Melanchthon: Declamationes*, Berlin 1891, 34.

19. Hartfelder (wie oben) 39

20. Clemen (wie oben) Bd. 2, 451

21. G. L. Plitt / D. Th. Kolde (Hg.), *Die Loci communes Philipp Melanchthons*, Leipzig / Erlangen [4]1925, 65

23. Elegiae 1,10,23 f., nach *Joannis Secundi Opera*, Paris 1748, 45

24. *Basia* 8,1–17, nach: *Opera* (wie oben) 105 f.

FRANGITO BARBITUM! –
JESUITEN ZWISCHEN LIEBESGOTT UND GOTTESLIEBE

1. Iohannes N. Mederer, *Annales Ingolstadiensis Academiae* II, Ingolstadt 1782, 239

2. Theobald Ziegler, *Geschichte der Pädagogik* [...], München [4]1917, 126

3. Zitiert nach Karl von Reinhardstöttner, »Zur Geschichte des Humanismus [...]«, *Jahrbuch für Münchener Geschichte* 4, 1890, 59

4. In: *De litterarum ludis recte aperiendis liber* (1538), zitiert nach Ziegler, *Geschichte* (wie oben Anm. 2) 82

5. 1586, zitiert nach: Ladislaus Lukácz S. I. (Hg.), *Ratio atque institutio studiorum Societatis Iesu (1586 1591 1599)*, Rom 1986, 110

6. Ausgabe Dillingen, zitiert nach Schäfer, *Deutscher Horaz* (s. Lit. S. 367) 111

7. I 44 f., zitiert nach *The Poetical Works of Lord Byron*, London 1928, 631

8. III 7,11, zitiert nach *Catechismus ex decreto Concilii Tridentini*, Regensburg 1872, 324

9. III 7,1, nach *Catechismus* (wie oben)

10. *Dokumente zur Geschichte von Staat und Gesellschaft in Bayern*, Abt. I, Bd. 3, Teil 1 (bearb. v. W. Ziegler), München 1992, Nr. 72, 383 ff.

11. Zitiert nach Rädle, *Daphnis* 1979 (s. Lit. S. 370) 180

12. Zitiert nach Rädle (wie vorige Anm.) 185 Anm. 67

13. Zitiert nach Rädle (wie vorige Anm.) 183 f.

14. Zitiert nach Rädle (wie vorige Anm.) 183 f.

15. Zitiert nach der (einzigen) Wiener Handschrift: cod. Pal. Vind. 13303 (eine kritische Edition ist in Vorbereitung)

16. *Jephtias*, Amberg 1654, 163 (*act.* 5, *scena ult.*)

O TEMPORA O MORES! – LATEIN KOMMT AUS DER MODE

1. Motto seiner sprachlichen Lehrbücher, zitiert nach Paulsen, *Geschichte* (s. Lit. S. 366) 474

2. *Beantwortung der Frage: Was ist Aufklärung?*, nach: Wilhelm Weischedel (Hg.), *I. Kant, Werke*, Darmstadt ³1964, Bd. 9, 53

3. Zentralinstitut für Philosophie an der Akademie der Wissenschaften der DDR (Hg.): Gottfried W. Leibniz, *Politische Schriften*, Bd. 1: *1667–1676*, Berlin ³1983, 529

4. Ausg. v. Bitzel (s. Lit. S. 372) 78

5. Bitzel (wie vorige Anm.) 25 Anm. 37

6. p. 79 ed. Demerson; zitiert nach IJsewijn, *Companion* (s. Lit. S. 363) I 47.

7. *carm.* 3,30,6

8. Jozef IJsewijn, *Companion to Neo-Latin Studies*, Amsterdam u. a. 1977 (1. Auflage!), 347

9. Zitiert nach Pörksen (s. Lit. S. 372) 254

10. Das Gedicht ist nach der Ausgabe von 1646 abgedruckt in: Volker Meid (Hg.), *Gedichte und Interpretationen*, Stuttgart 1982 (Reclam) 1982, 167.

11. *sylv.* 5,5,121; zitiert nach *Opera omnia poetica*, München 1729, Bd. 2, 116; vgl. *sylv.* 7,18,37–40 und bes. *lyr.* 3,48

12. Zitiert nach Springhetti (Lit. S. 363 f.) 653

13. George M. Logan u. a. (Hg.), *Thomas More: Utopia* [zweispr.], Cambridge 1995

14. Zitiert nach Pörksen (s. Lit. S. 372) 231

15. Zitiert nach Pörksen (s. Lit. S. 372) 231

16. Zitiert nach Pörksen (s. Lit. S. 372) 231

17. Zitiert nach Olschki, *Geschichte* (s. Lit. S. 372) Bd. 2, 71

18. Zitiert nach Paulsen, *Geschichte* (s. Lit. S. 366) 546

19. *Novisima linguarum methodus* (1648) cap. 7, 23; in: J. A. Comenius, *Opera didactica omnia*, 1657, Ndr. Prag 1957, Pars II, p. 76

20. *Didactica magna* (1638), cap. 11, 11; in: *Opera* (wie vorige Anm.), Pars I, p. 51

21. Zitiert nach der Ausgabe Amsterdam 1733, dort S. 856 (Anhang: »Latina lingua comparanda non colloquiis, sed stylo«)

22. Dichtung und Wahrheit VI

NON VITAE SED SCHOLAE? –
LATEINISCHE TANZSTUNDEN IM INDUSTRIEZEITALTER

1. Karl Marx – Friedrich Engels, *Gesamtausgabe (MEGA)*, Bd. 1, Berlin 1975, 465

2. verfasst von John Carter und Percy H. Muir, Darmstadt 1968 (zuerst englisch 1967), dort S. 528 f.

3. Zitiert nach Paulsen, *Geschichte* (s. Lit. S. 366) Bd. 2, 21

4. Zitiert nach J. J. Winckelmann's *Geschichte der Kunst des Alterthums*, hg. von J. Lessing, Leipzig [2]1882, 301–327

5. *Aeneis* 2,222 *clamores* […] *horrendos*

6. *Aeneis* 1,496–504; *Odyssee* 6,102–109

7. *Klopstocks sämmtliche Werke*, Leipzig 1855, Bd. 10, 2

8. *Museum der Alterthums-Wissenschaft*, Bd. 1, Berlin 1807, zitiert nach dem Facsimile-Nachdruck hg. v. J. Irmscher, Weinheim 1986, S. VI

9. Zitiert nach *Sämmtliche Werke: Zur schönen Literatur und Kunst*, Teil 1 und 2, Stuttgart / Tübingen 1827

10. *Zweite Sammlung*, IV (Teil 2, S. 51)

11. *Dritte Sammlung*, I (Teil 2, S. 137, 139)

12. *Dritte Sammlung* I 1 (Teil 2, S. 140)

13. *Dritte Sammlung* I 2 (Teil 2, S. 147, 149)

14. *Dritte Sammlung* I 9 (Teil 2, S. 199)

15. *Dichtung und Wahrheit* II 10

16. Zitiert nach *Sämmtliche Werke: Zur Philosophie und Geschichte*, Teil 13, Stuttgart / Tübingen 1829, S. 137–142

17. Humboldt, *Werke* (s. Lit. S. 373), Bd. 2, 1–24

18. Humboldt, *Werke* (s. Lit. S. 373), Bd. 4, 168–195

19. Julian Nida-Rümelin, *Humanismus als Leitkultur*, München 2006

20. *Ethica Nicomachea* 10, 7 (1177 B 4)

21. Zitiert nach: Eckstein, *Unterricht* (s. Lit. S. 374) 338

22. *Metaphysicae cum geometria iunctae usus* […], *cuius specimen I. continet monadologiam physicam*, nach: Wilhelm Weischedel (Hg.), *I. Kant, Werke*, Darmstadt [3]1964, Bd. 1, 522

23. Nach: Arthur Hübscher (Hg.), *A. Schopenhauer: Sämtliche Werke*, Leipzig 1937, Bd. 1, Teil III, S. 7

24. Reinhold Bernhard Jachmann, *Über das Verhältnis der Schule zur Welt*, Berlin 1811

25. »Eton im afrikanischen Busch«, *Süddeutsche Zeitung* 21. 4. 1984, S. 3

26. Zitiert nach Luther (s. Lit. S. 374) 6

27. Wolf, *Darstellung der Alterthumswissenschaft* = *Museum der Alterthums-Wissenschaft*, Bd. 1 (wie oben Anm. 8), 95

28. Zitiert nach Paulsen (s. Lit. S. 369), Bd. 2, 243

29. Wolf, *Darstellung der Alterthumswissenschaft* = *Museum der Alterthums-Wissenschaft*, Bd. 1 (wie oben Anm. 8), 141

ROMANI AN GERMANI? –
LATEIN IM KAISERREICH UND DANACH

1. Zitiert nach Landfester (s. Lit. S. 373) 149

2. Zitiert nach Landfester (s. Lit. S. 373) 163

3. Texte abgedruckt in: Egon Schallmayer (Hg.), *Hundert Jahre Saalburg*, Mainz 1997, 39

4. Zitiert nach Landfester (s. Lit. S. 373) 108 Anm. 74

5. Zitiert nach Landfester (s. Lit. S. 373) 66

6. *Gesammelte kleine Schriften*, Bd. 2, Leipzig 1859, 197

7. Nach Landfester (s. Lit. S. 373) 104 A. 70

8. U. von Wilamowitz-Moellendorff, *Reden und Vorträge*, Berlin 1913, 98–119

9. F. Nietzsche, *Werke*, hg. von K. Schlechta, München 1966, Bd. 3, 175–263; in unserem Zusammenhang am wichtigsten der zweite Vortrag, 196–213

10. a. a. O. (vorige Anm.) Bd. 3, 218

11. Bequem zugänglich in: Karl Müller (Hg.), *Gymnasiale Bildung: Texte zur Geschichte und Theorie seit Wilhelm von Humboldt*, Heidelberg 1968, 126–135

12. Für mündliche Belehrung danke ich Prof. Alexander Podossinov, Moskau.

13. *Mein Kampf*, München [4]1930, 469

14. a. a. O. 466

15. a. a. O. 470

16. Zitiert nach Apel/Bittner (s. Lit. S. 374) 283

17. Zu Horaz, *carm.* 3,27,15; zitiert nach: Ioannes F. Sachse (Hg.), *Richardi*

Bentleii notae atque emendationes in Q. Horatium Flaccum, Quedlinburg/ Leipzig 1825, 272

18. *Macropaedia* s. v. »Encyclopaedias and Dictionaries«, Bd. 18, [15]1994, 281

19. Rede zu einer Schuleinweihung (1950), teilweise abgedr. in: *Gymnasium* 58, 1951, 1

20. *Das Elend der spätbürgerlichen Pädagogik*, München 1972, 32

21. Edgar Faure, bei Waquet (s. Lit. S. 371 f.) 246

22. München [3]1971 (mit neuem Vorwort), 19

23. a. a. O. Vorwort (1971) S. XIX

24. Abgedruckt (und kommentiert) bei: Friedrich Maier, *Lateinunterricht zwischen Tradition und Fortschritt*, Bd. 2, Bamberg 1984, 40–46

25. *Cuernavaca oder: Alternativen zur Schule?*, Stuttgart/München 1971, 90 Anm. 1

26. a. a. O. 48

27. *Arbeitskreis Humanistisches Gymnasium*: www.klassische-bildung.de/adresse. html

LOQUAMUR LATINE! – LEBENDIGES LATEIN

1. In: Valahfridus Stroh, *Amor in Monte Docto* [Bühnenweihspiel zur Eröffnung der LVDI LATINI 1986], Freising 1987, 50

2. Stroh, *Amor* (wie vorige Anm.) 44 f.

3. H. C. A. Eichstaedt, *Dissertatio de novo Mich. Olmonis consilio civitatem Latinam fundandi*, Jena 1822; mir vermittelt nur durch den Aufsatz von Ijsewijn/Sacré (s. Lit. S. 376)

4. Antonius Bacci, *Lexicon eorum vocabulorum quae difficilius Latine redduntur*, Rom [3]1955, 509. Dort wird auch *falsa Novatorum religio* vorgeschlagen.

5. *De arte poetica* 48–51

6. »Sprechen Sie Lateinisch« (1925), in: K. T., *Gesammelte Werke*, Bd. 4, Reinbek 1975, 148–150

7. G. C., *Sprechen Sie Lateinisch: Moderne Konversation in lateinischer Sprache*, 13. Aufl. (26.–31. Tausend), Bonn 1966, 95

8. *Gespräche mit Eckermann* 18. 1. 1825; bei Ernst Grumach (Hg.), *Goethe und die Antike*, Berlin 1949, Bd. 1, 82 (mit anderen Äußerungen über die lateinische Sprache)

9. Zitiert nach: Alexander Baumgartner S. J., *Die lateinische und christliche Literatur der christlichen Völker*, Freiburg/Br. 1900, 672

10. Alfonso Traina (Hg.), *Giovanni Pascoli: Poemi cristiani*, Mailand [2]2001, 76

11. *Iosephi Eberle P. L. Testamentum*, Privatdruck o. J. (wohl 1964)

12. C. Arrius Nurus, *Pegasus claudus*, Saarbrücken 1977, 49

13. In: Keßler/Kuhn (Hg.), *Germania Latina* (s. Lit. S. 366), 220

EPILOGUS: VOM ZAUBER DES LATEINISCHEN

1. I. E., *Sal niger – Schwarzes Salz*, Stuttgart 1964, 19. Die Übersetzung stammt von Eberle selbst.

2. Cornelia Wegeler: »... *wir sagen ab der internationalen Gelehrtenrepublik«. Altertumswissenschaft und Nationalsozialismus. Das Göttinger Institut für Altertumskunde 1921–1962*, Wien u. a. 1996 (zum Zitat von Ulrich Kahrstedt s. S. 156)

3. Lukrez 3, 58

4. In der Vorrede zur Partitur seiner Kantate *Ioci vernales* (Frühlingsscherze), 1964, teilt Novák selbst diesen Aphorismus mit, mit dem Zusatz *ioco equidem haec dixi* (Dies war im Scherz gemeint). Wer ihn kannte, mag das bezweifeln.

5. *Historia sacrae Latinitatis*, Messina 1635, lib. 5; zitiert nach Io. Georgius Walchius, *Historia critica Latinae linguae*, Leipzig [2]1729, 212

PERSONENREGISTER

Abraham   225
Accius, L.   40
Achill   25, 29, 73
Aelius Aristides   100
Aeneas   18, 27, 73–76
Agamemnon   29, 32
Agricola, Rudolf   173 f., 204, 230
Albrecht V. (Herzog)   210, 215, 220
Albrecht von Brandenburg   185
Albrecht, Michael von   102, 299
Alciatus, Andreas   222
Alexander de Villa Dei   150, 178
Alexander der Große   29, 272
Alkaios   82
Alkuin (Alcuinus)   143
Alvarus, Emmanuel   212
Ambrosius   57, 132, 134 f.
Amor   118 s. auch Cupido
Anchises   27
Antipatros   29
Antonius (Redner)   51
Antonius (Staatsmann)   s. Mark
    Anton
Antonius Pius   272
Apoll   94, 174 ff., 273
Appius (A. Claudius Caecus)
    32 ff., 42
Apuleius   101
Aratos   29
Arbeo von Freising   142
Archias   25
Archilochos   79, 184
Archipoeta   149
Ariosto, Ludovico   229
Aristophanes   205

Aristoteles   43, 54, 85, 128, 159,
    188, 202, 242, 263
Arminius   186
Asinius Pollio, C.   68, 164
Atreus   29, 80
Atticus (T. Pomponius A.)   60,
    113, 154, 165
Augustin (Aurelius Augustinus)
    14 f., 54, 98, 119, 127, 132–135,
    140, 146, 148 f., 159, 163, 218,
    265, 314
Augustus (= C. Iulius Caesar
    Octavianus, Octavian)   22 f.,
    58, 68–71, 73, 76–80, 83–86,
    88–91, 97, 104, 111, 126, 144,
    165, 272, 280, 308, 311
Auratus, Johannes (Dorat)   229
Ausonius (Decimus Magnus A.)
    102, 142

Bach, Johann Sebastian   254
Bacon, Francis   241, 248
Bade, Wilfrid   170
Baer, Karl Ernst von   252
Balde, Jacob(us)   208 f., 222–227,
    231, 235, 237
Banda, Kamuzu   266
Barclay, John   230
Bartels, Klaus   163
Barth, Karl   282
Basedow, Johannes Bernhard   247,
    306
Baudri de Bourgueil   146
Bebel, Heinrich   161
Bekker, Immanuel   261

Belisar 138
Bembo, Pietro 168, 229
Benedikt von Nursia 141 f.
Benedikt XVI. 11, 299, 314
Bentley, Richard 283
Berlioz, Hector 218
Bidermann, Jacobus 221
Bismarck, Otto von 274
Bissula (v. Ausonius bedichtet) 102
Blaurer, Ambrosius 194
Boccaccio, Giovanni (Ioannes Boccaccius) 15, 154, 161, 164, 166, 180, 229
Boeckh, August 261, 265, 275
Boethius (Anicius Manlius Severinus B.) 127 f., 137, 265
Bonifatius, Winfried 142
Boscovich, Rudjer 239
Bovier de Fontenelle, Bernhard de 239
Brandt, Willy 146
Brant, Sebastian 186
Brecht (Livinus Brechtus) 218 f., 230
Brecht, Bertolt 84, 221, 256
Bruni, Leonardo 155
Brutus 57, 78, 236
Büchmann, Georg 163
Budé, Guillaume 170
Busch, Wilhelm 209
Butler, E. M. 255
Buttmann, Philipp 261
Byron, Lord 213

Caesar (Gaius Julius C.) 22 f., 51, 53, 57–60, 62 f., 70, 73, 75, 77 f., 80, 90, 110, 119, 167, 185, 246, 281, 283, 292, 312, 316 ff.
Calderón 111, 229
Calvin, Johannes 189

Calvus (Gaius Licinius Macer C.) 60
Camerarius, Joachim 227
Camoôes, Luis de 229
Canisius, Petrus 210
Capellanus, Georg 299
Caracalla 22
Cassiodor (Flavius Magnus Aurelius Cassiodorus Sen.) 137 f., 141
Catilina 50 f., 92, 228
Cato d. Ä. (M. Porcius C.) 30 f., 42 f., 141
Catull (M. Valerius C.) 60, 62, 141, 205 f., 215, 305
Cellarius, Christoph 244
Celtis, Conrad 174–178, 180, 184 f., 189, 192, 204, 236
Cervantes, Miguel de 229
Chlodwig 142
Christie, Agatha 244
Chrysipp 43, 54, 56
Chrysogonus (Lucius Cornelius C.) 46, 48
Cicero (Marcus Tullius C.) 12, 14, 17, 24 f., 33, 37, 43–62, 65, 67, 77, 87, 91 ff., 99 f., 104–113, 119, 124–127, 130 f., 142, 152, 154, 156–160, 164 ff., 168, 170, 182, 185 f., 188, 197, 199 f., 204, 211, 213, 228, 242, 245 f., 248, 254, 259, 262, 264, 269, 272, 278, 288, 290, 293, 308 f., 311, 314, 317
Cincinnatus 72
Claudian (Claudius Claudianus) 109, 226, 234
Claudius (Kaiser) 23
Cocteau, Jean 304
Columban 138
Comenius, Johann Amos 245 ff., 293, 306

Commirius, Johannes   236
Corinna (v. Ovid bedichtet)   87,
   245
Corippus (Flavius Cresconius C.)
   100
Corneille, Pierre   225
Cornelia (Mutter d. Gracchen)   123
Cornelia (v. Properz bedichtet)   86
Cousin, Victor   252
Crassus (Redner)   51
Crassus (Triumvir)   51
Crotus Rubeanus   183
Cupido   218, 222 s. auch Amor
Curtius, Ernst Robert   145
Cusanus, Nicolaus   172
Cytheris (auch Volumnia; Lycoris)
   63 f.

Daedalus   94
Dalberg, Johannes von   180
Damasus (Papst)   128
Dante Alighieri   69, 154, 161 ff.,
   229, 313 f.
Darwin, Charles   136
Dedekind, Friedrich   205
Delia (v. Tibull bedichtet)   86
Demosthenes   33, 58, 60, 272
Descartes, René (Cartesius)   241 f.
Dewey, John   280
Diana   256
Dido   75, 256
Diokletian   100 f., 123, 126
Dionysios Thrax   29
Dionysios von Halikarnass   18
Dirlmeier, Franz   290
Domitius Marsus   86
Donat (Aelius Donatus)   39, 119,
   128, 130, 141, 178, 203
Drexel, Jeremias   216
Drusus (Stiefsohn d. Augustus)   22,
   84

du Bellay, Joachim (Bellaius)   207,
   229, 231, 234
Dürer, Albrecht   176, 190, 240
Durkheim, Émile   252

Eberle, Josef   150, 302 f., 308
Echtermeyer, Theodor   300
Eck, Johannes   205
Egeria   137
Egger, Karl   296
Eichenseer, Caelestis   295
Eichstädt, Heinrich Karl Abraham
   293 f.
Einhard   145 f., 314
Elisabeth von England   222
Empedokles   43
Ennius, Q.   20, 24, 33, 40 ff., 73,
   84, 109, 118, 231, 234
Ennodius   137
Epikur   43, 54, 62, 66 f., 78, 196 f.
Erasmus von Rotterdam   15, 111,
   170, 187–191, 193–197, 203,
   206, 230, 262, 275, 299, 314
Ernesti, Johann August   254
Esseiva, Peter   300
Euler, Leonhard   239
Euripides   29
Europa   96
Ezechiel   29

Fahrenheit, Daniel Gabriel   239
Faraday, Michael   252
Faunus/Fauni   19 f., 32, 41
Feuerbach, Ludwig   270
Fleming, Paul   207, 232, 237
Fontenelle, Bernard de Bovier de
   239
Fracastoro, Girolamo   166
Fraenkel, Eduard   282
Francke, August Hermann   245
Franz von Sickingen   186

Freud, Sigmund   298
Friedrich der Große   49, 57
Friedrich der Siegreiche (Kurfürst) 172
Friedrich III.   176
Friedrich von der Pfalz   222
Friedrich Wilhelm IV.   275
Fritz, Kurt von   282
Fulvia (Frau d. Mark Anton)   58

Gailer, Jacob Eberhard   246
Galilei, Galileo   238, 241, 244
Gallus (C. Cornelius G.)   62 ff., 78, 85, 91, 97
Galvani, Luigi   239 f.
Gamm, Hans-Jochen   286
Gauß, Carl Friedrich   239
Gedike, Friedrich   267
Gerhard, Paul   231
Gesner, Johannes Matthias   254 f., 267, 306
Gibson, Mel   121
Gnapheus, Gulielmus   205, 230
Goebbels, Joseph   170 f.
Goethe, Johann Wolfgang von 40 f., 85, 90, 104, 116, 148, 199, 206, 209, 247 f., 255 ff., 259 f., 270, 272, 274, 277, 300
Gonzales-Haba, Mercedes   300
Grass, Günter   111
Gratius, Ortwin   181 ff.
Gregor der Große   140 ff.
Gregor von Tours   140 f.
Gretser, Jacobus   214
Grimm, Brüder   231
Grotius, Hugo   230
Gryphius, Andreas   104, 231 f.
Guarino, Battista   175
Gutenberg, Johannes   170

Hannibal   21, 101, 154

Heiber, Helmut   170
Heidegger, Martin   270
Heine, Heinrich   27, 302
Heinsius, Daniel   230
Heinze, Richard   285
Helena   17
Hentig, Hartmut von   287
Herbart, Johann Friedrich   57, 268
Hercules   64, 218
Herder, Johann Gottfried   234, 257–260, 264, 269, 274, 277
Hermann, Gottfried   265
Hesiod   64, 73, 189
Hessus, Eobanus   204, 227, 230, 237
Heuß, Theodor   285
Heyne, Christian Gottlob   267
Hieronymus (Eusebius Sofronius H.) 107 f., 128–132, 158, 160, 314
Hilarius von Poitiers   134
Hildebert de Lavardin   146
Hildegard von Bingen   124
Hitler, Adolf   280 ff.
Hobbes, Thomas   241
Holberg, Ludvig (Ludovicus)   233
Hölderlin, Friedrich   256
Homer   17 f., 25, 29, 35, 41, 73 f., 164, 184, 231, 253, 256, 285
Horaz (Q. Horatius Flaccus)   17, 20, 28, 31, 77–85, 89, 91, 93–96, 98, 135, 142, 164, 208, 213, 215, 224, 228, 231 ff., 236, 279, 281, 283, 288, 302, 305
Hortensia (Tochter d. Hortensius) 123
Hortensius (Q. H. Hortalus)   48, 123
Hrotsvitha von Gandersheim   124, 176
Humboldt, Wilhelm von   24, 260–264, 267 ff., 274, 277, 286, 306

Hus, Johann   213
Hutten, Ulrich von   170 f., 183–188, 204, 235
Hylas   64

Icarus   94
Ignatius von Loyola   209 f.
IJsewijn, Jozef   285
Ilia   88
Ilithyia   83
Inchofer, Melchior   314
Io   96
Isidor   138 f.

Jacoby, Felix   285
Janus   153
Jauch, Günther   12
Jaurès, Jean   252
Jean Paul   269
Jefferson, Thomas   280
Jesaja   69
Jesus Christus   69, 121, 129 f., 135, 274
Jhering, Rudolph von   93
Johann von Neumarkt (Johannes Noviforensis)   171
Johannes XXIII.   121
Junkelmann, Marcus   274
Juno   18
Jupiter (Zeus)   17–20, 68, 76, 96
Justina   134
Justinian   100
Juvenal (D. Iunius Iuvenalis)   215

Kallimachos   29
Kant, Immanuel   228, 242, 265
Karl der Große   101, 143 ff., 258, 309 f.
Karl IV.   155, 171
Karneades   22
Keeler, Christine   303

Kepler, Johannes   238, 240, 244, 314
Kerckmeister, Johann   179
Klein, Stefan   266
Kleopatra   75, 79, 283
Klingner, Friedrich   282
Klopstock, Friedrich Gottlieb   183, 231, 256
Klotz, Christian(us) Adolph(us)   233
Koller, Hermann   246
Konstantin   69, 100, 126 f., 167, 228
Kopernikus, Nikolaus   238, 248
Krates von Mallos   118

Labienus, Titus   91
Lachmann, Karl   253, 284
Laistner, Ludwig   149
Laktanz (L. Caelius Firmianus Lactantius)   125 ff., 130
Lana, Francesco   233
Lange, Joachim   245
Laokoon   256
Lasso, Orlando di   220
Latinus (König)   18 f.
Laura (v. Petrarca bedichtet)   154
Leda   17, 96
Lefevre, Eckard   152
Leibniz, Gottfried Wilhelm   15, 231 f., 237, 242, 265, 313 f.
Lemnius, Simon   205
Lenin, Wladimir I.   279
Leo I. (der Große)   297
Leo X.   188
Leo XIII.   294, 301
Leo, Friedrich   284
Lepidus (Triumvir)   77
Leppich, Johannes   210
Lessing, Gotthold Ephraim   205, 231
Licoppe, Guy   295

Liebig, Justus   276
Linné, Carl von (Linnaeus)   239
Lipsius, Justus   230
Litt, Theodor   286
Livia (Frau d. Augustus)   88
Livius, Titus (Geschichtsschreiber)
    21, 23, 91, 111, 164
Livius Andronicus (Dramatiker)
    34 f., 40, 116, 118
Locher, Jacob   186
Loers, Vitus   250
Loriot   21
Lotichius Secundus, Petrus   204
Lucilius, Gaius   42, 78
Luder, Peter   172 ff.
Ludwig I. (v. Bayern)   264
Ludwig XIV.   230, 239
Ludwig XVIII.   293
Lukan (M. Annaeus L.)   98, 109
Lukas (Evangelist)   130, 149, 225
Lukian   197
Lukrez (T. Lucretius Carus)   14,
    26, 62, 226, 253, 324
Luther, Martin   57, 104 f., 129,
    135, 186, 188 f., 191, 195–198,
    200–205, 208, 210 ff., 214, 216,
    230, 235, 240, 246, 275
Lysias   60

Machiavelli, Niccolò   229
Maecenas   70, 78, 80, 85, 119, 144
Maier, Friedrich   287
Maier, Hans   290 f.
Malawi   266
Malherbe, François de   237
Marathus (v. Tibull bedichtet)   86
Marcus (Sohn d. Cicero)   57
Marcuse, Herbert   270
Marino, Giambattista   207
Mark Anton   57 f., 69, 77, 79
Mark Aurel   49, 100

Markus (Evangelist)   122
Marot, Clément   229
Mars   30 ff., 71, 88
Martial (M. Valerius Martialis)   82,
    98, 213
Marx, Karl   102, 250–253, 264, 270
Matthaeus (Evangelist)   131, 218
Maxentius   126
Maximilian I. (Kaiser)   177, 186,
    192
Maximilian I. (Kurfürst)   208, 221,
    223
Melanchthon, Philipp   15, 189,
    199–205, 211, 264 f., 267, 275,
    306
Meleagros   29
Mendelssohn-Bartholdy, Felix   252
Merkur (Hermes)   174
Metastasio, Pietro   52
Michelangelo   190
Minerva   257
Minucius Felix   125
Modoin   144
Molière   230
Molon   50, 61
Mommsen, Theodor   59, 90, 253,
    272, 278, 284
Morgagni, Giovanni Battista   239
Morus, Thomas   191, 194, 230, 240
Moses   29, 74 f., 87
Mozart, Wolfgang Amadeus   52
Murena   59
Muret(us), Marcus Antonius   103,
    229
Murmellius, Johannes   178
Mussolini, Benito   280

Naevius, Gnaeus   24, 29, 35
Nägelsbach, Karl Friedrich von
    264
Napoleon   261, 275

Nausicaa 256
Nemesis (v. Tibull bedichtet) 86
Nero 98, 114, 123
Newton, Isaac 238 f., 244
Niavis, Paulus 178 f.
Nida-Rümelin, Julian 262
Niebuhr, Barthold Georg 261
Niethammer, Friedrich Immanuel 269 f.
Nietzsche, Friedrich 81 f., 277 f., 284, 323
Norden, Eduard 282
Novák, Jan 102, 304 f., 314

Octavian s. Augustus
Ödipus 74
Odysseus 73, 184, 204
Olmo, Maria 293
Opitz, Martin 231 f.
Orff, Carl 136, 147, 304
Orpheus 175
Otto I. (von Griechenland) 264
Otto von Freising 146 f.
Ovid (P. Ovidius Naso) 20, 26, 32, 63, 82, 87–92, 96 ff., 111, 146, 150, 184, 186, 199, 204, 213, 215, 226, 230, 232, 245, 248, 259, 281, 285

Pamphila (v. Luder bedichtet) 173
Pan 20
Panaitios 25, 43, 57
Paoli, Ugo Enrico 300
Paracelsus, Philippus 190, 242
Parmenides 43
Pascoli, Giovanni 301
Pasiphae 64
Paulus 132 f., 188, 210, 218, 274
Pekkanen, Tuomo 300
Penelope 204
Perseus von Makedonien 21

Petrarca (Francesco P.) 15, 152 ff., 156–161, 163–167, 169, 171 f., 185, 190 f., 226, 229, 236, 283, 290, 292, 314
Petron 82, 114
Petrus 121 f., 130, 135
Peutinger, Conrad 192
Pfefferkorn, Johannes 181 ff.
Philemon 33
Philipp von Mazedonien 33
Philodemos 29
Philon 49
Piccolomini, Aeneas Sylvius s. Pius II.
Picht, Georg 286
Piller, Renate 290
Pirckheimer, Charitas 192
Pirckheimer, Willibald 170 f., 187, 192, 194, 205
Pius II. (Aeneas Sylvius Piccolomini) 171, 176
Pius IX. 275
Platen, August von 112
Platon 29, 43, 49–52, 54, 125, 128, 166, 202, 274, 281
Plautus (Titus Maccius P.) 35 ff., 39–42, 84, 106, 118, 131, 180, 200, 213, 241, 284, 297, 305
Plinius (Gaius) d. Ä. 59, 99 f., 168, 248
Plinius (Gaius) d. J. 122, 133
Plutarch 42, 100, 317
Poccetti, Paolo 103
Poggio (Ioannes Franciscus Poggius Bracciolini) 168, 171, 283
Poliziano, Angelo 168, 229
Pollio 78
Polybios 105
Polyphem 184
Pompeius 22 f., 51, 53, 62
Pontanus, Jacobus 217

Pontius Pilatus 121
Pooth, Verona 172
Priscian (Priscianus Caesariensis) 101, 214
Proba 124
Prodi, Romano 140
Prometheus 64
Properz (Sextus Propertius) 73, 85 ff., 91, 205, 285
Prudentius 135
Ptolemaeus 248
Pyrrhos 21, 33 f.

Quintilian (M. Fabius Quintilianus) 42, 48, 98, 107, 111, 164, 168

Racine, Jean 110, 230
Rädle, Fidel 217
Ratichius, Wolfgang (Ratke) 228, 241, 245
Remus 88
Reuchlin, Johannes 171, 180 f., 185, 198
Rienzo, Cola di 155
Riese, Adam 240
Ritschl, Friedrich 284
Robinsohn, Saul B. 286
Romulus 22, 29, 69 f., 77, 88
Ronsard, Pierre de 207, 229, 236
Roscius, Sextus 44, 46 ff.
Rothenburg, Karl-Heinz Graf von 299
Rousseau, Jean-Jacques 247
Rutilius Namatianus 92

Sachs, Hans 169
Sallust (C. Sallustius Crispus) 78, 106, 141
Salutati, Coluccio dei 155, 164
Sanctius, Franciscus (Sanchez) 47
Sannazaro, Jacopo 229

Santolius 236
Sartre, Jean-Paul 270
Saturn 31
Scaliger, Joseph Justus 230
Scaliger, Julius Caesar 161
Schäfer, Adolf 291
Schelsky, Helmut 286
Schiller, Friedrich 187, 225, 256 f., 272, 274, 300
Schnur, Harry C. 303
Schopenhauer, Arthur 265
Schroth, Benedetta 296
Scipio d. Ä. 154
Scipio d. J. 25, 43, 52, 154
Scriba, Friedemann 280
Secundus, Johannes 205 f.
Seneca (L. Annaeus S.) 14, 49, 72, 98, 106 f., 110 f., 114, 159, 163 f., 189, 221, 232, 253, 265, 283, 288
Senghor, Leopold 295
Sertorius 95
Servius 62
Seyffert, Moritz 264, 300
Shakespeare, William 111, 230, 244
Sibylle von Cumae 68
Silvester (Papst) 167
Siron 66
Sloterdijk, Peter 270
Sokrates 49 f.
Sol 83 f.
Spinoza, Baruch 242
Statius (P. Papinius S.) 111
Stein, Werner 252
Stotz, Peter 146
Strauß, David Friedrich 252
Strauß, Franz Georg 290
Strauß, Franz Josef 290 f.
Strawinsky, Igor 304
Streicher, Julius 281
Sturm, Johannes 211

Sueton (C. Suetonius Franquillus)
145 f.
Sulla   44, 46, 48, 116
Sulpicia   123
Swift, Jonathan   233

Tacitus (P. Cornelius T.)   106 f.,
171, 177, 281, 314
Tartarus   200
Tasso, Torquato   229
Terentianus Maurus   316
Terenz (Publius Terentius Afer)
36, 39 f., 132, 198, 213, 215,
245, 252, 284
Tertullian (Q. Septimius Florens
Tertullianus)   101, 124 f., 127
Teufel, Erwin   273 f.
Thatcher, Margaret   243, 266
Theoderich der Große   128, 137
Theokrit   29, 67, 73
Thiersch, Friedrich Wilhelm   264
Thomas von Aquin   15, 163 f.
Thomasius, Christian   242 f.
Thorndike, Edward Lee   280
Tiberius (Stiefsohn d. Augustus)
22, 84
Tibull (Albius Tibullus)   86 f., 91,
123, 167, 205, 285
Trajan   95, 124, 133
Traube, Ludwig   285
Tucca   76
Tucholsky, Kurt   299
Tunberg, Terence   295
Turnus   75

Ulrich von Württemberg   185
Ulrichs, Karl Heinrich   294

Valerius Maximus   25
Valla, Lorenzo (Laurentius)   167 ff.,
186

Varius Rufus   76, 79 f.
Varro   17, 164
Velleius Paterculus   111
Venus   75, 116, 118, 218, 298
Vergil (P. Vergilius Maro)   18 ff.,
27 f., 62 f., 65–80, 84–87, 89 ff.,
93, 99, 109 ff., 135, 146, 150 f.,
157 f., 164, 200, 204, 215, 235,
256, 280, 285, 308, 311
Verres   48, 185
Vespasian   273
Vesta   70
Vibia Perpetua   123
Vida, Marco Girolamo   166
Villon, François   229, 302
Vives, Juan Luis   193, 229
Voltaire   57
Voss, Johann Heinrich   256

Wagner, Richard   169
Walther von der Vogelweide   183
Wedekind, Frank   106
Wilamowitz-Moellendorff, Ulrich
von   276 ff.
Wilhelm II. (Kaiser)   271 ff.
Wilhelm V. (Herzog)   220 f.
Wimpheling, Jacob   179 f., 185
Winckelmann, Johann Joachim
255 ff., 270
Woelfflin, Eduard   284
Wolf, Friedrich August   253, 257,
261, 263, 268 f., 274, 277 f.,
283
Wolff, Christian   242
Wolfram von Eschenbach   161

Zamagna, Bernardus   233
Zenon   54
Zeus   s. Jupiter
Zweig, Stefan   190
Zwingli, Huldrych   189

SACHREGISTER

Abitur 251, 263, 271, 286

Ablativ 108, 110, 114, 119, 250

ablativus absolutus 13, 250, 312

Académie des Sciences 239

Accusativus cum infinitivo (AcI) 13, 146 f.

Actium, Schlacht von 78 f., 86

Aeneis (Vergil) 18, 27, 72 f., 75 f., 111

Akademiker *(Academicus)* 49

Akkusativ 105, 110, 135, 139, 145 f., 172

Akzent *(accentus)* 148, 322

Akzentfall 149

Alexandriner 232

Allegorie 69, 80, 216, 220, 222, 226

Alliteration 31

Altertumswissenschaft 253, 261, 277, 283

Altes Testament 74, 123, 129 f., 225, 314

Altlatein 37, 226, 284

Altphilologie s. klassische Philologie

Altsprachlicher Unterricht 100, 270, 275, 287

Ambrosianische Strophe 135, 291

Ameria 44

Amtssprache, Latein als 14, 23

Anatomie 239

Anglizismen 243

Annalen 25

Antithese 48

Apologeten 122

Apologeticum (Tertullian) 124

Appendix Probi 120

Arabisch 104

Aramäisch 121 f., 130

Arithmetik 138

Arpinum 49

Artes (grammaticae) 119

artes liberales (freie Künste) 138, 156 f., 184, 199, 202

Asia 21

Askese 128, 131 f., 224

Ästhetik, römische 54

Astronomie 27, 138, 156, 239

Atellane *(fabula Atellana)* 42

Athen 33, 36, 39, 43, 50, 57

Atomphysik 239

Attische Redner 60

Attizismus 100

Aufklärung 153, 228, 242, 247, 258

Augsburg *(Augusta Vindelicum)* 22 f., 84, 192, 216 f.

Augsburger Religionsfriede 209

Augusteisches Zeitalter *(saeculum Augustum)* 77, 91, 100, 106

Aussprache d. Lateinischen s. Lateinaussprache

Baccalaureus 184, 198, 243

Bamberg 216

Barock 104, 222, 231

Basel 242

Bauernkrieg 188, 205

Bayern 11, 22, 208, 217, 235, 246, 251, 269, 290 f.

Behauchung 317 f.

Berlin 261, 264, 266, 269, 278
Bethlehem 128
Bibel 107, 119, 123 f., 127–130, 133, 138, 142, 146, 188, 194 f., 199, 204, 216, 252
Bibelübersetzung 107, 128 ff., 146, 188
Biedermeier 250
Bildungskatastrophe 286, 288
Bildungslatein s. Hochlatein
Bildungsreform 143 f., 198, 226, 245, 258 f.
Bithynien 22, 100, 133
Bobbio (Kloster) 138
Böhmen 230
Bologna 301
Bordeaux *(Burdigala)* 101 f.
Bosporos 95
Britannia 23, 143
Bühnendichtung 34
Bukolik 68, 73, 204
Bürgerrecht, römisches 22

Campana superbia 24
Carmina Burana (Orff) 136, 147, 304
Chancengleichheit 14
Chatclubs, lateinische 13, 296
Chemnitz 178 f.
Choral 135, 230, 235
Christentum 121–128, 132 f., 135, 142, 160, 202 f., 270, 274 f.
Christenverfolgung/-prozesse 124, 126, 220
Christianisierung 143
Christlicher Humanismus 189, 211
civitas Latina (lateinischer Staat) 293
Collegium Germanum 210
Colloquia familiaria (Erasmus) 191, 193 f., 203

Confessiones (Augustin) 132 f.
Corpus Juris 100, 119
Cremona 66
Cui bono? 48
Cumae 23

Daker 95
Daktylus 41
Dänemark 230
Dativ 48, 172
De agri cultura (Cato d. Ä.) 30
De arte poetica (Horaz) 28, 84
De bello Gallico (Caesar) 22
De civitate dei (Augustin) 98, 133, 146
De doctrina Christiana (Augustin) 133
De inventione (Cicero) 50, 211
De libero arbitrio (Erasmus) 195
De re publica (Cicero) 52 f., 133
declamationes (Redeübungen) 26, 49
Deminutiv 36, 113, 115
Deutsch 11, 144, 231, 239 f., 242 f., 245, 247, 252, 271
Dialektik 138, 202, 204
Dichterlorbeer/-krönung 154, 176, 186, 236
Dichterphilologe 166, 187, 230, 233, 300 f.
Didaktik 177 f., 190, 245, 255, 266
dignitas hominis (Menschenwürde) 14, 57
Diphthong 317 f.
Distichon 41, 116, 303
Divinae institutiones (Laktanz) 126
dominus gregis 34
Doppelausdruck 31
Drama 29, 34 f., 41
Dreißigjähriger Krieg 231
Drittes Reich 272, 280 f.

Dunkelmännerbriefe *(Epistulae obscurorum virorum)* 171, 181

Einheitsschule 280
Einzellaute *(litterae)* 317 ff.
Eisleben 203
Ekloge 62 f., 68, 70, 78 f., 85, 90
Elegie 63, 86 f., 89, 91, 185, 204 f., 213, 226, 230, 232, 235, 285
Elegisches Distichon 41
eloquentia (Sprachkunst) s. Rede / Redekunst
Emblem 222
Enallage 233
Endstellung des Verbums 31, 311
England 230, 253
Englisch 11, 14, 111 f., 240, 243 f., 252, 268, 310, 313, 315
Enjambement 233
Enzyklika 11, 121, 299
Epigramm 29, 86, 98, 213, 303
Epikureismus 55, 67, 79 ff.
Epistulae morales (Seneca) 106
Epode 79
Epos 29, 35, 40 f., 73 ff., 85, 90, 124, 154, 213, 222, 229, 256, 285
Erfurt 183
Essay 78, 106
Ethik 54 ff., 59, 78, 82, 159, 202, 248, 288
Etrusker 24, 55
Etymologiae (Isidor) 139
Euphonie 60
Evangelium 121 f., 129, 200 f.
exemplaria Graeca (griechische Vorbilder) 28

Fabel 157
Ferrara 173
Fin de siècle 301
Finnland 13 f., 95 f.

Flexion 105
Formale Bildung 200, 266 f., 269, 313
Formenlehre 109 f., 203
Frankreich 229, 232, 234, 253
Franziskaner 218
Französisch 11, 110, 113, 139 f., 143 f., 162, 229, 232, 234, 236, 239, 241 f., 244, 247, 252, 268, 310, 315
Französische Revolution 254, 257, 259
Frauenbildung, humanistische 192 ff.
Freie Künste s. *artes liberales*
Freising 266, 290 f.
Fremdwörter 11, 37, 313, 318

Gallia Cisalpina 21
Gallien 21 f., 95, 139 f., 169
Gebet 30, 133
Gedicht 28, 62 ff., 66–70, 72 f., 76, 79, 85, 97, 102, 173 f., 185, 204, 222 f., 226, 230, 234, 254, 264, 301 f., 304
Gegenreformation 214, 219 f., 226
Geloner 95
génie latin 257
Genitiv 106, 113 f.
Geometrie 138
Gerichtsrede s. Rede
Germania (Tacitus) 171, 177, 281
Germania 142 f.
Geschichtsschreibung 29
Goldene Latinität 111
Gorgias (Platon) 49
Grabinschriften 41
Graffiti 116, 147
grammatica (lat. Sprach- u. Literaturunterricht) 139 f., 143, 162

Grammatica Latina (Melanchthon) 202
Grammatici Latini 119, 316
grammaticus (Philologe) 66, 95, 98, 111 f., 118 f., 136, 139, 144, 309
Grammatik 101, 106 ff., 110 f., 113, 115, 119 f., 130, 132, 137–141, 150, 156, 164, 168, 178 f., 197 f., 203, 212, 245, 251, 267, 289, 293, 306, 313
Greifswald 184
Griechentum 260, 264, 272, 281
Griechisch 18, 24 ff., 29, 35, 49, 93, 100 f., 118 f., 121 f., 125, 127 ff., 133, 198, 204, 242, 262 f., 267, 276–279, 314, 317
Gymnasium 48, 60, 82, 100, 121, 152, 203, 209 f., 216, 222, 250 f., 253, 261 f., 264, 271, 274, 276 f., 279, 290, 306 f., 310

Halle 243 f.
Hallische Grammatik 245
Hebräisch 121, 129 f., 198, 204, 251, 262, 314 f.
Hebraistik 181
Heidelberg 172, 174, 179 f., 198
Heiden/-tum 122, 124 f., 153, 163, 274
Helicon 229, 232
Hellenismus 29, 56, 269
Hetäre 36, 40
Hexameter 35, 40 ff., 63, 87, 116, 138, 150 f., 166, 256, 301
Hippo Regius 132
Hirtendichtung/-poesie 67 f.
Hochlatein (Bildungslatein) 120, 136 f., 139, 178
Humanismus 99, 103, 147, 152 f., 155, 159 ff., 164, 167, 169–174, 176–179, 181 ff., 185, 187–204,

211, 214, 217, 226 f., 229 f., 233, 236, 248, 260, 269 f., 272–275, 281, 286 f., 304 f., 309
Humanistische Vereine 177
Humanistisches Gymnasium 152, 266, 271 f., 274, 276, 279 f., 285
humanitas 14, 99, 155 f., 160, 164, 200, 215, 296
Humanität 155 f., 172, 259 f., 266, 269 f., 274 f., 277 f.
Hymnus 134, 192, 273
Hyperborei 95

Indogermanische Sprachen 18, 268, 284
Industriezeitalter/Industrielle Revolution 249, 266
Ingolstadt 176, 208, 210, 214
Innsbruck 223
Institutiones (Cassiodor) 138, 141
Island 230
Italer *(Ausonii)* 18 ff.
Italienisch 11, 113, 139 f., 162, 229, 241, 244, 268, 319
Italische Sprachen 18

Jambischer Senar 118
Jambischer Trimeter 180
Jena 293
Jesuiten 207–212, 214–222, 224, 227, 233, 262, 264, 300, 304 f.
Jesuitenkolleg 220
Jesuitentheater 215, 217, 219 f.
Jurisprudenz 199

Kalabrien 24, 40
Kantate 304
Karolingische Bildungsreform 143 f.
Karolingische Renaissance 144 f.

Karthago 21 f., 25, 42, 75, 101, 123, 132
Katalanisch 139
Katechismus 210
Katholiken 38, 121, 134, 163, 194 f., 210, 216, 219, 224, 275, 297
Kempten *(Cambodunum)* 22
Ketzerei 125, 134, 157, 181
Kirchengeschichte 131, 202, 220
Kirchenkonzil von Tours 144
Klassische Philologie 118, 152, 243, 261, 264, 272, 278, 282 f., 285 ff.
Klauseln *(clausulae)* 60, 108
Kolcher 95
Köln 210
Kolon *(membrum;* Satzglied) 46, 60, 166, 311, 322 f.
Komödie 29, 33–37, 39–41, 43, 67, 106, 113, 118, 131, 176, 180, 198, 203, 205, 213, 215, 252
Konstantinische Schenkung 186
Konzil von Basel 171
Korinth 122
Korsika 21
Kroatisch 234
Küchenlatein 136, 168, 172, 178 ff., 182
Kunstprosa 43
Kursächsische Schulordnung 203

Ladinisch 139
Latein zum Anfassen 289
Lateinaussprache 264, 316–322
Lateinbarrieren 14, 193
Lateinhumanismus 181, 188, 200, 209, 226, 230, 236
Lateinische Messe 121, 212, 217
Lateinlehrer 130, 178, 190, 217, 245, 251, 281, 287

Lateinschule 95, 203, 211, 255, 261, 264
Lateinsprechen 178, 203, 215, 245, 247, 252, 292, 295, 297 f., 306
Lateinunterricht (schulischer) 14, 98, 118, 139, 178, 212, 244, 267, 269, 278 ff., 286–289, 305, 307, 309
Latin vivant / Latinitas viva (Lebendiges Latein) 294
Latinisierung 26, 35, 56, 95, 186, 258, 296
Latinitas 110
Latinum 13
Latium 17–21, 28, 31 f., 74
Lebendige Sprache, Latein als 13, 104, 113, 177, 290, 293 ff., 306, 314
Lehnwort 109
Lehrgedicht 28, 43, 62, 72 f., 84, 166, 185, 205, 233, 316
Leipzig 242, 254, 264
Liebeselegie 63, 85, 97, 173, 177, 225, 285
Liebeslyrik / -dichtung 62, 85, 102
Lied 63 f., 79, 136, 148, 188, 289
lingua Latina 17
Literatursprache 29, 100, 104
litterae (literarische Bildung) 171, 188, 200
litterator (röm. Grundschullehrer) 23, 66, 112
Loci communes (Melanchthon) 198, 202
Logik 54, 56, 173
Logisches Denken, Lateinlernen als Förderer 13, 267, 280 f., 311 f.
ludi (religiöse Festspiele) 34, 83, 87
Lutherbibel 104 f.
LVDI LATINI 23, 177, 290 f., 295

Lyrik   29, 41, 52, 80, 83, 94 f., 133,
    224, 232 f.

Macedonia   21
Magerkeitsverein *(Congregatio
    macilentorum)*   224
Mailand *(Mediolanum)*   66, 101,
    126, 133 f.
Märtyrer   122 ff., 128, 176
Mathematik   156, 239, 242, 250,
    281
Mäzenatentum   70, 185
Medizin   156, 173, 199
Menschenbildung   260 f., 263 f.
Menschenwürde   s. *dignitas hominis*
Merowingerlatein   142
Metapher   60, 104
Metrik   35, 40, 65, 82, 148, 150,
    174, 177 f., 180, 203, 222, 257,
    264, 283, 305
Mittelalter   15, 60, 65, 69, 103, 124,
    127, 136, 138, 144–147, 149–
    154, 156 f., 159, 161 f., 167, 176,
    178, 182, 188, 200, 229, 259,
    279, 283, 305, 309, 311, 313
Mittellatein   144 ff., 154, 164, 177,
    188, 281, 285
Modevokabeln   11
Mönchslatein   136, 167
Monophthong   317
Montecassino (Kloster)   141
Moral   55, 57, 191, 242
Morphologie   142
Mostellaria (Plautus)   36
München   22, 177, 210 f., 216,
    220–224, 262, 264, 269 f., 276,
    282, 284 f., 289 ff., 304
Musical   41
Musik(-wissenschaft)   138, 156
Muta (Verschlusslaut)   316
Muttersprache   14, 27, 29, 143 f.,

162, 212, 230 f., 234, 236, 240 f.,
    243 ff., 259, 309

Nationalismus, deutscher   272, 310
Nationalliteratur   144 f., 161, 232
Nationalsprachen   230, 232, 234 f.,
    237, 241, 252, 301
Naturlange Silbe   320
Naturwissenschaften   156, 202,
    239 f., 243, 252, 276, 281
Neapel   24
Neues Testament   195, 255, 262,
    274, 314
Neugriechisch   263
Neuheidentum   192, 274
Neuhumanismus   254, 263 f., 266,
    270, 272, 274, 276, 278, 284, 306
Neulatein   154, 226 f., 232, 234,
    248, 259
Neulateinische Philologie   285
Neuzeit   15, 52, 56, 63, 68, 99,
    103, 109, 119, 122, 138, 140,
    150, 152, 154, 246, 279, 285,
    292 f., 297
Newsletters, lateinische   13 f.
Nibelungenlied   104, 146
Niederlande   230
Normlatein   110, 113, s. auch
    Hochlatein
Norwegen   230
Nürnberg *(Norimberga)*   170, 176 f.,
    192, 203 f., 236, 246
Nützlichkeitsprinzip   212, 267,
    269, 311

Ode   80–84, 93, 96, 173 f., 176 f.,
    213, 224, 236, 281, 305
Odyssee (Homer)   35, 73, 184
Oper   52, 136, 304
Oratorium   252, 304
Origines (Cato)   43

Orthographie 104, 116
Oskische Sprache 42

Pädagogik 50, 82, 129, 191, 193,
195, 245, 258, 267, 269, 280
Paenultimaregel 322
palliata (in Griechenland spielendes
Bühnenstück) 36, 39
Papst 11, 92, 121, 123, 125, 128,
140 ff., 167, 170, 181 f., 186,
188, 209, 258, 275, 294, 297,
299, 301
Parabel 218
Paris 185
parricidium 44
Pentameter 41, 87, 116, 150
Peregrinatio Egeriae (Egeria) 137
periochae (Inhaltsangaben) 216
Periode *(periodus, ambitus verborum)*
46, 48, 60, 106, 108, 250, 264
Petrarkismus 154
Philanthropinismus 247, 269
Philhellenismus 255, 263
Philippi, Schlacht von 68, 78
Philippiken *(Philipicae)* 58 f., 111
Philologie 118, 128, 173, 186, 189,
255, 264, 267 f., 271, 275 ff.,
282–285, 291, 297; s. a. *gramma-
ticus* u. Klassische Philologie
Philosophenkönig 49 f.
Philosophie 25, 29, 43, 49 f., 52–
57, 66 f., 81, 98, 106, 126 ff.,
155 f., 158 ff., 166 f., 172 f., 199,
202, 230, 241 f., 264, 270, 280
Phonetik 110, 197, 316
Physik 55 f., 183, 202, 239
Pisa-Test 14
Pléiade 229
Pleonasmus 129
Poesie 28 ff., 32, 34 f., 41, 61 f.,
65, 67, 77, 84 f., 102, 149, 164,

166, 186, 199, 229 ff., 233, 241,
251, 259, 294, 303, 305, 309,
311, 320, 323
poeta (laureatus) 154, 173, 181 f.,
302
Poetik 39, 166
Poitiers 134
Polemik 183, 197, 216
Polen 230
Polytheismus 273 f.
Pompeji 116 ff., 147, 317
Portugal 229
Portugiesisch 113, 139, 229
Positionslange Silbe 320 f.
Posse 42
Praeceptor Germaniae 201
Praeneste (Palestrina), Fibel von 20
Prag 155, 171
Predigt 122, 130, 132, 135, 144,
210
Preußen 251, 261, 264, 275
Preußische Schulkonferenz 271,
275 f., 278 f.
Preußischer Lehrplan 250, 263,
271, 276
Prosa 29 f., 33, 42, 54, 60, 62, 78,
83, 99 f., 108 ff., 116, 133, 158,
161, 164, 204, 212, 229 f., 237,
292, 309, 320, 323 f.
Prosarhythmus 110
Proskriptionen 44, 46, 58, 156
Prosodie 150, 177, 203
Protestanten 135, 209, 211 ff.,
215 f., 219, 227, 243, 274, 297
Provenzalisch 139
provincia (Provinz) 21 f., 24, 34,
52, 80, 98, 121 f., 133, 143
Psychologie 202
Punische Kriege 21, 25, 34, 175,
250
Pydna, Schlacht bei 21

Pyrrhoskrieg 34

Quantitätenkollaps 117

Raeter 22
Ratio studiorum 212
Rätoromanisch 139
Ravenna 137
Rechtstexte 105
Rede/Redekunst *(eloquentia)* 12,
    24, 27 f., 33, 42–46, 48–51, 53 f.,
    59 ff., 110, 124, 160, 163, 173,
    185, 196, 198, 212, 245, 250,
    254, 264, 309
Redeeinheit s. Kolon
Reformation 183, 186, 188 f.,
    195, 198–201, 204 f., 208 ff.,
    214, 220, 228, 235
Reformpädagogik 247 f.
regina linguarum 15, 204, 264, 310
Reim 149, 302
Renaissance 124, 147, 152, 176,
    211, 222, 226, 228, 254, 256,
    258 f., 270, 283, 301, 305, 309 f.,
    313
Renaissancehumanismus 147,
    152, 264, 306
res publica litteraria 170, 310, 314
Rhetorik 25 f., 33, 38, 47, 49 f.,
    66, 98, 100 ff., 112, 124, 126,
    130, 132, 138, 141, 156 ff.,
    199 f., 202, 204, 245 f., 250, 259
Rhetorische Figuren 110
Rhodos 50
Rhone 95
Rhythmische Dichtung 147–150
Roman 101, 114, 191, 226, 230,
    232
Romania (Lateinisch sprechender
    Teil des röm. Reiches) 114,
    136, 139, 142 f., 229, 241, 257

Romanische Sprachen 11, 113,
    115, 139, 143, 162, 284, 309, 313
Romanisierung 35, 143, 258
Romanitá 280
Romantik 145
Römerkult/Römertum 25, 257,
    259, 278, 284
Römische Literatur 26 ff., 30,
    32 ff., 51, 77, 81, 100, 106, 118
Römischer Gruß 280
Rottenburg 302
Rottweil 273
Rumänisch 113, 139
Russland 253, 279

Saalburg 272 f.
Sage 90
Salierlied 105
Sanskrit 104
Sapphische Strophe 150
Sardinien 21
Sardisch 139
Satire *(satura)* 42, 78, 181, 205,
    226, 230, 300, 303
Saturnischer Vers *(versus Saturnius)*
    31, 35, 41
Satzbau 107, 109 f.
Schlankheitsorden *(Ordo macilento-
    rum)* 224
Scholastik 159 f., 163, 166, 172,
    181, 188, 200, 209, 213, 309
Schriftsprache 112
Schülergespräche 178 f., 191, 299
Schulreformen 228, 276 f., 281
Schultheater 178 f., 214 f.
Schwaben 217
Schwank 180
Schweden 230
Semantik 264
septem artes s. *artes liberales*
Septuaginta 123, 129

Serenade 222
Silbe *(syllaba)* 20, 31, 35, 107,
117 f., 140, 147–151, 175, 177,
319–324
Silbenquantität/-länge 117,
147 f., 150, 320, 323 f.
Silberne Latinität 106
Sinnsprüche 33
Sittenzerfall 22
Sizilien 21, 24, 34
Sodalitates (Lateinvereine) 177,
290, 295
Soldatenvolk 28
Spanien 21, 95 f., 98, 137, 139,
169, 194, 210, 229, 294
Spanisch 11, 111, 113, 139, 162,
319
Spätantike 69, 101, 107, 119, 126,
136 ff., 140, 150, 279, 284, 305
Spätlatein 264
Spiegel des Lebens, Komödie als
39
Spondeus 41, 65
Spracherwerbspsychologie 307
Sprachrhythmus 320
Sprichwort 33, 48, 110
Stilistik 46, 60, 107, 129
Stimmhafte/stimmlose Aussprache
318
Stoa/Stoiker 43, 54–57, 59, 67,
71, 74, 128, 221
Straßburger Eide 140
Strophe 83, 134 f., 150, 174 f.
studia humanitatis (humaniora) 152,
155 f., 160, 164, 166, 172, 199,
259, 269, 296
stupor paedagogicus (pädagog. Fach-
idiotentum) 254
Syntax 142, 163, 203

Tarent 24, 34

Tempora (Zeiten) 108
Textlinguistik 264
Theater 29, 34 ff., 62, 64, 84, 125,
180, 209, 217, 221
Theologie 55, 125, 133, 156, 163,
167, 171, 173, 182 ff., 188,
194 f., 197–200, 202, 208, 261
Theozentrismus 152
Tod des Lateinischen/Latein als
tote Sprache 11, 13, 15, 103 f.,
106, 109–112, 144, 306–310,
314
togata (Stück in der Toga) 35, 39 f.
Toleranzedikt von Mailand 126
Toscana 24
Tragödie 29, 34, 40, 80, 219, 225,
230, 232
Traktat 194, 216
Tridentiner Konzil 214
Trier *(Augusta Treverorum)* 101 f.,
128, 186, 264
Troia 19, 73 ff.
Troianischer Krieg 17
Trope 60
Tübingen 198

Umgangssprache 37, 53, 100, 113,
121, 147, 191, 314
Ungarn 230
Universität 155, 164, 171 ff.,
182 f., 198, 201, 232, 241–244,
254, 261, 264, 274, 276, 279 f.,
282 f., 302, 310
Utopia (Morus) 191, 230, 240

Vatikan 11, 13, 294, 296 f.
Verdeutschung 242
Vereinheitlichung 110, 112, 212
Verschmelzung 148, 323
Versmaß/-füße 31, 35, 40, 64, 87,
117 f., 134 f., 148, 256

Verwaltungssprache, Latein als   97,
    100
Vetus Latina   128, 130
Vindelicer   22
Vita Karoli (Einhard)   145
Vita Sancti Corbiniani (Arbeo)   142
Vivarium (Kloster)   138
Vokabular   13, 109, 146, 238, 308
Vokalquantität / -länge   117, 150
Völkerwanderung   137, 143, 228,
    258, 309, 311
Volkssprache *(vulgaris locutio)*   161 ff.
Vorliterarische Poesie   30
Vulgärlatein   112–115, 117–120,
    130, 136 f., 139 f., 147, 309, 317
Vulgata   129, 133

Weimarer Republik   280
Weltherrschaft   21, 28, 92
Weltliteratur, lateinische   93, 97,
    192
Weltsprache, Latein als   92 f., 96,
    99, 103, 109, 121, 212, 244, 308

Westfälischer Friede   209, 232, 244
Wien   176, 189
Wiener Kongress   293
Wissenschaftssprache   103, 161,
    173, 238 f., 241 ff., 259, 264,
    293, 309 f., 312
Wissenschaftsterminologie   12
Wittelsbacher   210
Wittenberg   198 f., 205
Wortakzent   s. Akzent
Wortfuge   322
Wortschöpfungen   56
Wortstellung   45, 81 f., 311

Zauber des Lateinischen   15, 308,
    311, 314
Zauberspruch   31
Zeitsparen   107
Zensur   213
Zweisprachigkeit   136, 143 f., 229
Zweitsprache, Latein als   143, 162,
    309, 316
Zwölf Tafeln   104 ff.

A.J. Jacobs
Britannica & ich

Von einem, der auszog, der klügste Mensch
der Welt zu werden

Aus dem Amerikanischen von Thomas Mohr
432 Seiten. Gebunden mit Schutzumschlag
ISBN 3-471-79513-8

A.J. Jacobs weiß, dass die Achagua-Indianer
Seen anbeteten, er weiß, dass Brandy von einem
Holländer erfunden wurde und dass Napoleon
gern Schlittschuh lief. Er weiß das alles, weil er
die Encyclopaedia Britannica von A bis Z
durchliest. Seine Frau Julie ist der Meinung, es
sei reine Zeitverschwendung, seine Freunde
halten ihn für verrückt. Über 15 Monate hinweg
bewegt er sich auf dem Pfad der breiten
Allgemeinbildung: Goethe oder Pythagoras, die
Auster oder ein unaussprechlicher Ort in Polen,
alles wird angeschaut, memoriert und mit
höchst geistreichen Kommentaren versehen.
Mit viel Sinn für Komik und absurde Details
erzählt er, welche Auswirkungen die „Operation
Britannica" auf sein Leben hat – auf seine Ehe,
seine charmante, aber exzentrische Familie und
seine Arbeit als Journalist.

»Dieses Buch bietet eine ganz neue Definition
von Intelligenz.« *The New York Times*

List